Annual Report on China's Government Budget Reform and Development (2019)

中国政府预算改革发展年度报告 2019

中国人大预算监督改革
Foucusing on NPC's Budget Supervision

樊丽明 李一花 汤玉刚 石绍宾 等著

中国财经出版传媒集团
中国财政经济出版社

图书在版编目（CIP）数据

中国政府预算改革发展年度报告 2019：聚焦中国人大预算监督改革 / 樊丽明等著． --北京：中国财政经济出版社，2020.7

ISBN 978 – 7 – 5095 – 9906 – 8

Ⅰ．①中⋯　Ⅱ．①樊⋯　Ⅲ．①国家预算 – 财政管理体制 – 经济体制改革 – 研究报告 – 中国 – 2019　Ⅳ．①F812.3

中国版本图书馆 CIP 数据核字（2020）第 129293 号

责任编辑：闫　娟　　　　　　责任校对：徐艳丽

中国财政经济出版社　出版

URL：http：//ckfz.cfeph.cn

E – mail：cfeph@cfeph.cn

（版权所有　翻印必究）

社址：北京市海淀区阜成路甲 28 号　邮政编码：100142
营销中心电话：010 – 88191537
天猫网店：中国财政经济出版社旗舰店
网址：https：//zgczjjcbs.tmall.com
北京财经印刷厂印刷　各地新华书店经销
787×1092 毫米　16 开　22.25 印张　517 000 字
2020 年 7 月第 1 版　2021 年 3 月北京第 2 次印刷
定价：88.00 元
ISBN 978 – 7 – 5095 – 9906 – 8
（图书出现印装问题，本社负责调换）
本社质量投诉电话：010 – 88190744
打击盗版举报热线：010 – 88191661　QQ：2242791300

序

山东大学樊丽明教授团队的研究成果《中国政府预算改革发展年度报告2019：聚焦中国人大预算监督改革》（以下简称《报告》），将由中国财政经济出版社出版发行。阅读《报告》，我认为这是近年来人大预算审查监督研究具有时代性、开拓性、启发性的一部力作。

一是，聚焦人大预算审查监督研究撰写《报告》很有意义。财政是国家治理的基础和重要支柱。政府预算反映国家的战略、规划及政策，反映政府的职责、活动范围和方向，是财政的核心内容和重要载体。审查监督政府预算，是宪法和预算法等法律赋予各级人大及其常委会的重要职权。在新时代背景下，如何严格和规范政府预算资源配置和管理，如何着力提高财政支出绩效，更好贯彻落实党中央方针政策和决策部署，更好满足人民对美好生活的需要，对加强各级人大预算审查监督提出了更高要求。党的十八大以来，全国人大常委会坚持以习近平新时代中国特色社会主义思想为指导，深入学习贯彻落实习近平总书记关于坚持和完善人民代表大会制度的重要思想，认真履行宪法法律赋予的职责，按照党中央加强人大预算决算审查监督、国有资产监督职能的决策部署，创新人大预算决算审查监督机制，人大预算审查监督法律规范和制度规范有了长足进展，新时代人大预算审查监督正站在新的历史起点上。《报告》立足于中国特色社会主义进入新时代的历史方位，适应加强人大预算审查监督职能的时代背景，对相关实践情况进行梳理总结，对相关理论问题进行思考研究，这对于推进人大预算监督理论研究，对于总结提炼人大预算监督规律，对于加快建立健全现代财政制度和现代预算制度，具有重要意义。

二是，《报告》立足中国国情，具有中国特色和时代特点。《报告》立足中国的根本政治制度、基本经济制度和历史文化背景，梳理总结人大预算审查监督的发展进程，研究人大预算审查监督改革发展问题。人民代表大会制度是宪法确立的我国的根本政治制度。《报告》阐述了人民代表大会制度、人大监督和人大预算监督的关系，指出人大预算监督具有法律性、层级性等特点；展望我国人大预算监督职能未来发展，提出从理论深化和实践互动角度进行创新思考的方向，使《报告》具有中国特色。中国特色社会主义进入新时代，新时代对坚持和完善人民代表大会制度提出新要求，赋予人大预算审查监督新职责新任务。如，对政府预算开展全口径审查、全过程监管；建立健全国有资产管理情况报告和监督制度；加强对地方政府债务的审查和监督；加强对审计查出突出问题整改情况的跟踪监督；推进预算联网监督等。《报告》紧扣新时代人大预算审查监督的新职责新任务，进行实践总结和理论思考，并对人大预算监督的发展趋向等做较为系统深入研究，使《报告》具有时代性特点。

三是，《报告》提出了具有启发性的观点。人民代表大会制度是坚持党的领导、人民当家做主、依法治国有机统一的根本政治制度安排。习近平总书记指出，"人民代表大会制度的重要原则和制度设计的基本要求，就是任何国家机关及其工作人员的权力都要受到制约和监督。""人大要把宪法法律赋予的监督权用起来，坚持监督和支持相结合，确保法律法规得到有效实施，确保党中央重大决策部署贯彻落实。"人大依法开展预算审查监督，坚持正确监督、有效监督，寓支持于监督之中，人大有关方面与政府相关部门就预算编报、预算执行、决算编报等开展一系列沟通，提出具有针对性的意见建议，政府及其部门认真研究采纳，不断改进完善预算决算编报、规范预算收支行为、深化预算改革、落实税收法定原则，更好发挥财政作为国家治理的基础和重要支柱作用，保障贯彻落实党中央重大方针政策和决策部署。《报告》对人大预算审查监督制度的基本模式作了分析研究，对人大预算审查监督的改革发展进程作了回顾梳理，对人大预算审查监督的改革发展作了前瞻性思考，提出了可进一步深化研究的观点，具有启发性。

四是，《报告》的写作体例和研究方法合理可行。《报告》在研究体例上，分为上、下两篇。上篇包括三章内容：近期宏观经济形势与2018年重大支出政策、政府预算收支情况、政府预算改革重点问题，这是年度报告的基础。下篇聚焦中国人大预算监督改革，有六章内容：人大预算监督基本理论、制度模式与运行机制、改革发展进程、改革重点、典型案例、未来趋势。按照研究规划，每年的《报告》围绕一个主题展开，使《报告》既体现年度间的连续性，又体现当年度的重点和亮点，展现《报告》的特点和价值。《报告》融理论性与实践性、研究性与资料性于一体，正文与专栏结合，阅读体验友好。在研究方法上，《报告》坚持目标导向和问题导向相结合、理论探索和实践总结创新相结合的研究理念，采用理论研究、政策研究、案例研究相结合的研究方法；立足中国国情，突出研究的理论性、实践性、改革性等特色。本册年度《报告》致力于总结提炼中国特色人大预算监督理论和制度，立体式聚焦和透视人大预算监督改革，推动改革经验传播，以学术探索之力推进预算之治和中国之治。

五是，《报告》研究团队力量很强。《报告》是由山东大学经济学、政治学教授组成的预算研究团队集体研究的成果。首席作者樊丽明教授是全国人大代表、山东大学校长、山东省人大常委会预算监督顾问，曾任上海财经大学校长。她不仅在财政预算和税收研究领域造诣很高，著述颇丰，还了解人大预算监督实际情况。其他几位教授也大都具有参与省市人大预算监督工作和问题研究的经验。

尽管《报告》作者做出了很大探索努力，但对人大预算审查监督改革实践的新动态、新问题的反映上，对相关重要改革举措的理解上，对人大预算审查监督实践总结和规律提炼上，还需继续深入研究。

党的十九届四中全会通过的《中共中央关于坚持和完善中国特色社会主义制度、推进国家治理体系和治理能力现代化若干重大问题的决定》，明确提出坚持和完善人民代表大会制度这一根本政治制度。党中央出台的《关于人大预算审查监督重点向支出预算和政策拓展的指导意见》、《关于建立国务院向全国人大常委会报告国有资产管理情况制度的意见》等，赋予了人大监督新职责，是新时代更好发挥财政资金作用，确保推进高质量发展和解决经济社会发展主要矛盾对各级人大及其常委会监督工作提出的新要求，这对系统深入研究人大预算审查监理理论和实践问题提出了迫切需要。贯彻落实党中央改革决策部署和全面深入实施预算法，要坚持以习近平新时代中国特色社会主义思想为指导，深入学习领会和贯彻落实习近平总书记关于坚持和完善人民代表大会制度的重要思想，从事人大预算审查监督实际工作的同志要积极实践、不断探索，理论研究工作者要立足中国国情，紧密结合实践，深入研究思考，总结实践经验，提炼规律性认识，把我国人民代表大会制度的根本政治制度优势更好转化为国家治理效能。欣闻《报告》出版，恰逢山东大学与山东省人大常委会合作共建山东大学人大预算监督研究中心揭牌成立。我们期待山东大学预算研究团队在樊丽明教授领导下，整合多学科力量，进一步深化研究，不断有更多研究成果问世，为推动新时代人大预算监督理论创新作出更大贡献。

是为序。

史耀斌

2020年7月30日

目　录

上篇　2018 年中国政府预算及改革重点分析

第一章　近期宏观经济形势与 2018 年政府重大支出政策分析　3
　　第一节　近期宏观经济运行基本情况　3
　　第二节　新发展理念下的宏观发展战略转变　12
　　第三节　2018 年政府重大支出政策分析　20

第二章　2018 年政府预算收支情况分析　29
　　第一节　2018 年中央和地方一般公共预算收支情况　29
　　第二节　2018 年中央和地方政府性基金预算收支情况　38
　　第三节　2018 年中央和地方国有资本经营预算收支情况　44
　　第四节　2018 年中央和地方社会保险基金预算收支情况　50
　　第五节　2018 年中央和地方四本预算之间的资金划转情况　57

第三章　近期政府预算改革重点问题分析　60
　　第一节　预算审核重点：从收支平衡到重大支出政策　60
　　第二节　预算绩效管理：从理念到现实　67
　　第三节　地方政府债务管理：从隐性负债到规范融资　74
　　第四节　预算平衡：从年度平衡到跨期平衡　85

下篇　聚焦中国人大预算监督

第四章　人大预算监督的基本理论　95
　　第一节　人大预算监督的理论基础　95
　　第二节　人大预算监督的意义与职能　102
　　第三节　人大预算监督的原则　108

第五章　人大预算监督的制度模式与运行机制　**111**
第一节　人大预算监督的制度要素　111
第二节　人大预算监督的制度模式　123
第三节　人大预算监督的运行机制　127
第四节　现阶段我国人大预算全过程监督　131

第六章　中国人大预算监督的改革发展进程　**136**
第一节　人大预算监督基础设施建设阶段（1978—1991年）　137
第二节　人大预算监督体系形成阶段（1992—2011年）　140
第三节　人大预算监督全面深入阶段（2012年至今）　144

第七章　近期人大预算监督改革重点分析　**155**
第一节　重点收入监督　155
第二节　重点支出监督　171
第三节　绩效监督　186
第四节　国有资产监督　197

第八章　人大预算监督典型案例分析　**211**
第一节　全国人大预算监督案例　211
第二节　省级人大预算监督案例　219
第三节　市县级人大预算监督案例　226

第九章　人大预算监督改革发展之趋势与未来　**232**
第一节　我国人大预算监督的趋势特征　232
第二节　人大预算监督改革发展的内在逻辑　243
第三节　人大预算监督改革前瞻　247

附　录　**253**

参考文献　**337**

后　记　**344**

2018年中国政府预算及改革重点分析

第一章

近期宏观经济形势与 2018 年政府重大支出政策分析

第一节　近期宏观经济运行基本情况

在我国经济发展的早期阶段,资源红利、人口红利和改革红利全面持续释放,我国经济呈现高速增长态势。但随着资源耗竭、人口老龄化和改革步入深水区,我国原有的经济增长方式难以为继。党的十八大后,鉴于我国经济处于增长速度换挡期、结构调整阵痛期、前期刺激政策消化期"三期叠加"的重要阶段,党中央提出了全面认识经济持续健康发展和生产总值增长二者关系的新命题,即不能把发展简单化为增加生产总值,而是要抓住机遇保持国内生产总值合理增长,推进经济结构调整,同时提高经济发展质量和效益。随后,党中央将这一经济形态概括为"经济发展新常态",即努力实现我国经济发展速度从高速转向中高速,发展方式从规模速度型粗放增长转向质量效率型集约增长,经济结构从增量扩能为主转向调整存量、做优增量并存的深度调整,发展动力从传统增长点转向新的增长点。

一、经济增速平稳换挡,产业结构优化升级

在"新常态"部署做出后,我国经济增长从 2012 年开始结束了近 20 年来平均 10% 的高速增长,转而进入增速换挡期。近年来,我国经济一直保持中高速增长,在世界主要国家中名列前茅,国内生产总值从 59 万亿元增长到约 90 万亿元。根据国家统计局数据显示,2013 年我国经济增长率为 7.8%,以后各年国民经济运行均保持在合理区间,总体平稳、稳中有进态势持续显现。

具体来看,2018 年,全年国内生产总值 900309 亿元,名义 GDP 同比增长

9.7%，比 2017 年回落 0.7 个百分点，实际 GDP 同比增速为 6.6%，较前值下降 0.2 个百分点。其中一至四季度的增速分别为 6.8%、6.7%、6.5%、6.4%，基本实现了 2018 年《政府工作报告》中提到的 6.5% 的经济增长预期目标（见图 1-1）。

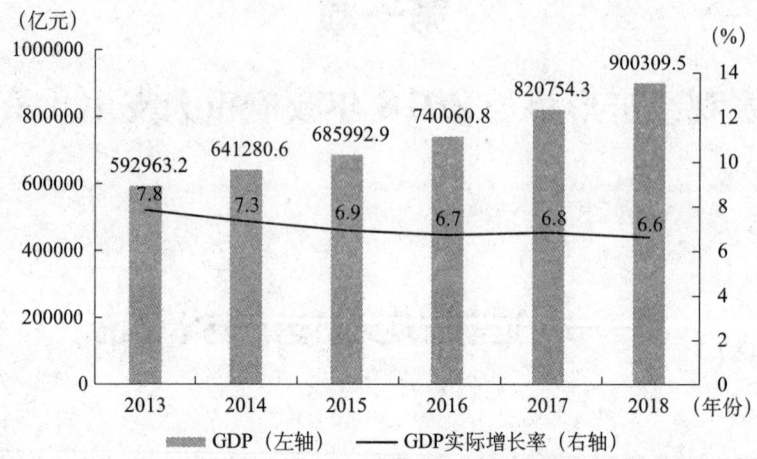

图 1-1　2013—2018 年国内生产总值及增速

数据来源：国家统计局。

在经济增长结构上，"新常态"的特征更加明显。首先，从三大需求对国内生产总值的贡献率来看，近年来消费对经济增长的贡献率均在 50% 以上。显然，消费现已成为经济增长的主要驱动力。尤其在 2018 年，最终消费支出对国内生产总值的贡献率更是达到了 76.2%，比上年提高 18.6 个百分点，高于资本形成总额贡献率 43.8 个百分点。2013 年以来，净出口对 GDP 的贡献率围绕 0 值上下波动（见图 1-2）。

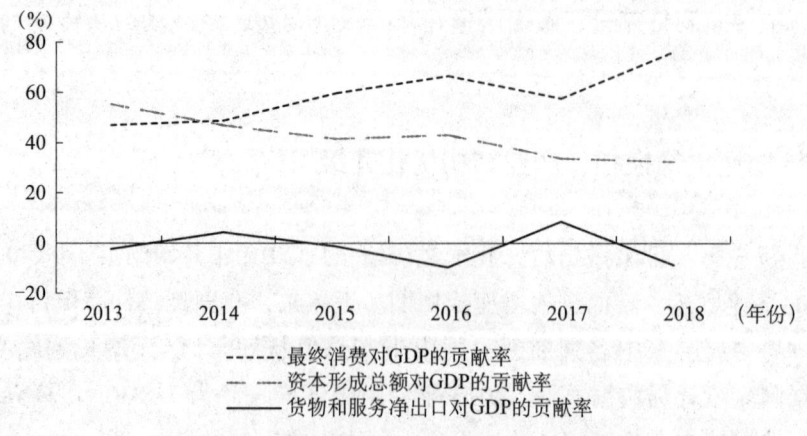

图 1-2　三大需求对国内生产总值的贡献率

数据来源：中经网统计数据库。

其次，从三大产业对国内生产总值的贡献率来看，2013年以来第一产业GDP贡献率基本稳定在4%左右。2015年起，第三产业GDP贡献率开始超过第二产业，并且该趋势在以后各年不断扩大。至2018年，第三产业GDP贡献率已经达到59.7%，而第二产业降至36.1%（见图1-3）。由此可见，如今第三产业在GDP贡献中发挥着主动力作用。随着党中央供给侧结构性改革的深入推进，以服务业为代表的第三产业将继续在宏观经济中发挥引领作用，同时第二产业结构进一步优化，高技术产业和战略性新兴产业将成为引领经济增长的新动能。

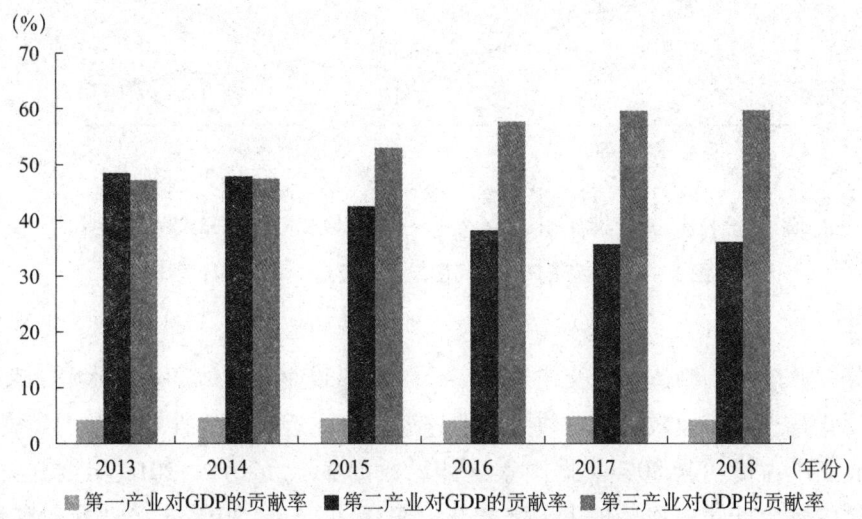

图1-3　三大产业对国内生产总值的贡献率

数据来源：中经网统计数据库。

二、固定资产投资增速减缓，部分行业下行压力明显

纵观新中国成立70年来的经济发展历史，全社会固定资产投资总体上保持了持续快速增长，年均增长15.6%[①]，对经济社会持续健康发展和人民生活水平提高发挥了关键作用。

然而，2013—2018年全社会固定资产投资完成额同比上年呈下降态势。2018年，全国固定资产投资（不含农户）635636亿元，比上年增长5.9%，增速比上年同期回落1.3个百分点。民间固定资产投资方面，由于国家不断鼓励、支持并引导民间投资进入多个行业领域，我国民间投资占总投资的比重已由改革开放之

---

① 1981年之前全国固定资产投资数据为全民所有制单位固定资产投资，1981年及之后为全社会固定资产投资。

初的18%上升至2018年的62.6%,对稳增长、促改革、调结构、保民生都具有极其重要的作用。2018年,随着开放市场准入、减税降费、推动产权保护等多项刺激民间投资活力政策的逐步落实,民间固定资产投资达到394051亿元,同比增长8.7%,其增速超过了固定资产投资完成额的总体增速(见图1-4)。

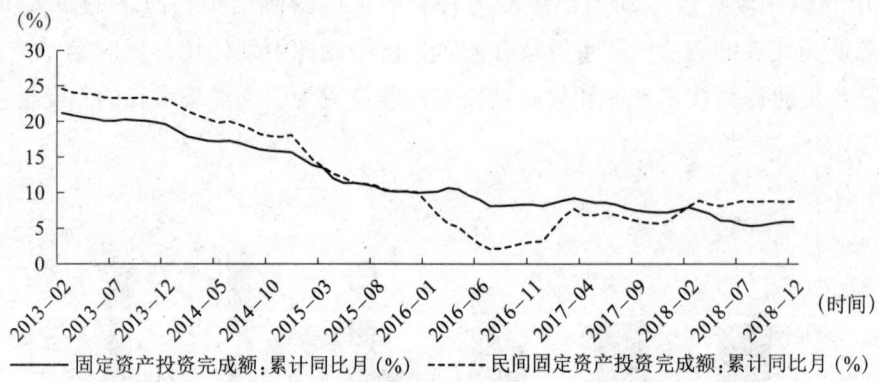

图1-4 固定资产与民间固定资产投资完成额累计同比

数据来源:Wind。

分行业来看,制造业,交通运输、仓储和邮政业,房地产业,水利、环境和公共设施管理业以及农、林、牧、渔业这五大行业近年来的投资额在固定资产投资完成额中占比约为80%。据国家统计局数据显示,2013—2018年该五类行业投资完成额累计同比均呈现出下降趋势(见图1-5)。2018年,批发和零售业、建筑业、金融业等行业也都表现出不同程度的负增长,侧面印证了我国当前经济正面临着下行压力。

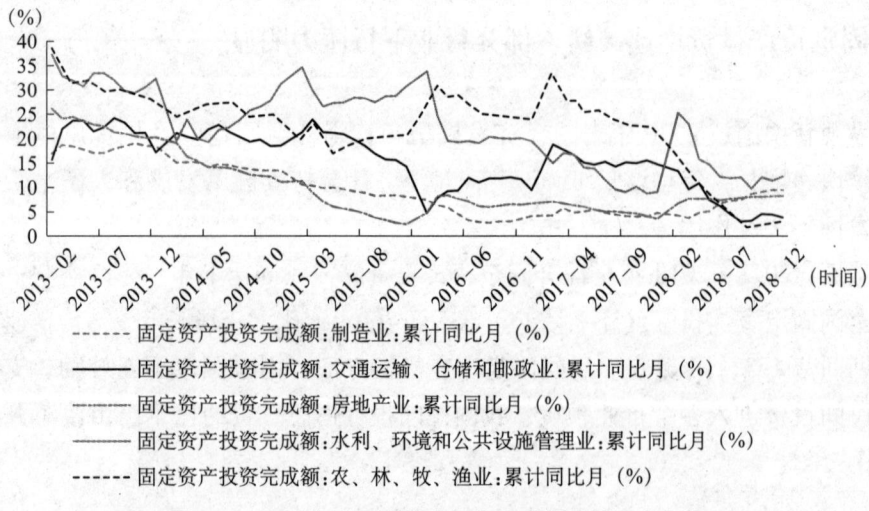

图1-5 五大行业固定资产投资完成额累计同比变化

数据来源:Wind。

三、社零同比增速波动下滑，石油汽车产业或成主因

经济增速放缓和产业转型升级的不断推进也在潜移默化地影响着居民的消费行为。2013—2018年，全社会消费品零售总额从242843亿元增加至380987亿元，总量呈增长态势，但同比增速已由2013年的13.1%下滑到2018年的8.98%。按消费类型划分，商品零售增长速度总体呈波动下降趋势，从2013年初至2018年末共约下降5个百分点，而餐饮收入增速则没有明显变动，基本维持在10%左右；按经营地划分，乡村消费品零售额增长速度明显高于城镇，尽管两者增速近年来都有所放缓。具体到2018年的消费品零售明细，商品零售额326618亿元，增长10.2%；餐饮收入额39644亿元，增长10.7%；城镇消费品零售额314290亿元，增长10.0%；乡村消费品零售额51972亿元，增长11.8%。

从社会消费品零售总额的构成来看，将消费零售数据拆分为日用品类、石油及制品类、汽车类三大主要类别。从图1-6走势可知，近年来居民日常使用的粮油食品类、服装类等日用品类商品零售额增速基本稳定，而社零数据之所以下滑，主要是受石油及相关商品价格大幅回落和前期汽车销售行业的不景气影响。因此，社会消费品零售总额的下降并不能代表消费降级。从国民经济核算最终消费支出构成可以看出，消费支出对象主要分两类：一类是居民部门，另一类是政府部门。近四年来，居民部门消费增速稳步上升，而政府机构、事业单位等非居民部门受"八项规定"、反腐败等一系列政治治理改革举措的影响，其对消费增长的贡献显著下滑。

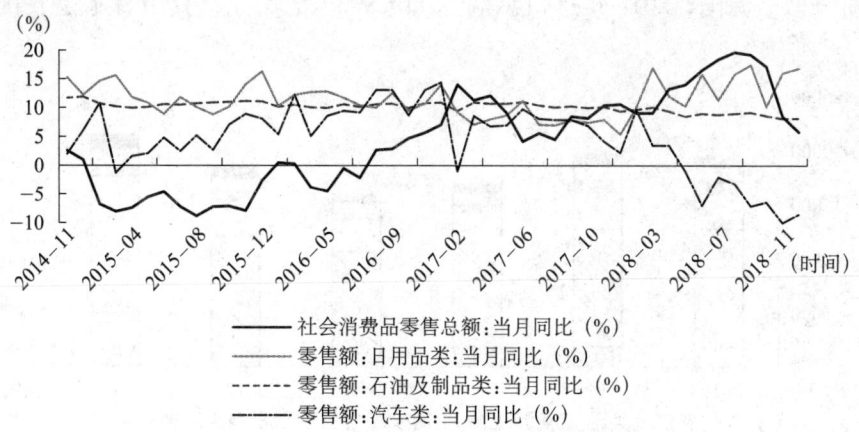

图1-6 社会消费品主要构成类别同比变动走势图

数据来源：Wind。

四、外贸环境不确定性增强,"一带一路"激发新动能

近年来,尽管我国进出口贸易增速有所放缓,但总量上一直呈现出稳中有进的发展态势,我国也始终保持着世界货物贸易第一大国的地位。2018年我国全年货物进出口总额305051亿元,比上年增长9.7%。其中,出口164177亿元,增长7.1%;进口140874亿元,增长12.9%。货物进出口顺差23303亿元,比上年减少5217亿元(见图1-7)。

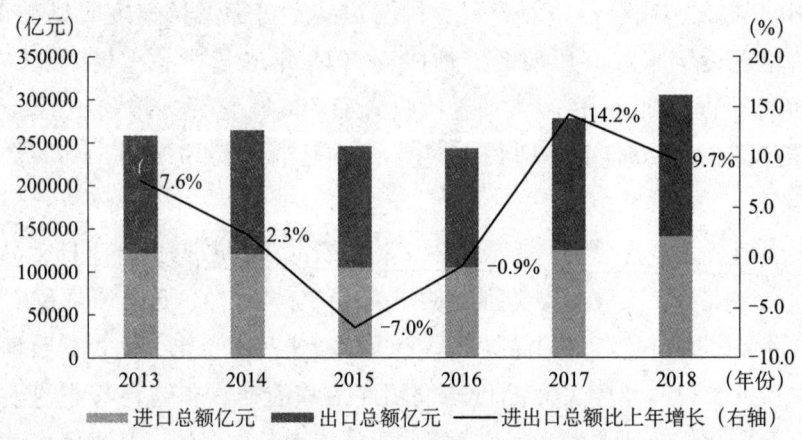

图1-7 2013—2018年我国货物进出口总额

数据来源:Wind。

在贸易进口方面,我国进口品种主要为汽车,农产品和原油,矿砂,钢材等原料。据国家统计局数据(见图1-8)显示,亚洲各国(地区)是我国最主要的贸易进口来源国,2018年进口总额达11929.84亿美元,其中日本是我国最大

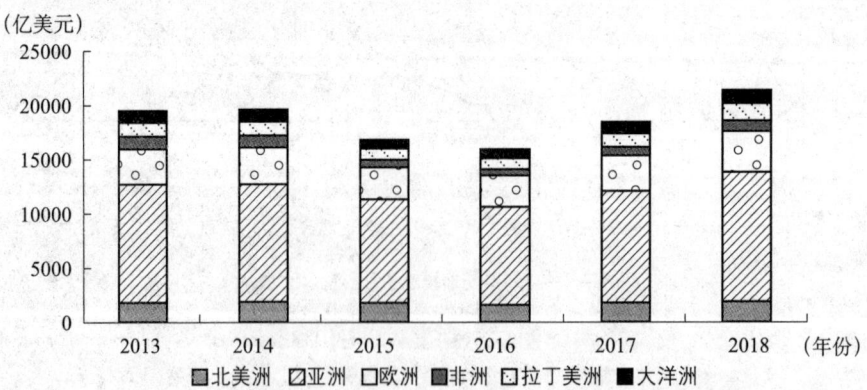

图1-8 2013—2018年我国对各大洲国家(地区)进口金额

数据来源:国家统计局。

的贸易进口国；第二大贸易进口地区为欧盟各国，2018年进口总额为3479.33亿美元；第三大贸易进口对象为北美各国，其中从美国进口金额占北美各国总额的85%以上。

在贸易出口方面，我国出口贸易额占全球出口的比重不断增大，并成为全球主要出口国。主要出口品种为机械设备，纺织纱线、织物及制品，服装，电动机、发电机及集成电路等。由图1-9可知，亚洲各国（地区）仍为我国最大的贸易出口对象，2018年出口总额达11875.99亿美元，也进一步说明，在双边贸易中，我国与亚洲各国（地区）间的贸易最为活跃。2015年以来，我国对北美各国的出口金额已经超过整个欧洲，其中美国是我国最大的贸易出口国。

2018年中美贸易争端无疑是我国对外贸易中的重要事件之一，本次贸易战美国对中方的重点加税领域为电子产业、航空航天技术、信息及通信技术等高新科技产业，旨在提高这类商品的到岸价格，使其销量受阻。但由于相关关税措施自2018年下半年起才正式实施，关税税率提高对进出口贸易量的影响还要经过关税传导机制及需求价格弹性等因素作用，所以从全年来看，中美贸易摩擦对我国出口增长并未构成明显影响。

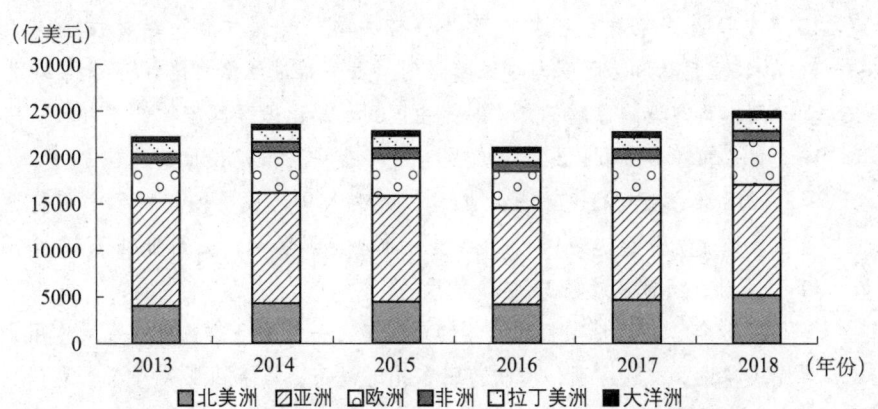

图1-9 2013—2018年我国对各大洲国家（地区）出口金额

数据来源：国家统计局。

而随着"一带一路"倡议的大力推进，跨境贸易的营商环境大幅度改善。2018年，我国企业在"一带一路"沿线对56个国家非金融类直接投资156.4亿美元，同比增长8.9%，占同期总额的13%；对外承包工程方面，我国企业在"一带一路"沿线国家新签对外承包工程项目合同7721份，新签合同额1257.8亿美元，占同期我国对外承包工程新签合同额的52%。2018年，中国与欧亚地区12国进出口贸易额同比增长近30%，全年中俄贸易额首次突破1000亿美元。欧亚地区12个国家企业积极参与首届中国国际进口博览会，签约金额合计超过12亿美元。在过去的一年中，我国和"一带一路"沿线国家的进出口贸易总值增长速度高于全国进出口增速 3.6 个百分点,这一合作潜力仍在持续释放中,也将成为推动我国外贸发展的新动力(专栏 1-1)。

◇ 专栏 1-1

2018 年"一带一路"建设回顾

根据中国"一带一路"网信息,2018 年,习近平 4 次踏出国门,出访行程超过了 11 万公里,足迹遍布亚非欧拉美 13 个国家,参加了金砖国家领导人会晤、APEC 领导人非正式会议以及 G20 峰会等多场国际会议,参加了近 200 场外交活动,几乎场场都将共建"一带一路"作为主题之一。

2018 年,中国连续举办 4 场规模宏大的主场外交活动。4 月份的博鳌论坛、6 月份于青岛举办的上合组织成员国元首理事会第十八次会议、9 月份中非合作论坛北京峰会、11 月于中国上海举办的首届国际进口博览会,每场活动都吸引了全世界的目光,人类命运共同体这一理念在四大主场外交中贯穿始终,与会各方发出"同呼吸、共命运"时代强音。

2018 年,中拉双方共同发表《"一带一路"特别声明》,标志着"一带一路"倡议正式延伸至拉美。智利、乌拉圭、委内瑞拉、玻利维亚、厄瓜多尔等 10 多个拉美国家与中国签订了"一带一路"合作文件,半数拉美国家"入群";特立尼达和多巴哥与中国签署的《共同推进丝绸之路经济带和 21 世纪海上丝绸之路建设的谅解备忘录》是中国同加勒比地区国家首份"一带一路"合作文件,拉美和加勒比地区已经成为"一带一路"建设重要参与方。

2018 年,亚投行迎来三次扩容,新纳入 9 名成员,其中 7 个都是域外成员,累计成员总数达到 93 个,成员分布全世界各大洲。新批准了 10 个国家的 11 个项目,项目贷款额 33 亿多美元。

2018 年,一大批项目陆续签约或开工,一批综合效益好、带动作用大的项目完成建设。交通方面,阿联酋阿布扎比码头、马来西亚关丹深水港码头正式开港,尼日利亚莱基深水港开工,巴基斯坦瓜达尔港具备完全作业能力,斯里兰卡汉班托塔港二期工程主体完工;电信基础设施方面,中国成功完成北斗三号基本系统星座部署,中尼跨境互联网光缆正式开通;能源合作方面,越南永新一期项目 1 号机组投入商运,巴基斯坦最大的水电站项目尼鲁姆-杰卢姆首台机组 4 月实现并网发电。众多项目为当地民众带来实实在在的收益。

2018 年,中欧班列共开行 6300 列,同比增长 72%。其中返程班列 2690 列,同比增长 111%。累计开行超过 12000 列,提前两年实现了《中欧班列建设发展规划 2016—2020 年》确定的"年开行 5000 列"目标。

资料来源:赵海:《"一带一路"倡议五周年:进展与挑战》,引自张宇燕、李东燕、邹治波:《全球政治与安全报告(2019)》,中国社会科学文献出版社 2019 年版。

五、总体物价水平保持平稳，各类商品价格有升有落

通货膨胀作为衡量物价水平的指标，在宏观经济分析中的重要性不言而喻。广义的通货膨胀指标有多种，包括 CPI（消费者价格指数）、PPI（生产者价格指数）、GDP 平减指数等。其中 CPI 与居民生活相关程度最高。一般来说，整体价格水平的波动先出现在生产领域，然后通过产业链向下游产业扩散，最后波及流通领域中的消费品，所以 PPI 对 CPI 有一定的传导影响。

2013 年以来，我国 CPI 同比增速基本保持在 2% 左右，其间出现小幅波动，主要源自于食品价格变动。2016 年底，PPI 增速开始高于 CPI 增速，最大差额接近 7 个百分点。这反映了上游生产端的高价格没有合理的传导至下游的消费端，从而导致原材料价格较高，而下游需求不足。2018 年末 PPI 增速再次低于 CPI 增速，且有进一步下降趋势。据国家统计局公布的 2018 年物价情况显示，全年全国 CPI 同比上涨 2.1%。其中 12 月份 CPI 同比上涨 1.9%，PPI 同比上涨 0.9%，反映出下游需求的不景气已经传导到上游的生产端，给经济增长带来巨大压力（见图 1-10）。

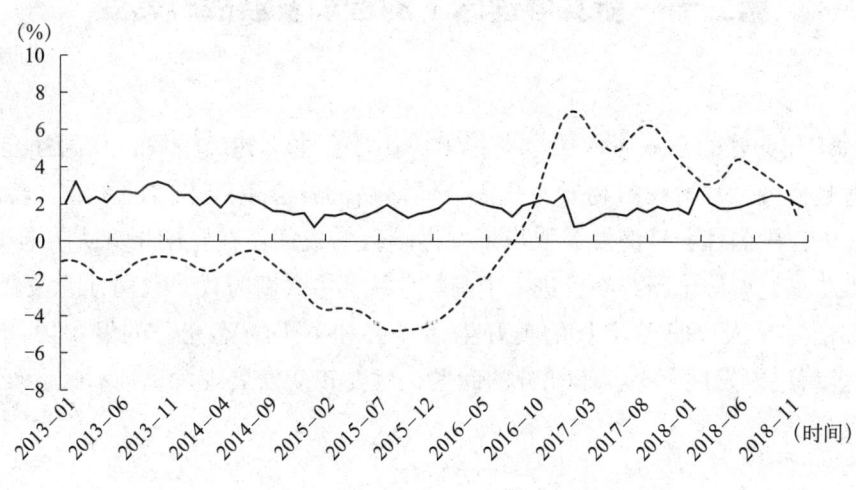

图 1-10　2013—2018 年我国 CPI 与 PPI 同比变动

数据来源：Wind。

2016 年以来，在构成 CPI 的八大类商品和服务价格上，食品烟酒类、其他用品和服务类的价格同比均有不同幅度的下降，而居住类、生活用品及服务类、交通和通信类、教育文化和娱乐类以及医疗保健类的 CPI 整体呈上升趋势，而衣着

类商品 CPI 三年来无明显变化（见图 1-11）。①

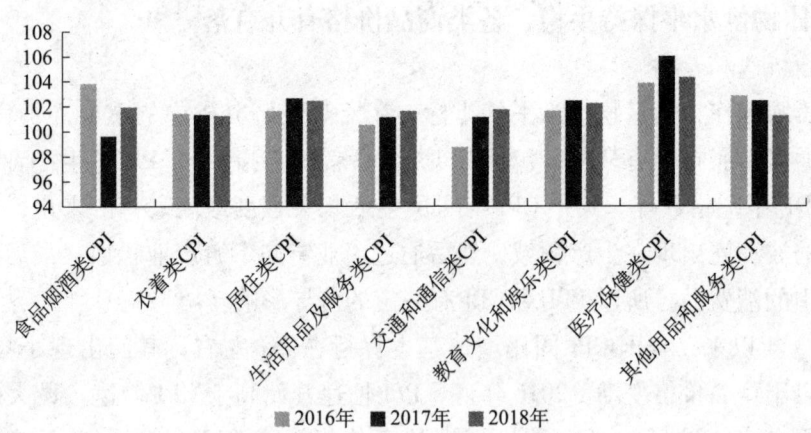

图 1-11 构成 CPI 的八大类商品和服务价格变动

数据来源：国家统计局。

第二节 新发展理念下的宏观发展战略转变

1981 年，党的十一届六中全会指出，在社会主义初级阶段，我国社会的主要矛盾是人民日益增长的物质文化需要同落后的社会生产之间的矛盾。转眼 30 多年过去，中国社会经济发展取得了举世瞩目的成绩。在党的十九大开幕式上，习近平总书记做出全新判断：进入中国特色社会主义新时代，我国社会主要矛盾已经转化为"人民日益增长的美好生活需要和不平衡不充分的发展之间的矛盾"。要解决好发展不平衡不充分的问题，就要转变发展理念，推动社会经济高质量发展。

一、新发展理念引领中国发展模式转变

当前，世界经济正处于调整变革之中，原有增长模式难以为继，科技创新也在孕育着新的突破，经济发展所面临的环境、条件、任务、要求等都发生了新变

---

① 按照统计制度要求，我国 CPI 每五年进行一次基期轮换，2016 年 1 月开始使用 2015 年作为新一轮的对比基期，前三轮基期分别为 2000 年、2005 年和 2010 年。CPI 基期轮换是一项国际惯例，目的是使 CPI 调查所涉及的商品和服务更具有代表性，更及时准确反映居民消费结构的新变化和物价的实际变动。

化。而我国正处于全面建成小康社会的决胜阶段,经济发展进入新常态后转方式、调结构的需求也日益迫切。面对如此复杂的国内外形势,以及当前经济社会发展的新机遇和新挑战,继续坚持粗放发展模式,简单地追求增长速度,显然行不通,必须确立新发展理念来引领和推动我国经济发展。于是在党的十八届五中全会上,习近平总书记提出了创新、协调、绿色、开放、共享的新发展理念。

新发展理念坚持以人民为中心的发展思想。创新,注重的是解决发展动力问题,在国际发展竞争日趋激烈和我国发展动力面临转换的形势下,只有把发展的基点放在创新上,形成促进创新的体制机制,才能塑造更多依靠创新驱动、更多发挥先发优势的引领型发展。协调,注重的是解决发展不平衡问题,只有坚持区域协同、城乡一体、物质精神文明并重、经济国防建设融合,才能在协调发展中拓宽发展空间,在加强薄弱领域中增强发展后劲。绿色,注重的是解决人与自然和谐问题,只有坚持绿色富国、绿色惠民,为人民提供更多优质生态产品,推动形成绿色发展方式和生活方式,才能协同推进人民富裕、国家富强,建设美丽中国。开放,注重的是解决发展内外联动问题,只有丰富对外开放内涵,提高对外开放水平,协同推进战略互信、经贸合作、人文交流,才能开创对外开放新局面,形成深度融合的互利共赢新格局。共享,注重的是解决社会公平正义问题,只有让广大人民群众共享改革发展成果,才能真正体现社会主义制度的优越性(专栏1-2)。

◇ 专栏1-2
新发展理念和供给侧结构性改革

从新发展理念来分析党的十九大以后中国的发展。首先,发展要以人为本,最主要是要满足人民日益增长的美好生活的需要。如何才能够满足这个需要?总体来讲,是要发展生产力,在发展生产力的过程中则必须克服不平衡、不充分的发展。进行供给侧结构性改革是克服不平衡、不充分发展的主要举措。供给侧结构性改革包含五个方面:去产能、去库存、去杠杆、降成本、补短板。去产能、去库存、去杠杆、降成本主要解决不平衡的问题。产能不平衡表现在各产业的供给能力跟需求水平之间的不平衡,必须根据需求的水平来调整供给侧的生产能力,这是去产能方面。去库存方面,主要表现在生产出来的产品跟市场的需求之间不平衡,产品生产过多,市场需求不足,就产生了库存,会造成浪费,所以,要去库存。去杠杆主要表现在金融跟实体经济之间的不平衡,造成了杠杆率太高,积累了金融风险,所以,要去杠杆。降成本主要是企业经营跟行政管理之间的不平衡,造成了企业的经营费用太高,所以要降低行政管理造成的高成本。补短板,要解决的是发展不充分,把短板补齐,以满足需求并提高生产力水平。

在供给侧结构性改革当中,解决不平衡问题的主要方式是进行深化改革,补短板则需要进一步发展。发展的过程应该按照习近平新时代中国特色社会主义思想所讲的五大发展理念,包含创新、协调、绿色、开放、共享五个方面来推进。这五个方面,又可分成手段和目标:从手段来讲是创新,以提高生产力水平。从目标来讲,创新之后要生产,供给和需求之间要协调以避免过高的产能和库存。同时,必须符合绿色才能满足人们对美好生活的希望,也必须充分利用国内、国际两种市场、两种资源在开放经济下实现。最后,发展的成果需要让所有的国民共享。

资料来源:林毅夫:《新时代中国新发展理念解读》,《行政管理改革》2018年第1期。

理念是行动的先导,发展理念引领发展实践。发展理念是否对头,从根本上决定着发展成效乃至成败。新发展理念是针对当前我国发展面临的突出问题和挑战提出来的战略指引,符合我国国情,顺应时代要求,对破解发展难题、增强发展动力、厚植发展优势都具有重大指导意义。

二、供给侧结构性改革与宏观发展战略的转变

2015年以来我国经济发展进入了一个新阶段,其中,"供需错位"是阻挡中国经济持续增长的最大路障:一方面,过剩产能已成为制约我国经济转型的一大包袱。另一方面,我国的供给体系与需求侧严重不配套,总体上是中低端产品过剩,高端产品供给不足。而且,我国供给侧还存在效率较低问题,无法供给出合意的需求。因此,强调供给侧改革,就是要从生产、供给端入手,调整供给结构,为真正启动内需,打造经济发展新动力寻求路径。此外,经济发展结构方面,我国的结构性问题主要包括产业结构、区域结构、要素投入结构、排放结构、经济增长动力结构和收入分配结构等六个方面的问题,这些结构性问题既相对独立、又相互叠加,因而需要通过结构性改革来解决。

针对上述问题,新时代背景下深化供给侧结构性改革就必须把发展经济的着力点放在实体经济上,把提高供给体系质量作为主攻方向,显著增强我国经济质量优势。加快建设制造强国,加快发展先进制造业,推动互联网、大数据、人工智能和实体经济深度融合,在中高端消费、创新引领、绿色低碳、共享经济、现代供应链、人力资本服务等领域培育新增长点、形成新动能。支持传统产业优化升级,加快发展现代服务业,瞄准国际标准提高水平。促进我国产业迈向全球价值链中高端,培育若干世界级先进制造业集群。加强水利、铁路、航空、管道等基础设施网络建设。坚持去产能、去库存、去杠杆、降成本、补短板,优化存量资源配置,扩大优质增量供给,实现供需动态平衡。激发和保护企业家精神,鼓

励更多社会主体投身创新创业。建设知识型、技能型、创新型劳动者大军，弘扬劳模精神和工匠精神，营造劳动光荣的社会风尚和精益求精的敬业风气。

深化以"三去一降一补"为主要任务的供给侧结构性改革，是新时代我国宏观发展战略转变中的重大部署之一，体现了新发展理念中所倡导的"创新""绿色"等发展要求，有助于防范经济金融风险，对稳定我国当前经济形势、促进中国特色社会主义市场经济健康协调发展具有重要意义。

三、"三大攻坚战"与宏观发展战略的转变

2017年10月18日，习近平总书记在党的十九大报告中指出，要坚决打好防范化解重大风险、精准脱贫、污染防治的攻坚战，使全面建成小康社会得到人民认可、经得起历史检验。

2020年是全面建成小康社会的决胜期。然而当前经济形势下，影子银行、房地产泡沫、地方政府债务等金融风险都不可小视，如果没有相应的解决办法，很可能直接威胁到经济持续健康发展。因此，必须将重大风险的防范化解摆在更加突出的位置，坚决打好防范化解重大风险攻坚战，增强风险防控意识，牢固树立底线思维，积极防范、有效化解重点领域的重大风险。打好防范化解金融风险攻坚战，是实现高质量发展必须跨越的重大关口，只有这样才能围绕供给侧结构性改革这条主线，形成金融和实体经济、金融和房地产以及金融体系内部的良性循环。

近年来，我国人民生活水平普遍提高，但区域发展差距明显，中西部一些省（自治区、直辖市）贫困人口规模依然较大，贫困程度依然较深。消除贫困是全面建成小康社会的底线任务和标志性指标。因此，坚决打好脱贫攻坚战，要进一步加强组织领导，构建政府、市场、社会协同发力的大扶贫格局，攻克偏远山区的深度贫困堡垒，深入实施东西部扶贫协作，提高精准脱贫效果的可持续性。打好精准脱贫攻坚战，会带来国民收入分配格局的重大调整，对于促进经济结构转型、推动实现平衡而充分的发展等都具有深远意义。

此外，在我国经济实现腾飞的过程中，有一部分是以牺牲资源环境为代价的粗放发展，而良好的生态环境既是广大人民群众的热切期盼，也是全面建成小康社会重要的衡量标准之一。因此，在全面建成小康社会的决胜期，坚决打好污染防治攻坚战，必须树立和践行绿水青山就是金山银山的理念，强力推进污染治理工作，以解决大气、水、土壤污染等突出问题为重点，构建全民共治的污染治理体系和污染防治长效机制。绿色发展是高质量发展的重要标志，坚决打好污染防治攻坚战，有利于从源头上推动经济实现绿色转型，走出一条经济发展与生态文明建设相辅相成、相得益彰的新发展道路（专栏1-3）。

打好决胜全面小康三大攻坚战，体现了新发展理念中的"创新""共享""绿色"等发展要求，也是我国顺利实现宏观经济战略转变的必然选择。

◇ 专栏1-3

污染防治攻坚战的总体思路和举措

打好污染防治攻坚战是当前一项重大政治任务。必须坚持以习近平生态文明思想为指导，科学谋划打好污染防治攻坚战的思路和举措。要按照高质量发展要求，以改善生态环境质量为核心，以解决人民群众反映强烈的突出生态环境问题为重点，加快补齐生态环境短板，不断增强人民群众的生态环境获得感、幸福感和安全感。

坚决打赢蓝天保卫战。实施打赢蓝天保卫战三年作战计划，实现"四个明显"：进一步明显降低细颗粒物PM2.5浓度，明显减少重污染天数，明显改善大气环境质量，明显增强人民的蓝天幸福感。为此，必须突出"四个重点"：重点防控污染因子是PM2.5；重点区域是京津冀及周边、长三角和汾渭平原，重中之重是北京市；重点时段是秋冬季和初春；重点行业和领域是钢铁、火电、建材等行业，"散乱污"企业、散煤、柴油货车、扬尘治理等领域。必须优化"四个结构"：以"散乱污"企业综合整治和达标排放为重点，优化产业结构；以散煤清洁化替代为重点，优化能源结构；以公路转铁路和柴油货车治理为重点，优化运输结构；以绿化和扬尘综合整治为重点，优化用地结构。

着力打好碧水保卫战。重点是推动落实长江经济带共抓大保护、不搞大开发，同时保护好饮用水水源地、整治城市黑臭水体。坚持山水林田湖草系统治理，深入实施新修改的水污染防治法，坚决落实水污染防治行动计划。深入推进集中式饮用水水源保护区划定和规范化建设，打好城市黑臭水体歼灭战。加强江河湖库和近岸海域水生态保护。全面整治农村环境，加强农业面源污染防治。

扎实推进净土保卫战。以重金属污染突出区域农用地以及拟开发为居住和商业等公共设施的污染地块为重点，强化土壤污染风险管控，保障农产品质量和人居环境安全。强化固体废物污染防治，尽早实现固体废物基本零进口。提高危险废物处置能力和相关机构规范化运营水平，实施危险废物收集运输处置全过程监管。加快推进垃圾分类处置。

全面推进绿色发展。开展区域空间生态环境评价，落实生态保护红线、环境质量底线、资源利用上线和环境准入负面清单硬约束。全面优化产业布局，推动产业转型升级。发展壮大环保等战略性新兴产业和现代服务业，推动建立健全绿色低碳循环发展的经济体系。构建和完善政府为主导、企业为主体、社会组织和公众共同参与的环境治理体系。倡导简约适度、绿色低碳的生活方式。

加快生态保护和修复。完成所有省份生态保护红线划定。实施重要生态系统保护和修复重大工程，构建生态廊道和生物多样性保护网络。深化山水林田湖草生态保护修复试点工作。建立以国家公园为主体的自然保护地体系，健全管理制度和监管机制。联合开展好"绿盾"自然保护区监督检查专项行动。

资料来源：中共生态环境部党组：《以习近平生态文明思想为指导　坚决打好打胜污染防治攻坚战》，《求是》2018年第12期。

四、乡村振兴与宏观发展战略的转变

乡村兴则国家兴，乡村衰则国家衰。农业农村农民问题是关系国计民生的根本性问题，党中央始终把解决好"三农"问题作为全党工作的重中之重。解决新时期人民日益增长的美好生活需要和不平衡不充分的发展之间的矛盾，以及实现决胜全面小康的重点和难度都聚焦在"三农"问题上。因此，党的十九大报告中首次提出"乡村振兴"战略。

乡村振兴，要坚持农业农村优先发展，按照产业兴旺、生态宜居、乡风文明、治理有效、生活富裕的总要求，建立健全城乡融合发展体制机制和政策体系，加快推进农业农村现代化。巩固和完善农村基本经营制度，深化农村土地制度改革，完善承包地"三权"分置制度。保持土地承包关系稳定并长久不变，第二轮土地承包到期后再延长30年。深化农村集体产权制度改革，保障农民财产权益，壮大集体经济。确保国家粮食安全，把中国人的饭碗牢牢端在自己手中。构建现代农业产业体系、生产体系、经营体系，完善农业支持保护制度，发展多种形式适度规模经营，培育新型农业经营主体，健全农业社会化服务体系，实现小农户和现代农业发展有机衔接。促进农村一二三产业融合发展，支持和鼓励农民就业创业，拓宽增收渠道。加强农村基层基础工作，健全自治、法治、德治相结合的乡村治理体系。培养造就一支懂农业、爱农村、爱农民的"三农"工作队伍。

乡村振兴战略的提出是在我国经历了快速的城镇化之后提出来的，人口和土地的城镇化或城市化是乡村振兴战略实施的大背景。一方面，通过乡村振兴战略可以在很大程度上缓解由于资本、技术和人才过度向大中城市集中所产生的乡村凋敝和"大城市病"问题；另一方面，乡村振兴也应该充分利用城市化所产生的"红利"，乡村与城市分工协作，乡村振兴与城市化、城镇化互补共赢，最终实现城乡融合，一体化发展。

我国有5000多年的悠久历史，乡村的富庶是盛世历史的重要标志，在经济社会发展中一直占有重要地位。实施乡村振兴战略，体现了新发展理念中"协调""绿色""共享"等发展要求，是决胜全面建成小康社会、全面建设社会主义现代化国家的重大历史任务,也是实现中华民族伟大复兴的中国梦的历史使命(专栏1-4)。

◇ **专栏1-4**

以全面深化农村改革推动乡村振兴

以习近平同志为核心的党中央高度重视农村改革。习近平总书记强调,改革是乡村振兴的重要法宝,要解放思想,逢山开路、遇河架桥,破除体制机制弊端,突破利益固化藩篱,让农村资源要素活化起来,让广大农民积极性和创造性迸发出来,让全社会支农助农兴农力量汇聚起来,并就深化农村改革提出了"扩面、提速、集成"的总体要求。我们要深刻学习领会,认真贯彻落实,汲取40年农村改革发展成功经验,弘扬农村改革优良传统,推动农村发展不断向纵深推进,为实施乡村振兴战略、加快推进农业农村现代化提供强大动力。

一是巩固完善农村基本经营制度。新形势下深化农村改革,主线仍然是处理好农民和土地的关系。最大的政策就是必须坚持和完善农村基本经营制度,决不能动摇。坚持农村土地集体所有制,坚持家庭经营在农业中的基础性地位,巩固和完善以家庭承包经营为基础、统分结合的双层经营体制,保持土地承包关系稳定并长久不变,完善农村承包地"三权分置"制度,落实所有权、保护承包权、放活经营权。要全面完成土地承包经营权确权登记颁证工作,落实好第二轮土地承包到期后再延长30年政策,真正让农民吃上"定心丸"。

二是深化农村土地制度改革。稳妥推进农村土地征收、集体经营性建设用地入市、宅基地制度改革试点,探索宅基地所有权、资格权、使用权"三权分置"。进一步完善设施农用地政策,探索利用农村闲置建设用地发展农村新产业新业态。全面开展农村集体资产清产核资,完善农村集体资产股份权能,保护集体经济组织成员权利,不断发展壮大农村新型集体经济。

三是创新现代农业经营体系。以解决谁来种地问题为导向,加快培育新型农业经营主体,发展多种形式适度规模经营,构建以家庭经营为基础、合作与联合为纽带、社会化服务为支撑的立体式、复合型现代农业经营体系。加快构建扶持小农户发展的政策体系,加强农业社会化服务,完善利益联结机制,促进小农户与现代农业发展有机衔接。

四是完善农业支持保护制度。继续加大农业支持保护力度,在资金投入上优先保障,创新农业支持保护方式,更好发挥市场机制作用,强化金融服务方式创新,发挥好信贷、担保、保险、期货、证券等支持作用,构建政府支持有力、市场运行有效的支持保护体系。积极支持农业走出去,建立健全我国农业贸易政策体系,深化与"一带一路"沿线国家和地区农产品贸易关系,构建农业对外开放新格局。

五是健全城乡融合发展体制机制。着力打破城乡二元体制,清除城市要素向农村流动的制度障碍,逐步改变乡村要素净流出局面。把基础设施和社会事业发展重点放在乡村，健全多元投入保障机制，增加对农业农村基础设施建设投入，加快城乡基础设施互联互通，推动人才、土地、资本等要素在城乡之间双向流动。建立健全城乡基本公共服务均等化的体制机制，推动公共服务向农村延伸、社会事业向农村覆盖，加快形成工农互促、城乡互补、全面融合、共同繁荣的新型工农城乡关系。

六是创新乡村治理体系。强化农村基层党组织在乡村治理中的领导核心作用，健全自治、法治、德治相结合的乡村治理体系。深化村民自治实践，健全和创新村党组织领导的充满活力的村民自治机制，加快建设法治乡村，积极培育和践行社会主义核心价值观，建立健全党委领导、政府负责、社会协同、公众参与、法治保障的现代乡村社会治理体制，增强农村社会发展活力，实现农村社会长治久安。

资料来源：农业农村部党组：《在全国深化改革中推动乡村振兴》，《求是》2018 年第 20 期。

五、区域协调发展与宏观发展战略的转变

实施区域协调发展战略是新时代国家重大战略之一，是贯彻新发展理念、建设现代化经济体系的重要组成部分。党的十八大以来，各地区各部门在建立健全区域合作机制、区域互助机制、区际利益补偿机制等方面进行积极探索并取得一定成效。同时要看到，我国区域发展差距依然较大，区域分化现象逐渐显现，无序开发与恶性竞争仍然存在，区域发展不平衡不充分问题依然比较突出，区域发展机制还不完善，难以适应新时代实施区域协调发展战略需要。

为全面落实区域协调发展战略各项任务，促进区域协调发展向更高水平和更高质量迈进，区域协调发展战略要求，加大力度支持革命老区、民族地区、边疆地区、贫困地区加快发展，强化举措推进西部大开发形成新格局，深化改革加快东北等老工业基地振兴，发挥优势推动中部地区崛起，创新引领率先实现东部地区优化发展，建立更加有效的区域协调发展新机制。以城市群为主体构建大中小城市和小城镇协调发展的城镇格局，加快农业转移人口市民化。以京津冀、长三角、粤港澳大湾区三大城市群带动全国区域经济一体化发展的战略格局已基本形成，必将在未来的新一轮发展中发挥重要作用。

新时代下区域发展战略的实施，立足于发挥各地区比较优势和缩小区域发展差距，以努力实现基本公共服务均等化、基础设施通达程度比较均衡、人民基本生活保障水平大体相当为目标，有利于深化改革开放，加快形成统筹有力、竞争有序、绿色协调、共享共赢的区域协调发展新机制，促进区域经济社会全面协调发展。

第三节 2018年政府重大支出政策分析

一、脱贫攻坚重大支出政策分析

2013年以来,我国采取超常规举措,以前所未有的力度推进脱贫攻坚,农村贫困人口显著减少,贫困发生率持续下降,解决区域性整体贫困迈出坚实步伐,贫困地区农民生产生活条件显著改善,贫困群众获得感显著增强,脱贫攻坚取得决定性进展,创造了我国减贫史上的最好成绩。我们充分发挥政治优势和制度优势,构筑了全社会扶贫的强大合力,建立了中国特色的脱贫攻坚制度体系,为全球减贫事业贡献了中国智慧和中国方案,谱写了人类反贫困史上的辉煌篇章。2018年6月15日,中共中央、国务院出台的《关于打赢脱贫攻坚战三年行动的指导意见》(以下简称《意见》)为未来三年的脱贫攻坚战提供了具体的行动指南。《意见》从加大产业扶贫力度、全力推进就业扶贫、深入推动易地扶贫搬迁、加强生态扶贫、着力实施教育脱贫攻坚行动、深入实施健康扶贫工程、加快推进农村危房改造、强化综合保障性扶贫、开展贫困残疾人脱贫行动、开展扶贫扶志行动等十个方面,提出了到村到户到人的精准帮扶举措。同时,《意见》也强调了各级政府善用财政、金融、土地等多方面政策,多管齐下,加强精准脱贫攻坚行动支撑保障(专栏1-5)。

◇ 专栏1-5

多管齐下,加强精准脱贫攻坚行动支撑保障

(一)强化财政投入保障

坚持增加政府扶贫投入与提高资金使用效益并重,健全与脱贫攻坚任务相适应的投入保障机制,支持贫困地区围绕现行脱贫目标,尽快补齐脱贫攻坚短板。加大财政专项扶贫资金和教育、医疗保障等转移支付支持力度。规范扶贫领域融资,增强扶贫投入能力,疏堵并举防范化解扶贫领域融资风险。进一步加强资金整合,赋予贫困县更充分的资源配置权,确保整合资金围绕脱贫攻坚项目精准使用,提高使用效率和效益。全面加强各类扶贫资金项目绩效管理,落实资金使用者的绩效主体责任,明确绩效目标,加强执行监控,强化评价结果运用,提高扶贫资金使用效益。建立县级脱贫攻坚项目库,健全公告公示制度。加强扶贫资金项目常态化监管,强化主管部门监管责任,确保扶贫资金尤其是到户到人的资金落到实处。

（二）加大金融扶贫支持力度

加强扶贫再贷款使用管理，优化运用扶贫再贷款发放贷款定价机制，引导金融机构合理合规增加对带动贫困户就业的企业和贫困户生产经营的信贷投放。加强金融精准扶贫服务。支持国家开发银行和中国农业发展银行进一步发挥好扶贫金融事业部的作用，支持中国农业银行、中国邮政储蓄银行、农村信用社、村镇银行等金融机构增加扶贫信贷投放，推动大中型商业银行完善普惠金融事业部体制机制。创新产业扶贫信贷产品和模式，建立健全金融支持产业发展与带动贫困户脱贫的挂钩机制和扶持政策。规范扶贫小额信贷发放，在风险可控前提下可办理无还本续贷业务，对确因非主观因素不能到期偿还贷款的贫困户可协助其办理贷款展期业务。加强扶贫信贷风险防范，支持贫困地区完善风险补偿机制。推进贫困地区信用体系建设。支持贫困地区金融服务站建设，推广电子支付方式，逐步实现基础金融服务不出村。支持贫困地区开发特色农业险种，开展扶贫小额贷款保证保险等业务，探索发展价格保险、产值保险、"保险＋期货"等新型险种。扩大贫困地区涉农保险保障范围，开发物流仓储、设施农业、"互联网＋"等险种。鼓励上市公司、证券公司等市场主体依法依规设立或参与市场化运作的贫困地区产业投资基金和扶贫公益基金。贫困地区企业首次公开发行股票、在全国中小企业股份转让系统挂牌、发行公司债券等按规定实行"绿色通道"政策。

（三）加强土地政策支持

支持贫困地区编制村级土地利用规划，挖掘土地优化利用脱贫的潜力。贫困地区建设用地符合土地利用总体规划修改条件的，按规定及时审查批复。新增建设用地计划、增减挂钩节余指标调剂计划、工矿废弃地复垦利用计划向贫困地区倾斜。脱贫攻坚期内，国家每年对集中连片特困地区、国家扶贫开发工作重点县专项安排一定数量新增建设用地计划。贫困地区建设用地增减挂钩节余指标和工矿废弃地复垦利用节余指标，允许在省域内调剂使用。建立土地整治和高标准农田建设等新增耕地指标跨省域调剂机制。贫困地区符合条件的补充和改造耕地项目，优先用于跨省域补充耕地国家统筹，所得收益通过支出预算用于支持脱贫攻坚。优先安排贫困地区土地整治项目和高标准农田建设补助资金，指导和督促贫困地区完善县级土地整治规划。

（四）实施人才和科技扶贫计划

深入实施边远贫困地区、边疆民族地区、革命老区人才支持计划，扩大急需紧缺专业技术人才选派培养规模。贫困地区在县乡公务员考试录用中，从大学生村官、"三支一扶"等人员中定向招录公务员，从贫困地区优秀村干部中招录乡镇公务员。

动员全社会科技力量投入脱贫攻坚主战场，开展科技精准帮扶行动。以县为单位建立产业扶贫技术专家组，各类涉农院校和科研院所组建产业扶贫技术团队，重点为贫困村、贫困户提供技术服务。支持有条件的贫困县建设农业科技园和星创天地等载体，展示和推广农业先进科技成果。在贫困地区全面实施农技推广特聘计划，从农村乡土专家、种养能手等一线服务人员招聘一批特聘农技员，由县级政府聘为贫困村科技扶贫带头人。加强贫困村创业致富带头人培育培养，提升创业项目带贫减贫效果。建立科技特派员与贫困村结对服务关系，实现科技特派员对贫困村科技服务和创业带动全覆盖。

资料来源：《中共中央 国务院关于打赢脱贫攻坚战三年行动的指导意见》，2018年6月15日。

打赢脱贫攻坚战，财政投入是基本保障。2018年全国扶贫支出达到4770亿元，增长46.6%；中央财政补助地方专项扶贫资金1060.95亿元，较去年增长23.2%，增加的资金重点用于"三区三州"等深度贫困地区。教育领域转移支付、重点生态功能区转移支付等向深度贫困地区倾斜力度加大。全面推进贫困县涉农资金整合试点，全年全国832个贫困县整合涉农资金超过3000亿元。加强各级各类扶贫资金监管，聚焦"三区三州"开展扶贫资金专项核查，违法违纪问题金额明显减少。扶贫项目资金绩效目标管理基本全覆盖。全年完成280万建档立卡贫困人口搬迁任务，1386万农村贫困人口实现脱贫。

此外，中央财政高度重视农村义务教育，安排360.5亿元支持地方全面改善贫困地区薄弱学校基本办学条件，新增投入"三区三州"教育脱贫攻坚资金30亿元，对深度贫困地区采取倾斜支持政策。在社会保障方面，加强了农村低保制度与扶贫开发政策衔接，2018年中央财政安排困难群众救助补助资金1401亿元，支持各地统筹做好贫困户政策性兜底保障。

在上述支出保障下，我国连续6年每年减贫1000万人以上，6年间，全国累计减少贫困人口8239万人，贫困发生率从2013年的10.2%下降到2018年的1.7%。深度贫困地区减贫明显提速，2018年"三区三州"贫困人口减少133万人，贫困发生率下降6.4个百分点。贫困地区农民人均可支配收入达到10371元，增幅连续6年高于全国农民人均可支配收入，脱贫工作取得显著成效。

二、污染防治重大支出政策分析

2018年6月13日，国务院常务会议通过了《打赢蓝天保卫战三年行动计划》（以下简称《行动计划》），这标志着我国大气污染治理走向措施更精细、覆盖面更广的新阶段。《行动计划》提出了具体的约束性环境空气质量目标："经过3年努力，大幅减少主要大气污染物排放总量，协同减少温室气体排放，进一步明显降低PM2.5浓度，明显减少重污染天数，明显改善环境空气质量，明显增强人民的蓝天幸福感。到2020年，二氧化硫、氮氧化物排放总量分别比2015年下降15%以上；PM2.5未达标地级及以上城市浓度比2015年下降18%以上，地级及以上城市空气质量优良天数比率达到80%，重度及以上污染天数比率比2015年下降25%以上"。同月，《中共中央 国务院关于全面加强生态环境保护坚决打好污染防治攻坚战的意见》（以下简称《意见》）更对蓝天、碧水、净土三大保卫战以及加快生态保护与修复做了详尽安排。同时，《意见》提出了深化生态环境保护管理体制改革，完善生态环境管理制度，加快构建生态环境治理体系，不断提升环境治理能力的改革蓝图。健全生态环境保护经济政策体系是改革、完善环境治理体系的重要一环（专栏1-6）。

◆ 专栏1-6

如何健全生态环境保护经济政策体系？

资金投入要向污染防治攻坚战倾斜，坚持投入同攻坚任务相匹配，加大财政投入力度。逐步建立常态化、稳定的财政资金投入机制。扩大中央财政支持北方地区清洁取暖的试点城市范围，国有资本要加大对污染防治的投入。完善居民取暖用气用电定价机制和补贴政策。增加中央财政对国家重点生态功能区、生态保护红线区域等生态功能重要地区的转移支付，继续安排中央预算内投资对重点生态功能区给予支持。各省（自治区、直辖市）合理确定补偿标准，并逐步提高补偿水平。完善助力绿色产业发展的价格、财税、投资等政策。大力发展绿色信贷、绿色债券等金融产品。设立国家绿色发展基金。落实有利于资源节约和生态环境保护的价格政策，落实相关税收优惠政策。研究对从事污染防治的第三方企业比照高新技术企业实行所得税优惠政策，研究出台"散乱污"企业综合治理激励政策。推动环境污染责任保险发展，在环境高风险领域建立环境污染强制责任保险制度。推进社会化生态环境治理和保护。采用直接投资、投资补助、运营补贴等方式，规范支持政府和社会资本合作项目；对政府实施的环境绩效合同服务项目，公共财政支付水平同治理绩效挂钩。鼓励通过政府购买服务方式实施生态环境治理和保护。

资料来源：《中共中央 国务院关于全面加强生态环境保护 坚决打好污染防治攻坚战的意见》，2018年6月16日。新华社北京6月24日电。

中央财政围绕打好污染防治攻坚战标志性战役不断增投入、转方式、建机制，2018年支持污染防治攻坚战相关资金投入约2555亿元，较去年增长13.9%，其中大气、水、土壤污染防治投入力度为近年来最大。

中央财政支持北方地区冬季清洁取暖试点城市由12个增加到35个，京津冀及周边地区等主战场空气质量进一步改善。在20个城市开展黑臭水体治理示范，支持中西部地区城镇污水处理提质增效，加大渤海综合治理力度。强化土壤污染管控，推进重金属污染耕地修复治理。扩大农作物秸秆综合利用、畜禽粪污资源化利用等试点,加强农业污染治理。将宁夏贺兰山东麓、贵州乌蒙山区、内蒙古乌梁素海流域等14个项目纳入第三批山水林田湖草生态保护修复工程试点,试点范围基本涵盖了我国"两屏三带"重要生态功能区。

在政府支出政策支持下,污染防治效果明显。2018年万元GDP能耗比上年下降3.1%,清洁能源消费量比重上升。全国338个地级及以上城市平均优良天数比例为79.3%,同比提高1.3个百分点;重污染天数比例为2.2%,同比下降0.3个百分点;PM2.5浓度为39微克/立方米,同比下降9.3%。2018年,36个重点城市1062个黑臭水体中,1009个消除或基本消除黑臭,消除比例达95%。

三、科技创新与产业升级重大支出政策分析

支持深化供给侧结构性改革,需要不断提升科技创新能力。在应用性创新中,充分发挥市场主体的积极性、主动性和财税政策的引导性。在基础性研究和创新领域,充分发挥政府投入的托底作用。2018年全国科学技术支出中的应用研究支出、技术研究与开发支出分别增长11.4%、8.7%,主要用于加大科技研发投入、支持实施国家科技重大专项等。全年研究与试验发展(R&D)经费支出19657亿元,比上年增长11.6%,与国内生产总值之比为2.18%。其中,全年国家重点研发计划共安排1052个项目,国家科技重大专项共安排563个课题,国家自然科学基金共资助44504个项目。全年境内外专利申请432.3万件,比上年增长16.9%;授予专利权244.7万件,比上年增长33.3%。截至2018年底,有效专利838.1万件,其中境内有效发明专利160.2万件,每万人口发明专利拥有量11.5件。

国家大力支持制造业高质量发展,积聚壮大新动能,推动产业结构转型升级(专栏1-7)。据国家统计局2018年统计公报显示,全年全国工业战略性新兴产业增加值比上年增长8.9%,增速快于全部规模以上工业2.7个百分点;新能源汽车、智能电视产量分别比上年增长66.2%和17.7%。落实首台(套)重大技术装备保险补偿试点政策,累计支持推广1087个项目,涉及装备价值总额1500多亿元。激发创业创新活力,支持100个国家级、省级实体经济开发区打造特色载体,助推中小企业"双创"升级。设立国家融资担保基金,提升服务小微企业和"三农"等的能力。对扩大小微企业融资担保业务规模、降低小微企业融资担保费率成效明显的地方予以奖补激励。推进解决国有企业历史遗留问题,支持中央企业处置"僵尸企业"和治理特困企业工作。加大重点领域补短板力度,规范有序推进政府和社会资本合作。截至2018年末,全国PPP综合信息平台项目管理库累计落地项目4691个,投资额约7.2万亿元。

◇ 专栏1-7

《关于深化"互联网+先进制造业"发展工业互联网的指导意见》的解读

国务院日前印发了《关于深化"互联网+先进制造业"发展工业互联网的指导意见》（以下简称《指导意见》）。《指导意见》以党的十九大精神为指引，深入贯彻落实习近平新时代中国特色社会主义思想，以供给侧结构性改革为主线，以全面支撑制造强国和网络强国建设为目标，明确了我国工业互联网发展的指导思想、基本原则、发展目标、主要任务以及保障支撑。这是我国推进工业互联网的纲领性文件，将为当前和今后一个时期国内工业互联网发展提供指导和规范。

一、《指导意见》出台的背景和意义

工业互联网是连接工业全系统、全产业链、全价值链，支撑工业智能化发展的关键基础设施，是新一代信息技术与制造业深度融合所形成的新兴业态与应用模式，是互联网从消费领域向生产领域、从虚拟经济向实体经济拓展的核心载体。工业互联网包括网络、平台、安全三大功能体系，其中网络体系是基础，平台体系是核心，安全体系是保障。

当前，全球工业互联网正处在格局未定的关键期和规模化扩张的窗口期，发展工业互联网已经成为主要国家抢占全球产业竞争新制高点、重塑工业体系的共同选择。大力发展工业互联网，对推动互联网和实体经济深度融合，促进大众创业万众创新和一二三产业、大中小企业融通发展，建设制造强国、网络强国都具有重大而深远的意义。其一，工业互联网作为全球新工业革命的重要基石，更大范围、更高效率、更加精准地优化生产和服务资源配置，为推进制造业供给侧结构性改革、实现制造业由大到强提供关键支撑。其二，传统互联网向满足工业发展的新型网络演进，将推动网络基础设施演进升级，拓展网络经济空间，为网络强国建设创造重大机遇。其三，工业互联网将向实体经济领域全面拓展，成为各生产领域由自动化向网络化升级必不可少的基础设施，为制造、能源、农业、交通以及其他产业领域带来革命性变革，从而加速新旧动能接续转换，推动数字经济全面繁荣，助力现代化经济体系建设。

二、《指导意见》的编制过程和总体思路

我国工业互联网发展起步较早，在框架、标准、测试、安全、国际合作等方面都已取得初步进展。但仍存在产业支撑能力不足、标准体系不完整、引领发展的国际型龙头企业缺乏、安全保障能力薄弱等问题，一定程度上制约了我国工业互联网迈向更高发展水平。

为全面推进我国工业互联网发展，支撑制造强国和网络强国建设，2016年，工业和信息化部按照党中央、国务院决策部署，在前期广泛调研和对重大发展问题研究论证的基础上，会同国家发改委、财政部、科技部、中国工程院等相关部门和单位，历时一年，编制了《指导意见》，2017年10月30日，经国务院常务会议审议通过。

《指导意见》编制过程中，立足我国工业互联网现实基础，充分尊重技术

发展和市场发展规律，着重把握了以下要点：一是科学制定发展目标。衔接制造强国三步走战略，提出符合我国国情的工业互联网发展三阶段目标。二是突出抓好发展重点。将网络、平台、安全以及融合应用推广作为重点工作推进。三是妥善处理"四个关系"。坚持企业主体与政府推动相结合、创新发展与保障安全相结合、自主发展与开放合作相结合、统筹部署与因地制宜相结合。在政策延续性上，《指导意见》与《中国制造2025》一脉相承，与《国务院关于深化制造业与互联网融合发展的指导意见》等相互衔接，各有侧重。

三、《指导意见》主要内容

《指导意见》明确了"遵循规律，创新驱动""市场主导，政府引导""开放发展，安全可靠""系统谋划，统筹推进"的基本原则。

《指导意见》确立了三阶段目标。到2025年，我国基本形成具备国际竞争力的基础设施和产业体系；到2035年，建成国际领先的工业互联网网络基础设施和平台，形成国际先进的技术与产业体系，工业互联网全面深度应用并在优势行业形成创新引领能力，安全保障能力全面提升，重点领域实现国际领先；到21世纪中叶，工业互联网网络基础设施全面支撑经济社会发展，工业互联网创新发展能力、技术产业体系以及融合应用等全面达到国际先进水平，综合实力进入世界前列。

《指导意见》着眼全球工业互联网发展共性需求和我国亟须弥补的主要短板，围绕打造网络、平台、安全三大体系，推进大型企业集成创新和中小企业应用普及两类应用，构筑产业、生态、国际化三大支撑，提出了工业互联网发展的七项主要任务。《指导意见》重点突出三大体系构建，在网络基础方面，重点推动企业内外网改造升级，构建标识解析与标准体系，建设低时延、高可靠、广覆盖的网络基础设施，为工业全要素互联互通提供有力支撑。平台体系方面，着力夯实平台发展基础、提升平台运营能力、推动企业上云和工业APP培育，形成"建平台"与"用平台"有机结合、互促共进的良好发展格局。在安全保障方面，着力提升安全防护能力、建立数据安全保护体系、推动安全技术手段建设，全面强化工业互联网安全保障能力。

《指导意见》还提出了建立健全法规制度、营造良好市场环境、加大财税支持力度、创新金融服务方式、强化专业人才支撑、健全组织实施机制六大保障措施，以确保各项推进工作顺利进行，尽早实现发展目标。

发展工业互联网是一项前瞻性、融合性、基础性、全局性的重大系统工程，必须立足当下，放眼未来，动员全社会各方力量，在充分发挥市场在资源配置中的决定性作用前提下，更好的发挥政府引导和推动作用，分步实施、重点突破、务求实效。我国是制造大国，也是互联网大国，有条件、有能力、有信心，凝聚力量，共同推进，走出一条符合中国特色的工业互联网发展之路，为全面建成小康社会和建设社会主义现代化强国宏伟目标打下坚实基础。

资料来源：http://www.miit.gov.cn/n973401/n5993937/n5993963/c5999057/content.html。

四、乡村振兴重大支出政策分析

2018年是实施"乡村振兴"战略的开局之年，国家倡导加快发展现代农业，大力推进高标准农田建设；支持农业科技创新，支持多种形式适度规模经营，支持发展地方特色优势主导产业；开展农业全产业链开发创新示范，推进农垦改革发展。因此，财政部会同农业部于2018年初印发了《2018—2020年农机购置补贴实施指导意见》，要优先保证粮食等主要农产品生产所需机具和支持农业绿色发展机具的补贴需要，更好地支持引导农业机械生产全面高质高效发展。2018年该项工作进展顺利，共投入中央财政农机购置补贴资金174亿元，扶持163万农户共购置机具191万台（套），绩效目标超额完成，便民利民成效显著。

乡村振兴意味着农业农村改革，要求完善农业支持保护制度，推进农业供给侧结构性改革，深化粮食价格形成机制改革，推进美丽乡村建设提档升级。同时，需要建立健全实施乡村振兴战略财政投入保障制度，加大对农村教育、文化、基础设施、生态环保等各方面的投入，健全城乡融合发展体制机制。中央财政在中国气象局2018年部门预算中继续安排"三农"服务专项资金，支持气象部门进一步加强服务"三农"工作。水利设施建设对农业发展至关重要，尤其是在加快灾后水利薄弱环节建设上，中央财政已安排236亿元支持灾后水利薄弱环节建设，加大对小型病险水库除险加固的支持力度，同时启动了农村基层防汛预报预警体系建设。

在上述财政支出保障下，乡村振兴战略成效显著。2018年粮食总产量达到6.58亿吨，172项重大水利工程中累计开工133项，在建投资规模超过1万亿元。农村一二三产业融合发展取得积极进展，认定农村产业融合发展示范园100家。农业农村改革稳步推进。农村土地征收、集体经营性建设用地入市、宅基地制度改革试点工作有序推进。美丽宜居乡村建设步伐加快，农村人居环境整治三年行动全面启动，新一代信息基础设施建设工程加快推进。

五、社会民生类重大支出政策分析

一般公共服务、教育、社会保障和就业、农林水事务以及交通运输一直是民生支出的重点领域。其中，教育与社会保障就业支出的地位尤为突出，是一般公共预算支出的重要组成部分，两者合计占主要民生类支出比重的50%以上。

教育是兴国之根本，加快推进教育现代化、建设教育强国是新时代贯彻党的教育方针的基本要求。为推动教育改革发展，现阶段我国已经建立了支持教育优先发展的投入保障机制。从2012年开始,我国连续七年保持财政教育支出在GDP中的占比不少于4%。2018年,全国财政教育支出32169亿元,同比增长6.7%,在主要民生类支出中占比29.27%。尤其在实现教育均等化方面,中央财政教育转移支付的84.4%投向了中西部地区,并向贫困地区倾斜。全国约1.45亿义务教育阶段学生免除学杂费并获得免费教科书,1392万家庭经济困难寄宿生获得生活补助,1400万进城务工人员随迁子女实现相关教育经费可携带,3700万学生享受营养膳食补助,并大力支持学前教育、普通高中、职业教育、高等教育的发展。

加强基本社会保障,提高城乡居民基本养老保险基础养老金、城乡居民医保财政补助标准以及基本公共卫生服务经费财政补助标准,支持做好最低生活保障、特困人员救助供养等困难群众救助工作,是2018年社会保障工作的重点。2018年全年基本养老保险、失业保险、工伤保险三项社会保险基金支出合计49208亿元,比上年增加7228亿元,增长17.2%。其中,全国基本养老保险基金总支出为47550亿元,失业保险基金支出为915亿元,工伤保险基金支出742亿元。特别是在落实提高城镇退休人员基本养老金标准、城乡居民基本医疗保险财政补助标准等与百姓直接相关的民生政策上,中央财政支出继续保持高增长态势。针对新发展背景下的就业环境,国家实施更加积极的就业政策,落实就业创业补贴政策,加强公共就业服务能力建设,2018年中央财政就业补助资金支出468.78亿元,增长6.8%,全年城镇新增就业1361万人。在2018年主要社会民生类支出中,社会保障和就业合计支出27012.09亿元,占比24.57%,仅次于教育占比(见图1-12)。

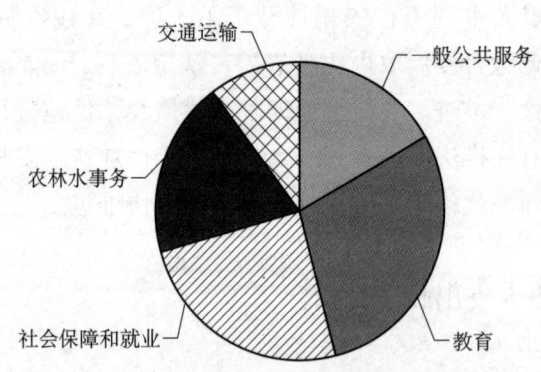

图1-12 2018年我国主要民生支出占比

数据来源:Wind。

第二章
2018 年政府预算收支情况分析

第一节 2018 年中央和地方一般公共预算收支情况

一、2018 年中央一般公共预算收支情况

（一）2018 年中央一般公共预算收入情况

2018 年中央一般公共预算收入 85456.46 亿元，为预算的 100.1%，在落实减税降费政策、经济运行面临新的下行压力等情况下，与 2017 年相比同比增长 5.3%。加上从中央预算稳定调节基金调入 2130 亿元，从中央政府性基金预算、中央国有资本经营预算调入 323 亿元，收入决算总量为 87909.46 亿元。中央一般公共预算超收收入 99.46 亿元，用于补充中央预算稳定调节基金。

2018 年全国实现减税降费 1.3 万亿元，比上年增长 9.5%，其中税收收入减税成果超 8000 万元。从宏观税负水平来看，2018 年全国税收收入占 GDP 的比重为 17.37%，低于 2017 年的水平 17.59%。

2018 年减税政策主要集中于增值税、企业所得税与个人所得税。增值税减税力度较大，2018 年 5 月 1 日起实施的增值税三项改革平稳有序推进，5—12 月增值税税率降低，实现减税约 2700 亿元，统一小规模纳税人标准惠及 50 万户纳税人，减税约 80 亿元，办理留抵退税 1148 亿元，全国增值税税收收入占 GDP 的比重为 6.83%，低于 2017 年 6.87% 的水平。企业所得税方面，享受减半征收企业所得税优惠政策的小型微利企业年应纳税所得额上限提高，取消企业委托境外研发费用不得加计扣除限制，适用企业研发费用加计扣除比例提高到 75% 的政策的企业范围扩大，高新技术企业和科技型中小企业的亏损结转年限延长，对企业

新购进单位价值不超过500万元的设备、器具允许当年一次性税前扣除等政策保证减税工作的深入推进。新出台的支持创新创业的税收优惠政策减税约500亿元。全国企业所得税税收收入占GDP的比重为3.92%，与2017年相比上升了约0.01个百分点。虽然减税降费在总量上降低了企业税负，但是减税福利的增加也使企业有更多的资金用于研发和创新，促进企业转型，保障企业发展提质增效，提高企业生产力，进而保证了企业所得税收收入的稳定。同时，2018年国家税务总局第28号公告发布，企业所得税税前扣除在实务操作中进行了更加明确的解释，既保障了纳税人的权益，又对纳税人的诚信纳税、财务核算与内部控制提出了更高的要求，而且强化了税收征管的标准和程序，企业所得税的稳定征管增加了又一道保障。个人所得税方面，个人所得税法得到修改，10月1日起，基本减除费用标准提高，税率结构优化调整，此项改革施行3个月，减税约1000亿元，7000多万个税纳税人的工薪所得无须再缴税。此后，中央研究制定个人所得税专项附加扣除暂行办法，设立子女教育等6项专项附加扣除（专栏2-1）。全国个人所得税税收收入占GDP的比重为1.54%，与2017年相比上升了约0.1个百分点。个税法修正案草案增加反避税条款堵塞税收漏洞，同样强化了税收征管力度，保障了个人所得税收收入的稳定。非税收入方面，行政性事业收费减少，更多依靠国有资本经营收入与国有资源（资产）有偿使用收入提供。

◇ 专栏2-1

国务院印发《个人所得税专项附加扣除暂行办法》

2018年12月22日，国务院印发《个人所得税专项附加扣除暂行办法》（以下简称《办法》），自2019年1月1日起施行。

《办法》指出，个人所得税专项附加扣除，是指个人所得税法规定的子女教育、继续教育、大病医疗、住房贷款利息或者住房租金、赡养老人等6项专项附加扣除。《办法》共有9章32条，明确了专项附加扣除的原则和6项专项附加扣除的扣除范围、扣除标准、扣除方式，以及保障措施等内容。

《办法》规定，纳税人子女在全日制学历教育阶段（包括义务教育、高中阶段教育、高等教育）的支出，以及子女年满3岁至小学入学前处于学前教育阶段的支出，纳税人可选择由夫妻一方按每孩每月1000元扣除，也可选择夫妻双方分别按每孩每月500元扣除。

《办法》规定，纳税人在中国境内接受继续教育发生的支出，其中属于学历（学位）继续教育的支出，按每月400元扣除，扣除期限不能超过48个月（4年）；属于技能人员职业资格继续教育和专业技术人员职业资格继续教育的支出，在取得相关证书的当年扣除3600元。

《办法》规定，一个纳税年度内，由纳税人负担的医药费用支出超过1.5万元的部分，在每年8万元的限额内据实扣除。可扣除的医药费用支出包括纳税人本人或其配偶、未成年子女发生的医药费用支出。

《办法》规定，纳税人本人或其配偶购买中国境内住房发生的首套住房贷款利息支出，可以选择由夫妻一方按每月1000元扣除，扣除期限最长不超过240个月（20年）。

《办法》规定，纳税人在主要工作城市没有自有住房而发生的住房租金支出，在直辖市、省会（首府）城市、计划单列市及国务院确定的其他城市的，按每月1500元扣除；除上述城市外，市辖区户籍人口超过100万的城市，按每月1100元扣除；市辖区户籍人口不超过100万的城市，按每月800元扣除。夫妻双方主要工作城市相同的，只能由一方扣除。

《办法》规定，纳税人赡养年满60岁父母的支出，或者祖父母、外祖父母的子女已经去世，纳税人赡养年满60岁的祖父母或外祖父母的支出可以扣除。纳税人属于独生子女的，按每月2000元扣除；属于非独生子女的，与其兄弟姐妹分摊每月2000元的扣除额度，其中每人分摊的扣除额度不得超过1000元。

资料来源：《国务院关于印发个人所得税专项附加扣除暂行办法的通知》，国发〔2018〕41号。

从2018年一般公共预算收入决算情况来看减税降费取得的成效。如图2-1所示，中央一般公共预算主要由税收收入构成，非税收入所占比重较小且其他基金调入仅做调节作用。2018年中央税收收入80448.07亿元，与2017年相比同比增长6.3%，由增值税、企业所得税以及消费税占据主要组成部分，其中国内增值税收入占GDP的比重为3.42%，国内消费税1.18%，企业所得税2.47%，与2017年相比，占比均下降；在非税收入方面，2018年收入5008.39亿元，与2017年相比同比下降8.7%。

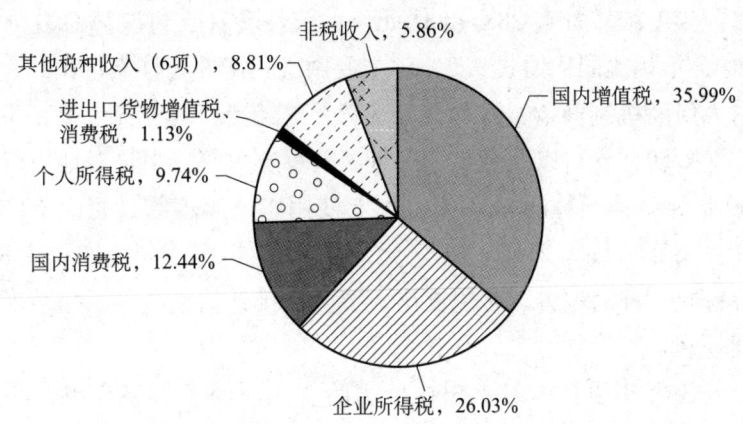

图2-1 2018年中央一般公共预算收入决算构成

数据来源：财政部预算司官网。

（二）2018 年中央一般公共预算支出情况

2018 年中央一般公共预算支出 102388.47 亿元，为预算的 99.1%，与 2017 年相比同比增长 7.7%。其中，中央本级支出 32707.81 亿元，为预算的 100.7%，同比增长 8.8%；中央对地方税收返还和转移支付 69680.66 亿元，为预算的 99.1%，同比增长 7.3%。加上补充中央预算稳定调节基金 1020.99 亿元，支出总量为 103407.46 亿元。

中央预备费预算 500 亿元，实际支出 17.48 亿元，主要用于支持地方加强非洲猪瘟防控等方面，剩余 482.52 亿元全部转入中央预算稳定调节基金。中央一般公共预算支出结余 921.53 亿元，加之超收收入 99.46 亿元，共计 1020.99 亿元，用于补充中央预算稳定调节基金。

中央财政发行国债 37092.31 亿元，其中内债 36775.58 亿元、外债 316.73 亿元，筹措资金除用于到期国债还本外，其余均由中央财政统筹安排使用。国债还本 22264.72 亿元，其中内债 22014.39 亿元、外债 250.33 亿元。年末国债余额为 149607.41 亿元，包括内债余额 148208.62 亿元、外债余额 1398.79 亿元，控制在全国人大批准的国债余额限额 156908.35 亿元以内。

如图 2-2 所示，2018 年中央一般公共预算支出决算中，中央对地方的税收返还和转移支付占比远高于中央一般公共预算本级支出。中央对地方的税收返还和转移支付中税收返还 8031.51 亿元，为预算的 98.7%，与 2017 年相比同比增长 1.2%，主要包括增值税返还、消费税返还、所得税基数返还，以及根据新疆生产建设兵团财政体制改革方案，新增新疆维吾尔自治区上解新疆生产建设兵团有关税收收入等。中央对地方一般性转移支付 38722.06 亿元，为预算的 99.3%，加上使用以前年度结转资金 288.48 亿元，一般性转移支付决算总数为 39010.54 亿元，与 2017 年相比同比增长 9.5%。主要用于均衡性转移支付预算，其中包括县级基本财力保障机制资金、城乡义务教育补助经费、基本养老金转移支付，城乡居民医疗保险转移支付以及老少边穷地区转移支付等。中央对地方专项转移支付 22927.09 亿元，为预算的 98.8%，加上使用以前年度结转资金 678.07 亿元，专项转移支付决算总数为 23605.16 亿元，与 2017 年相比同比增长 4.8%。主要是车辆购置税收入补助地方、基建支出、节能减排补助资金、医疗救助补助资金等支出增加较多。

在中央一般公共预算本级支出中，国防支出、债务付息支出、科学技术支出、公共安全支出占据较大比重，除此之外另有教育支出、一般公共服务支出、粮油物资储备支出以及社会保障和就业支出的支出决算额同样超 1000 亿元。其中国防支出 11069.7 亿元，与 2017 年相比同比增长 8.1%，国防支出的适度增加，其中相当一部分是为了弥补过去投入的不足，主要用于更新武装装备、改善军人的生活待遇和基层部队训练生活条件；科学技术支出 3120.27 亿元，与 2017 年相比同比增长 10.3%，科技支出的持续增长，用于推进科技创新能力建设，支持深化供给侧结构性改革，2018 年国家实施了中央财政科研项目资金管理改革督察，支持实施国家科技重大专项，并选取部分专项探索开展基于诚信和绩效的"绿色通道"试点等举措。

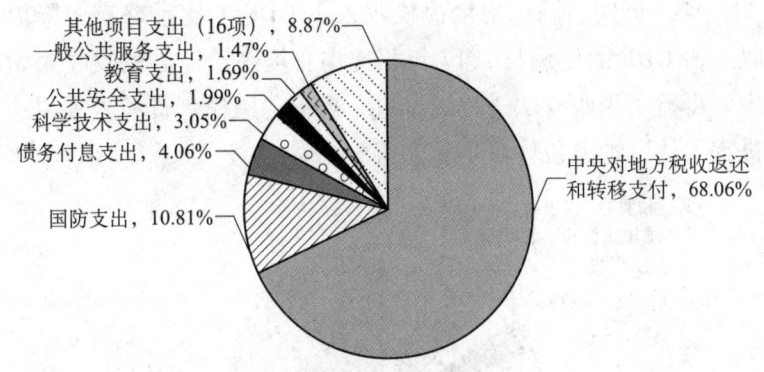

图 2-2 2018 年中央一般公共预算支出决算构成

数据来源：财政部预算司官网。

二、2018 年地方一般公共预算收支情况

（一）2018 年地方一般公共预算收入情况

2018 年地方一般公共预算收入 167584.04 亿元，其中，本级收入 97903.38 亿元，为预算的 100.1%，与 2017 年相比同比增长 7%；中央对地方税收返还和转移支付收入 69680.66 亿元，为预算的 99.1%，与 2017 年相比同比增长 7.3%。加上地方财政从地方预算稳定调节基金、政府性基金预算、国有资本经营预算调入资金及使用结转结余 12312.28 亿元，收入总量为 179896.32 亿元。

根据现行规定，地方财政结转结余当年不列预算支出，在以后年度实际使用时再列预算支出；国库集中支付结余按权责发生制列作当年预算支出。2018 年地方财政调入资金及使用结转结余增加较多，主要是地方财政按照跨年度预算平衡机制、财政资金统筹使用和盘活存量资金等有关要求，加大从预算稳定调节基金、政府性基金预算、国有资本经营预算调入资金的力度，以及进一步加快使用结转结余资金。

如图 2-3 所示，在 2018 年地方一般公共预算收入决算中，地方税收收入与中央税收返还为地方一般公共预算的主要来源，并且各自占据较大的比重。地方税收收入主要来自国内增值税、企业所得税、契税、土地增值税、个人所得税、城市维护建设税等税种。其中国内增值税收入30777.45亿元，与2017年相比同比增长9.1%；企业所得税收入13081.6亿元，与2017年相比同比增长15.9%；契税收入5729.94亿元，与2017年相比同比增长16.7%；土地增值税收入5641.38亿元，与2017年相比同比增长14.9%；个人所得税收入5547.55亿元，与2017年相比同比增长15.9%；城市维护建设税4680.67亿元，与2017年相比同比增长11.3%。同时，除国内增值税收入占GDP的比重略有下降以外，以上几项税收收入占GDP的比重与2017年相比均有提高，地方税收收入始终保持稳定增长，主要得益于税收立法进程的推进，耕地占用税、资源税等税法建立，房产税立法进程加快，地方税体系不断完善。

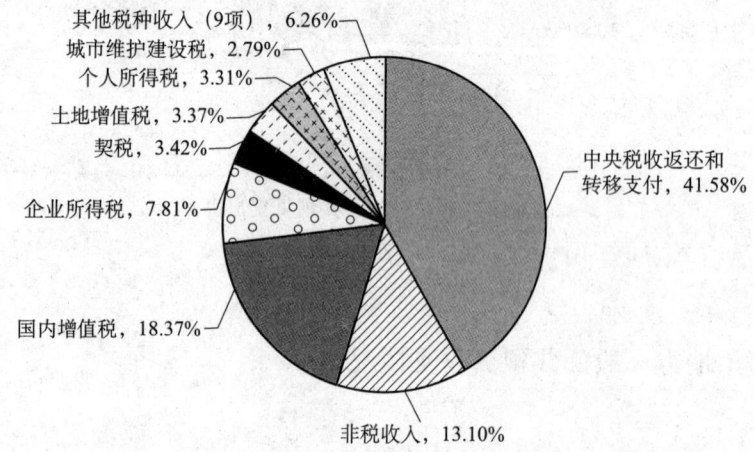

图2-3　2018年地方一般公共预算收入决算构成

数据来源：财政部预算司官网。

（二）2018年地方一般公共预算支出情况

2018年地方一般公共预算支出188196.32亿元，为预算的106.4%，与2017年相比同比增长8.7%。如图2-4所示，地方一般公共预算支出中教育支出、社会保障和就业支出、城乡社区支出、农林水支出、一般公共服务支出、医疗卫生与计划生育支出以及公共安全支出均超过10000亿元，占地方一般公共预算支出的较大比重。其中地方教育支出30438.24亿元，加上中央教育支出1731.23亿元，全国共支出32169.47亿元，与2017年相比同比增长6.5%，教育支出持续增长，全国约1.45亿名义务教育学生免除学杂费并获得免费教科书，1392万户家庭经济困难寄宿生获得生活费补助，1400万名进城务工农民工随迁子女实现相关教育经费可携带，3700万名学生享受营养膳食补助；社会保障和就业支出25827.54亿元，与2017年相比同比增长9.4%，2018年城乡居民医保财政补助和个人缴费标准同步提高,各级财政人均补助标准在 2017 年基础上新增 40 元,达到每人每年不低于 490 元;就业保障方面,政府实施更加积极的就业政策,加强公共就业服务能力建设,其中中央财政就业补助资金支出 468.78 亿元,实现全年城镇新增就业 1361 万人;医疗卫生与计划生育支出 15412.90 亿元,与 2017 年相比同比增长 7.5%。2018 年政府提高基本公共卫生服务经费人均财政补助标准到 55 元,提高优抚对象等人员抚恤和生活补助标准,公共卫生支出的增长惠及全国 860 多万优抚对象。地方政府各项支出持续增长,保障经济可持续发展,保障社会民生的持续改善。

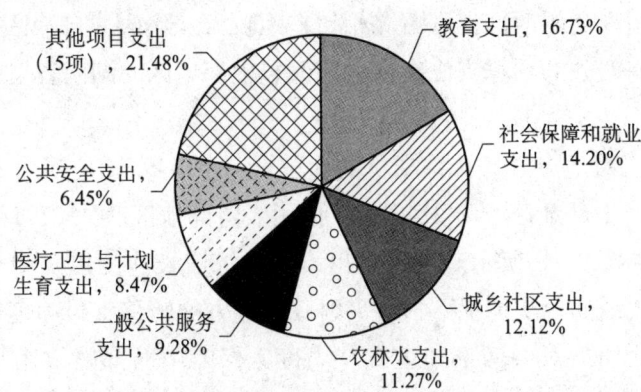

图 2-4　2018 年地方一般公共预算支出决算构成

数据来源:财政部预算司官网。

三、2018 年地方一般公共预算收支的地区间差距情况

从一般公共预算收支总量情况来看,2018 年地方一般公共预算收支执行情况中,东部地区的一般公共预算收支总量占地方一般公共预算收支总量的比重最大,其次是西部地区,再次是中部地区(见图 2-5)。财政收支的地理和行政区

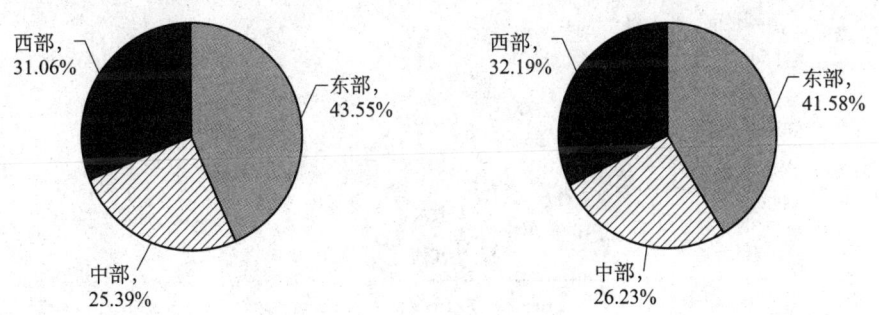

图 2-5　2018 年各地区一般公共预算收入(左)支出(右)执行情况

数据来源:省、自治区、直辖市财政厅(局)官网,人民政府官网。

分布情况与人口的分布有密切关系,地区间预算收入的不平衡被政府间转移支付所弥补。

从一般公共预算收支人均情况来看,区域间公共部门收支也存在显著差距。2018 年地方人均一般公共预算收支决算中,东部地区人均一般公共预算收入决算占比最高,其次为西部地区,中部地区最低。除西藏自治区外,东部地区的上海市人均一般公共预算收入决算数最大,西部地区的甘肃省全国最低,全国 31 个省、自治区、直辖市中超过三分之二的省份高于全国人均水平;东部地区人均一般公共预算支出决算占比最高,其次为西部地区,中部地区最低,并且东部地区的人均支出情况与中西部地区情况相比差距较大。除西藏自治区外,东部地区的上海市人均一般公共预算支出决算数最大,中部地区的湖南省全国最低(见图 2-6、图 2-7)。

2018 年中央对地方进行转移支付的收入合计 61649.15 亿元,东部地区收入 12528.73 亿元,中部地区收入 21401.69 亿元,西部地区收入 27718.73 亿元,各地区占比情况如图 2-8 所示。可以看出,在经济增长速度以及中央和地方财政收入增速有所放缓的现实情况下,中央财政对地方的转移支付力度未减,推进区域协调发展。除加大对中西部地区支持力度,保障中西部财政困难地区平稳运行,提高基本公共服务均等化水平之外,转移支付重点倾斜老少边穷地区,加快

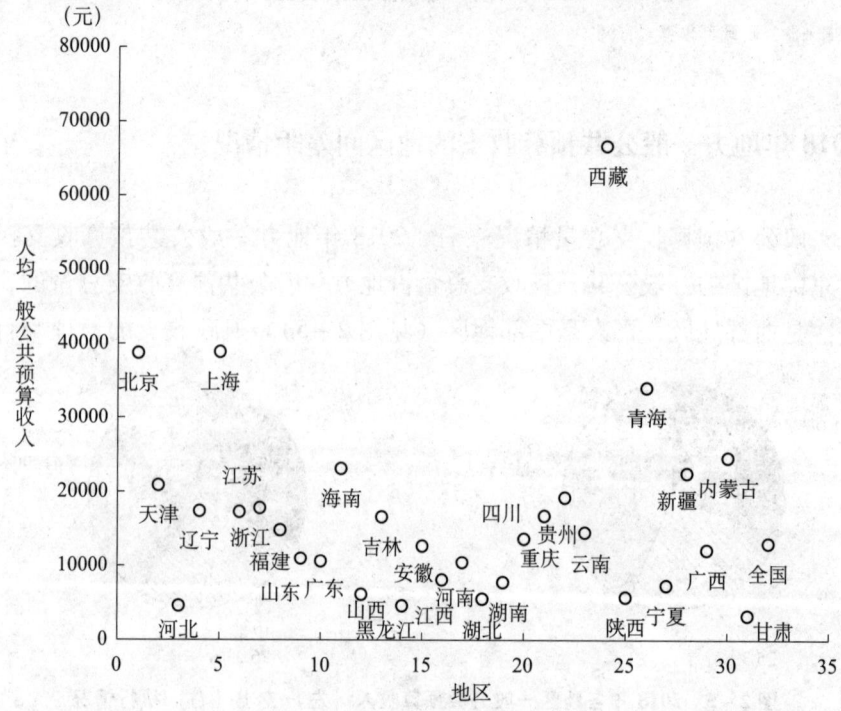

图 2-6 2018 年各地区人均一般公共预算收入决算情况

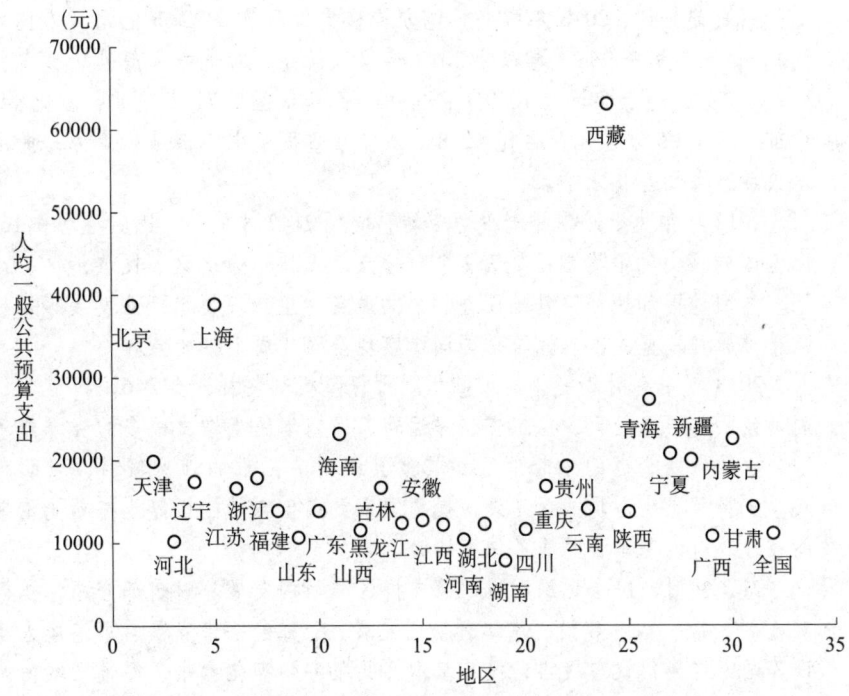

图 2-7 2018 年各地区人均一般公共预算支出决算情况

数据来源：国家统计局，省、自治区、直辖市财政厅（局），人民政府官网。

基础设施建设，弥补此类地区产业发展、生态环境、公共服务等各个方面的短板，推进脱贫攻坚任务的顺利进行；支持重点生态功能区建设；保障基层财政困难地区兜住底线（专栏 2-2）。

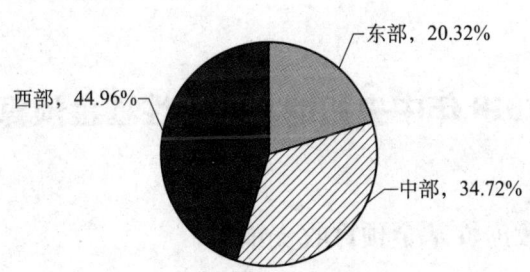

图 2-8 中央对地方转移支付分区域占比情况

数据来源：财政部预算司官网。

◇ 专栏 2-2

2018 年中国中央财政加大对地方转移支付力度

2018 年中央财政不断加大对地方转移支付力度，提高转移支付资金效率，推进基本公共服务均等化，特别是在中央和地方财政收入增速均有所放缓的情况下，保障地方财政尤其是中西部财政困难地区平稳运行。

财政部介绍，2018年中央对地方转移支付预算 6.22 万亿元（人民币，下同），比上年增长 9%，增幅为 2013 年以来最高。对地方一般性转移支付预算 3.9 万亿元，比上年增长 10.9%，其中：西部地区 1.71 万亿元，占比 44.4%，中部地区 1.65 万亿元，占比 42.8%，有力增强了中西部地区财力，提高了基本公共服务均等化水平。

2018 年中央财政安排老少边穷转移支付 2142.8 亿元，比上年增长 16.9%，比全国转移支付平均增幅高 7.9 个百分点，支持革命老区、民族地区、边疆地区、贫困地区加快补齐基础设施、公共服务、生态环境、产业发展等短板，打赢精准脱贫攻坚战，确保与全国同步实现全面建成小康社会。

2018 年中央财政安排县级基本财力保障机制奖补资金 2462.79 亿元，重点向财政收入下降较大，保工资、保运转、保基本民生增支较多的资源能源型地区、主导产业衰退的东北地区和其他县级财政困难的地区倾斜，帮助兜住底线。支持重点生态功能区建设，提高国家重点生态功能区等生态功能重要地区所在地政府的基本公共服务保障能力。

与此同时，综合运用财税政策支持区域协调发展。财政部介绍，积极推进实施"一带一路"建设、京津冀协同发展、长江经济带发展、粤港澳大湾区建设等国家重大倡议与战略，提升基本公共服务均等化水平，促进区域协调发展向更高水平和更高质量迈进。积极推进西部大开发、振兴东北地区等老工业基地、促进中部地区崛起、鼓励东部地区率先发展，深入推进西部、东北、中部、东部四大板块发展、融通。支持推进重点区域协调发展。

资料来源：2018 年中国中央财政加大对地方转移支付力度，中国新闻网，http：//www.chinanews.com/cj/2019/01-03/8719429.shtml。

第二节 2018 年中央和地方政府性基金预算收支情况

一、2018 年中央政府性基金预算收支情况

（一）2018 年中央政府性基金预算收入情况

2018 年中央政府性基金收入 4034.81 亿元，为预算的 104.4%，与 2017 年相比同比增长 4.3%。加上 2017 年结转收入 385.59 亿元，收入总量为 4420.4 亿元。

中央政府性基金预算收入由 20 项基金收入组成，如图 2-9 所示，2018 年占据较大比重的基金收入为：可再生能源电价附加收入、彩票公益金收入、中央特别国债经营基金财务收入、铁路建设基金收入、民航发展基金收入。可再生能源电价附加收入 786.1 亿元，与 2017 年相比同比增长 11.4%；彩票公益金收入

652.62 亿元，与 2017 年相比同比增长 15.1%；中央特别国债经营基金财务收入 632.68 亿元，与 2017 年相比同比下降 5.8%；铁路建设基金收入 523.80，与 2017 年相比同比增长 10.2%；民航发展基金收入 435.44 亿元，与 2017 年相比同比增长 18.5%。

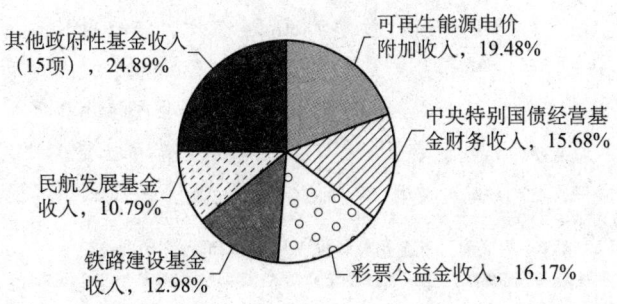

图 2-9 2018 年中央政府性基金收入决算构成

数据来源：财政部预算司官网。

（二）2018 年中央政府性基金预算支出情况

2018 年中央政府性基金支出 4021.55 亿元，完成预算的 94.7%，与 2017 年相比同比增长 8.4%，其中，本级支出 3089.29 亿元，对地方转移支付 932.26 亿元。调入一般公共预算 1.46 亿元。中央政府性基金收大于支 395.23 亿元，其中，结转下年继续使用 358.24 亿元；单项政府性基金结转超过当年收入 30% 的部分合计 36.99 亿元，按规定补充中央预算稳定调节基金。

2018 年中央政府性基金支出包括 20 项基金支出，如图 2-10 所示，其中主要支出方向为：可再生能源电价附加收入安排的支出、中央特别国债经营基金财务支出、彩票公益金相关支出、彩票公益金相关支出、铁路建设基金支出、民航发展基金支出（专栏 2-3）。可再生能源电价附加收入安排支出 838.88 亿元，与 2017 年相比同比增长 17.8%；中央特别国债经营基金财务支出 632.92 亿元，与 2017 年相比同比下降 7.3%；彩票公益金相关支出 584.50 亿元，与 2017 年相比同比增长 10.4%；铁路建设基金支出 565.34 亿元，与 2017 年相比同比增长 34.6%；民航发展基金支出 477.95 亿元，与 2017 年相比同比增长 55.8%。

◇ 专栏 2-3

2018 年民航发展基金预算

2018 年民航发展基金收入预算数为 410 亿元，比 2017 年执行数增加 42.26 亿元，增长 11.5%。主要根据 2018 年民航客货运输周转量预计增长情况等因素测算。

2018年民航发展基金支出预算数为520.28亿元，比2017年执行数增加213.09亿元，增长69.4%，主要是民航数据通信网工程，北京新机场、成都新机场空管配套工程等"十三五"民航规划重点建设项目已完成初设概算批复，2018年支出需求相应增加。其中：中央本级支出预算数为238.38亿元，比2017年执行数增加132.55亿元，增长125.2%；中央对地方转移支付预算数为281.9亿元，比2017年执行数增加80.54亿元，增长40%。

转移支付绩效目标：支持地方机场基础设施建设，补助新建、扩建机场≥10个，补助新建跑道≥7条，补助建设航站楼面积≥400万平方米。机场当年保障旅客运输人数同比增长8%以上，保障货邮吞吐量同比增长4%以上。机场持续发展能力提高、运行保障能力增强、服务品质和旅客满意度持续提升。

资料来源：《关于2018年中央政府性基金预算的说明》，财政部预算司网站。

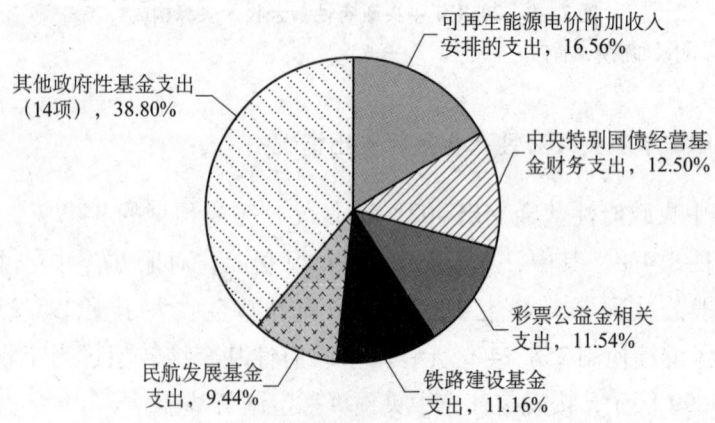

图2-10　2018年中央政府性基金支出决算构成

数据来源：财政部预算司官网。

二、2018年地方政府性基金预算收支情况

（一）2018年地方政府性基金预算收入情况

2018年地方政府性基金本级收入71444.26亿元，为预算的118.5%，与2017年相比同比增长23.9%，加上中央政府性基金对地方转移支付收入932.26亿元和地方政府发行专项债券筹集收入13500亿元，地方政府性基金相关收入为85876.52亿元。

地方政府性基金收入主要依靠地方政府性基金本级收入，如图2-11所示，2018年地方政府性基金本级收入中国有土地使用权出让金收入占极大比重，该项收入62875.11亿元，为预算的119.8%，与2017年相比同比增长25.8%。而其他 19 项收入仅占地方政府性基金本级收入较小比重（见图 2-11）。

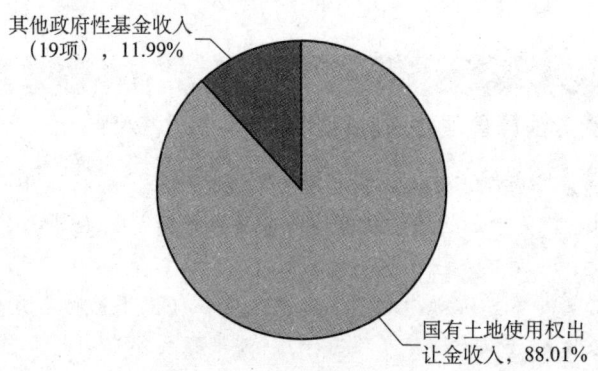

图 2-11　2018 年地方政府性基金本级收入决算构成

数据来源：财政部预算司官网。

（二）2018 年地方政府性基金预算支出情况

2018 年地方政府性基金相关支出 77512.33 亿元，为预算的 103.6%，与 2017 年相比同比增长 33%。如图 2-12 所示，国有土地使用权出让收入相关支出占地方政府性基金支出决算的极大比重，成为地方政府最主要的支出责任，主要用于土地开发、城市和农村基础设施建设、保障性安居工程、水利、教育等。2018 年支出 68138.81 亿元，为预算的 105.2%，同比增长 34.7%。

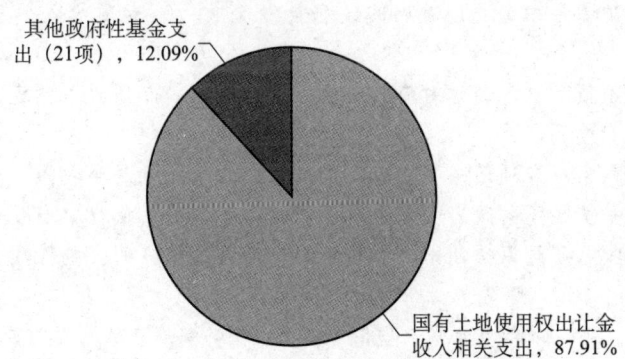

图 2-12　2018 年地方政府性基金支出决算构成

数据来源：财政部预算司官网。

按照地方政府债务管理有关规定，地方政府专项债务收支纳入政府性基金预算管理（专栏 2-4）。2018 年地方政府专项债券发行额 19459.49 亿元，专项债务还本额 6793.34 亿元，付息支出 1752.34 亿元。2018 年末地方政府专项债务余额实际数小于 2018 年限额 86185.08 亿元，主要是一些地区通过安排财政预算资金、企事业单位等原债务人资金偿还、推广运用政府与社会资本合作（PPP）模式等方式消化了部分存量政府债务，以及部分工程款结算后，根据实际情况相应核减了债务余额。

◇ **专栏2-4**

《地方政府专项债务预算管理办法》（总则）

第一条　为规范地方政府专项债务预算管理，根据《中华人民共和国预算法》《国务院关于加强地方政府性债务管理的意见》（国发〔2014〕43号）等有关规定，制定本办法。

第二条　本办法所称地方政府专项债务（以下简称专项债务），包括地方政府专项债券（以下简称专项债券）、清理甄别认定的截至2014年12月31日非地方政府债券形式的存量专项债务（以下简称非债券形式专项债务）。

第三条　专项债务收入、安排的支出、还本付息、发行费用纳入政府性基金预算管理。

第四条　专项债务收入通过发行专项债券方式筹措。

省、自治区、直辖市政府为专项债券的发行主体，具体发行工作由省级财政部门负责。设区的市、自治州、县、自治县、不设区的市、市辖区政府（以下简称市县级政府）确需发行专项债券的，应当纳入本省、自治区、直辖市政府性基金预算管理，由省、自治区、直辖市政府统一发行并转贷给市县级政府。经省政府批准，计划单列市政府可以自办发行专项债券。

第五条　专项债务收入应当用于公益性资本支出，不得用于经常性支出。

第六条　专项债务应当有偿还计划和稳定的偿还资金来源。

专项债务本金通过对应的政府性基金收入、专项收入、发行专项债券等偿还。

专项债务利息通过对应的政府性基金收入、专项收入偿还，不得通过发行专项债券偿还。

第七条　专项债务收支应当按照对应的政府性基金收入、专项收入实现项目收支平衡，不同政府性基金科目之间不得调剂。执行中专项债务对应的政府性基金收入不足以偿还本金和利息的，可以从相应的公益性项目单位调入专项收入弥补。

第八条　非债券形式专项债务应当在国务院规定的期限内置换成专项债券。

第九条　加强地方政府债务管理信息化建设，专项债务预算收支纳入本级财政预算管理信息系统，专项债务管理纳入全国统一的管理信息系统。

资料来源：关于印发《地方政府专项债务预算管理办法》的通知（财预〔2016〕155号）。

三、2018年地方政府性基金预算收支的地区间差距情况

2018年各省政府性基金预算收入规模排名与一般公共预算收入规模基本一

致,东西部差异显著。东部地区的浙江省、江苏省、广东省规模较大且均超过5000亿元,而西部地区的西藏自治区、宁夏回族自治区、青海省、甘肃省均低于500亿元。同时,中西部存在一些省份一般公共预算收入规模低于政府性基金预算收入规模,表现出对土地财政相当的依赖度,如江西省、重庆市、河南省;而东部地区一些财政贡献度较大的省份,其政府性基金预算收入规模远低于一般公共预算收入,如上海市、北京市、广东省。在各地区政府性基金预算支出上,东部地区的政府性基金预算支出决算占比最大,能够通过其财力保证支出责任的执行(见图2-13)。

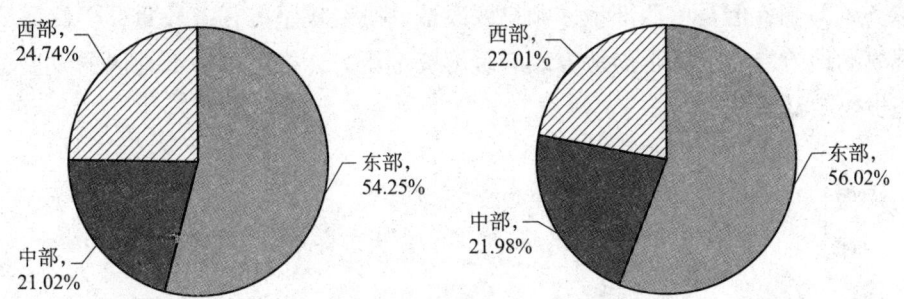

图 2-13 2018 年各地区政府性基金预算收入(左)支出(右)决算情况

数据来源:省、自治区、直辖市财政厅(局)官网,人民政府官网。

国有土地使用权出让金收入是地方政府性基金预算收入的重要来源,2018年该项收入仍占据政府性基金预算收入的较大比重。从全国层面来看,地方政府对于"土地财政"仍存在较大程度的依赖性。各地国有土地使用权出让金收入一方面受相关房地产市场改革的影响,另一方面在财税体制的深化改革中不断调整。根据已有数据,东部地区的国有土地使用权出让收入占比仍高于中西部地区。特别是东部地区的浙江省、江苏省,该项收入远超全国其他省份。在行政等级标准的划分下,该项收入的分配与变动情况更加明显。三四线城市自身经济体量有限,抗风险能力有待提高,但在棚改政策以及房地产行业周期的影响下,土地出让收入仍出现大幅增长。多数二线城市正处于城市快速扩张时期,市场热度高,相关需求旺盛,同样能够带动该项收入的增长。而一线城市经济实力雄厚,城市发展成熟,基础设施完善,在供给侧结构性改革的指导下产业相继转型升级,该项收入增长幅度放缓。税收收入在财政收入中的占比高反映出地方财政的发展质量高、营商环境优越以及财政收支稳健,而过多依靠土地使用权出让收入充实地方财政收入则会更多地受到来自房地产行业周期变动的影响,稳定性较差。因此,在未来的改革进程中,应当不断健全地方税收体系,加快房地产税落地。

地方专项债务多用于市政建设、交通运输、保障性住房建设、安居工程等基础设施建设领域,也用于乡村振兴、扶贫和生态环境等与三大攻坚战有关的项目;项目收益专项债分为土地储备、收费公路、棚户区改造、教育类等多个细分品种,且在不断创新中。2018年地方专项债务余额按照地区划分并加以统计,东部地区余额为37569.39亿元,中部地区余额为16524.37亿元,西部地区余额为20040.4亿元,各省、自治区、直辖市地方专项债务余额情况如图2-14所示。统计各省、自治区、直辖市年末债务余额与各地区生产总值情况,得出各地区地方专项债务负债率,西部地区地方专项债务负债率最高,其次是东部地区,中部地区最低。可以看出,东部地区虽然债务余额最大,然而东部地区经济总量高,财政实力强,债务管理绩效较好,偿债压力不大。中西部地区偿债压力大并且债务风险高,但是中西部地区棚户区改造、脱贫攻坚等任务较重,仍然需要一定规模的地方专项债务帮助地方政府缓解资金压力,推进中西部地区的发展,助力积极财政政策的施行。

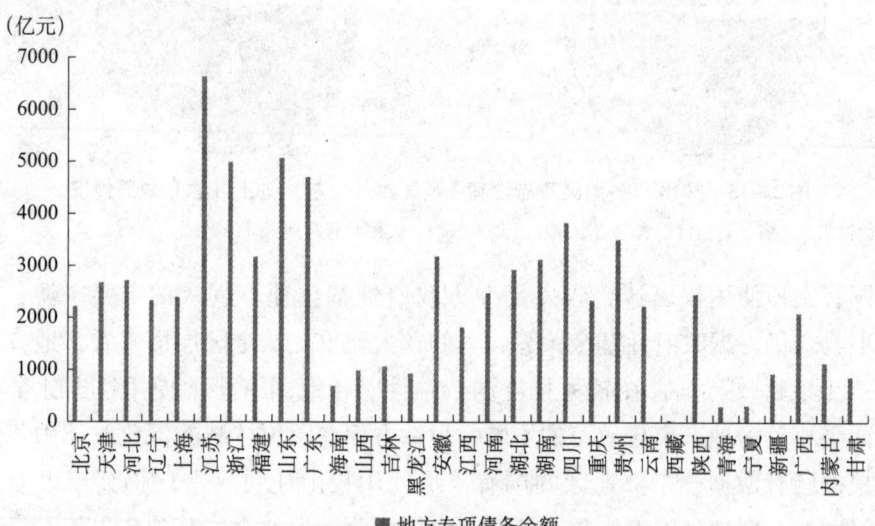

图2-14 2018年各省、自治区、直辖市地方专项债务余额情况

数据来源:财政部预算司官网。

第三节 2018年中央和地方国有资本经营预算收支情况

一、2018年中央国有资本经营预算收支情况

(一)2018年中央国有资本经营预算收入情况

中央国有资本经营预算收入1326.38亿元,为预算的96.3%,主要是电信、

电力行业利润增幅低于预期,与 2017 年相比同比增长 1.7%。加上上年结转收入 113.59 亿元,收入总量为 1439.97 亿元。如图 2-15 所示,在中央国有资本经营预算收入决算之中,利润收入 1209.86 亿元,占据较大比重,为预算的 95.6%,与 2017 年相比同比增长 6.7%。其次是股权、利息收入,2018 年决算数 111.9 亿元,为预算的 101%,与 2017 年相比同比增长 10.4%。

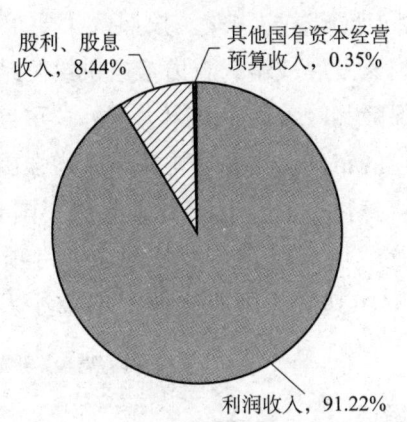

图 2-15 2018 年中央国有资本经营预算收入的构成情况

数据来源:财政部预算司官网。

按照国有资本经营预算管理有关规定,国有资本经营预算收入主要根据国有企业上年实现净利润一定比例收取。纳入 2018 年中央国有资本经营预算实施范围的中央企业税后利润(净利润扣除以前年度未弥补亏损和提取的法定公积金)的收取比例分为五类执行:第一类为烟草企业,收取比例 25%;第二类为石油石化、电力、电信、煤炭等资源型企业,收取比例 20%;第三类为钢铁、运输、电子、贸易、施工等一般竞争型企业,收取比例 15%;第四类为军工企业、转制科研院所、中国邮政集团公司、中国铁路总公司、中央文化企业、中央部门所属企业,收取比例 10%;第五类为政策性企业,为中国储备粮管理集团有限公司,免交当年应交利润。符合小型微型企业规定标准的国有独资企业,应交利润不足 10 万元的,比照第五类政策性企业,免交当年应交利润。

2018 年,政府深化国资国企改革。首次向全国人大常委会作了全口径国有资产管理情况综合报告和金融企业国有资产专项报告。推动试点改革实施意见的出台,相关重点工作有序落实。剥离国有企业办社会职能和解决历史遗留问题取得重要进展。

(二)2018 年中央国有资本经营预算支出情况

2018 年中央国有资本经营预算支出 1111.73 亿元,完成预算的 95.1%,与

2017年相比同比增长10.1%，其中，本级支出1024.85亿元，对地方转移支付86.88亿元。调入一般公共预算321.54亿元，调入比例提高至25%。结转下年支出6.7亿元。

如图2-16和图2-17所示，在2018年中央国有资本经营预算支出中，解决历史遗留问题及改革成本支出占较大比重，决算数473.23亿元，为预算的89.1%，与2017年相比同比下降24.4%。按照政策要求，2018年中央国有资本经营预算支出优先落实国家发展战略，着力推进供给侧结构性改革，除继续加大调入一般公共预算用于保障和改善民生支出力度外，重点解决国有企业历史遗留问题，进一步推动国有经济布局优化和结构调整，增强国有经济的竞争力、控制力和影响力。主要包括"三供一业"移交补助支出、国有企业棚户区改造支出、化解过剩产能支出、处置"僵尸企业"及特困企业专项治理人员安置支出、离休干部医药费补助支出等。其次为国有企业资本金注入，决算数331.49亿元，

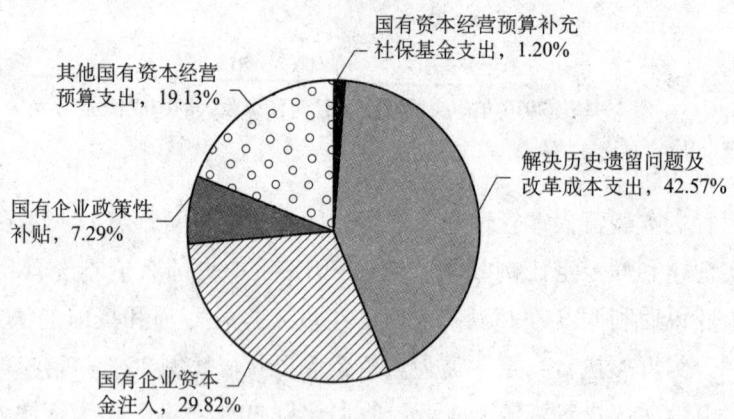

图2-16 2018年各类国有资本经营支出占中央国有资本经营支出的比重

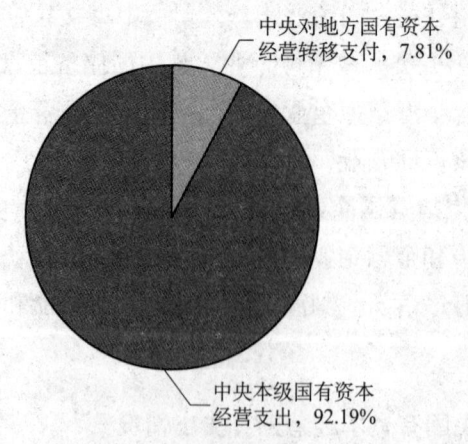

图2-17 2018年中央国有资本经营支出的构成情况

数据来源：财政部预算司官网。

为预算的94.2%，与2017年相比同比增长29.3%。主要用于支持装备制造业发展、中央文化企业产业升级与发展，支持核电"走出去"，支持中央企业安全生产能力建设等。

中央对地方国有资本经营预算转移支付预算数为100亿元，决算数为86.88亿元，完成预算的86.9%，预算完成率较低主要因为收回以前年度结余资金冲减了当年支出。主要用于支持地方国有企业安全生产能力建设以及中央下放企业"三供一业"（供电、供水、供热和物业管理）移交补助、厂办大集体改革支出、工业企业结构调整专项奖补等。

二、2018年地方国有资本经营预算收支情况

（一）2018年地方国有资本经营预算收入情况

2018年地方国有资本经营预算收入为1666.29亿元。其中本级收入1579.41亿元，为预算的108.1%，与2017年相比同比增长18.2%；中央国有资本经营预算对地方转移支付收入86.88亿元，为预算的86.9%，与2017年相比同比下降63.1%。加之上年结转收入25.52亿元，地方国有资本经营预算收入总量为191.81亿元。

如图2-18和图2-19所示，2018年地方国有资本经营收入决算中地方国有资本经营本级收入占较大比重，其中利润收入928.63亿元，与2017年相比同比增长29.7%；产权转让收入256.53亿元，与2017年相比同比增长28%；股利、股息收入232.47亿元，与2017年相比同比增长24.9%。

（二）2018年地方国有资本经营预算支出情况

2018年地方国有资本经营预算支出1128.43亿元，为预算的93.7%，与2017年相比同比下降9.7%。加之国有资本经营预算调出资金563.38亿元，支出总量1691.81亿元。

如图2-20所示，2018年国有企业资本金注入占较大比重，支出608.19亿元，为预算的128.4%，同比增长10.7%；其次为解决历史遗留问题的改革成本支出，共支出269.25亿元，为预算的78.8%，同比下降32.8%。结合中央国有资本经营预算支出情况，可以见得，解决历史遗留问题及改革成本支出责任主要由中央政府承担，而国有企业资本金注入支出责任更多地依赖于地方政府。

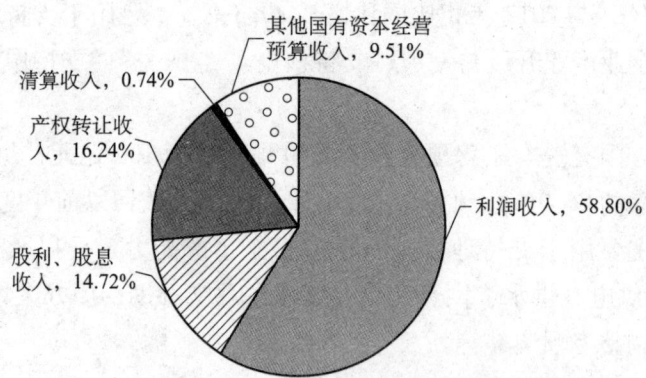

图 2-18　2018 年地方国有资本经营本级收入构成

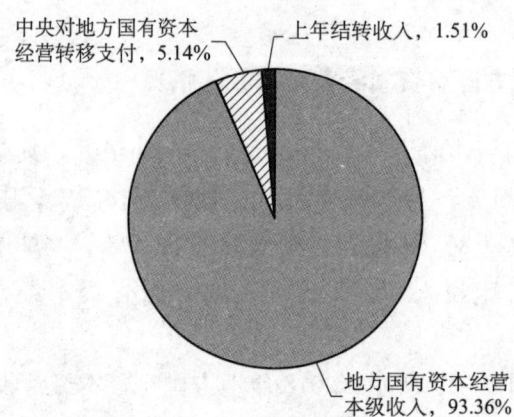

图 2-19　2018 年地方国有资本经营收入决算构成

数据来源：财政部预算司官网。

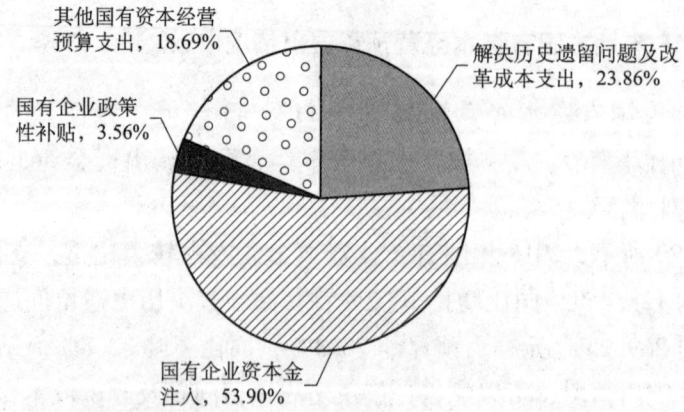

图 2-20　2018 年地方国有资本经营支出决算构成

数据来源：财政部预算司官网。

三、2018年地方国有资本经营预算收支的地区间差距情况

东中西部各省、自治区、直辖市政府根据本地区实际发展情况制定国有资本经营预算并执行，2018年各地区主要的发展方向依旧响应深化国企改革的相关政策，积极推进供给侧结构性改革（专栏2-5）。除调整调入一般公共预算用于社会保障等民生支出外，配合中央解决历史遗留问题；国有企业资本金注入，主要用于公益性设施投资、科技进步支出调整等方向。如图2-21所示，2018年地方国有资本经营收支决算中，东部地区总收入1074.96亿元，支出963.33亿元，占地方国有资本经营收支总量的最大比重，不仅获得了超半数的国有资本经营收入，而且承担了过半数的国有资本经营支出责任。其次是西部地区，共收入450.71亿元，支出416.5亿元；中部地区收支比重最小，共收入322.27亿元，支出270.4亿元。东中西部差距较大。

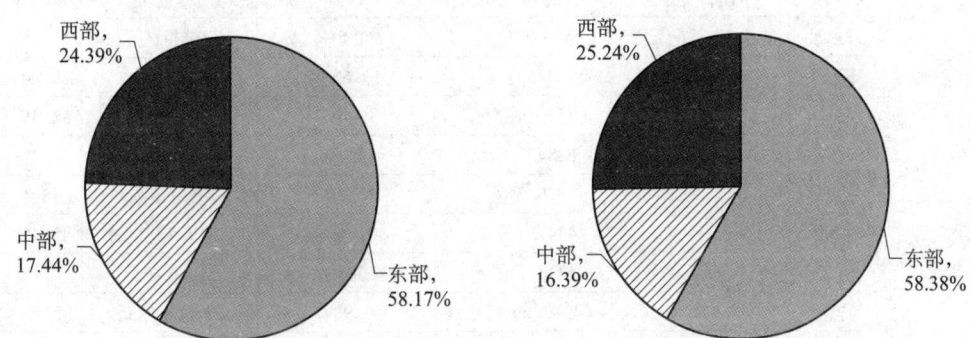

图2-21　2018年各地区国有资本经营预算收入（左）支出（右）决算情况

数据来源：省、自治区、直辖市财政厅（局）官网，人民政府官网。

◇ 专栏2-5

动真碰硬改出实效——2018年地方国资国企改革分析报告

对于正处在涉深水区、啃硬骨头的国企国资改革而言，2018年是个承上启下的关键年份。

这一年，国资国企改革在"1+N"政策体系搭建完成、十项改革试点多点开花、混合所有制改革加速推进、公司制改制全面转换、国有资本授权经营机制取得重大突破等基础上，直面"两类公司"试点扩围、处僵治困攻坚收尾、"双百行动"综合改革等多项重任。

沿着深改轨道步步为营，2018年另一层特殊意义在于，国资国企改革进入高质量发展"元年"，加速新旧动能转换、优化结构布局、深挖创新驱动潜力

等多重任务叠加,转型升级与深化改革交织,时间紧、任务重、压力大。紧抓窗口机遇期迈步高质量,新时代国资国企改革亟待主动突围,动真碰硬。

2018年是国资国企改革的深化之年,是改革质量的提升之年。以国有资本保值增值成效衡量改革路径和举措,地方国有经济在复杂多变的外部经济环境中实现了稳中有进,破题高质量发展。以安徽、江西、辽宁等为例,其省属企业2018年利润总额同比分别增长54.3%、33%、40.4%。以2018年地方国企整体利润增幅13.2%为基准线进行比较,这些区域率先成为脱颖而出的改革黑马。

2018年全国部分地区国有企业经营状况(全省国有企业情况)

省份	资产总额	营业收入	增幅	利润	增幅
山东	73921亿元	23082亿元	14%	1556亿元	18%
四川	9.4万亿元	1.7万亿元	14.5%	780亿元	19.8%
北京	5万亿元	1.55万亿元	10.1%	949.4亿元	7.5%
福建	47614亿元	14274亿元	13.9%	591亿元	3.0%
浙江	41685亿元	13399亿元	14%	613亿元	11.3%
陕西	4.52万亿元	1.3万亿元	11.8%	391.4亿元	15.6%
江苏	—	8345亿元	11.65%	891亿元	12.53%
安徽	15648.6亿元	8339.4亿元	12.4%	737.2亿元	54.3%
广西	30448.4亿元	6884.7亿元	14.4%	365.8亿元	20.3%
江西	—	4876.5亿元	10.8%	246.1亿元	33%
贵州	—	4347.4亿元	10%	619.5亿元	25.4%
辽宁	—	4243.1亿元	10.7%	216.6亿元	40.4%
湖北	32042.25亿元	3322.66亿元	7.9%	298.68亿元	25%
海南	5733.18亿元	—	—	26.3亿元	—
广东	1.69万亿元	—	—	332.68亿元	6.8%
宁夏	—	1003.76亿元	10.4	72亿元	1.3%
山西	2.92万亿元	—	—	300.9亿元	54.1%

(根据公开资料整理)

资料来源:国务院国有资产监督管理委员会网站,http://www.sasac.gov.cn/n2588025/n4423279/n4517386/n11084984/c11126916/content.html。

第四节 2018年中央和地方社会保险基金预算收支情况

党的十八届三中全会《中共中央关于全面深化改革若干重大问题的决定》

对建立事权和支出责任相适应的制度确立了总的原则,其中包括将部分社会保障、跨区域重大项目建设维护等作为中央和地方共同事权,中央和地方按照事权划分承担和分担支出责任。国务院于 2016 年 8 月发布《国务院关于推进中央和地方财政事权和支出划分改革的指导意见》,提出 2019—2020 年基本完成主要领域改革,形成中央和地方财政事权和支出责任划分的清晰框架。就社会保险基金预算而言,2017 年未单独编制中央与地方社会保险基金决算,而从 2018 年开始依照全国、中央与地方进行预决算的列示与报告。

一、2018 年中央社会保险基金预算收支情况

(一) 2018 年中央社会保险基金预算收入情况

2018 年中央社会保险基金收入 589.67 亿元,其中,保险费收入 308.33 亿元,财政补贴收入 274.87 亿元,利息和其他社会保险收入 4.83 亿元。加上地方上缴的中央调剂基金收入 2413.3 亿元,收入总量为 3002.97 亿元。

2018 年,中央社会保险基金预算收入决算中地方上缴的中央调剂基金收入占据较大比重。划转部分国有资本充实社保基金,5 户中央企业和浙江、云南两省的划转试点工作基本完成,19 户中央企业的划转工作正在推进中,推动建立国有资本划转和企业职工基本养老保险基金缺口逐步弥补相结合的运行机制。

如图 2-22 和图 2-23 所示,2018 年中央社会保险基金预算收入决算中,中央社会保险基金收入与调剂收入相比所占比重较小。中央社会保险基金收入共包含八项保险基金,其中企业职工基本养老保险基金收入与机关事业单位养老保险基金收入占比最大,企业职工基本养老保险基金收入 303.02 亿元,为预算的 100.2%,机关事业单位养老保险基金收入 223.41 亿元,为预算的 72%。其余六

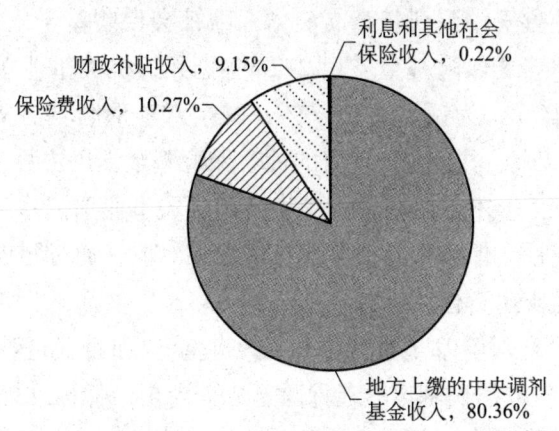

图 2-22 2018 年社会保险基金收入决算构成情况

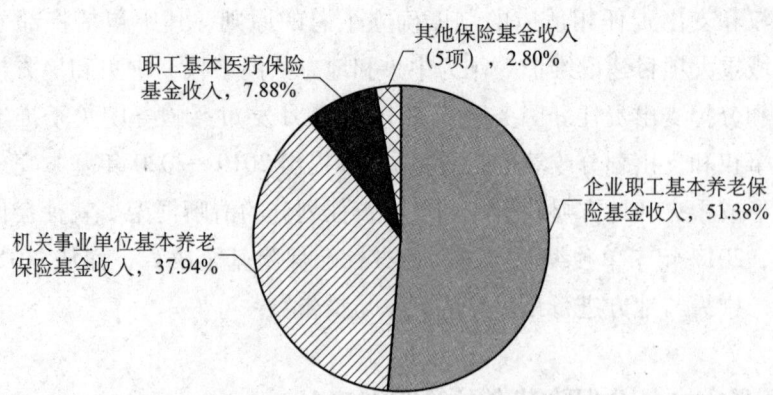

图 2-23 2018 年不同险种基金收入占中央社会保险基金收入的比重

数据来源：财政部预算司官网。

项保险基金收入占比较低，共收入 62.94 亿元。各项中央社会保险基金收入主要来自保险费收入与财政补贴收入。

（二）2018 年中央社会保险基金预算支出情况

2018 年中央社会保险基金支出 532.49 亿元，加上安排给地方的中央调剂基金支出 2422.3 亿元，支出总量为 2939.29 亿元。当年收支结余 63.68 亿元，年末滚存结余 330.44 亿元。值得注意的是，中央社会保险基金支出预算为 654.83 亿元，该项预算收入的预算偏离度为 348.86%，总体情况明显"超支"。中央社会保险基金支出预算中，除基本养老保险基金支出、失业保险基金支出与生育保险基金支出预算偏离度较大以外，各类保险费支出预算偏离较为稳定。由此可知，2018 年中央社会保险基金预算支出的预算偏离度主要受安排给地方的中央调剂基金支出等方面影响，中央本级支出预算执行与监督情况较好。

如图 2-24 所示，2018 年中央社会保险基金预算支出决算中，中央政府的主要支出方向为向地方安排调剂基金支出，八项社会保险基金支出所占比重较小。其中企业职工基本养老保险基金支出 292.99 亿元；机关事业单位基本养老保险基金支出 184.06 亿元，为预算的 59.6%；其余六项保险基金支出合计 55.44 亿元，为预算的 97.7%。根据中央政府的社会保险基金支出决算情况可见，中央政府主要承担企业职工基本保险基金支出责任与机关事业单位基本养老保险支出责任，这与中央政府社会保险基金预算收入情况相对应，通过足够的财政收入保障对应环节的事权与支出责任（专栏 2-6）。

2018 年，在社会保险基金方面，机关事业单位和企业退休人员基本养老金标准提高约 5%。城乡居民基本养老保险基础养老金最低标准提高至 88 元，并建立了基本养老保险待遇确定和基础养老金正常调整机制，为加强基本民生提供更为有效的保障。

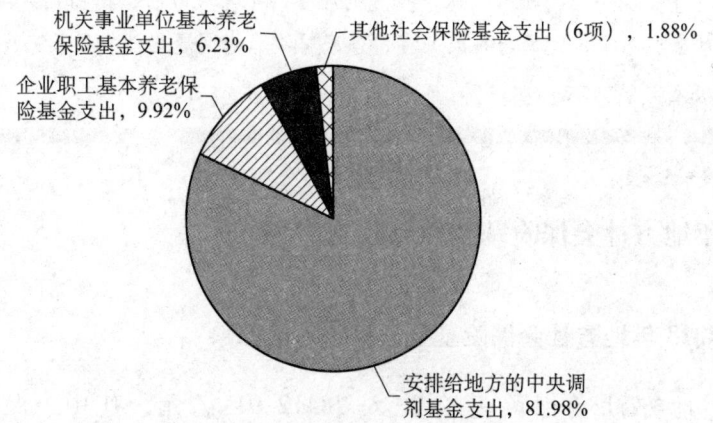

图 2-24 2018 年中央社会保险基金支出决算构成情况

数据来源：财政部预算司官网。

◇ 专栏 2-6

关于 2018 年基本养老保险基金政策的相关讨论

基本养老保险是按照国家统一政策规定强制实施的为保障广大离退休人员基本生活需要的一种养老保险制度，在我国多层次的养老保险体系中占据十分重要的地位。

近年来，无论是在我国经济发展总体放缓的形势下，国家采取减税降费这一宏观调控手段调节国民经济运行；还是在各国竞争日趋激烈的国际经济背景下，我国明显偏高的社保缴费约束企业参与国际竞争。降低基本养老保险缴费无疑是一项必要的措施。2018 年 4 月，人力资源社会保障部与财政部联合发布《关于继续阶段性降低社会保险费率的通知》，规定自 2018 年 5 月 1 日起，企业职工基本养老保险符合相关条件的省市可阶段性执行 19% 的单位缴费比例至 2019 年 4 月 30 日。然而当下甚至是未来，日益加剧的人口老龄化为降低基本养老保险缴费，解决养老问题带来了一系列的挑战。基本养老保险支出方面，老年人口占总人口的比重不断增加使养老金支出规模不断扩大；而收入方面，城镇就业人口平均增速不断下降约束限制了缴费规模，导致收入与支出不相匹配，为财政补贴带来较大的负担。

在养老保险资金统筹方面，虽然 2018 年 6 月 13 日国务院印发《关于建立企业职工基本养老保险基金中央调剂制度的通知》，规定自 2018 年 7 月 1 日起实施在现行企业职工基本养老保险省级统筹基础上，建立中央调剂基金，对各省份养老保险基金进行适度调剂。但是截至 2018 年底，中央调剂基金发挥作用有限，并未完全改变已形成的基本养老保险基金省级统筹和省级调剂模式。属地管理下，地方政府压力仍然较大。

党的十九大报告中指出"全面建成覆盖全民、城乡统筹、权责清晰、可持续的多层次社会保障体系",针对养老保险要"尽快实现养老保险全国统筹"。2018年,相关部门确实已采取措施响应党的十九大号召,然而在复杂的历史沿革与社会现实下,机遇与挑战并存,彻底解决养老问题仍然有很长一段路要走。

资料来源:作者整理。

二、2018年地方社会保险基金预算收支情况

(一) 2018年地方社会保险基金预算收入情况

2018年地方社会保险基金收入78412.91亿元,其中,保险费收入57326.67亿元,财政补贴收入17379.96亿元。加上中央调剂资金收入2406.8亿元,收入总量为80819.71亿元。在实际收入执行时,各类保险费收入的预算偏离度明显增大,而从收入总体来看,地方社会保险基金收入预算的预算偏离度低于中央。

如图2-25和图2-26所示,2018年地方社会保险基金预算收入决算中,保险基金收入占据总收入的最大比重,且主要由保险费收入与财政补贴收入构成。八项社会保险基金收入中,企业职工基本养老保险基金收入、机关事业单位基本养老保险基金收入、职工基本医疗保险基金收入以及居民基本医疗保险基金收入构成了地方社会保险基金收入的主要方面。企业职工基本养老保险基金收入37217.95亿元,为预算的118%;职工基本医疗保险基金收入13312.15亿元,为预算的110.9%;机关事业单位基本养老保险基金收入13221.11亿元,为预算的127.4%;居民基本医疗保险基金收入7959.76亿元,为预算的106.4%。

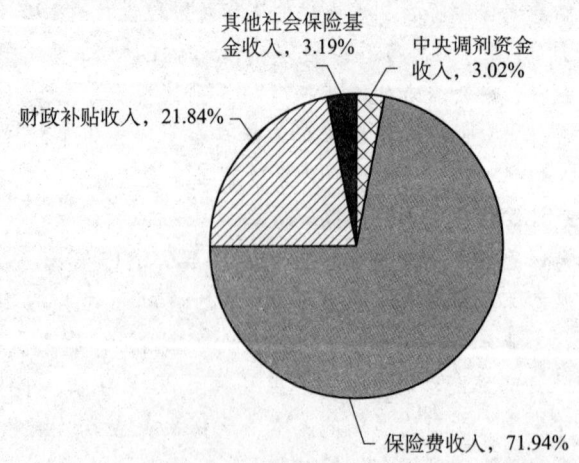

图2-25 2018年地方社会保险基金收入构成情况

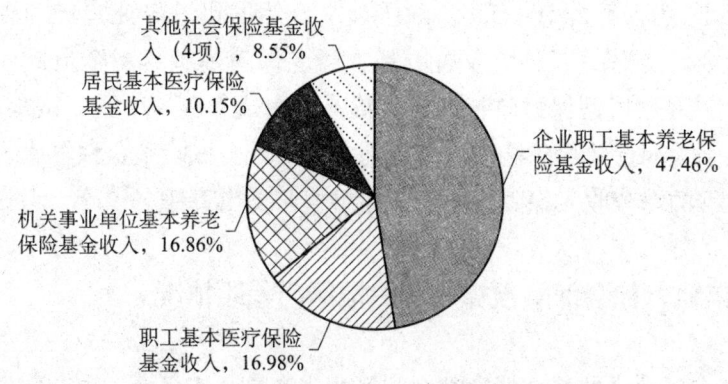

图 2-26 2018 年不同险种基金收入占地方社会保险基金收入的比重

数据来源：财政部预算司官网。

（二）2018 年地方社会保险基金预算支出情况

2018 年地方社会保险基金支出 66848.20 亿元，加上中央调剂资金支出 2413.3 亿元，支出总量为 69261.50 亿元。当年收支结余 11558.21 亿元，年末滚存结余 89047.07 亿元。

如图 2-27 所示，2018 年地方社会保险基金预算支出决算中，企业职工基本养老保险基金支出，机关事业单位基本养老保险支出、职工基本医疗保险基金支出以及居民基本医疗保险基金支出同样是地方社会保险基金预算支出决算的主要部分。其企业职工基本保险基金支出 31274.29 亿元，为预算的 99.8%；机关事业单位基本养老保险支出 12496.88 亿元，为预算的 123.5%；职工基本医疗保险基金支出 10482.94 亿元，为预算的 101.2%；居民基本医疗保险基金支出

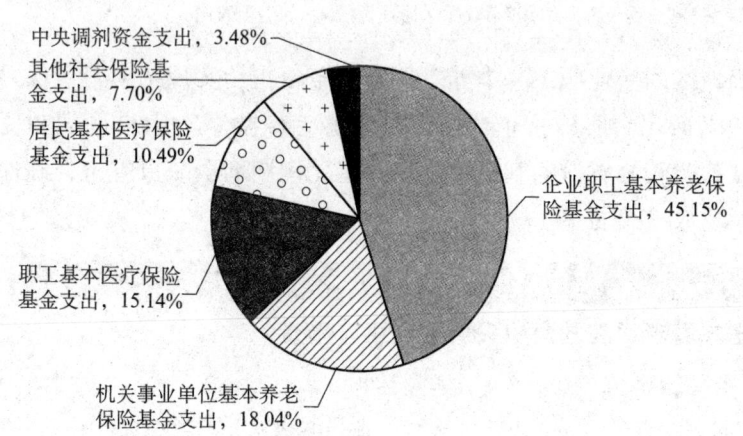

图 2-27 2018 年地方社会保险基金支出决算构成情况

数据来源：财政部预算司官网。

7263.04亿元，为预算的105.5%。除了前文介绍的机关事业单位和企业退休人员基本养老金标准提高以及城乡居民基本养老保险基础养老金最低标准提高之外，2018年城乡居民医保财政补助标准提高到每人每年490元，增加的40元中一半用于加强大病保险保障能力。这与地方政府社会保险基金预算收入情况相对应，通过足够的财政收入保障对应环节的事权与支出责任。

三、2018年地方社会保险预算收支的地区间差距情况

2018年东部地区的社会保险基金预算收入43670.4亿元，占全国各地区合计收入的主要部分，收入来源广泛且收入能力较强。同样，东部地区的社会保险基金预算支出占比最大，共支出39975.92亿元，能够通过其财力保证支出责任的执行。其次是西部地区，共收入24809.74亿元，支出16640.14亿元；最后是中部地区，共收入16320.59亿元，支出14625.6亿元（见图2-28）。

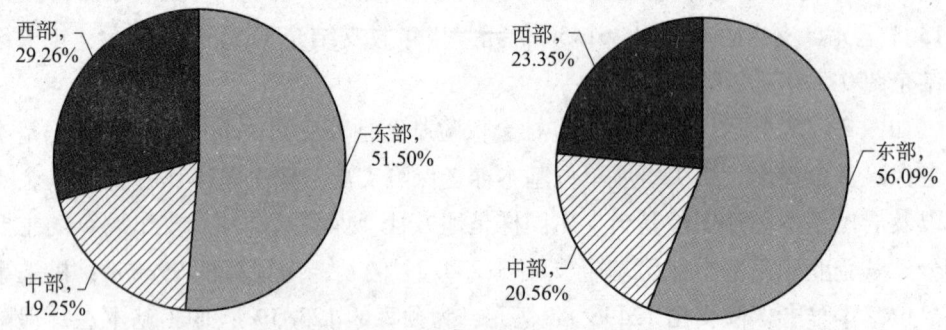

图2-28　2018年各地区社会保险基金预算收入（左）支出（右）决算情况

数据来源：各省、自治区、直辖市财政厅（局）官网，人民政府官网。

为均衡地区间企业职工基本养老保险基金负担，实现基本养老保险制度可持续发展，2018年出台实施了企业职工基本养老保险基金中央调剂制度，通过调剂，将收支状况较好省份的基金结余按一定比例调剂至缺口省份，确保各地养老金按时足额发放（专栏2-7）。

◇ **专栏2-7**

企业职工基本养老保险基金中央调剂制度（节选）

在现行企业职工基本养老保险省级统筹基础上，建立中央调剂基金，对各省份养老保险基金进行适度调剂，确保基本养老金按时足额发放。

（一）中央调剂基金筹集

中央调剂基金由各省份养老保险基金上解的资金构成。按照各省份职工平均工资的90%和在职应参保人数作为计算上解额的基数，上解比例从3%起步，

逐步提高。

某省份上解额=（某省份职工平均工资×90%）×某省份在职应参保人数×上解比例。

各省份职工平均工资，为统计部门提供的城镇非私营单位和私营单位就业人员加权平均工资。

各省份在职应参保人数，暂以在职参保人数和国家统计局公布的企业就业人数二者的平均值为基数核定。将来条件成熟时，以覆盖常住人口的全民参保计划数据为基础确定在职应参保人数。

（二）中央调剂基金拨付

中央调剂基金实行以收定支，当年筹集的资金全部拨付地方。中央调剂基金按照人均定额拨付，根据人力资源社会保障部、财政部核定的各省份离退休人数确定拨付资金数额。

某省份拨付额=核定的某省份离退休人数×全国人均拨付额。

其中：全国人均拨付额=筹集的中央调剂基金/核定的全国离退休人数。

（三）中央调剂基金管理

中央调剂基金是养老保险基金的组成部分，纳入中央级社会保障基金财政专户，实行收支两条线管理，专款专用，不得用于平衡财政预算。中央调剂基金采取先预缴预拨后清算的办法，资金按季度上解下拨，年终统一清算。

各地在实施养老保险基金中央调剂制度之前累计结余基金原则上留存地方，用于本省（自治区、直辖市）范围内养老保险基金余缺调剂。

（四）中央财政补助

现行中央财政补助政策和补助方式保持不变。中央政府在下达中央财政补助资金和拨付中央调剂基金后，各省份养老保险基金缺口由地方政府承担。省级政府要切实承担确保基本养老金按时足额发放和弥补养老保险基金缺口的主体责任。

资料来源：《国务院关于建立企业职工基本养老保险基金中央调剂制度的通知》（国发〔2018〕18号）。

第五节 2018年中央和地方四本预算之间的资金划转情况

一、四本预算之间的资金划转关系

2014年修正的《预算法》规定，一般公共预算、政府性基金预算、国有资本经营预算、社会保险基金预算应当保持完整、独立。政府性基金预算、国有资本经营预算、社会保险基金预算应当与一般公共预算相衔接。

对于政府性基金预算，一方面，结转资金规模较大的应调入一般公共预算统筹使用。国务院《推进财政资金统筹使用方案》中指出"暂时保留在政府性基金预算管理的资金，与一般公共预算投向类似的，应调入一般公共预算统筹使用，或制定统一的资金管理办法，实行统一的资金分配方式"；另一方面，政府性基金预算结转资金补充预算稳定调节基金。《预算法》第四十一条规定"各级一般公共预算按照国务院的规定可以设置预算稳定调节基金，用于弥补以后年度预算资金的不足"；财政部《预算稳定调节基金管理暂行办法》中指出"政府性基金预算结转资金规模超过该项基金当年收入30%的部分，应当补充预算稳定调节基金。政府性基金预算连续结转两年仍未用完的资金，应当作为结余资金，可以调入一般公共预算，并应当用于补充预算稳定调节基金"。

对于国有资本经营预算，一方面，国有资本经营预算安排调入一般公共预算。《预算法》第十条规定"国有资本经营预算应当按照收支平衡的原则编制，不列赤字，并安排资金调入一般公共预算"；国务院《推进财政资金统筹使用方案》中指出"推进国有资本经营预算与一般公共预算的统筹协调。加大国有资本经营预算调入一般公共预算的力度，2016年调入比例达到19%，并逐年提高调入比例"。另一方面，国有资本经营预算支出的相关方面，一般公共预算资金逐步从中退出。国务院《推进财政资金统筹使用方案》中指出"国有资本经营预算除调入一般公共预算外，国有资本经营预算支出范围限定用于解决国有企业历史遗留问题及相关改革成本支出、对国有企业的资本金注入及国有企业政策性补贴等方面。一般公共预算安排用于这方面的资金逐步退出"。

对于社会保险基金预算，一方面，划转部分国有资本经营收入充实社保基金。在推动国有企业深化改革的同时，使全体人民共享国有企业发展成果，增进民生福祉，促进改革和完善基本养老保险制度，实现代际公平，增强制度的可持续性；另一方面，一般公共预算补充社会保险基金预算。根据《预算法》第十一条规定，"社会保险基金预算是对社会保险缴款、一般公共预算安排和其他方式筹集的资金，专项用于社会保险的收支预算"，其中"一般公共预算安排"是指通过一般公共预算向社会保险基金拨款，即社会保险基金预算收入中的财政补贴收入。

可以看出，一般公共预算是我国四本预算的关联中心，一般公共预算、政府性基金预算、国有资本经营预算与社会保险基金预算功能互补、彼此相互衔接，保证政府预算资金的有序调剂。

二、2018 年四本预算之间的资金划转情况

2018 年,中央一般公共预算收入中来自中央财政调入资金决算数为 2453 亿元,其中从政府性基金预算调入 1.46 亿元,从国有资本经营预算调入 321.54 亿元,共计 323 亿元。

中央政府性基金收入决算数为 4034.81 亿元,加上 2017 年结转收入 385.59 亿元,中央政府性基金收入总量为 4420.4 亿元。中央政府性基金预算支出决算数为 4021.55 亿元,加上新疆生产建设兵团从其政府性基金预算调出部分资金至一般公共预算统筹使用的 1.46 亿元,共计 4023.01 亿元。中央政府性基金收入大于支出的 397.39 亿元,以及政府性基金结转资金超过该项基金当年收入 30%的部分共 36.99 亿元,全部用于补充预算稳定调节基金。

社会保险基金预算中,中央收到来自一般公共预算的财政补贴决算数为 274.87 亿元,地方收到来自一般公共预算的财政补贴决算数为 17379.96 亿元,共计 17654.83 亿元。

第三章

近期政府预算改革重点问题分析

第一节　预算审核重点：从收支平衡到重大支出政策

一、中国预算审核重点范畴的历史演变

改革开放以来，我国预算管理制度改革大体经历了恢复预算管理制度、初步形成与社会主义市场经济相适应的预算管理制度、逐步完善预算管理制度、建立与实现同国家治理体系现代化相适应的预算管理制度四个阶段，我国预算审核的重点也实现了从预算平衡、赤字控制到收入管理再到支出预算、政策拓展的转变。

1978—1993 年是我国预算管理制度的恢复阶段。《关于 1979 年国家决算、1980 年国家预算草案和 1981 年国家概算的报告》标志着我国预算报告制度的恢复。1983 年全国人大财政经济委员会和审计署成立，其职能为审查预算报告、预算草案和审计监督。1992 年开始施行的《国家预算管理条例》对中央和地方的预算审查和批准作了明确规定。因为将财政收支平衡且略有结余视为财政运行的理想状态，所以在此阶段我国预算审核的重点是预算平衡和赤字控制。

1994—1999 年，与社会主义市场经济相适应的预算管理制度初步形成。1994 年通过了《中华人民共和国预算法》，同时为了解决国家财力困境，1994 年还进行了分税制改革。1998 年成立了全国人大预算工作委员会，其职能为协助财政经济委员会审查预决算方案、审查预算调整方案和监督预算执行。此阶段预算平衡和赤字规模控制仍然是预算管理的目标，但为了解决国家财力困境，预算审核开始高度重视收入管理。

2000—2013 年，是预算管理制度的完善阶段。1999 年 12 月全国人大常委会通过了《全国人民代表大会常务委员会关于加强中央预算审查监督的决定》，预算委员会进一步要求，财政部2000年提交中央预算草案时，要报送各部门预算和细化的收支材料。此阶段一改之前按照功能分类进行预算编制的传统方式，实行部门零基预算编制方式，同时还进行了政府收支分类、完善复式预算、推进信息公开、财政绩效评价等一系列改革。这一阶段预算审核在保证财政收支平稳的状态下，开始以支出管理为重点，形成了与市场经济和社会发展基本相适应的预算管理制度。

2014年至今，建立与实现同国家治理体系现代化相适应的预算管理制度。党的十八届三中全会通过了《中共中央关于全面深化改革若干重大问题的决定》（以下简称《决定》），《决定》中明确："财政是国家治理的基础和重要支柱，科学的财税体制是优化资源配置、维护市场统一、促进社会公平、实现国家长治久安的制度保障。必须完善立法、明确事权、改革税制、稳定税负、透明预算、提高效率，建立现代财政制度，发挥中央和地方两个积极性。"《决定》对我国财政预算体系提出了明确的改革要求，在改进预算管理制度方面，"实施全面规范、公开透明的预算制度。审核预算的重点由平衡状态、赤字规模向支出预算和政策拓展。清理规范重点支出同财政收支增幅或生产总值挂钩事项，一般不采取挂钩方式"。

预算审核重点的转变是预算程序的一项重大变革，改革后的预算审核重点更加关注事前的支出政策安排，预算监督审核的着眼点由事后的财政平衡转向事前的支出政策是否科学、是否合理。然而，这不等于说财政平衡不重要了，不等于说财政平衡中的收和支不重要了。在收入方面，收入规模根据国内外政治经济形势情况科学预计，预算收入只是收入预测的反映。财政收入依法征收，特别是作为财政收入主体的税收收入，征收规模取决于经济增长和税制设计。在支出方面，《预算法》规定地方预算年初不得编列赤字，之前审查地方预算更多关注收支是否平衡、是否有赤字，对全国财政预决算则要审核赤字规模，防止其超过警戒线，而未来不仅要继续关注这些内容，还要重点审核支出的方向和规模，更要关注支出是否合理、是否体现政策导向以及体现在哪些方面，是否能够保证国家完成下一年度的工作等。在保证适度财政支出规模的同时兼顾与当前国家财政政策的协调一致，提高财政资金的使用绩效。

二、改革预算审核重点范畴的主要原因

人大预算审查监督重点向支出预算和政策拓展，实际上就是将审查监督重点向前端拓展，从下游延伸到上游，从结果延伸到政策。从源头上消除不合理预

算，有利于发挥政策对编制支出预算的指导和约束作用，有利于提高人大预算审查监督的针对性和有效性，有利于加强对政府预算的全口径审查和全过程监管，强化政策对支出预算的指导和约束作用，使预算支出和政策更好地贯彻落实国家重大方针政策和决策部署。

相反，将政府预算审核管理和人大预算审查监督的重点放在赤字规模和预算收支平衡状况上，容易造成只看结果、没看起因的情况，将会导致许多实际问题。

第一，"顺周期"问题。作为宏观调控的重要工具，财政政策应该实行逆周期调节。以收入作为预期目标，这有利于财政宏观调控政策的落实，比如在经济下行时，政府应该"给油"，减少税收、扩大支出；反之，经济过热时，政府则应该"踩刹车"。但如果审核以预算平衡为重点，每年财政收入就必须完成预算安排，否则就会造成赤字扩大，这在客观上容易带来"顺周期"问题。一方面，在经济下行时，税收征管压力较大，财政部门为完成收入任务，可能收"过头税"，加重企业负担，扰乱市场秩序；而经济繁荣、收入增加时，完成财政收入任务较为轻松，往往容易出现该收不收的情况，这又助推了经济过热，产生"顺周期"问题。另一方面，每年各级人大通过的预算草案，确定了各级政府的收入预算。在实际工作过程中，管理水平的参差不齐，使编制预算的科学性和准确性值得商榷，加上征管部门工作水平等因素的影响，加剧了"顺周期"问题。

第二，人大审查监督缺乏明确的重点。由于审核预算以收支平衡为中心，人大的审查很少涉及预算支出的合理性和是否体现政策安排等核心内容，关注重点还是预算投入是否得到保障。这使得各级人大在听取和审议预算执行情况报告时，缺乏针对性和主动性，往往被动地进行审议，对预算进行修改调整的情况很少。与此同时，由于人大机构设置的不完善、人员编制和专业素质不足、人大代表并非专职、审查时间短等种种原因，对赤字的审核也难做到实质性审查，事实上容易导致我国预算审核流于形式，在某种程度上只是履行法律程序。

第三，从预算执行方面来看，预算约束缺乏刚性。年度预算经过人大审批后，将上升到立法层面，成为政府本年度开展各项活动的基础，不可以随意改动。将预算审核重点放在收支平衡和赤字规模上，在预算审核通过后的实际执行过程中，一方面容易导致预算执行不严格，出现财政资金骗取挪用现象，预算未得到真正执行，影响财政资金的安全和高效使用；另一方面会出现资金支出缓慢且不均衡，使得部分资金未能按时按量拨付，执行进度前慢后快，年末突击花钱现象严重，甚至出现"花钱不办事"等情况，"为平衡而支出"造成资金使用效益低下。

第四，重点支出同财政收支增幅或生产总值挂钩这一制度安排在短期内有强化政策目标的作用，但长期来看会使得财政支出固化，破坏了预算的整体性，不利于财政资金的统筹兼顾。随社会经济发展，不同时期财政支出的重点也会不同，但受到挂钩体制形成的既得利益格局的束缚，优化支出结构步履维艰。另外，挂钩体制也越来越难以适应各地区社会经济发展的实际情况，重点支出同财政收支增幅或生产总值挂钩导致各地区在相关领域的财政投入差距过大，容易造成公共服务的不均等化。

三、预算审核重点改革的主要举措

为了贯彻落实党的十八届三中全会关于加强人大预算决算审查监督职能的要求，实现人大预算审查监督重点向支出预算和政策拓展转变，中共中央办公厅与2018年3月印发了《关于人大预算审查监督重点向支出预算和政策拓展的指导意见》，各省级政府也根据地方实际情况，制定了实施意见，改革主要举措分为五项内容：

一是加强支出预算总量与结构审查和监督。审查支出预算总量，重点审查预算安排是否符合党中央确定的年度经济社会发展目标、国家宏观调控总体要求、国民经济和社会发展相关规划、中期财政规划，审查支出政策的可持续性，更好发挥政府职能作用。审查支出预算结构，重点审查支出预算和政策是否体现党中央就各重要领域提出的重大方针政策和决策部署要求，切实提高财政资金配置效率。

二是加强重点支出与重大投资项目审查和监督。加强对重点支出与重大投资项目的审查，保障党中央重大方针政策和决策部署确定的重点支出与重大投资项目。推动政府健全重点支出与重大投资项目决策机制，合理确定重点支出与重大投资项目范围。加强对重点支出与重大投资项目执行情况的监督，督促实现支出绩效和政策目标（专栏3-1）。

◇ 专栏3-1

北京市2018年重点支出项目：新一轮百万亩造林绿化行动计划

1. 工作背景。

党的十九大对新时代生态文明建设进行了全面部署，《北京城市总体规划（2016—2035年）》明确提出要坚持生态空间山清水秀，大幅度提高生态规模与质量，构建多类型、多层次、多功能、成网络的高质量绿色空间体系，建成"一屏、三环、五河、九楔"的市域绿色空间结构，"重点实施平原地区植树造林，在生态廊道和重要生态节点集中布局，增加平原地区大型绿色斑块，让森林进入城市"。市第十二次党代会对全市生态建设作出全面部署，提出持续加大植树造林力度，扩大绿色生态空间。

10月10日市委常委会决定"以更大决心和魄力，开展新一轮百万亩植树造林，集中连片进行大尺度绿化，不断提升首都生态文明建设水平，把北京建设成为天蓝水清、森林环绕的生态园林城市"；市委把新一轮百万亩造林绿化作为深入贯彻新发展理念，推动"六个发展"重点抓好的14项任务之一；市委十二届三次全会明确提出要启动实施新一轮百万亩造林绿化工程。

2. 建设总体要求。

牢固树立新发展理念，按照高质量发展的要求，高点站位，坚持科学发展、规划统筹、生态优先、首善标准和以人为本的原则，大力推进城市核心区和中心城区生态景观重塑，大力推进一道、二道绿化隔离地区绿色项链建设，大力推进平原地区森林湿地生态系统建设，大力推进城市副中心绿化美化，大力推进浅山区为重点的生态涵养区造林绿化，建设更高水平的首都绿色生态体系，以提供更多优质生态产品满足人民日益增长的优美生态环境需要，为建设国际一流的和谐宜居之都做出更大贡献。

3. 建设范围和重点任务。

新一轮百万亩造林绿化涉及全市16个区，建设任务主要安排在城市核心区、中心城区、平原地区和浅山区。工程规划期为2018年至2022年五年时间。共10项重点任务，具体包括：着力提升核心区园林绿化服务功能、全面提升中心城区人居环境质量、精心打造两条城市生态景观轴、大力推进绿隔地区两道"绿色项链"建设、着力推进平原地区森林湿地生态系统建设、高水平实施北京城市副中心绿化、统筹推进新城、建制镇绿化建设、大力推进以浅山区为重点的生态涵养区建设、全面实施美丽乡村绿化建设、着力抓好疏解整治留白增绿。

4. 投资估算。

根据不同造林绿化类型和标准，新一轮百万亩造林绿化工程新增造林100万亩，初步估算建设总投资约为406亿元（不含各区拆迁腾退、土地流转补助、养护管理补助等方面的投资估算），其中城区绿化52亿元、平原地区295亿元、浅山区59亿元。

5. 绩效目标。

——主要生态指标：到2022年，全市新增森林绿地湿地面积100万亩，全市森林覆盖率达到45%以上（比2017年末43%提高2个百分点以上）、平原地区森林覆盖率达到32%（比2017年27.8%提高4.2个百分点），城市绿化覆盖率达到48.6%（比2017年48.2%提高0.4个百分点），建成区公园绿地500米服务半径覆盖率达到87%（比2017年77%提高10个百分点），人均公园绿地面积增加到16.6平方米（比2017年16.2平方米提高0.4个百分点），大幅提高首都生态建设的规模和质量，为把北京建成天蓝水清、森林环绕的生态城市奠定基础。

——空间结构布局：基本建成首都生态系统的"四梁八柱"，有力支撑总规确定的"一屏、三环、五河、九楔"市域绿色空间结构。城市核心区实现生态景观重塑,中心城区和新城区多元增绿,形成城市森林与公园绿地为主体的城市绿化体系;一绿地区、二绿地区通过绿化建设和公园建设,基本形成两道绿色项链;平原地区建成比较完整的森林湿地生态系统,形成中心城区与新城、新城与村镇之间的绿色连接;浅山区形成城景合一、山水互动的特色风貌;山区森林结构和质量进一步优化,实现绿水青山、绿色发展。

——重要节点:通过疏解整治留白增绿,大尺度造林绿化,整合各类自然资源,构建有支撑、有骨架、有节点的绿色生态体系。具体是:一是以东郊森林湿地群、西部森林公园群、南部南中轴森林湿地群、北部奥林匹克森林湿地群等四大森林湿地组团和东西长安街、南北中轴线景观绿带为支撑;二是以一绿城市公园环、二绿郊野公园环和环首都森林湿地公园环,以及30余条重点绿色廊道为骨架;三是以城市副中心、北京新机场、冬奥会、"三山五园"、十八里店、南中轴、温榆河等重点区域绿化为节点,形成大尺度森林湿地群落、高品质绿地公园组团、多景观田园村庄绿化为主体的绿色生态体系,基本解决全市生态建设在布局、质量、功能等方面存在的主要问题。

资料来源:《新一轮百万亩造林绿化行动计划及2018年建设任务和资金预算情况》,北京市园林绿化局(首都绿化委员会办公室)网站。

三是加强部门预算审查和监督。重点审查监督部门预算贯彻落实党中央重大方针政策和决策部署情况;部门预算编制的完整性情况;项目库建设、项目支出预算与支出政策衔接匹配情况;部门重大项目支出绩效目标设定、实现及评价结果应用情况;审计查出问题整改落实情况等。

四是加强财政转移支付审查和监督。重点审查监督贯彻党中央重大方针政策和决策部署情况,转移支付与财政事权和支出责任划分的匹配情况;转移支付对促进实现各地区财政平衡及基本公共服务均等化情况;专项转移支付的清理整合情况;专项转移支付的整体绩效情况。监督转移支付预算执行和政策实施,重点是预算批准后在法律规定时间内批复下达以及资金使用绩效与政策实施效果情况等。

五是政府债务审查和监督。硬化地方政府预算约束,坚决制止无序举债搞建设,规范举债融资行为。结合地方政府债务规模、全国经济发展水平等情况,合理评估全国政府债务风险水平。地方政府债务审查监督要重点审查地方政府债务纳入预算管理的情况;要根据各地的债务率、利息负担率、新增债务率等风险评估指标体系,结合债务资金安排使用和偿还计划,评价地方政府举债规模的合理性。积极稳妥化解累积的地方政府债务风险,坚决遏制隐性债务增量,决不允许新增各类隐性债务。

与人大预算审查监督重点向支出预算和政策拓展相适应,人大对政府预算收入编制的审查也要加强。政府预算收入编制要与经济社会发展水平相适应,与财政政策相衔接,根据经济政策调整等因素科学预测。强化对政府预算收入执行情况的监督,推动严格依法征收,不收"过头税",防止财政收入虚增、空转。推动依法规范非税收入管理。

四、预算审核重点改革面临的困难与挑战

(一)人大预算审查监督形式化,专业能力有待提高

整体来看,目前我国各级地方人大从事有关预算工作的人员有限,但还需进行预算的审查、审议、监督、评价等多方面工作,职权任务过重,编制时间仓促导致预算编制不详细,且经过"两上两下"的规定程序,《预算法》规定的将预算草案在人代会前提前一月报送的时间期限往往得不到保障,使得预算草案报送至人大进行预审和初审时,审查效果也就可想而知。与此同时,进行财政预算审查监督需要较强的专业素质,但现实中我国各级人大常委会下辖的财经委员会和预算工作机构的工作人员其专业能力良莠不齐,导致人大对于预算的审查监督可能存在不足。

目前,我国各级人大普遍采用整体性审批的方式进行预算审查监督,各级政府的预算草案整体性提交,人大和相关机构进行整体性审议,代表大会全体会议就决定批准预算草案的有关决议草案做整体性的一次性表决。这会使人大针对预算草案提出的一些疑问和意见,会受制于整体性审批模式的桎梏,得不到解决和反馈,从而造成对于预算草案的审议深度不够。出现"政府报告什么,人大审查什么"的情况,使得人大对于预算的审查监督流于形式。

(二)预算执行的监督存在浓郁的行政化色彩

预算执行过程中,首先由审计机关进行决算审计,再由政府向人大机关提交审计结果,最后再由人大审议并且决定是否批准。在我国行政体制中,审计机关受本级政府行政首长和上级审计机关的双重领导,因此审计单位进行真正的独立审计工作非常困难,受制于外部的影响在执行审计工作的过程中很有可能会过滤到一些重要内容,从而并不能使预算执行和决算结果得到真实披露。

我国对预算违法行为责任追究机制不完善。修正后的《预算法》中虽然对预算违法行为进行了种类细化且增加了追究刑事责任的规定,但在实际施行过程中,行政处分还是预算违法行为的主要追究方式。这种状况造成违法追责总体上

还是存在于行政体系内部，不能发挥对违法行为的威慑性和人大审查监督的权威性。

（三）预算信息公开程度亟须提高，预算的公众参与度低

预算公开是预算管理制度改革的核心要求，是现代财政制度的基本特征，是实现国家治理体系和治理能力现代化的重要推动力。修正后的《预算法》和《国务院关于深化预算管理制度改革的决定》都对预算公开做出了明确规定，近年来无论是制度上还是规范上，我国政府在预算信息公开方面都有所进步，然而我国当前的财政透明度水平还相对较低，目前的预算公开内容还多为人大审批后的预算案，公开范围较狭窄，而且存在公开信息不及时、细化程度不够等问题，这些现象在省以下基层政府更为严重。同时，因为公众参与制度不完善、不规范，使得公众参与预算的程度还比较低。总体来看，我国预算公开基本上仍处在起步阶段，预算信息公开任重道远。

第二节 预算绩效管理：从理念到现实

预算绩效是指预算资金所达到的产出和结果。预算绩效管理是政府绩效管理的重要组成部分，是一种以支出结果为导向的预算管理模式。它强化政府预算为民服务的理念，强调预算支出的责任和效率，要求在预算编制、执行、监督的全过程中更加关注预算资金的产出和结果，要求政府部门不断改进服务水平和质量，花尽量少的资金、办尽量多的实事，向社会公众提供更多、更好的公共产品和公共服务，使政府行为更加务实、高效。推进预算绩效管理，有利于提升预算管理水平、增强单位支出责任、提高公共服务质量、优化公共资源配置、节约公共支出成本，对促进高效、责任、透明政府的建设具有重大的政治、经济和社会意义。

一、中国预算绩效管理制度的历史演变

1994年的税制和分税制改革实施后，财政管理侧重于财政支出的合法性、科学性、规范性等方面，并主要从财政投入角度来控制和提供资金绩效，尚缺乏一套科学的对财政支出结果的评判手段和提高财政资金绩效的有效措施。随着财政支出规模不断增长，财政支出的效益问题越来越受到关注，一些西方的绩效管

理理念也逐步引入我国，从 2000 年开始，部分地区就开始了绩效评价试点探索。

2003 年党的十六届三中全会提出"建立预算绩效评价体系"的要求。财政部于 2005 年制定了《中央部门预算支出绩效考评管理办法（试行）》，组织中央部门开展绩效评价试点；于 2009 年印发了《财政支出绩效评价管理暂行办法》，指导地方财政部门的绩效评价工作。针对各地区、各部门在工作实践中出现的口径不统一、程序不规范、指标不合理等问题，财政部将上述办法合并，于 2011 年 4 月出台了统一指导全国的《财政支出绩效评价管理暂行办法》，标志着以绩效评价为主要手段的预算绩效管理工作在全国范围展开。但这种事后预算绩效管理模式在实践推进中也遇到了瓶颈：与年初预算安排不够衔接、执行中的绩效监控相对缺乏、绩效评价结果的应用不充分。因此财政部将绩效管理的范围逐步向事前目标管理、事中绩效监控、事后结果应用方面延伸，并在 2011 年召开的第一次全国预算绩效管理工作会议上，首次正式提出全过程预算绩效管理的理念，即将绩效管理的理念贯穿预算编制、执行、监督全过程，会后下发了《关于推进预算绩效管理的指导意见》，确定了预算绩效管理的指导思想、基本原则和主要内容，2012 年印发的《预算绩效管理工作规划（2012—2015 年）》（财预〔2012〕396 号）明确了阶段性目标、重点任务，把预算绩效管理工作推进到一个新的发展时期。针对预算绩效管理过程中的具体问题，财政部于 2013—2016 年颁布了相关文件①，这些文件的出台为预算管理与绩效管理的实质性融合提供了制度基础。

目前，预算绩效管理面临新的形势，建设人民满意的服务型政府讲求绩效，主要矛盾变化也为改革提供了重要契机。2017 年 10 月，党的十九大指出："建立全面规范透明、标准科学、约束有力的预算制度，全面实施预算绩效管理"。2018 年 9 月，《中共中央国务院关于全面实施预算绩效管理的意见》出台，力争用 3—5 年时间基本建成全方位、全过程、全覆盖的预算绩效管理体系（专栏 3 - 2）。全面实施预算绩效管理是政府治理方式的深刻变革，对加快建立现代财政制度意义重大，标志着我国历经十几年探索和推动，全面实施以结果为导向的预算绩效管理模式正式确立。2018 年 11 月，财政部出台了《财政部关于贯彻落实〈中共中央国务院关于全面实施预算绩效管理的意见〉的通知》，对中央部门和

---

① 2013 年颁布了《预算绩效评价共性指标体系框架》，旨在提高绩效评价的统一性和权威性；2015 年相继发布了《中央部门预算绩效目标管理办法》《中央对地方专项转移支付绩效目标管理暂行办法》，旨在规范中央部门预算、中央对地方专项转移支付的绩效目标管理；由于绩效目标执行监控机制的缺失，带来了"问题不被发现、事后发现的问题已是既成事实，或者发现滞后导致整改难度增加"等弊端，2016 年印发了《关于开展 2016 年度中央部门项目支出绩效目标执行监控试点工作的通知》，旨在跟踪查找项目执行中资金使用和业务管理的薄弱环节，及时弥补管理中的"漏洞"，纠正绩效目标执行中的偏差；2016 年出台了《关于开展中央部门项目支出绩效自评工作的通知》等。

地方财政部门全面实施预算绩效管理提出具体要求。

◇ 专栏 3-2

《中共中央　国务院关于全面实施预算绩效管理的意见》（节选）

三、构建全方位预算绩效管理格局

（三）实施政府预算绩效管理。将各级政府收支预算全面纳入绩效管理。各级政府预算收入要实事求是、积极稳妥、讲求质量，必须与经济社会发展水平相适应，严格落实各项减税降费政策，严禁脱离实际制定增长目标，严禁虚收空转、收取过头税费，严禁超出限额举借政府债务。各级政府预算支出要统筹兼顾、突出重点、量力而行，着力支持国家重大发展战略和重点领域改革，提高保障和改善民生水平，同时不得设定过高民生标准和擅自扩大保障范围，确保财政资源高效配置，增强财政可持续性。

（四）实施部门和单位预算绩效管理。将部门和单位预算收支全面纳入绩效管理，赋予部门和资金使用单位更多的管理自主权，围绕部门和单位职责、行业发展规划，以预算资金管理为主线，统筹考虑资产和业务活动，从运行成本、管理效率、履职效能、社会效应、可持续发展能力和服务对象满意度等方面，衡量部门和单位整体及核心业务实施效果，推动提高部门和单位整体绩效水平。

（五）实施政策和项目预算绩效管理。将政策和项目全面纳入绩效管理，从数量、质量、时效、成本、效益等方面，综合衡量政策和项目预算资金使用效果。对实施期超过一年的重大政策和项目实行全周期跟踪问效，建立动态评价调整机制，政策到期、绩效低下的政策和项目要及时清理退出。

四、建立全过程预算绩效管理链条

（六）建立绩效评估机制。各部门各单位要结合预算评审、项目审批等，对新出台重大政策、项目开展事前绩效评估，重点论证立项必要性、投入经济性、绩效目标合理性、实施方案可行性、筹资合规性等，投资主管部门要加强基建投资绩效评估，评估结果作为申请预算的必备要件。各级财政部门要加强新增重大政策和项目预算审核，必要时可以组织第三方机构独立开展绩效评估，审核和评估结果作为预算安排的重要参考依据。

（七）强化绩效目标管理。各地区各部门编制预算时要贯彻落实党中央、国务院各项决策部署，分解细化各项工作要求，结合本地区本部门实际情况，全面设置部门和单位整体绩效目标、政策及项目绩效目标。绩效目标不仅要包括产出、成本，还要包括经济效益、社会效益、生态效益、可持续影响和服务对象满意度等绩效指标。各级财政部门要将绩效目标设置作为预算安排的前置条件，加强绩效目标审核，将绩效目标与预算同步批复下达。

（八）做好绩效运行监控。各级政府和各部门各单位对绩效目标实现程度和预算执行进度实行"双监控"，发现问题要及时纠正，确保绩效目标如期保质保量实现。各级财政部门建立重大政策、项目绩效跟踪机制，对存在严重问题的政策、项目要暂缓或停止预算拨款，督促及时整改落实。各级财政部门要按照预算绩效管理要求，加强国库现金管理，降低资金运行成本。

（九）开展绩效评价和结果应用。通过自评和外部评价相结合的方式，对预算执行情况开展绩效评价。各部门各单位对预算执行情况以及政策、项目实施效果开展绩效自评，评价结果报送本级财政部门。各级财政部门建立重大政策、项目预算绩效评价机制，逐步开展部门整体绩效评价，对下级政府财政运行情况实施综合绩效评价，必要时可以引入第三方机构参与绩效评价。健全绩效评价结果反馈制度和绩效问题整改责任制，加强绩效评价结果应用。

五、完善全覆盖预算绩效管理体系

（十）建立一般公共预算绩效管理体系。各级政府要加强一般公共预算绩效管理。收入方面，要重点关注收入结构、征收效率和优惠政策实施效果。支出方面，要重点关注预算资金配置效率、使用效益，特别是重大政策和项目实施效果，其中转移支付预算绩效管理要符合财政事权和支出责任划分规定，重点关注促进地区间财力协调和区域均衡发展。同时，积极开展涉及一般公共预算等财政资金的政府投资基金、主权财富基金、政府和社会资本合作（PPP）、政府采购、政府购买服务、政府债务项目绩效管理。

（十一）建立其他政府预算绩效管理体系。除一般公共预算外，各级政府还要将政府性基金预算、国有资本经营预算、社会保险基金预算全部纳入绩效管理，加强四本预算之间的衔接。政府性基金预算绩效管理，要重点关注基金政策设立延续依据、征收标准、使用效果等情况，地方政府还要关注其对专项债务的支撑能力。国有资本经营预算绩效管理，要重点关注贯彻国家战略、收益上缴、支出结构、使用效果等情况。社会保险基金预算绩效管理，要重点关注各类社会保险基金收支政策效果、基金管理、精算平衡、地区结构、运行风险等情况。

资料来源：《中共中央　国务院关于全面实施预算绩效管理的意见》，2018年9月1日。

二、近期预算绩效管理制度改革的主要动因

当前的财政收支矛盾为全面预算绩效管理改革提供了内生动力。受国内经济减速和经济结构调整影响，当前财政收入增速降幅明显。与此同时，经济建设类支出短期内难以减少，民生社保类支出随着社会的发展也在不断增加，因而财政收入增长的可能性和财政支出增长的必要性仍是财政运行的主要矛盾。特别对于担负了过多事权的地方政府来说，财力匮乏迫使其依靠地方融资平台、信托等其他渠道举债，产生了巨大的财政金融风险。财政危机一旦发生，经济与社会的发展预期将受到重大打击。与资金短缺形成鲜明对比的是，财政资金的分配在一定范围、一些地方政府存在大量错配、浪费等问题。要尽快解决上述问题，避免出

现财政危机，就必须依靠推动绩效预算改革提高支出效率，加强绩效问责，减少资源错配的情况。

原有预算绩效管理存在的一些突出问题，也进一步推动了改革进程。

第一，绩效管理的广度不足，尚未覆盖所有预算管理财政资金。原来的预算绩效管理主要针对一般公共预算，尚未实现对政府性基金预算、国有资本经营预算和社会保险基金预算的覆盖。带来的问题是资金使用效率不高。我国财政由于多方面原因会形成存量资金，强调各预算之间的整体衔接有助于盘活财政存量资金，比如政府性基金预算和一般公共预算的专项收入部分，性质基本一致，且含有许多相同的科目，发挥着相同的作用，加之政府性基金预算年度盈余较多，将此处的结余调入一般公共预算的相同科目，可以盘活存量资金，提高资金利用效率。

第二，绩效管理的深度不足，尚未覆盖所有政府层次的财政资金。地方政府的预算绩效管理也大多以省级政府试点为主，地级与县级政府部门开展预算绩效管理并不普遍。从统筹角度来看，各预算在执行过程中，难免会出现财力紧张或财力缺口，如果各预算之间不能进行整体调剂，一则会造成资金的利用效率低下，二则会引起政府性债务的无序扩张，造成无谓的财政风险。

在尚未覆盖所有财政资金的预算绩效管理体制下，政府不仅难以对单一预算提炼出高质量的绩效信息以有效指导下一步的预算工作，更无法对四本预算绩效进行综合评估，预算整体绩效无从谈起，对预算决策的影响力度自然就小，导致绩效信息数量少、质量低、运用程度不高。

第三，绩效管理体系不完善。经过探索和实践，初步构建了预算支出事前、事中、事后全过程的绩效管理体系，但从整体上看，目前多为事后绩效评价，事前绩效评估较少，事后评价虽然也有重要意义，但资金已经全部支出了，即使评价结果为"不合格"，也不可能再追回这笔资金，缺少事前绩效评估结果作为申请预算的前置条件，无法从源头上防控财政资源配置的低效无效；执行中的监控还局限于执行进度和日常监督，疏于对绩效信息的收集和分析，对绩效实现的趋势关注不多，不能及时纠正政策和项目实施中存在的问题，容易产生管理漏洞，导致财政资金使用风险和低效；事后的绩效评价方式主要以自评为主，其公信力和独立性不能得到很好的保证，评价质量有待提高，不能全方位多维度反映财政资金使用绩效和政策实施效果，对于提高财政资源配置效率和使用效益的参考价值较低；在绩效评价结果的应用上，绩效激励约束作用不强，绩效评价结果与预算安排和政策调整挂钩机制尚未建立，结果应用缺乏硬性约束，出现"为了评价而评价"的现象，评价结果在预算调整、项目改进方面的实际应用有限。

第四，绩效理念尚未牢固树立，一些地方和部门存在重投入轻管理、重支出轻绩效的意识。预算资金的部门单位作为实施预算绩效管理的主体，若未将预算绩效管理工作列入日常重要工作，主体责任意识不强，那么对预算绩效管理工作往往是被动应付的多，求实效的少，主动去研究、推动的更少。预算绩效管理改革虽然已经全面启动，但仍然缺失绩效文化的土壤，虽然出台了考核办法，"被动开展向主动开展转变"的局面会逐步形成，但由于对部门工作质量缺乏有效的治理手段，绩效管理实效性较低。

三、近期预算绩效管理制度改革的主要举措

第一，拓宽绩效管理的广度，实现全口径预算绩效管理。全覆盖预算绩效管理侧重预算管理内容全口径，除一般公共预算外，将各级政府的政府性基金预算、国有资本经营预算和社会保险基金预算也全部纳入绩效管理。全面预算绩效管理不仅对各本预算进行独立的绩效管理，同时将各预算间的资金调剂等衔接工作也纳入进来，配合全方位和全过程的绩效管理闭合系统，实现全面的绩效管控。

第二，加大绩效管理的深度，全方位覆盖所有财政层级的预算管理资金。全方位预算绩效管理强调预算管理多层次，涵盖五级政府及下属部门和事业单位，实施政府预算、部门和单位预算、政策和项目预算绩效管理。各级政府各部门各单位对绩效目标实现程度和预算执行进度实行"双监控"，发现问题要及时纠正，确保绩效目标如期保质保量实现。

第三，完善事前、事中、事后的绩效管理体系，实现全过程预算绩效管理。在预算编制、执行、监督各个阶段以绩效为导向，构建事前、事中、事后绩效管理闭环系统，包括建立绩效评估机制、强化绩效目标管理、做好绩效运行监控、开展绩效评价和加强结果应用等内容。将绩效管理关口前移，开展事前绩效评估。各部门各单位要对新出台重大政策、项目开展事前绩效评估，重点论证立项必要性、投入经济性、绩效目标合理性、实施方案可行性、筹资合规性等；实施预算和绩效"双监控"。

第四，建立绩效自评和外部评价相结合的多层次绩效评价体系。各部门各单位对预算执行情况以及政策、项目实施效果开展绩效自评，各级财政部门建立重大政策、项目预算绩效评价机制，逐步开展部门整体绩效评价，对下级政府财政运行情况实施综合绩效评价，必要时可以引入第三方机构参与绩效评价；健全绩效评价结果反馈制度和绩效问题整改责任制，加强绩效评价结果应用。

第五，强化预算绩效评估结果的事后运用。将本级部门整体绩效与部门预算安排挂钩，将下级政府财政运行综合绩效与转移支付分配挂钩。对绩效好的政策

和项目原则上优先保障，对绩效一般的政策和项目要督促改进，对交叉重复、碎片化的政策和项目予以调整，对低效无效资金一律削减或取消，对长期沉淀的资金一律收回并按照有关规定统筹用于亟须支持的领域。

第六，加强绩效管理工作考核，强化绩效理念。各级政府要将预算绩效结果纳入政府绩效和干部政绩考核体系，作为领导干部选拔任用、公务员考核的重要参考，充分调动各地区各部门履职尽责和干事创业的积极性。各级财政部门负责对本级部门和预算单位、下级财政部门预算绩效管理工作情况进行考核。建立考核结果通报制度，对工作成效明显的地区和部门给予表彰，对工作推进不力的进行约谈并责令限期整改。

四、预算绩效管理制度改革面临的困难与挑战

第一，构建有效的绩效评价指标体系难度大。由于政府工作不像企业产出那样有直接的经济效益，政府活动的范围往往是那些市场失灵的领域，政府的投资也往往是那些社会需要，但短期很难见到经济效益、社会效益的项目，在建立具体评价指标体系时评价者要获得常规的产出信息，主要包括：公共服务的产出数量；公共服务的质量，取决于消费者对公共服务的估价水平；消费者对更多公共服务或不同组合服务的偏好是什么。受到信息不对称的影响，绩效评价者有时很难充分获得上述信息，即便可以获得，可能要支付较高的成本。再加上财政支出范围广泛及支出绩效呈多样性的特点，在进行预算绩效评价时不可能有统一的标准。如对农村义务教育的绩效评价和对农村危房改造的绩效评价的具体指标会有很大不同。

第二，绩效评价结果的应用效果受限，绩效约束急需硬化。绩效评价的应用仍存在流于表面的现象，部分预算单位对提升履职效能、改进公共服务质量等缺乏足够认识，绩效评价的应用意识有待深化。在实际应用过程中，绩效评价结果在预算调整、项目改进、干部问责和提拔任免等方面应用程度均较低、实际效果有限。相较于政策和目标预算绩效管理，部门和单位预算绩效管理更为困难，将绩效结果纳入工作考核尤其是作为公务员政绩考核和选拔任用的重要参考，进而作为责任约束依然还面临障碍。

第三，制度保障不充分，专业人员不足。从目前来看，部分省、市、县财政部门已设立专门机构，但在职责上有待调整和完善。有的省虽然在相关处室赋予预算绩效管理职能，但是普遍人员不足。并且，工作人员素质有待进一步提升，懂管理、懂业务、懂专业、懂操作的复合型人员缺乏。专业人才的匮乏在很大程度上制约了预算绩效管理工作的推进。

第四,支撑预算绩效管理的信息化建设有待提升。在信息数据库建设上,绩效评价标准库、专家库、中介库、资料库等建设不足,共建共享的数据库和交流平台尚未形成;在信息系统建设上,大部分地区尚未形成有型、完善的模式,为预算绩效管理提供的信息技术支撑作用还不强。

第三节　地方政府债务管理:从隐性负债到规范融资

一、中国地方政府债务制度的历史演变

(一) 1949—1994 年,从自发自还到被暂停

新中国成立初期,国家曾允许地方政府发行债券并制定了基本管理制度,但之后由于种种原因,地方政府债券处于停滞状态。1981—1994 年,地方政府主要通过由地方政府提供担保成立的公司和国企内部债券来筹集资金。1993 年,中央担心地方政府的偿还能力,国务院发文制止了地方政府债券的发行,并在 1994 年的《预算法》里明文规定:除了法律和国务院另有规定外,地方政府不得发行地方政府债券。

(二) 1994—2007 年,地方政府融资平台的出现与发展

1987 年组建成立的上海久事公司是我国第一家地方政府下属的融资平台公司。1994 年分税制改革重构了中央与地方政府之间的财政关系,财权上移事权下移,对地方财政产生了非对称的影响。1998 年亚洲金融危机爆发,地方政府承担的基础设施建设压力越来越大,为了规避《预算法》的举债限制,融资平台公司快速发展,地方政府通过土地资产划拨等方式为其做担保,融资平台主要通过银行贷款和发行城投债两种方式进行融资。

(三) 2008—2014 年,地方政府融资平台发展进入黄金快车道,同时地方政府债券制度实现恢复与发展

2008 年,为应对金融危机,国务院 4 万亿元投资计划中有 2.8 万亿元地方政府配套解决,这成为地方融资平台步入"黄金发展期"的重要刺激因素。《关于进一步加强信贷结构调整促进国民经济平稳较快发展的指导意见》(银发〔2009〕92 号)提出,"支持有条件的地方政府组建投融资平台,发行企业债等融资工

具"，这给融资平台提供了政策契机，使其顺势而上，迎来了爆发式增长。随着融资平台举债规模的迅速扩大，风险也日益凸显，监管部门从 2010 年开始对地方政府融资平台进行管控①，但因为缺乏法律保障致使整改措施作用有限，2011—2014 年融资平台依旧快速发展。2009 年 3 月财政部印发《2009 年地方政府债券预算管理办法》，标志着我国地方政府债券制度的恢复，至此我国地方政府直接举借债务的"正门"正式开启。当时的地方政府债券全部由财政部代理发行，并由财政部代办还本付息，即"代发代还"模式，发行额度由全国人大批准，2009—2011 年地方政府债券的批准额度均是每年 2000 亿元。2011 年 10 月财政部印发《2011 年地方政府自行发债试点办法》，启动了上海、浙江、广东、深圳四省（市）地方政府自行发债试点，不过其还本付息仍由财政部代办执行，即"自发代还"模式，2013 年起，增设江苏、山东为"自发代还"试点省份，试点期间其余地区的地方政府债仍沿用代发代还模式。2014 年 5 月，财政部印发《2014 年地方政府债券自发自还试点办法》，在前期 6 个试点地区基础上，增加北京、青岛、江西和宁夏，开展"自发自还"试点。此次债券发行模式的转变推动了地方政府债券信用评级的建立。

（四）2015 年至今，融资平台转型发展与地方政府债券的正式发行

2014 年，随着修正后的《预算法》的实施，《国务院关于加强地方政府性债务管理的意见》（国发〔2014〕43 号）明确将政企债务进行切割剥离，并整治规范地方政府违规举债行为，为后续若干年的地方债务监管建立起了基础性的框架：（1）明确剥离城投的政府性融资职能，融资平台不得新增政府债务；（2）赋予地方政府适度举债的权限，明确地方政府债券是地方政府唯一的融资渠道，在国务院确定并经全国人大批准的额度内，地方政府可以发行债券，并纳入预算管理；（3）对城投所举借的存量债务进行甄别，被甄别为地方政府负有偿还责任的债务，可以发行地方政府债券置换；（4）鼓励推广 PPP 模式，撬动社会资本参与基础设施和公共服务的提供。2015 年经济下行和稳增长压力显著增大，允许地方政府发行债券虽然开了"正门"，但限额和预算管理与稳增长目标之间存在难以平衡的冲突，这让地方政府利用融资平台进行债务扩张的冲动一直存在。随

---

① 例如《关于加强地方政府融资平台公司管理有关问题的通知》（国发〔2010〕19 号）《关于加强 2013 年地方政府融资平台贷款风险监管的指导意见》（银监发〔2013〕10 号）。

着2015年一系列宽松政策①和过渡性政策②的出台，融资平台抓住机会通过明股实债的PPP项目和政府投资基金等手段进行不规范甚至违法违规举债，致使2015年至2017年上半年融资平台债务大幅度扩张。为了管控融资平台日益加大的债务风险，针对性较强的各类相关政策③及时出台，有效遏制地方政府违规债务的增长，取得了较好的治理效果。2014年修正的《预算法》规定了地方政府发行地方债是唯一合法的政府融资渠道，地方政府债券必须纳入地方财政预算。为了保证"正门"的开大开好，中央陆续出台了一系列文件，《关于对地方政府债务实行限额管理的实施意见》（财预〔2015〕225号）对地方政府债务余额实行限额管理并分类纳入预算管理，同时要求地方政府存量债务中非政府债券方式举借的部分，利用三年左右的过渡期，在限额内安排发行地方政府债券进行置换，《地方政府一般债务预算管理办法》（财预〔2016〕154号）和《地方政府专项债务预算管理办法》（财预〔2016〕155号）的颁布，初步建立了分类管理机制、限额管理机制、风险预警机制，分别对债务存量和债务增量进行管理、调控，使地方债务的管理越来越系统、规范。此外，财政部还陆续印发了关于土地储备、收费公路和棚户区改造的专项债管理办法④，保障重点领域的合理融资需求（专栏3-3）。

◇ **专栏3-3**

地方政府债券主要政策梳理

政策文件	发布时间	发文主体	主要内容
2009年地方政府债券预算管理办法（财预〔2009〕21号）	2009.02	财政部	地方政府债券全部由财政部代理发行，并由财政部代办还本付息，即"代发代还"模式。
2011年地方政府自行发债试点办法（财库〔2011〕141号）	2011.10	财政部	启动了上海、浙江、广东、深圳四省（市）地方政府自行发债试点，还本付息仍由财政部代办执行，即"自发代还"模式。

---

① 《关于在公共服务领域推广政府和社会资本合作模式指导意见的通知》（国办发〔2015〕42号）放松了对PPP社会资本方的认定条件，《国家发展改革委办公厅关于充分发挥企业债券融资功能支持重点项目建设促进经济平稳较快发展的通知》（发改办财金〔2015〕1327号）突破了企业发债限制等。

② 《国务院办公厅转发财政部人民银行银监会关于妥善解决地方政府融资平台公司在建项目后续融资问题意见的通知》（国办发〔2015〕40号）。

③ 包括《关于进一步规范地方政府举债融资行为的通知》（财预〔2017〕50号）、《关于坚决制止地方以政府购买服务名义违法违规融资的通知》（财预〔2017〕87号）、《关于规范金融企业对地方政府和国有企业投融资行为有关问题的通知》（财金〔2018〕23号）等。

④ 包括《地方政府土地储备专项债券管理办法（试行）》（财预〔2017〕62号）、《地方政府收费公路专项债券管理办法（试行）》（财预〔2017〕97号）、《试点发行地方政府棚户区改造专项债券管理办法》（财预〔2018〕28号）等。

续表

政策文件	发布时间	发文主体	主要内容
2014年地方政府债券自发自还试点办法（财库〔2014〕57号）	2014.05	财政部	试点地区自行组织本地区政府债券发行、支付利息和偿还本金的机制。按照有关规定开展债券信用评级，择优选择信用评级机构。
国务院关于加强地方政府性债务管理的意见（国发〔2014〕43号）	2014.09	国务院	赋予地方政府依法适度举债权限，包括发行一般债券和专项债券；对地方政府债务实行规模控制；把地方政府债务分门别类纳入全口径预算管理；建立地方政府性债务风险预警机制；明确政府和企业的责任，切实做到谁借谁还、风险自担；推广使用政府与社会资本合作模式。
地方政府存量债务纳入预算管理清理甄别办法（财预〔2014〕351号）	2014.10	财政部	存量债务所指截至2014年12月31日尚未清偿完毕的债务。清理存量债务，甄别政府债务。
预算法（2014年修正）	2014.12	全国人大常委会	地方政府可以发行债券，举借的债务列入本级预算调整方案，且只能用于公益性资本支出，不能用于经常性支出。地方政府及其所属部门不得以任何其他方式举借债务。
关于对地方政府债务实行限额管理的实施意见（财预〔2015〕225号）	2015.12	财政部	分为一般债务限额和专项债务限额，总限额由国务院确定。地方政府严格按照限额举借债务，并分类纳入预算管理。偿还资金难以实现时，可采取借新还旧的办法，收入实现后即予归还。
关于进一步规范地方政府举债融资行为的通知（财预〔2017〕50号）	2017.04	财政部	不得以任何形式要求或决定企业为政府举债或变相为政府举债。允许地方政府结合财力可能设立或参股担保公司（含各类融资担保基金公司），构建市场化运作的融资担保体系，鼓励政府出资的担保公司依法依规提供融资担保服务，地方政府依法在出资范围内对担保公司承担责任。
关于坚决制止地方以政府购买服务名义违法违规融资的通知（财预〔2017〕87号）	2017.05	财政部	重申政府购买服务的规定，明确政府购买服务范围的清单，规范政府购买服务预算管理，严禁利用或虚构政府购买服务合同违法违规融资，切实做好信息公开。
《关于做好地方政府专项债券发行及项目配套融资工作的通知》	2019.06	国务院	发挥专项债券的重要作用，着力加大对重点领域和重点项目的支持力度；完善专项债券管理及配套措施；依法合规推进重大项目融资。

二、近期地方政府债务制度改革的主要原因

2014年修正的《预算法》实施前，地方政府主要通过融资平台举借政府债务，这种方式在弥补地方财力不足、推动地方经济社会持续发展等方面发挥了积

极作用，但这些债务多数未纳入预算管理，脱离中央和同级人大监督，存在规模大、增速快、主体混乱、渠道多元、成本高昂、风险集聚的趋势和特点，极易成为我国经济运行中的"隐忧"，对地方政府债务进行规范管理与改革已是势在必行。

（一）政府依赖举债投资的冲动性较强，举债规模缺乏控制，部分地区地方债规模较大且增速过快

为了拉动地方经济增长、推进城镇化建设，在地方财政普遍存在收支缺口的大背景下，地方政府进行负债融资的冲动愈发强烈，从而形成了债务驱动型的扭曲发展方式，造成了我国地方政府债务规模较大且增长速度过快。2014 年中央对地方债务启动甄别工作，剥离融资平台公司政府融资职能，对非债券形式的地方政府存量债务进行债券置换并纳入预算管理。图 3-1 为 2009—2017 年我国地方政府债券发行量，其中 2015—2018 年置换债券发行量 128534.9 亿元，占同期地方政府债券发行量的 69.84%。这些置换债券是 2014 年修正的《预算法》实施之前，以非债券形式存在的政府负有偿还、担保及救助责任的部分存量债务，由此可见在进行规范化管理之前，我国地方政府债务数额之巨。截至 2018 年底，排名前两位的青海（76.78%）和贵州（78.59%）的债务负担率（债务余额/GDP）均远超国际标准的 60%，其政府债务余额占一般预算收入的比重也名列前茅，风险也最为集中。整体来看，地方政府债务规模呈现东部大于西部、西部大于中部的区域差异分布。究其原因，主要是地方政府财权事权不匹配，政府绩效评价制度不完善不合理，使地方政府收支缺口引发的举债冲动不可避免。为了控

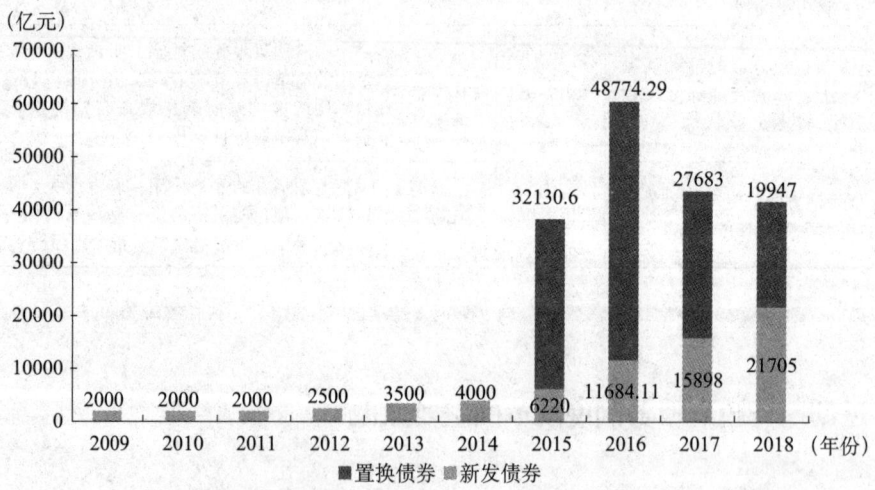

图 3-1　地方政府债券发行量（2009—2014 年）

数据来源：财政部网站、中国债券信息网。

制债务规模、防止债务增速加快和债务风险累积，地方政府债务制度不得不进行改革。

（二）违规借债、变相融资屡禁不止，违规担保仍有发生，财政风险若隐若现

在2014年修正的《预算法》出台之前，我国缺乏专门针对地方债的法律法规，加之地方政府风险意识薄弱、债务管理规范性不足，导致多花样的举债形式、不透明的举债程序、违法违规的举债担保等问题突出。一方面，地方政府通过"后门"筹集资金的现象依然存在，明股实债的PPP项目、承诺回购的政府投资基金等变相融资行为屡禁不止；另一方面，地方政府为金融机构发放贷款、融资平台发行金融产品等行为提供担保承诺。这都会形成未纳入财政预算管理的"隐性债务"，由此累计的债务风险会产生财政风险，同时会传导至金融机构引发金融风险，甚至损害政府信用，影响经济发展和社会稳定。

土地作为重要的生产要素，一方面，是地方政府通过银行贷款或融资平台发行城投债进行融资时最主要的抵押担保资产；另一方面，土地出让金也是地方政府偿还债务的重要资金来源。地方政府债务与土地财政高度关联，其偿债能力依赖于土地财政，土地出让收入的不稳定性会影响地方政府按时偿还本息，同时会给贷款银行造成不良资产，产生流动性风险。

（三）允许发行地方政府债券并纳入预算管理是新时代中国经济发展的必然要求

分税制后，"财权上收，事权下移"，一方面事权划分不合理不清晰，地方政府承担职责过多，另一方面地方政府财政紧张，其收入多是收入来源不稳定、税源分散、征管难度大、增收效益小、征收成本高的小税种。在现行预算体制内，地方政府不允许进行赤字预算，因此在2014年允许地方发债的"正门"完全开启之前，借助融资平台举债是实现财政收支平衡的重要手段。在修正后的《预算法》实施之后，作为当时主要融资渠道的"后门"逐渐关闭，开辟新的融资渠道是解决财政困境的必要选择。

地方政府依法规范融资的"前门"被打开了，这既合理地解除了地方政府融资渠道的限制，又可以将庞大的债务负担纳入财政预算，进行统一的规范化、透明化管理，短期内是化解地方财政金融系统性风险的重要举措，长期内则是健全地方融资约束机制的必然选择。赋予地方政府包括举债权在内的财权，强化地方政府自身的预算约束，破除中央政府对地方债务"兜底"的不良预期，消除地方债务融资的道德风险，这既有利于我国财政体制改革的进一步深化，也有利于地方经济的高质量发展。

三、近期地方政府债务制度改革的主要举措

我国积极推动地方政府债务管理改革，2014年修正的《预算法》为地方政府发行地方债提供了法律依据，同时多举措遏制地方政府的违规举债，并在丰富专项债券种类、完善专项债券管理及配套措施和加强信息公开等方面开展探索和尝试，取得了明显效果。

（一）明确地方政府的举债主体地位，为地方政府发行地方政府债券提供了法律依据

2014年修正的《预算法》明确规定：省、自治区、直辖市可以通过发行地方政府债券举债，举债规模由国务院报全国人大批准。举借的债务列入本级预算调整方案，且只能用于公益性资本支出，不能用于经常性支出。地方政府及其所属部门不得以任何其他方式举借债务。

在进行地方政府债务改革的过程中，相关意见、办法和规定的出台起到了重要的支撑作用。《关于对地方政府债务实行限额管理的实施意见》（财预〔2015〕225号）规定地方政府严格按照限额举借债务，并分类纳入预算管理（一般债务纳入一般公共预算管理、专项债务纳入政府性基金预算管理）。财政实力强、举债空间大、债务风险低、债务管理绩效好的地区多安排，财政实力弱、举债空间小、债务风险高、债务管理绩效差的地区少安排或不安排。当偿还资金难以实现时，可采取借新还旧的办法，收入实现后即予归还。《地方政府一般债务预算管理办法》（财预〔2016〕154号）、《地方政府专项债务预算管理办法》（财预〔2016〕155号）从债务限额确定、预算编制和批复、预算执行和决算、非债券形式债务纳入预算以及监督管理等方面，提出了规范地方政府债务预算管理工作的具体要求。

（二）全面遏制地方政府违规举债融资，严控地方政府债务风险

一方面，加强风险源头管控，硬化预算约束，严格项目审核，管控金融"闸门"，坚决遏制隐性债务增量。坚决制止违法违规融资担保行为，严禁以PPP、政府投资基金、政府购买服务等名义变相举债，决不允许以新增隐性债务方式上新项目、铺新摊子。另一方面，积极稳妥化解存量隐性债务。坚持谁举债谁负责，严格落实地方政府属地管理责任。

《关于进一步规范地方政府举债融资行为的通知》（财预〔2017〕50号）规定地方政府不得以文件、会议纪要、领导批示等任何形式，要求或决定企

为政府举债或变相为政府举债。允许地方政府结合财力可能设立或参股担保公司（含各类融资担保基金公司），构建市场化运作的融资担保体系。《关于坚决制止地方以政府购买服务名义违法违规融资的通知》（财预〔2017〕87号）严格规定政府购买服务范围、严格规范政府购买服务预算管理、严禁利用或虚构政府购买服务合同违法违规融资。同时，2017年财政部摸排多起地方违规融资担保事件，并实行跨部门追究，倒查责任。《关于规范金融企业对地方政府和国有企业投融资行为有关问题的通知》（财金〔2018〕23号文）明确规定除购买地方债外，国有金融企业禁止向地方政府及相关部门提供融资，禁止向融资平台违规发放贷款，同时，也不得要求地方政府提供任何形式的担保，相关债务性资金也禁止作为PPP项目、政府投资基金及地方建设项目的资本金。

（三）积极开好地方规范融资"正门"，全面丰富专项债券种类

将地方债券的融资"正门"开大开好，有利于实现"一级政府、一级财政"，为地方政府提供稳定、可持续的资金来源，实现财权与事权的统一，促进地方政府信用体系建设。在规范地方政府债务融资的过程中，地方政府专项债的发行规模增长明显，反映出专项债在地方政府投融资中的地位不断提高、作用不断加大，逐步成为主渠道。

《地方政府土地储备专项债券管理办法（试行）》（财预〔2017〕62号）、《地方政府收费公路专项债券管理办法（试行）》（财预〔2017〕97号）、《试点发行地方政府棚户区改造专项债券管理办法》（财预〔2018〕28号），鼓励地方政府发行土地储备债、收费公路债、棚改债以及其他项目收益债筹集资金，满足新增项目建设需求；《关于试点发展项目收益与融资自求平衡的地方政府专项债券品种的通知》（财预〔2017〕89号）要求创新和丰富债券品种，优先在重点领域探索和试点发行项目收益专项债券。《财政部关于做好2018年地方政府债务管理工作的通知》（财预〔2018〕34号）提出要加快实现债券资金使用与项目管理、偿债责任相匹配，债券期限与项目期限相匹配。《关于做好地方政府专项债券发行及项目配套融资工作的通知》（厅字〔2019〕33号）在明确地方政府专项债重点支持领域、使用范围、金融机构提供配套支持、落实偿还责任等方面作出了具体规定。

目前，我国专项债券项目范围已涵盖土地储备、棚户区改造、收费公路、城乡基础设施、水利、轨道交通、医疗、教育、旅游扶贫、乡村振兴、生态环保等领域，为一系列重大区域发展战略提供有力资金支持。

四、当前地方政府债务制度改革面临的困难与挑战

2014 年修正的《预算法》虽然打开了地方政府债务融资的"前门",2015—2018 年的存量债务置换也基本上化解了存量债务风险,但新的地方债务融资制度供给与经济高质量发展所内生的强大公共投资需求之间的矛盾非但没有减弱,反而更加强化,尤其是在当前经济增长持续下行的压力下,地方政府债务融资的需求迫切需要地方债务融资制度的创新。

(一)债券发行主体与债券使用主体之间的分离可能扭曲资源配置效率,形成新的潜在风险

2014 年修正的《预算法》虽然授予了省级政府依法在限额范围内自主发行地方政府债券的权利,但省级政府并非最主要的用债主体,区县政府是地方政府债券的实际需求者。省级政府如何分配省以下的债券指标是一个行政过程和政治过程,这一过程很难确保效率驱动,往往最终成为一种政治平衡。因此,发债主体与用债主体分离虽然在一定程度上有利于省级政府控制本省债务规模的增长,有利于省级政府平衡市县经济发展,但可能降低债务资金的配置效率,产生新的风险。庞大的债务规模容易引起人们对债务风险的警觉,但实际上债务规模的高和低本身与财政风险的高低并无直接对应关系,低效率的债务资金配置却是实实在在的风险源头。

如果要维持现有的省级政府发债、市县政府用债的整体格局不变,下一步应该在这一体制框架内建立健全市县(区)政府竞争性使用债券额度的准市场化机制,尽可能减少行政干预和政治平衡对债务资金配置效率的扭曲。长期来看,随着地方政府债务制度的健全和地方财政债务管理能力的提高,将发债权限逐步下沉到市级政府,并建立自上而下的政府内监督约束机制和信息透明的资本市场约束机制,这或许是一个值得期待的改革目标(专栏 3-4)。

◇ **专栏 3-4**

《新增地方政府债务限额分配管理暂行办法》(节选)

第三章 新增限额分配

第六条 新增限额分配选取影响政府债务规模的客观因素,根据各地区债务风险、财力状况等,并统筹考虑中央确定的重大项目支出、地方融资需求等情况,采用因素法测算。各客观因素数据来源于统计年鉴、地方财政预决算及相关部门提供的资料。

第七条 新增限额分配应当体现正向激励原则,财政实力强、举债空间大、债务风险低、债务管理绩效好的地区多安排,财政实力弱、举债空间小、债务风险高、债务管理绩效差的地区少安排或不安排。新增限额分配用公式表示为:

某地区新增限额 =[该地区财力×系数1+该地区重大项目支出×系数2]×该地区债务风险系数×波动系数+债务管理绩效因素调整+地方申请因素调整。

系数1和系数2根据各地区财力、重大项目支出以及当年全国新增地方政府债务限额规模计算确定。用公式表示为:

系数1=(某年新增额－某年新增限额中用于支持重大项目支出额度)÷($\sum i$ 各地政府财力)

i=省、自治区、直辖市、计划单列市

某地区政府财力=某地区一般公共预算财力+某地区政府性基金预算财力

系数2=(某年新增债务限额中用于支持重大项目支出额度)÷($\sum i$ 各地重大项目支出额度)

i=省、自治区、直辖市、计划单列市

第八条 本办法第七条所称地区财力分别为一般公共预算财力和政府性基金预算财力,按照政府收支分类科目分项测算,部分收入项目结合每年政府收支分类科目变动作适当调整。公式表示为:

某地区一般公共预算财力=本级一般公共预算收入+中央一般公共预算补助收入－地方一般公共预算上解

某地区政府性基金预算财力=本级政府性基金预算收入+中央政府性基金预算补助收入－地方政府性基金预算上解

第九条 重大项目支出主要根据各地区落实党中央、国务院确定的"一带一路"、京津冀协同发展、长江经济带等国家重大战略以及打赢脱贫攻坚战、推进农业供给侧结构性改革、棚户区改造等重点方向的融资需求测算。

根据经济社会发展程度、基本公共服务保障程度等差异,各地区部分项目额度可以作适当调整。

第十条 债务风险系数反映地方政府举债空间和偿债风险,根据各地区上年度政府债务限额与标准限额等比较测算。

某地区地方政府债务标准限额=该地区可以用于偿债的财力状况×全国地方政府债务平均年限。

全国地方政府债务平均年限是全国地方政府债券余额平均年限和非债券形式债务余额平均年限的加权平均值。用公式表示:

全国地方政府债务平均年限=(地方政府债券余额×地方政府债券平均年限+非政府债券形式债务余额×非政府债券形式债务平均年限)÷地方政府债务余额

第十一条 为防范地方政府债务风险,避免债务过快增长和异常波动,保障年度间地方财政运行的稳定性,以全国人大批准的新增限额平均增长率为基准确定波动系数区间，即各地区新增限额增长率最高不超过波动系数区间上限，最低不低于波动系数区间下限。

第十二条 为促进地方加强政府债务管理，保障债权人合法权益，提高债务资金使用效益，财政部应当根据地方政府债务收支预算编制、项目管理、执行进度、存量债务化解等因素，加快开展地方政府债务管理绩效评估，根据管理绩效情况对该地区予以适当调整。

第十三条 为合理反映各地区公益性项目建设融资需求，各地区的新增限额不应超过本地区申请额。

第十四条 按本办法第六条至第十三条测算分地区新增限额后，对一般债务率、专项债务率超过风险警戒线标准的地区，在分配该地区新增限额总量不变的前提下，应当优化其一般债务、专项债务结构，防控地方政府债务风险。

第十五条 按照地方政府性基金收入项目分类发行专项债券的，在年度地方政府专项债务新增限额内，根据相关领域融资需求、项目期限、政府性基金收入项目规模等因素，测算确定分地区分类专项债务额度，报国务院批准后在下达分地区专项债务新增限额时单独列示。

资料来源：关于印发《新增地方政府债务限额分配管理暂行办法》的通知，财预〔2017〕35号。

（二）地方政府债券信息披露机制不完善，评级机制不健全，缺乏投资者约束

我国地方债的评级体系建立时间短，评级架构主要借鉴了美国、欧洲等发达国家或地区，主要内容包括地方经济增长与发展、地方政府财政状况、地方政府性债务和管理、地方政府治理等。从评级结果来看，经济发展水平和财政收入差异较大的地区之间没有信用差别，东、中、西部地区地方政府债券的信用评级近两年来均为AAA，2017年各地地方债公开发行利差均值范围为5.9—42.7个基点，由此可见价格差异与同质化的评级结果明显背离。因为缺乏投资参考性，所以投资者对地方政府债券信用评级结果认可度较低。

究其原因，一方面，评级机构的评级方法、过程和结果披露不透明。在关键量化指标有差异的情况下，投资者很难根据评级报告披露信息进行横向比较。评级机构仅仅简单披露评级结果，削弱了其揭示风险的作用。另一方面，地方政府仅公布基本财政数据，信息披露不完整，且不同区域的地方政府预算公开程度不一致，财政体制与管理、预算与执行、债务口径与统计等各方面透明度都不够。我国信息披露机制正在不断完善中，跟踪信息、付息情况公告已定期披露，但仍存在较大空间。例如市县级的政府债券由省级政府代发，但发行与偿债主体不一致，在信息披露时仅披露省级政府的相关情况，实际偿债主体的相关信息在信用评级中反应不足，导致投资者无法掌握市县级政府的资金使用、偿还能力等情况。

（三）公共投资中的政府与市场关系未完全理顺，各种融资方式创新的风险归宿仍可能是地方财政

地方政府债务融资的"前门"虽开，但在行政监督和市场约束机制建立健全之前只能缓缓打开。在原有的政府融资渠道（如融资平台借款、城投债等方式）被禁或受限的条件下，地方政府债券融资必定无法满足规模庞大的公共设施投资需求。如果说以"铁公基"为代表的传统基建投资已趋于饱和，上述制度供给不足所引致的融资约束对地方政府（官员）的投资冲动有一定的约束作用，那么面对引领经济结构性转型的各类新型基建投资（如信息通信网络、大数据中心等）所派生的巨大融资需求，上述融资约束的负面作用就不得不正视了。

事实上，中央政府也认识到，单纯依靠预算体系内发行地方政府债券无法在数量上满足公共投资的融资需求，从而推出了鼓励开展政府和社会资本合作（PPP）的各种政策措施，希望一方面通过引入市场力量分散财政风险，另一方面通过增强市场约束提高财政资金使用效率。但在中国目前的国情下，真正能参与到PPP中的民间资本并不多，PPP中的社会资本仍然以国有企业为主，由此形成的企业债务和投资风险最终仍然会归宿到地方或中央财政。因此，如何理顺政府与市场的关系，如何塑造法治下的契约精神，如何控制政府机会主义，如何切实有效放松民间资本准入门槛等仍是一个重要的研究课题。

第四节 预算平衡：从年度平衡到跨期平衡

一、中国预算平衡机制的历史演变

（一）古典主义的预算年度平衡观

新中国成立以来一直到改革开放初期，财政工作以"收支平衡，略有结余"为主要方针，也就是说预算管理主要强调年度收支平衡。即使到了20世纪中期，从1994年颁布的《预算法》中也可以发现，《预算法》第三条明确强调各级预算应当做到收支平衡。然而从实际情况来看，尤其是从改革开放至今，除个别年份以外，几乎每年都有赤字，虽然整个国家预算内的财政赤字率一直维持在较低的水平，但如果将地方政府的隐性赤字包括进来，年度财政赤字的规模并不低。

（二）从建立预算调节基金到跨年度预算平衡

2007年开始设立的预算稳定调节基金是跨年度预算平衡机制的一个雏形。当时，财政收入连年超GDP增长，中央财政从2006年的超收收入中安排500亿元设立中央预算稳定调节基金，并纳入预算管理，接受全国人大监督。预算调节基金有助于保持中央和地方预算的稳定性和财政政策的连续性，有助于保持年度间政府预算的衔接，继而成为科学合理地编制预算的一个不可或缺的组成部分。

跨年度预算平衡，是在2013年11月党的十八届三中全会通过的《中共中央关于全面深化改革若干重大问题的决定》中首次提出的，而后写入2014年修正的《预算法》。跨年度预算平衡机制是对单一年度预算平衡机制的一种改进，是指在财政预算编制、执行等环节，建立健全跨年度的、合理的平衡机制，实施依法征税，硬化支出预算约束，更好地发挥财政宏观调控作用。跨年度预算平衡要求根据经济形势发展变化和财政政策逆周期调节的需要，实现财政资金的跨期优化配置。跨年度预算平衡对地方财政的影响更大。根据2014年修正的《预算法》，地方一般公共预算执行中如出现超收，用于化解政府债务或补充预算稳定调节基金；如出现短收，通过调入预算稳定调节基金或其他预算资金、削减支出实现平衡。如采取上述措施后仍不能实现平衡，省级政府报本级人大或其常委会批准后增列赤字，并报财政部备案，在下一年度预算中予以弥补；市、县级政府通过申请上级政府临时救助实现平衡，并在下一年度预算中归还。政府性基金预算和国有资本经营预算如出现超收，结转下年安排；如出现短收，通过削减支出实现平衡。至此，跨年度预算平衡机制在中央和地方两级财政被确立下来。

（三）开启中期财政规划管理

与跨年度预算平衡机制同时提出的还有中期财政规划管理。实行中期财政规划管理，由财政部门会同各部门研究编制三年滚动财政规划，对未来三年重大财政收支情况进行分析预测，对规划期内一些重大改革、重要政策和重大项目，研究政策目标、运行机制和评价办法，通过逐年更新滚动管理，强化财政规划对年度预算的约束性，有利于通过深化改革解决上述问题，实现财政可持续发展，也有利于充分发挥财政职能作用，促进经济结构调整和发展方式转变。[①]

[①] 《国务院关于实施中期财政规划管理的意见》（国发〔2015〕3号）。

二、改革预算平衡机制的原因

（一）跨期预算平衡机制改革是国家财政治理现代化的需要

古典的年度审慎平衡机制下，预算审查监督的重点在于年度的收支平衡，年度平衡规则比较适用于宏观经济稳定，政府职能相对简单的情形。但是，在当代宏观经济波动性不断增强，政府在经济社会发展过程中扮演着越来越重要战略性角色的背景下，单纯的预算年度平衡规则忽视了年度与年度之间预算收支政策的连贯性。另外，过分追求年度平衡可能引起财政政策的"顺周期"效应，例如，在经济萧条期，财政收入不足，但为满足年度收支平衡，在收入政策上可能会出现征收"过头税"的现象；在经济繁荣期，税源充裕，出现超收，但为满足年度收支平衡，可能在支出政策上出现突击花钱的现象。因此，年度平衡规则使得预算行为短期化，建立跨年度预算平衡机制，能够增强各年度之间财政支出安排的连续性，进而可以确保国家社会、经济发展相关政策、宏观经济调控相关政策和国家主要发展战略的连续性与稳定性。同时，预算绩效评估的视野也应该从年度预算走向跨期预算，尤其是对于一些体现中长期国家战略意图的重大支出政策，其预算支出绩效的评估更应该在跨期框架下进行。毋庸置疑，跨期预算平衡机制是推进国家财政治理能力现代化的重要一环。

（二）跨期预算平衡机制改革是逆周期宏观经济调控的需要

经典的凯恩斯主义宏观调控理论告诉我们，面对来自需求侧的宏观经济波动，财政政策应该逆风向而动，在经济衰退时期采取扩张性财政政策以刺激经济，经济繁荣时期则采取紧缩性财政政策来抑制过度的需求。反映在预算上，在经济繁荣期形成预算盈余，在经济衰退期产生预算赤字，而繁荣期形成的预算盈余正好对冲衰退期形成的预算赤字，因此从整个经济周期的角度来看，预算收支基本是平衡的。这种逆周期规则的财政稳定政策的思想核心可以被概括为宏观预算革命：预算不仅要呼应基于年度平衡的常规性财政管理的需求，还应成为分析和实施宏观经济调控政策的有力手段。这场源自20世纪30年代的凯恩斯主义革命打破了传统理论中的财政与经济两分法，将预算与宏观经济关系的讨论导向一个新的高度，并在很大程度上改变了国家预算制订的规则。事实上，我国改革开放以来，逆周期调控和跨期预算平衡规则也逐步成为中央政府调控宏观经济的重要工具菜单之一。但在地方预算层面，直至2014年修正的《预算法》颁布之前，地方财政至少在预算制度内仍然坚守年度平衡规则，尽管地方财政的隐性负债和隐性赤字是不争的事实。随着国家和地方层面政府资金全部纳入预算管理，随着地方政府债务融资制度改革的推进，中央和地方两个层面的预算跨期平衡机制改革也就自然进入议事日程。

（三）跨期预算平衡机制改革有助于实现公共支出成本的代际公平分担

年度预算平衡规则比较适合于经常性开支和经常性收入，因为居民从经常性支出中享受到的收益与其支付的税收成本（经常性收入的主要来源）在时空上是对应的。然而，对于资本性支出，对于耐用性或代际公共品提供而言，支出（成本）在当期，而支出形成的经济和社会效益不仅仅在当期，更多是在未来，此时没有理由要求当期的纳税人承担所有的成本。这种情形下，预算赤字和用于弥补预算赤字的债务融资就具有了经济上的合理性和立法上的正当性。政府的债务融资成为了实现跨期预算平衡的纽带，同时也实现了资本性公共支出成本在代际之间的公平分担。

（四）跨期预算平衡机制改革是中国发展进入新时代的现实需要

改革开放后，中国经济发展经历了 30 多年的高速增长期，期间经济增长虽有波动，但总体的增长趋势非常明显。随着高速增长期告一段落，中国经济进入中速增长期，这一时期的经济发展特征不仅表现在经济增速的回落，而且表现在宏观经济波动性将增强，表现在地区间经济增长的差异性和波动性也会增强，这就要求中央政府和地方政府具有更强的熨平经济波动的能力，跨期预算平衡机制改革将为中央和地方政府在法制框架下发挥此项职能奠定制度基础。

与此同时，随着我国国力的不断增强，谋划新时代的发展战略，推进供给侧结构性改革，创造未来发展机遇，中央政府和地方政府都紧紧围绕国家的重大战略（如脱贫攻坚、污染防治、区域协调发展等）而展开。这些重大战略对应的重大支出往往具有年度之间的连续性，很难在单一财政年度内进行设计和评估，也即是说，必须在更长期的范围内对国家和地方层面的战略性支出进行预算规划和绩效评价，这也是推动跨期预算平衡机制改革的又一重要现实需求。

三、近期改革预算平衡机制的主要举措

（一）2014 年修正的《预算法》关于跨期预算平衡机制改革的新要求

1994 年《预算法》中明确规定，各级预算应当做到收支平衡，并且各级政府预算应当按照国务院的规定设置预算周转金。2014 年修正的《预算法》第十

二条规定，各级预算应当遵循统筹兼顾、勤俭节约、量力而行、讲求绩效和收支平衡的原则。各级政府应当建立跨年度预算平衡机制。至此，修正后的《预算法》对中央和地方各级财政提出了建立跨年度预算平衡机制的新要求。另外，2014年修正的《预算法》第四十一条规定：各级一般公共预算按照国务院的规定可以设置预算周转金，用于本级政府调剂预算年度内季节性收支差额。各级一般公共预算按照国务院的规定可以设置预算稳定调节基金，用于弥补以后年度预算资金的不足。同时，修正后的《预算法》第六十六条规定：各级一般公共预算年度执行中有超收收入的，只能用于冲减赤字或者补充预算稳定调节基金。各级一般公共预算的结余资金，应当补充预算稳定调节基金。省、自治区、直辖市一般公共预算年度执行中出现短收，通过调入预算稳定调节基金、减少支出等方式仍不能实现收支平衡的，省、自治区、直辖市政府报本级人民代表大会或者其常务委员会批准，可以增列赤字，报国务院财政部门备案，并应当在下一年度预算中予以弥补。

（二）推进中期财政规划管理

2015年1月发布的《国务院关于实行中期财政规划管理的意见》对推进各部门和各级政府编制中期财政规划提出了指导性意见。意见要求财政部牵头编制全国中期财政规划。全国中期财政规划对中央年度预算编制起约束作用，对地方中期财政规划和年度预算编制起指导作用。财政部要在下一年度预算编制启动之前，提前编制中期财政规划草案。草案应征求相关部门和社会有关方面的意见，报国务院批准后实施。各部门应结合国民经济和社会发展五年规划纲要及相关专项规划、区域规划的实施，按照部门职责分工，研究未来三年涉及财政收支的重大改革和政策事项，并测算收支数额，及时提交财政部汇总平衡。同时，各部门还要编制部门三年滚动财政规划，按照部门预算管理有关规定执行。

在中央的号召下，以财政部为主导的各个部门积极配合实施，如：财预〔2015〕230号文件中财政部要求中央对地方专项转移支付需要进行三年滚动规划；财建〔2017〕423号文件中要求各个地方编制专项资金三年滚动规划和年度预算；财农〔2019〕54号文件中要求水利部编制水利发展资金三年滚动规划和年度预算。各省、自治区、直辖市及计划单列市财政部门比照中央做法，编制地方中期财政规划，经同级人民政府批准后，报财政部备案。省级各部门、省级以下地方财政部门也可分别编制省级部门三年滚动财政规划和当地中期财政规划。

四、预算平衡机制改革面临的困难与挑战

跨年度预算平衡机制的建立有其必要性，也有必然性。然而，在现实世界

中,要使跨年度预算平衡机制能够有效发挥作用,实现提升国家治理能力和治理水平的目标,仍面临着来自诸多方面的挑战。

(一)预算稳定调节基金的作用仍非常薄弱

理论上来说,预算稳定调节基金能够在跨期预算平衡机制中发挥重要作用。经济繁荣期产生的财政超收或预算盈余进入预算稳定调节基金,可用来弥补经济萧条期的预算赤字。然而,在实际的政治经济过程中,预算稳定调节基金很难形成规模,对跨期预算平衡起到的作用也非常有限。大量的研究文献证明,当经济繁荣的时候,财政收入充沛,但与此同时负责公共开支的各个预算单位也会想尽办法设立各种看似合理的开支项目,使预算支出也同步扩大,最终也不会留下太多的盈余能够进入预算稳定调节基金。在经济萧条期来临的时候,预算稳定调节基金自然无法发挥其应有的作用(专栏3-5)。

◇ 专栏3-5
《预算稳定调节基金管理暂行办法》(节选)

第一章 总则

第一条 为建立全面规范透明、标准科学、约束有力的预算制度,建立健全跨年度预算平衡机制,规范预算稳定调节基金的设置、补充和动用,根据《中华人民共和国预算法》等法律法规,制定本办法。

第二条 本办法所称预算稳定调节基金,是指为实现宏观调控目标,保持年度间政府预算的衔接和稳定,各级一般公共预算设置的储备性资金。各级政府性基金预算、国有资本经营预算和社会保险基金预算不得设置预算稳定调节基金。

第三条 各级政府财政部门负责提出预算稳定调节基金设置、补充和动用的具体方案,报经同级政府同意后,编入本级预决算草案或者本级预算的调整方案。

第二章 预算稳定调节基金的设置和补充

第四条 一般公共预算的超收收入,除用于冲减赤字外,应当用于设置或补充预算稳定调节基金。

第五条 一般公共预算的结余资金应当用于设置或补充预算稳定调节基金。

一般公共预算按照权责发生制核算的资金,不作为结余。

一般公共预算连续结转两年仍未用完的资金,应当作为结余资金补充预算稳定调节基金。

第六条 政府性基金预算结转资金规模超过该项基金当年收入30%的部分,应当补充预算稳定调节基金。

政府性基金预算连续结转两年仍未用完的资金,应当作为结余资金,可以调入一般公共预算,并应当用于补充预算稳定调节基金。

第七条　各级财政部门应当合理控制预算稳定调节基金规模。预算稳定调节基金规模能够满足跨年度预算平衡需要的,应当加大冲减赤字、化解政府债务的力度。

第三章　预算稳定调节基金的动用

第八条　编制一般公共预算草案时,可以动用预算稳定调节基金,弥补一般公共预算出现的收支缺口,动用的资金应当编入一般公共预算收入。

第九条　一般公共预算执行中,因短收、增支等导致收支缺口,确需通过动用预算稳定调节基金实现平衡的,各级财政部门应当具体编制本级预算的调整方案,按照预算法规定的程序执行。

资料来源:关于印发《预算稳定调节基金管理暂行办法》的通知,财预〔2018〕35号。

(二) 跨年度预算和中期财政规划面临更强的信息约束

跨年度预算或中期财政规划所需的信息量远远大于年度预算。首先,跨年度预算,尤其是中期财政规划,需要根据国民经济发展规划或区域发展规划对社会经济发展的趋势做出中期预测,只有这样才能对中期的预算收入和支出计划做出合理安排。然而,无论是国民经济总量还是区域经济发展的预测都是一项非常具有不确定性的工作,这无疑让具有法律硬约束的跨期预算建立在了"沙滩"之上。其次,跨期预算理论上更能适应经济的周期性波动,但到目前为止,经济学尚无法对经济周期的形成原因给出明确的解释,对经济周期各阶段的判断更多是事后或事中的,而跨期预算或中期财政规划是前瞻性的,规划不如变化的情形非常容易出现。这诸多的信息约束给跨期预算平衡机制和中期财政规划的编制蒙上了一层厚厚的阴影。

(三) 跨年度预算和中期财政规划之间的协调约束机制尚不健全

跨年度预算平衡与中期财政规划之间也存在着协调问题。首先从立法的层面看,2014年修正的《预算法》明确规定了要各级政府建立跨年度预算平衡机制,而预算法中并未明确提出各级政府必须编制中期财政规划,中期财政规划只是国务院出台的一个意见。那么,如果要推进跨期预算平衡机制改革,中期财政规划势必要对跨年度预算编制形成法律上的约束力,但中期财政规划本身并没有明确的法律地位,这就形成了立法层面的矛盾。其次,从实际管理过程出发,中期财政规划很难适应不断变化的经济发展形势(如贸易战、疫情、金融危机等都是非常难以事先预测的),年度预算调整则相对具有灵活性,更多反映了对当前或近期形势的准确把握。这样,如果按部就班地要求年度预算编制必须服从中期财政规划，显然既不合理，也不经济。

（四）跨年度预算和中期财政规划需要更加专业的复合型人才队伍

跨年度预算和中期财政规划的编制要求预算编制人员既要精通预算管理，又要理解国家的长期发展规划和重大战略，同时还要对国民经济运行和区域发展的基本规律有深刻的理解。跨期预算使得财政与经济社会发展的联动性增强了，但给预算编制人员的素质和专业知识提出了更高的要求。正如上述对信息约束的分析，复合型专业人才的缺失也可能对跨期预算平衡机制改革的推进带来很大阻力。

（五）预算跨期平衡机制需要强大的预算管理信息系统做支撑

跨期预算平衡机制的建立需要现代信息技术和大数据科学的支持。首先，完备的信息和通信基础设施是实施数据化跨期预算管理的硬件条件；其次，只有建立起预算收支信息的终端采集体系，财政部门才能及时了解纳税人的发展动态，及时了解到财政支出端企业和个人的投资或消费行为，从而才有可能利用这些大数据进行预算规划和决策；最后，需要说明的是，即使建立了强大的预算管理信息系统，即使大数据技术可以在很大程度上优化预算管理，人类的理性和对社会经济发展内在规律的认知仍然是有限的，跨期预算平衡机制设计面临的信息和知识约束仍然无法忽视。

综合以上分析，跨期预算平衡机制的进步之处在于，预算编制考虑到了经济发展的波动性和国家战略（重大支出政策）的连续性。但是它的缺陷也很明显，跨期预算平衡机制受到非常强的信息和知识约束。鉴于此，本书建议，对于体现国家战略导向的重大资本性预算收支项目可以逐步完善中期财政规划，以体现国家战略的连续性，保障相关预算支出的稳定性。对于经常性收支项目以及非国家重大资本性支出项目，仍可采取年度平衡或跨年度预算平衡机制，不宜盲目推进中期财政规划的编制。

聚焦中国人大预算监督

第四章

人大预算监督的基本理论

第一节 人大预算监督的理论基础

一、人民代表大会制度

一个国家的代议机构与其他国家机关是什么关系，在国家政权体系中居于什么地位，取决于这个国家所采取的国家权力配置方式和政党关系。中国共产党既是领导党又是执政党，这是中国政党制度的一个重要特点，也是区别于西方国家政党的一个显著标志。中国共产党的这种双重身份来自于历史的规定性和现实的需要。为保障国家权力始终掌握在人民手中，同时又有利于国家机构的高效运转，中国建立了人民代表大会制度，这是中国共产党人把马克思主义国家学说与中国国情相结合的必然结果，是中国人民在人类政治制度史上的伟大创造。

1954年第一届全国人民代表大会第一次会议上的《关于中华人民共和国宪法草案的报告》中指出，"宪法草案第二条规定：'中华人民共和国的一切权力属于人民。人民行使权力的机关是全国人民代表大会和地方各级人民代表大会。'这个规定和其他条文的一些规定表明我们国家的政治制度是人民代表大会制度。"这是在党和国家的文件中，对什么是人民代表大会制度做出的最早的正式解释。人民代表大会制度以《中华人民共和国宪法》为根基，人民代表大会制度的运行以《中华人民共和国全国人民代表大会组织法》《中华人民共和国全国人民代表大会和地方各级人民代表大会代表法》《中华人民共和国立法法》《中华人民共和国各级人民代表大会常委会监督法》等法律为保障。人民代表大会制度与国体相对应，属于政体范畴；与国家根本任务相适应，属于国家根本制度范畴；与国家意识形态相呼应，推进党的领导与人民当家作主有机统一。

改革开放以来，人民代表大会制度不断完善与发展，作为中国特色社会主义制度的基础部分，对社会主义民主政治生活发挥着根本作用。党的十八大以来，我党对人大制度明确提出了与时俱进的新要求，而且进一步明确了人大制度的政治定位，它不仅是坚持党的领导、人民当家作主、依法治国有机统一的根本政治制度安排，也是支撑中国国家治理体系和治理能力的根本政治制度，集中体现了社会主义民主政治的特点和优势。2014年9月5日，习近平总书记在庆祝全国人民代表大会成立60周年大会上的讲话时强调，"在中国，发展社会主义民主政治，保证人民当家作主，保证国家政治生活既充满活力又安定有序，关键是要坚持党的领导、人民当家作主、依法治国有机统一。新形势下，我们要毫不动摇坚持人民代表大会制度，也要与时俱进完善人民代表大会制度。"习近平总书记就坚持和完善人民代表大会制度的重要论述，拓展了人民代表大会制度的科学内涵和本质要求，这也标志着我们党对人民代表大会制度的规律性认识达到了一个新的高度。

人大预算监督的制度基础是人民代表大会制度。人民代表大会制度是宪法确立的国家根本政治制度。它不仅包括关于作为国家权力机关的人民代表大会及其常务委员会的制度，还包括关于国家权力机关与其他国家机关关系的规定，包括这些国家机关组成和运行的基本原则。人民代表大会制度自确立以来，经过了曲折的探索与发展过程，其对人民民主、改革开放和社会主义现代化建设发挥了重大作用。党的十八大以来，在推进国家治理体系和治理能力现代化进程中，人民代表大会制度拥有更加丰富、更加充实、更加深刻的内涵。全面理解和准确把握人民代表大会制度的含义，对于坚持和完善人民代表大会制度以及探索人大预算监督理论具有重要意义。

二、人大监督

监督主要是指对国家权力的运行进行控制和规范，以防止和去除权力滥用等行为的发生，使其在阳光下运行。习近平总书记在党的十九大报告中强调："要加强对权力运行的制约和监督，让人民监督权力，让权力在阳光下运行，把权力关进制度的笼子。"监督是实现国家权力系统内部的预防和纠错机制，是维护权力稳定行使的必要机制，是防范和纠正权力行使偏差的强制机制，更是保证和维护政权稳定的重要机制，它是现代国家职能中具有相对独立意义的一项职能。马克思主义认为，只有通过人民的监督制约国家权力，才能保证政权的真正民主性，防止人民公仆变成人民的主人。我国的根本政治制度是人民代表大会制度，人民代表大会是中华人民共和国的国家权力机关，代表人民掌握和行使国家权力、代表民意和公民政治参与的国家机关。人大及其常委会对行政、监察、司法等其他国家机关的监督，是按照宪法和法律赋予的职权进行的，从法理上说具有最高法律效力和权威性。全国人民代表大会的监督是具有国家性、人民性和权威性的最高层次的监督，是树立宪法权威、维护法制统一的关键，更是坚持和完善人民代表大会制度及实现依法治国的具体要求，是我国当前体制中一项最重要的监督。

人大监督职能是人民代表大会及其常务委员会的一项重要职权，是人民代表大会及其常务委员会对"一府两院"工作和实施法律法规情况进行监督的职能。人大监督是指各级人民代表大会及其常务委员会为保证宪法和法律的统一准确实施，防止行政、司法机关滥用权力，通过法定的方式和程序，对由它产生的国家行政机关、国家司法机关实施的强制性监督。这种监督主要是指对"一府两院"以及自身的监督，其目的是确保法律法规得到有效实施，促进依法行政、公正司法。随着经济社会形势的变化发展和民生民意的新诉求，我国《宪法》规定县级以上各级人大设立常委会，作为人大的常设机关处理日常事务。各级人民代表大会及其常委会都是国家权力机关，都是行使人大监督权力的机构，即构成了监督的主体。各级政府接受各级人大的监督是我国根本政治制度的必然要求。

同时，人大监督职能具有国家权力机关的属性。首先，人民代表大会的权力来自人民的委托。我国《宪法》规定，人民代表大会是国家的权力机关。人民是国家的主人，人民享有国家权力，通过选举人大代表，把国家权力委托给人民代表组成的人民代表大会行使。其次，人民代表大会掌握国家权力，国家行政机关、审判机关、检察机关都由人民代表大会产生，对它负责，受它监督。人民代表大会对其他国家机关的权力实施监督是必要的。"正是因为民主权力行使的间接性和委托性，决定了权力制约的必要性和可能性。"[①] 因此，"实施监督乃是人民代表大会这一国家权力机关所固有的职能"。[②]

我国人大及其常委会监督内容涉及面广，并且具有根本性。人民代表大会及其常务委员会的监督职能是我们国家整个监督体系的重要组成部分，是具有法律效力的监督，包括工作监督和法律监督。在工作监督方面，主要是对"一府两院"的工作是否符合宪法和法律，是否符合人民的根本利益，是否正确贯彻人大及其常委会的决议、决定，是否正确行使职权等进行监督。在法律监督方面，主

---

① 李龙：《依法治国——邓小平法制思想研究》，江西人民出版社1998年版。
② 张炜：《人民代表大会监督职能研究》，中国法制出版社1996年版。

要是指对规范性文件是否符合宪法和法律的规定而进行的监督。

我国人大监督职能有着强大的法理支撑。《宪法》对全国人大及其常委会的监督职责做了明确规定。除此之外，还有很多法律对人大的监督权做了直接或间接的规定，如《地方各级人民代表大会和地方各级人民政府组织法》《立法法》《全国人民代表大会组织法》《全国人民代表大会和地方各级人民代表大会代表法》等法律，从各个角度多个方面规定了人大的监督职能，规范了人大的监督行为，是人大监督职能的法律依据。从《各级人民代表大会和地方各级人民政府组织法》来看，规定了地方各级人民代表大会有关罢免、质询、询问和特定问题调查的内容，规定了县级以上人大常委会的质询和特定问题调查等职能。

但需注意的是，人民代表大会与其常务委员会的工作监督职权有所不同：首先是监督对象不同。《各级人民代表大会常务委员会监督法》（以下简称《监督法》）第6条规定："各级人民代表大会常务委员会行使监督职权的情况，应当向本级人民代表大会报告，接受监督。"而人民代表大会的工作监督对象则是"一府两院"。二是监督具体内容不同。人民代表大会监督同级人大常委会和"一府两院"，主要是听取和审议人大常委会的工作报告，听取和审议"一府两院"的工作报告，审查和批准国民经济和社会发展计划与计划执行情况的报告、预算与预算执行情况的报告等。而人大常委会的监督主要是听取和审议"一府两院"的专项工作报告，而不是全面的工作报告；是监督计划和预算的执行情况，而不能批准计划和预算等。三是人大与人大常委会的法律监督职能也有所不同。人大的法律监督主要是改变或者撤销同级人大常委会不适当的决定；而人大常委会的法律监督则是对规范性文件的备案审查。可以看出，《监督法》对人大常委会开展监督工作的原则、行使、程序和责任都做了明确规定，规定了人大常委会行使监督职能的七种方式，也有学者和人大工作者将其称为七种监督形式或手段，甚至有人将其直接称为七种监督途径。

综合来看，完全意义上的人大监督职能包含由谁来监督（主体），监督谁（对象），监督什么（内容），怎样监督（方式、途径），如何保证监督效果（绩效、责任）等规定和要求。可以说，人大行使监督职能是在人大制度下的一套完整的监督制度、规范和程序体系。

三、人大预算监督

（一）人大预算监督的内涵

人大预算监督是指国家权力机关对行政机关预算活动的全过程监督和制约。

正确理解人大预算监督，必然涉及两个重要方面：第一，对人大预算监督的理解不能仅停留在政府预算草案的审查监督以及决算的监督上。实际上，人大的预算监督涵盖全部的财政收支活动，贯穿于政府预算的全过程。我国的各级人大已在预算编制前通过提前介入，预算审批中通过预审、初审，人代会期间的大会审查，预算执行和决算的监督，以及预算执行结果的审计监督等，对全口径政府预算（四本账）实施全过程监督，而不是某几个环节的监督。第二，人大的预算监督权与决策（决定）权密不可分。从人大的预算监督职责来看，人大及其常委会具有制定颁布预算监督方面法律法规、讨论决定预算草案及其变更调整重大事项、监督本级政府预算执行等多方面的职权，其中，既有立法权、决定权，也有监督权。如果把人大对政府预算行为的制约分为某些方面的决定权力和某些方面的监督权力，恐怕很困难。因为监督权力一旦具体化，难免会包含决定权力，决定权力本身就是监督权力的重要组成部分。如《预算法》本身就是控权法，是人大从源头对政府财政收支行为进行立法规定，从而规范和约束政府活动的范围、方向和内容；同时，《预算法》也是人大实施预算决策监督的法律依据。从预算过程来看，政府预算编制前的提前介入和预算初审，实际上对政府预算编制决策产生了很大的影响；再如，人大常委会对预算执行情况的监督主要是对预算执行过程中预算调整或部分变更的决定权力。预算在执行中出现了不应有的偏差，人民代表大会或常委会应严格审查，有权做出一定的处理。可见，人大的预算监督权力一旦具体化，也就落实为对特定问题的决定权力，而决定权力又通过监督活动的全口径和全过程得以体现，二者很难截然划分（李兰英，2006）。这样，预算监督框架就把预算的决定权纳入监督权的范围。这表明我国人大的预算监督权、决策权（决定权）是密切联系在一起的（专栏4-1）。

专栏4-1

人大预算监督的多维释义

关于人大预算监督的内涵，学者们从不同视角进行了阐释。

（1）人大预算监督是人大对预算的决策与监督。蒋洪（2008）认为，发达国家的议会为了履行公众的受托责任，行使财政资源配置的最终决定权，在预算审批、预算执行、预算执行的监督以及预算结果的评价方面发挥决定性作用。因此，立法机构的预算权力并非仅体现在预算监督的单一环节，而是覆盖整个预算周期和全过程。张树剑（2011）认为，议会的预算监督权力是立法机关对国家机关财政行为进行监督的一项最重要的权力。预算监督不只是事后监督，因为预算监督权还包含着决定权的意义。人大必须在预算案编制时即介入监督和决策过程，甚至应该由人大专门的预算编制部门和政府财政预算编制部门建立联系工作机制，从一开始就在预算编制上实现两种权力的配合，节省协调成本。

(2) 人大预算监督是对公共预算的决策、编制、执行、评价等所做的全方位、整体的监督活动（徐永胜，2010）。

(3) 人大预算监督是督促政府改进预算的过程。王淑杰（2008）认为，预算监督是具备一定权力的监督主体，按照受托责任的要求进行的监察政府预算，并督促其改进的过程。履行受托责任是监督政府预算的实质，预算监督的目的是督促而非监察。

(4) 立法机构预算监督是一个历史的发展过程。杨灿明、王金秀（2010）认为，无论在我国还是在发达国家的封建社会时期，财政预算权都归国王（皇帝）个人所拥有，而提供公共资金的社会公众却没有丝毫的财政预算权力，随着生产力的发展和民主政治制度的建立，财政预算权由个人向提供公共资金的社会公众逐步回归。在我国，"人民当家作主"的社会主义制度明确财政权力归广大人民拥有。在今天的发达国家，不仅明确财政预算权力归社会公众所拥有，而且还通过政治程序确保其有效行使。一是通过把财政预算过程上升为政治过程来打破传统的行政主导决策模式。议会作为公众行使民主权利的代表，强有力的控制着政府的理财权。二是以开放民主的决策机制，确保决策结果的民主性。在具体的运作机制上，一般设有预算辩论制度、听证制度、质询制度，以保证广泛的民主。

（二）人大预算监督的特点

1. 权威性

在我国社会政治监督体系中，有各种不同性质、不同形式的监督，例如各级党组织的党纪监督，监察机关的政纪监督，行政机关的行政监督、审计监督，"两院"的司法监督，人民群众的民主监督、新闻媒体的舆论监督等。人大及其常委会作为国家权力机关的监督，是代表国家和人民，以宪法和法律为依据进行的具有法律效力的监督，是其他监督不可替代的，具有权威性。

2. 法律性

人大预算监督是宪法和法律赋予并保护的职权，经过人大及其常委会审查批准的预算和部分调整的方案，将直接产生法律效力。各级政府对人大批准的预算和调整方案必须认真执行，不经过法定的审批程序，不得擅自变更。对违反预算管理的行为要按照法定范围、方式和程序来追究违法者的责任。同时，人大预算监督是集体行使职权的行为，要严格执行集体决策原则，一个人或几个人的意见不具有约束力，只有经过法定程序形成决议，才具有使政府必须执行的约束力。

3. 独立性

人大预算监督是依照法律规定和程序进行的监督，是保障党中央方针政策和决策部署在政府预算中得到贯彻和落实的重要保障，是全面提升财政活动的绩效和防范财政风险、确保财政可持续性的重要条件。人大预算监督的职权不受其他机关、团体和个人的制约和干预，人大审查批准预算时，不接受非人大机构强加的意志，从而使人大预算监督能够体现人民和国家在财政预算方面的意志和大政方针。

4. 层级性

按照宪法和预算法的规定，全国人民代表大会审查中央和地方预算草案及中央和地方预算执行情况的报告，批准中央预算和中央预算执行情况的报告；县级以上地方各级人民代表大会审查本级总预算草案及本级总预算执行情况的报告，批准本级预算和本级预算执行情况的报告。各级人大预算审查监督职权具有层级性，各级人大的预算审查权覆盖本级预算和下级预算及执行情况的报告，但预算批准权只能适用本级预算，而不能越权批准下一级政府的预算及执行情况的报告。

（三）人大预算监督的制度框架

现行法律法规主要从四个方面构建起我国人大预算监督的制度框架。一是提供人大预算监督职能的基本法律依据。《中华人民共和国预算法》（2019年最新修正）第九章监督部分第八十三条规定："全国人民代表大会及其常务委员会对中央和地方预算、决算进行监督。县级以上地方各级人民代表大会及其常务委员会对本级和下级预算、决算进行监督。乡、民族乡、镇人民代表大会对本级预算、决算进行监督。"二是现行法律法规赋予人大预算监督中的组织调查权和询问质询权。《预算法》规定各级人民代表大会和县级以上各级人民代表大会常务委员会有权就预算、决算中的重大事项或者特定问题组织调查，有关的政府、部门、单位和个人应当如实反映情况和提供必要的材料。各级人民代表大会和县级以上各级人民代表大会常务委员会举行会议时，人民代表大会代表或者常务委员会组成人员，依照法律规定程序就预算、决算中的有关问题提出询问或者质询，受询问或者受质询的有关的政府或者财政部门必须及时给予答复。三是规定了全国人大及其常委会、常委会内设机构对中央预算的具体监督机制。全国人大常委会《关于加强中央预算审查监督的决定》规定了中央本级预算中的经常性支出、中央预算建设性支出与基金支出、中央财政对地方的补助性支出的编制原则，中央预算的初步审查机制，中央预算超收收入的监督机制，中央预算执行审计机制等多项机制。四是细化各级人大及其常委会、常委会内设机构对本级预决算编制、预算执行实施审批监督的具体程序，在地方性的预算监督条例中一般都会对此做出规定。如《山东省省级预算审查监督条例》规定省人民政府负责编制省级预算、决算草案；向省人民代表大会作关于预算草案和预算执行情况的报告；向省人大常委会报告省级预算变更方案、决算及预算的执行情况，提出对省级预算执行和其他财政收支的审计工作报告。省财政部门负责监督检查省级各预算部门、单位及其所属各单位预算的执行,做到从预算编制、预算下达、资金拨付到资金使用的全过程监督管理。预算收入征收部门必须依照法律、行政法规的规定,及时、足额征收应征的预算收入。省审计部门负责对省级预算执行情况和省级各预算部门、单位的预算执行、决算的审计监督等。

由此可以看出,我国人大的预算监督职能具有坚实的法理支撑。对于我国人大预算监督职能未来发展的理论展望,需从理论深化和实践互动角度进行创新思考。第一,妥善处理主体关系是人大预算监督理论发展的重要条件。研究人大预算监督职能,首先要明晰在人大预算监督过程中,党委、人大、行政机关是如何分配政治权力的,即它们之间有着怎样的权力关系;同时,这种关系反过来是如何影响人大预算监督的,权力关系和制度规范之间是如何互动的。当前人大预算监督关系研究的主要理论模型有绩效预算模型、委托代理模型、交易费用政治学模型和制度相容理论模型。理论模型的运用需要抓住制度体系中的核心问题,把握人大预算监督职能运行背后的深层次原因,从而为新的制度设计和实践探索提供一种理论指导。第二,如何有效发挥人大预算监督效能是人大预算监督理论发展的关键问题。迄今为止,人大预算监督权行使中不同程度存在的有待实化深化具体化的问题基本上均与"行政主导下的简约治理"这一政府管理模式密切相关。因此,需加强制度方面的研究,统筹谋划推进预算监督,创新人大预算监督理念,拓展预算监督视野,创新预算监督方式,创新报告制度和机构,建立新的绩效评价体系,进一步完善人大预算监督相关的法律法规等,构建人大预算监督新格局。第三,中国特色的人大预算监督理论和实践应形成良性互动。理论探索开拓了中国人大预算监督研究的学术视野,为新的实践提供了指导。但是,基于实证研究基础的科学严谨的原创成果仍较为缺乏,需进一步加强人大预算监督的理论探索和制度创新,并与实践进行互动,完善人大预算监督的制度框架,促进人民代表大会制度优势向国家治理效能转化,为推进国家治理体系和治理能力现代化提供根本理论保障和政治制度支撑。

第二节 人大预算监督的意义与职能

一、人大预算监督的意义

第一,各级人大对政府预算的监督是实现人民当家理财的具体体现。当家理财是社会主义政治文明的本质要求,是宪法赋予人民的权利。我国宪法规定中华人民共和国一切权力属于人民,人民依照法律规定,通过各种途径和形式管理国家事务、管理经济和文化事业、管理社会事务,人民行使国家权力的机关是全国人民代表大会和地方各级人民代表大会。各级人大加强对政府预算的审查监督,是人民行使公民权利、当家理财的一个重要渠道。做出如此判断的基本理由在于,作为立法机关的各级人民代表大会,之所以要审议包括政府预算报告在内的由政府行政部门提交的一系列文件,其根本原因就在于政府所从事的是满足社会公共需要的公共管理活动。既然是社会公共需要,既然同所有的社会成员都有关,政府的活动自然要纳入全体人民的视野,由作为全体人民代表的人民代表大会加以审议。有别于计划经济年代专注于国有经济单位的财政收支格局,与市场经济发展相匹配的公共财政体制的最突出特点,就在于它是以公共化为取向的,以取众人之财、非取国有经济单位自家之财,来办众人之事、非办国有经济单位自家之事。既然取的是众人之财,所有的税收,不论税种怎样,也不论税基和税率的安排如何,都直接或间接地来自所有企业和居民的缴纳;既然办的是众人之事,所有的支出,不论规模怎样,结构如何,都直接或间接地用于所有企业和居民的福利。它的运作便与全体人民的切身利益挂钩,而且由收支所挂上的这个钩,与其他线索挂上的钩有所不同,它最牵动人心、最引人关注,因而作为政府收支基本计划的政府预算,将全体人民的日常生活同国家的政治生活更紧密的连接起来,从而最大限度地调动全体人民参政议政的积极性和主动性。从这个意义上讲,人民代表大会所需履行的重要职责之一就是代表人民审查监督政府收支的运作,各级人大加强对政府预算的审查监督,就是全体人民当家理财以及参政议政的一个重要体现。

第二,各级人大对政府预算的监督是实现依法治国的重要内容。市场经济本质是法治经济,依法治国是社会主义市场经济健康运行的客观必然要求。只有依据宪法和法律来治理国家,管理社会事务和经济文化事业,才能保障人民当家理财的各项民主权利。作为社会主义政治文明的基本特征,依法治国在公共管理领域具体体现为依法理财。根据建立健全全面规范、公开透明的现代预算制度的总体改革目标,建立和完善政府预算审查监督制度,已经成为实施依法治国方略的重要内容。依法理财就是依照《宪法》、法律、法规和规章的规定,综合运用法律手段、经济手段和行政手段实现财政预算管理的法制化、规范化和科学化,推动各级人大对政府预算的监督。这符合建设社会主义民主法治国家的时代潮流。财政法制和政府预算的法制化将会直接规范、约束与控制政府的具体活动,并进一步对社会与经济活动起到积极作用,这一法制化进程实质上遵循着依法治国、依法理财、财政法制、政府预算法制化的基本思路,而后两者是前两者实现的必要前提和基本保证。政府预算法制化为最终实现依法治国的宏伟目标提供了基础性的制度平台。

第三,各级人大对政府预算的监督是建设社会主义政治文明的必然要求。社会主义政治文明要求我们党必须成为代表人民利益的坚强的政治核心,始终着眼于最广大人民群众的根本利益,切实满足人民对美好生活的向往和需要。从加强社会主义政治文明建设的角度出发,尽可能多的连接老百姓的日常生活和国家的政治生活,并搭建两者相通的桥梁,无疑是十分重要的。建构在公共财政基础上的政府预算,显然就是这样的一个不可或缺的桥梁。加强对政府预算的审查监督是国家管理社会经济事务、实施宏观经济调控的重要管理手段之一,它涉及社会政治经济的各个领域。从纵向关系上看,涉及中央与地方以及地方各级政权间事权和财权的正确划分;从横向关系上看涉及各预算单位之间以及社会成员之间利益关系的正确处理。在政府预算改革中,通过建立科学决策的民主理财与民主监督机制,实现深入了解民情、充分反映民意、广泛集中民智、切实珍惜民利的目标,既符合建设社会主义政治文明的时代要求,也对推动社会主义政治文明和民主法制建设具有深远的意义和影响(专栏4-2)。

◇ 专栏4-2

什么是现代预算?

根据著名预算专家克里夫兰(Cleveland,1915)对现代预算的讨论,现代预算可以定义如下(王绍光,2007):现代预算必须是经法定程序批准的、政府机关在一定时期的财政收支计划。它不仅仅是财政数据的记录、汇集、估算和汇报,而是一个计划。这个计划必须由行政首脑准备与提交;它必须是全面的、有清晰分类的、统一的、准确的、严密的、有时效的、有约束力的;它必须经代议机构批准与授权后方可实施,并公之于众。这一定义有三点关键:①现代预算是由应该负责并且可以负责的行政首脑提交的财政收支计划,这是它区别于其他计划之处;②这个计划必须由代议机构审查批准,在代议机构批准政府的财政收支计划之前,政府不得收一分钱、花一分钱;③这个计划必须包括全面而且详细的政府计划的活动的各种信息,以有助于负责审批的代议机构做出同意或不同意的决定(Cleveland,1915)。总之,遵循现代预算原则建立起来的"预算国家",必须具备两个显著标志:第一是财政上的集中统一,也就是说,在财政收支管理方面实行权力集中,将所有的政府收支统到一本账里,而不能有两本账、三本账、四本账,并建立统一的程序与规则对所有的收支进行管理。这样才能确保预算是全面的、统一的、准确的、严密的、有时效的。第二是预算监督,也就是说代议机构能监督政府的财政收支,确保预算是依财政年度制定的、公开透明的、清楚的、事先批准的、事后有约束力的。这两者是互相支持、缺一不可的（王绍光，2007）。

资料来源：王绍光、马骏：《走向预算国家》，《公共行政评论》，2008 年第 1 期。

二、人大预算监督的职能

实践中，人大预算监督通过全口径审查、全过程监督，保障党中央方针政策和决策部署在编制政府预算草案中得到贯彻、在预算执行过程中得到落实，全面提升财政活动的绩效和防范财政风险，确保财政健康和可持续性。具体而言，各级人大受纳税人委托，代表纳税人的利益，履行预算监督职能，主要发挥约束财政规模、提升财政配置效率、改进财政执行效率、控制财政风险和加强财政责任的作用。这五大基本目标是衡量一个国家预算能力和治理水平高低的关键性指标。

（一）约束财政规模

约束财政规模是指人大通过对财政收支总量进行监督，确保政府部门编制的预算具有全面性，真正贯彻国民经济和社会发展的方针政策，收支政策和财政活动切实可行，财政在长期中具备可持续性和财政稳健。希克（2000）认为，由于对公共服务的需求和政府财力之间总存在供求矛盾，因此在预算编制和执行中，如果立法机构不对财政收支总量进行控制，政府毫无约束地满足各种支出要求，则公共支出总额会不断膨胀、失去控制，税收和支出在国内生产总值中的比重将不断上升，政府将会逐渐耗尽当年的财政收入以及政府的借贷能力。在税收汲取能力一定的情形下，将不得不通过高额的赤字和债务维持政府运转，最终降低财政的可持续性，引发财政风险甚至政府危机①。因此，人大对政府预算规模进行控制，约束财政收支行为，密切预算和政策的关系非常必要。

人大实施规模控制通常要考虑收入与支出之间的相互关系，对收入和支出总额进行严格控制，将赤字、债务控制在一定的范围之内。规模控制意味着政府部门不能随意增加收入和追加支出。当然，这并不意味着政府的支出不能增加。如果政府支出增长是与收入的正常增长相称的，即使政府的支出每年都在增加，那么，财政仍具备可持续性。为了确保规模控制的有效性，在政府部门编制预算之前，就应确定支出总额，而且这个总额对人大和政府部门的决策者都有约束力。

---

① 希克：《现代公共支出管理方法》，经济管理出版社 2000 年版。

（二）提升财政配置效率

市场经济下资源总是具有稀缺性，因此，确保重点支出和重大投资项目安排适当，以及优化预算资源配置就十分关键。在市场能够有效发挥作用的领域，通过看不见的手可以实现资源有效配置。在公共领域，则需要一只看得见的手，即政府预算制度来配置公共资金，用好纳税人的钱，办好纳税人的事。对于财政资金短缺的发展中国家来说，提高公共领域中的资源配置效率，意义更为重大。"改进富裕国家的预算分配，可能会使人均收入上升几个百分点，而在穷国，它可能意味着从一贫如洗到满足基本需求之间的区别。"[①] 但在缺乏外部监督情况下，很难直接得出政府高效率使用财政资金的结论。因此，人大预算监督作为外部监督和法定监督，对政府筹集众人之财、办好众人之事，达到配置效率目标担负重要的监督职责。

理论上说，财政资金的配置效率实际上要回答这样一个基本问题：根据何种理性的依据，将一定数量的财政资金配置给活动 A 而不是活动 B？实际上，从现代政府预算制度诞生起，围绕政府如何高效配置财政资金，各国都在进行不断的实践和探索，直至今天，仍没有停止。例如，19 世纪的预算改革建立了一套行政控制和问责机制，确保公共资金用于公共目的，不过在资金分配上，采取的是"基数+增长"的分项列支预算，这种模式细化了预算，有助于控制，但不利于实现资源配置效率。20 世纪 50 年代以来，出现了多次预算改革，探索改进资源配置效率的道路，50 年代出现的绩效预算将资源分配与产出绩效联系起来；60 年代的计划—项目预算运用战略计划引导资金分配，使政府预算以超越年度预算的视野考虑资金分配问题；70 年代出现的零基预算主张按照活动的轻重缓急对支出申请进行排序，将资金从低效率活动转向高效率活动；80 年代以来涌现的新绩效预算强调运用战略计划引导资金分配，将预算资金分配的重点转移到最终的结果上，所以也称为以结果为导向的预算。2018 年 9 月，中共中央、国务院颁布全面实施预算绩效管理的意见，加快建成全方位、全过程、全覆盖的预算绩效管理体系，需要人大预算监督职能的有效发挥作为保障。

（三）改进财政执行效率

执行效率是指在预算执行过程中通过有效组织和管理财政活动，确保立法机构通过的预算能够得到严格而有效的执行，重点监督支出政策实施和重点支出、重大投资项目资金的使用及绩效情况，结转结余资金、预算调整和超收收入的安

[①] 希克：《现代公共支出管理方法》，经济管理出版社 2000 年版。

排情况，防止资金被贪污、挪用和浪费，同时提高收入和支出管理运作的效率。人大通过对政府预算活动进行监督，确保财政资金使用的合规性和运作效率提升。

人大在实施预算监督和改进执行效率方面需要考虑四个问题：控制、灵活性、激励与协调。在预算执行中，基本的控制机制是必要的，否则就会出现贪污、挪用和浪费。但在控制的同时，还必须确保政府部门拥有一定的灵活性，否则就会失去效率。此外，为防止过度控制产生的负激励，如这两年媒体所披露的"年底突击花钱"，还需要将对节约与创新的激励植入财政管理之中。最后，有效的预算执行还需要及时有效的沟通与协调，包括人大机构与政府部门之间、政府财政部门与资金使用部门之间、现金流入与支出之间的沟通协调等。

（四）控制财政风险

风险无处不在，任何组织和个人都会面临风险，风险可以定义为损失或收益的不确定性。所有的公共组织包括政府，事实上都在不同程度和范围上参与与风险相关的财政活动，例如政府提供贷款担保，因而或多或少的存在着财政风险，在许多经济转轨国家和发展中国家，经济金融和社会政治领域中的风险都有最终集中倒向政府的趋势，由此削弱了财政的可持续性、政府的施政能力和可信度。因此，立法机构对可能产生财政风险的预算外财政活动或准财政活动，必须予以限制或约束，例如通过建立法律框架、清理预算外财政活动以及引进财政风险的分析管理方法等规范政府主观或客观的财政行为引发的财政风险。

具体而言，人大在控制财政风险时，要求政府部门对财政风险进行及时而全面的管理。风险全面管理的目标是控制风险损失。通常有三种方法：转移风险、消除或减少风险、承担风险。任何情况下，主要的财政风险都需要予以确认、评估和报告。凡是可能，风险应尽可能量化。确认风险，包括确认风险的来源、性质和类别。评估风险要求对风险的严重性和频率进行计量，确认和评估的结果应予公布。人大在控制财政风险过程中，核心是在年度预算中要求政府提供一份财政风险报告书，风险报告书中应确认主要的财政风险类别，包括政府的或有负债。

（五）加强财政责任

财政责任是一种受托责任，是负责管理财政资金的官员必须就资金的使用向资金的所有者（委托人）履行的一种职责。在代议制体制下，由于政府预算是受人大机构的委托，"取众人之财、办众人之事"，因此，必须对失责卸责的政府财政行为进行问责，确保公共资金的分配和使用做到"取之于民、用之于民"。

人大对政府部门的财政问责是建立责任政府的关键。表面看，政府预算是政府关于未来某个时期的收支测算，但实际上，它反映的是政府在未来某个时期内的活动选择以及相应的成本估算。一个按照全面性原则编制并向社会公开的政府预算，将有助于立法机构和公众非常清楚地判断：在未来一年或者更长的时期内，政府打算做什么？这些事情是不是我们所希望的？这些事情分别要花多少钱？是不是应该花这么多钱？这些钱花了之后有没有效果？因此，只有首先在财政领域进行问责，才有可能真正建立一个责任政府。在传统预算管理中，合规性是最为重要的目标，现代预算管理由于更加强调预算过程的绩效导向，合规性的重要性有所下降，虽然如此，合规性是每个预算管理系统都需要的，在许多发展中国家和转轨国家预算管理系统中的绩效导向相对较弱，违反规则的现象比比皆是，过多的自由裁量常常使法律和法规流于形式，未能得到切实执行。在这种情况下，人大预算监督过程中贯彻和培养政府部门顺应规则的文化是极为重要的目标，在这个目标难以实现时，其他目标都会受到连累而难以有效实现。

第三节 人大预算监督的原则

一、党的统一领导原则

坚持党总揽全局、协调各方的领导核心作用，把维护党中央权威和集中统一领导摆在人大预算监督原则的首要位置，不折不扣执行党中央决策部署，使党的主张通过法定程序成为国家意志，使支出预算和政策更好体现和落实党中央决策部署，保障党的路线方针政策在国家工作中得到全面贯彻和有效执行。坚持围绕和服务党和国家大局，牢牢把握中国特色社会主义进入新时代、我国社会主要矛盾已经转化为人民日益增长的美好生活需要和不平衡不充分的发展之间的矛盾，把人民群众对美好生活的向往作为奋斗目标，着力保障和改善民生，推动解决制约全面建成小康社会的短板和瓶颈问题，坚定不移贯彻落实新发展理念，主动适应经济发展新常态，坚持以推进供给侧结构性改革为主线，使财政预算和政策更好地服务于党和国家中心工作，推动经济社会持续健康发展，使改革发展成果更多惠及全体人民，不断增强人民群众的获得感、幸福感、安全感。

二、依法监督原则

我国宪法明确规定中华人民共和国的一切权力属于人民,人民行使国家权力的机关是全国人民代表大会和地方各级人民代表大会,人民依照法律规定通过各种途径和形式管理国家事务,管理经济和文化事业,管理社会事务。因此,依法监督是人大各项工作的准则,也是人大预算监督的原则。从我国人大预算监督制度体系来看,我国已基本形成了以宪法、预算法以及监督法为核心架构,以全国人大议事规程规则《预算法实施条例》《审计法》《审计法实施条例》《中央预算执行情况审计暂行条例》《关于加强中央预算审查监督的决定》等一系列法律法规、政策构成的相对完整的预算监督制度体系,并且这些制度体系也为各级人大充分行使预算监督权提供了较为充实的制度保障。也正是通过法律规范的不断变革,为我国预算民主奠定了坚实的制度支撑,激活了全国人大及其代表在预算监督过程中的核心作用,并适当扩大了普通民众的政治参与,从而使全国人大成为国家与社会实现互动的制度平台。人大严格按照《宪法》和《预算法》《监督法》等法律赋予的预算审查监督职权,通过法定程序、运用法定方式,提高审查监督的针对性和有效性。人大通过依法加强预算审查监督,推动政府依法行政、依法理财。以政府的预算民主为载体逐步建立起党委、政府、公众依法有序参与民主决策,商议公共事务的新机制,稳步推动了我国政府民主治理的水平和能力。

三、重点监督原则

2014年修正的《预算法》第四十八条规定:全国人民代表大会和地方各级人民代表大会对预算草案及其报告、预算执行情况的报告,重点审查下列内容:上一年预算执行情况是否符合本级人民代表大会预算决议的要求;预算安排是否符合本法的规定;预算安排是否贯彻国民经济和社会发展的方针政策,收支政策是否切实可行;重点支出和重大投资项目的预算安排是否适当;预算的编制是否完整;是否符合预算法的规定;对下级政府的转移性支出预算是否规范、适当;预算安排举借的债务是否合法、合理,是否有偿还计划和稳定的偿还资金来源;与预算有关重要事项的说明是否清晰。而1994年《预算法》的重点支出审查的重点则是预算收支平衡情况;重点支出的安排和资金到位情况;预算超收收入的安排和使用情况;部门预算制度建立和执行情况;向下级财政转移支付情况;本级人民代表大会关于批准预算的决议的执行情况。全国人民代表大会常务委员会还应当重点审查国债余额情况；县级以上地方各级人民代表大会常务委员会还应当重点审查上级财政补助资金的安排和使用情况。

通过比较新旧《预算法》的规定可以发现，过去政府预算审核管理和人大预算审查监督的重点主要是赤字规模和预算收支平衡状况，对支出预算和政策关注不够，对财政资金使用绩效和政策实施效果关注不够，不利于发挥政策对编制支出预算的指导和约束作用，不利于提高人大预算审查监督的针对性和有效性。新预算法加强人大对支出预算和政策的审查监督，紧紧围绕贯彻落实党中央重大方针政策和决策部署，结合人大代表和人民群众普遍关心的热点难点问题、审计查出的突出问题、制约事业发展的关键问题等，加强对预算的审查监督，有利于强化政策对支出预算的指导和约束作用，使预算安排和政策更好地贯彻落实党中央重大方针政策和决策部署；有利于加强和改善宏观调控，有效发挥财政在宏观经济管理中的重要作用；有利于提高支出预算编制质量和预算执行规范化水平，实施全面规范、公开透明的预算制度；有利于加强对政府预算的全口径审查和全过程监管，更好发挥财政在国家治理中的基础和重要支柱作用，更好发挥人民代表大会制度支撑国家治理体系和治理能力的根本政治制度作用。

四、集体决定原则

人大审查监督预算必须从全局利益出发，进行整体性审查监督，而不能仅仅代表和反映某一方面的利益和要求，对预算进行肢解性的审查监督。预算审查监督形成决议、决定，要坚持集体决定的原则，按照法定程序，通过会议审议、表决的形式集体行使职权，对直接涉及群众的民生问题，必要时可采取专家咨询、社会公示、市民听证、网上评议等方式，广泛听取人民群众意见和呼声，在审议过程中充分反映群众的正当利益诉求。关于集体决定的原则，彭真（1988）曾经指出：人大常委会是集体行使权力，集体决定问题，全国人大也好，全国人大常委会也好，无论立法、无论决定重大问题，群策群力，集思广益，人大常委会是集体行使权力，集体决定问题不是首长负责制。

第五章
人大预算监督的制度模式与运行机制

第一节 人大预算监督的制度要素

一、人大预算监督主体

根据《宪法》和《预算法》的规定和授权，各级人民代表大会被赋予了预算审查批准和监督职权；各级人民代表大会常务委员会、人民代表大会财政经济委员会、常委会预算工作委员会、人大代表因其各自职权范围不同，也被法律赋予了相应的预算审查监督职权。这五个层面从不同的角度和方面审查监督预算，既有所分工，又相互补充、缺一不可，一起构成了我国人大预算审查监督体系（见图5-1）。

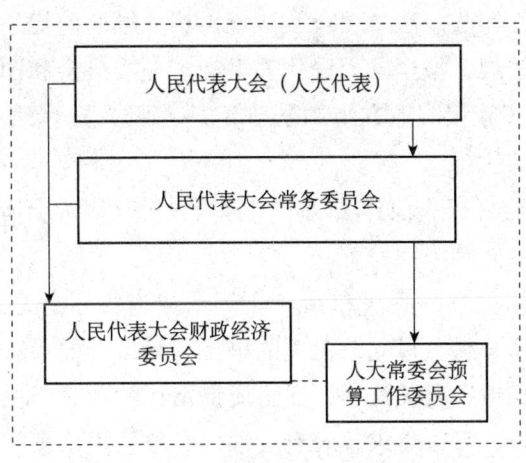

图5-1 人大预算审查监督体系

（一）人民代表大会

按照《中华人民共和国宪法》第六十二条规定，全国人民代表大会审查和批准国家的预算和预算执行情况的报告。《预算法》规定，全国人民代表大会审查中央和地方预算草案及中央和地方预算执行情况的报告；批准中央预算和中央预算执行情况的报告；改变或者撤销全国人民代表大会常务委员会关于预算、决算的不适当的决议。

县级以上地方各级人民代表大会审查本级总预算草案及本级总预算执行情况的报告；批准本级预算和本级预算执行情况的报告；改变或者撤销本级人民代表大会常务委员会关于预算、决算的不适当的决议；撤销本级政府关于预算、决算的不适当的决定和命令。

乡、民族乡、镇的人民代表大会审查和批准本级预算和本级预算执行情况的报告；监督本级预算的执行；审查和批准本级预算的调整方案；审查和批准本级决算；撤销本级政府关于预算、决算的不适当的决定和命令。

以省级人民代表大会为例，其预算监督职权具体包括：

（1）预算审查批准权。预算法规定，省级人民代表大会审查省级总预算草案和总预算执行情况报告，审查省级总预算草案，批准省本级预算草案和省本级预算执行情况的报告，批准省本级部门预算草案。

（2）改变或者撤销有关预决算的决议、决定、命令权。预算法规定，省级人民代表大会有权改变或者撤销省级人民代表大会常务委员会关于预算、决算的不适当的决议；有权撤销省级人民政府关于预算、决算的不适当的决定和命令。

（3）立法权。地方组织法规定，省人民代表大会根据本省行政区域的具体情况和实际需要，在与宪法、法律、行政法规不相抵触的前提下，可以制定和颁布有关预算的地方性法规，报全国人民代表大会常务委员会和国务院备案。

（4）保证预算实施权。地方组织法规定，省级人民代表大会在本行政区域内，保证国家预算的执行。

（5）预算执行监督权。预算法规定，省级人民代表大会有权就预算、决算中的重大事项或者特定问题组织调查。

对预算的审议和批准，宪法和预算法等法律遵循了一条基本做法，先有预算、后有支出，预算必须经过立法机关的审批。经批准的预算非经法定程序不得改变，研究、审议和拟定有关议案，提出质询案，就预算、决算中的重大事项或者特定问题组织调查，可以要求政府有关部门和单位提供预算情况并获取相关信息资料及说明，可以对各部门、各预算单位、重大建设项目的预算资金使用和专项资金的使用进行调查等。

（二）人民代表大会常务委员会

《预算法》规定，全国人民代表大会常务委员会监督中央和地方预算的执行；审查和批准中央预算的调整方案；审查和批准中央决算；撤销国务院制定的同宪法、法律相抵触的关于预算、决算的行政法规、决定和命令；撤销省、自治区、直辖市人民代表大会及其常务委员会制定的同宪法、法律和行政法规相抵触的关于预算、决算的地方性法规和决议。

县级以上地方各级人民代表大会常务委员会监督本级总预算的执行；审查和批准本级预算的调整方案；审查和批准本级决算；撤销本级政府和下一级人民代表大会及其常务委员会关于预算、决算的不适当的决定、命令和决议。

各级人民代表大会和县级以上各级人民代表大会常务委员会有权就预算、决算中的重大事项或者特定问题组织调查。各级人民代表大会和县级以上各级人民代表大会常务委员会举行会议时，常务委员会组成人员依照法律规定程序就预算、决算中的有关问题提出询问或者质询。

《审计法》规定，国务院和县级以上地方人民政府应当每年向本级人民代表大会常务委员会提出审计机关对预算执行和其他财政收支的审计工作报告。审计工作报告应当重点报告对预算执行的审计情况。必要时人民代表大会常务委员会可以对审计工作报告作出决议。国务院和县级以上地方人民政府应当将审计工作报告中指出的问题的纠正情况和处理结果向本级人民代表大会常务委员会报告。

《预算法》规定，国务院将省、自治区、直辖市政府报送备案的预算汇总后报全国人民代表大会常务委员会备案；县级以上地方各级政府将下一级政府报送备案的预算汇总后报本级人民代表大会常务委员会备案。

《预算法》规定，中央预算与地方预算有关收入和支出项目的划分、地方向中央上解收入、中央对地方税收返还或者转移支付的具体办法，由国务院规定，报全国人民代表大会常务委员会备案。地方各级人民政府确定的上下级政府之间有关收入和支出项目的划分以及上解、返还或者补助的具体办法，报本级人民代表大会常委会备案。

根据《宪法》和《全国人民代表大会组织法》，在全国人民代表大会闭会期间，全国人民代表大会常务委员会对全国人民代表大会制定的法律进行部分补充和修改。省、自治区、直辖市的人民代表大会常务委员会在本级人民代表大会闭会期间，根据本行政区域的具体情况和实际需要，在与《宪法》、法律、行政法规不相抵触的前提下，可以制定和颁布有关预算的地方性法规和决议，报全国人民代表大会常务委员会和国务院备案。

(三) 人大财政经济委员会

全国人大及其常委会在预算中发挥作用的一个重要条件，就是通过其财政经济委员会的工作。财政经济委员会是全国人大重要的专门委员会之一，第一届至第五届全国人民代表大会设预算委员会，从第六届开始设财政经济委员会，第九届全国人民代表大会常务委员会设立预算工作委员会。财政经济委员会受全国人大及其常委会领导，设主任委员一人，副主任委员、委员若干人。

《预算法》规定，全国人民代表大会财政经济委员会对中央预算草案初步方案及上一年预算执行情况、中央预算调整初步方案和中央决算草案进行初步审查，提出初步审查意见。省、自治区、直辖市人民代表大会有关专门委员会对本级预算草案初步方案及上一年预算执行情况、本级预算调整初步方案和本级决算草案进行初步审查，提出初步审查意见。设区的市、自治州人民代表大会有关专门委员会对本级预算草案初步方案及上一年预算执行情况、本级预算调整初步方案和本级决算草案进行初步审查，提出初步审查意见，未设立专门委员会的，由本级人民代表大会常务委员会有关工作机构研究提出意见。

《预算法》规定，全国人民代表大会财政经济委员会向全国人民代表大会主席团提出关于中央和地方预算草案及中央和地方预算执行情况的审查结果报告。省、自治区、直辖市、设区的市、自治州人民代表大会有关专门委员会，县、自治县、不设区的市、市辖区人民代表大会常务委员会，向本级人民代表大会主席团提出关于总预算草案及上一年总预算执行情况的审查结果报告。

总之，县级以上人大财政经济委员会在预算草案的初步审查、听取预算情况汇报、预决算审查报告的提出、审议有关预算的议案等工作中发挥主导作用，对预算执行情况发挥着经常性监督作用。

(四) 人大常委会预算工作委员会

1. 全国人大常委会预算工作委员会

为加强和改善全国人民代表大会及其常务委员会对中央预算的审查监督，1998年12月第九届全国人民代表大会常务委员会第6次会议批准成立预算工作委员会。预算工作委员会是常务委员会的工作机构，协助财政经济委员会承担全国人大及其常委会审查预决算、审查预算调整方案和监督预算执行方面的具体工作；受常委会委员长会议委托，承担有关法律草案的起草工作，协助财政经济委员会承担有关法律草案审议方面的具体工作；经委员长会议专项批准，可以对各部门、各预算单位、重大建设项目的预算资金使用和专项资金的使用进行调查。

2. 地方人大常委会预算工作委员会（以省为例）

省人大常委会预算工作委员会是省人大常委会负责预算审查监督方面的专职工作机构，在常委会领导下开展工作，对常委会、主任会议负责。其主要职责是：（1）承担省人民代表大会及其常委会审查预决算、审查预算调整方案和监督预算执行方面的具体工作。（2）协助省人大财政经济委员会对预决算、预算调整方案和预算执行情况进行初步审查。（3）对财税体制和预算制度改革以及国家财政政策执行情况开展调查研究。（4）对预算收支草案、重要支出安排、预算超收收入使用、预算执行情况等进行预先审查，对政府及其财税部门执行省人民代表大会及其常委会批准预算、决算决议的情况进行重点督查和调研。（5）经主任会议批准，对部门预算、决算、重大专项资金管理使用的情况进行监督检查。据统计，截至目前，全国31个省级地方人大中27个省市在人大常委会下设立预算工作委员会，并逐渐向下级延伸。

（五）人大代表

人民代表大会是由人大代表组成的。为保障代表的权利，充分发挥代表的作用，有关法律法规对人大代表在预算审查监督中的职责和履职方式做出了规定。

1. 知情权

人大代表的知情权是人大代表基于特定的法律身份和地位，由国家强制力保障的，对于国家机关的决策和重要事务以及社会上发生的重大事件有了解和知悉的权利。知情权是人大代表行使预算审查监督职责的基础。人大及其常委会要为代表知情知政提供信息，扩大代表对常委会活动的参与，为代表深入审议各项议案和报告创造条件，保障代表的知情权。此外，人大代表在闭会期间还可以依法通过视察、调查、持证视察等形式了解预算执行的相关信息。

2. 审议权

根据《代表法》第八条规定，人大代表有权参加大会全体会议、代表团全体会议、小组会议、专题会议，审议列入人大会议议程的有关预算的各项议案和报告；有权被推选或者受邀请列席主席团会议、专门委员会会议，就有关预算审查监督的事项发表意见。

3. 询问权

根据《代表法》第十三条规定，人大代表在审议有关预算的议案或者报告时，可以向本级有关国家机关提出询问。

4. 质询权

根据《代表法》第十四条规定，县级以上地方各级人民代表大会代表有权依照法律规定的程序就有关预算的事项提出对本级人民政府及其所属部门的质询案。

5. 提案权

根据《代表法》第九条规定，人大代表有权依照法律规定的程序向本级人民代表大会提出属于本级人民代表大会职权范围内的有关预算及财税工作方面的议案。

6. 表决权

表决权是指人大代表在本级人大会议上，对列入大会审议的有关预算的议案表示赞成、反对或者弃权。

7. 建议权

根据《代表法》第十八条和第二十七条规定，各级人大代表有权向本级人民代表大会提出预算方面的建议、批评和意见；县级以上的各级人大代表有权向本级人大常委会提出预算及财税工作方面的建议、批评和意见。

8. 免责权

根据《宪法》第七十五条和《地方组织法》第三十四条规定，各级人民代表大会代表、常委会组成人员，在人民代表大会和常委会会议上的发言和表决不受法律追究。

人大代表履行预算审查监督职权的方式主要有以下几种：

1. 人民代表大会及其常委会会议期间

一是听取和审议有关预决算的报告。人民代表大会及其常委会会议期间，人大代表和常委会组成人员，通过听取和审议预算、决算、预算执行情况等工作报告，充分发表自己的意见和见解并提出建议。在听取和审议有关预决算报告的基础上，人大代表或者常委会组成人员可以通过集体权力的行使，作出具有法律效力的决议或者决定。决议或者决定可以是批准某项报告，也可以是提出审议意见，还可以就某一具体问题作出决定。进行特定问题调查后也可以作出相应的决议。如《山东省人大常委会关于加强预算决算审查监督的决定》第十一条规定，地方各级人民代表大会举行会议期间，人民代表大会代表审查预算报告和预算草案时，可以采取代表团分组审议、联组审议或者组织部分代表集中审议方式，让代表充分发表意见，各级人民代表大会财政经济委员会、常委会预算工委应当及时汇总代表审查意见，向大会主席团报告。

二是针对有关预算问题的询问和质询。根据《地方组织法》第二十九条和《监督法》第三十四条的规定，人大及其常委会在审议有关预决算的议案或报告时，政府及有关部门应当派负责人员到会，听取意见，回答询问；主席团和专门委员会对有关预算议案和有关预算报告进行审议时，政府或有关部门负责人应到会听取意见，回答询问。质询是比询问更为严厉的一种监督方式，因此质询提起有比较严格的法定条件和处理程序,并规定了可能导致的法律责任。根据《地方组织法》第二十八条和《监督法》第三十五条规定,地方各级人民代表大会代表10人以上、省人大常委会组成人员5人以上、县级人大常委会组成人员3人以上联名可以书面提出对本级人民政府和其所属各工作部门以及人民法院、人民检察院的质询案。预算方面的质询一般是对比较重大而又带疑问的财政问题提起。

三是提出有关预算问题的议案。议案的提出具有严格的程序和规定,根据《地方组织法》第十八条规定,县级以上的地方各级人民代表大会代表10人以上联名,乡、民族乡、镇的人民代表大会代表5人以上联名,在大会举行会议期间,可以向本级人民代表大会提出属于本级人民代表大会职权范围内有关预算方面的议案;县级以上的地方各级人民代表大会常务委员会主任会议、县级以上的地方各级人民政府、人民代表大会各专门委员会,可以向本级人民代表大会常委会提出属于常委会职权范围内有关预算审查监督问题的议案。

2. 人民代表大会及其常委会闭会期间

人大代表在闭会期间履行预算审查监督职权的方式主要是参与人大常委会组织的各项监督活动,包括视察、执法检查、工作调研、专题询问等。(1) 视察。视察主要是通过组织人大代表集中视察与人大代表持证视察相结合的方式进行。代表在视察期间可以听取被视察单位的情况介绍和群众意见、要求。代表视察的内容主要是围绕人民代表大会及其常委会即将审议的财政预决算报告等议题进行,了解有关预决算的决议、决定贯彻执行情况以及人民群众的意见和要求等。(2) 执法检查。执法检查是在视察基础上发展起来的一项专门监督法律实施的工作。每年常委会在征求执法检查计划时,常委会预算工作机构可以对某个预决算法律法规实施情况提出执法检查建议。经主任会议批准后,有关专门委员会组织有关委员、代表开展执法检查工作。执法检查组应向常委会提出报告,指出法律法规实施中存在的问题,提出改进执法工作的建议,由常委会会议进行审议,常委会的审议意见以书面形式交法律实施主管机关,有关机关应在一定的期限内将改进执法工作的情况向常委会作书面报告。(3) 专题询问。专题询问是人大常委会依照宪法和法律规定,围绕中心工作和人大常委会监督工作事项,通过法定程序,围绕特定主题,有目的、有计划、有组织地向"一府两院"和具有执法、行政职能的部门、单位开展询问的一种监督形式,是人大监督方式的创新和发展。相比其他监督形式,专题询问主题更加集中,监督针对性更强,社会关注度更高,推动工作更加直接。

二、人大预算监督的内容

人大预算监督的内容可以从多个维度进行分析,一是从预算审查监督包含的级次和结构分析；二是从预算审查监督的全过程分析；三是从预算审查监督的重点分析。

（一）预算审查监督包含的级次和结构分析

政府预算包括本级政府预算和汇总的下一级总预算。在人民代表大会上，政府提交的预算报告和预算草案，通常是既包括本级政府预算，又包括汇总的下一级总预算。例如，省政府提交的预算就是由全省预算和省本级预算两部分组成。本级政府预算又是由本级政府各部门预算组成。因此人大预算审查监督工作，具体分为以下几个方面：

1. 总预算审查

预算法规定，县级以上地方各级人民代表大会审查本级总预算草案及本级总预算执行情况的报告。对总预算进行审查，就是对本级人民代表大会辖区内的预算，包括本级的和汇总的下一级预算进行审查。目的在于了解本行政区域内的财政收支状况，对下一级人大及其常委会关于预算决算的决定、命令和决议的合法性进行审查和监督。

2. 本级预算审查

根据宪法和预算法，我国实行一级政府设立一级预算，县级以上地方各级人民代表大会审查批准本级预算和本级预算执行情况的报告。代表大会常委会批准本级政府的预算调整方案。需要注意的是在地方各级政府预算中，除本级预算收支外，还包括上级政府对本级政府的税收返还和转移支付、下级政府的上解收入，以及对上级政府的上解支出、对下级政府的税收返还和转移支付。以省本级预算为例，在现行财政管理体制下，省本级预算中，收入预算包括省本级收入、中央税收返还和转移支付、市县上解收入、上年结转收入和结余收入。支出预算包括省本级支出、对市县的税收返还和转移支付、上年结转收入和结余支出。这些都是预算审查的内容。

3. 部门预算审查

部门预算是政府预算的重要组成部分。通过部门预算审查，不仅可以反映部门预算编制的科学性、准确性、绩效性等财务收支状况，还可以反映部门在执行法律、法规及贯彻党和国家各项方针政策等方面的情况，能够充分体现一个部门工作目标责任制落实情况或某项事业完成情况。开展部门预算审查监督是细化人大预算审查监督工作的重要内容，有利于提高人大预算审查监督工作实效和部门预算管理水平。

4. 专项资金预算审查

包括政府预算中的教育、科技、农业、卫生、社会保障等重点支出和部门预算中的重点专项支出两个部分，主要目的是通过审查政府预算中的专项资金是否落实到部门、编入年初部门预算；部门预算中的专项资金是否细化到项目等内容，从而审查专项资金预算安排的合理性，增强部门预算的可操作性和约束力。

（二）预算审查监督的全过程分析

预算编制、预算执行、决算是一个完整的周期。这个周期的基本环节是：中央提出预算政策及要点→财政部编制预算草案→人大批准预算→国务院组织执行预算→审计署审计预算执行情况→人大批准决算。在现阶段预算监督不断改革创新的背景下，以上监督过程不断进行扩展，已形成以人大提前介入为起点的预算编制监督、以预算初审和大会审查"两手抓"的预算审查监督、以规范预算调整为主要内容的预算执行监督、以审计整改向人大常委会报告为关键环节的决算监督、以部门预算备案审查为突破口的事后补充监督。可以说，在预算整个周期中，人大的预算监督发挥着重要作用。人大的预算监督贯穿于预算循环全过程，批准预算，监督预算执行，批准决算。不批准预算不能执行，不批准不能对预算进行调整，不批准不能视预算执行完毕。预算经本级人民代表大会批准后，按照批准的预算执行。

（三）预算审查的重点内容分析

由于财政预算涵盖政府各项收支活动，涉及经济社会方方面面。但每年各级人民代表大会会议需要讨论审议的议题很多，用于审查讨论预算的时间比较有限，在有限的时间内，提出有针对性的意见建议，增强预算审查时效，需要人大代表抓住预算方案及报告的重点进行审议。根据预算法和审查预算实际反映的情况看，代表应该关注的内容有：

（1）上一年预算执行情况是否符合本级人民代表大会预算决议的要求。主要是根据上一次代表大会所做的预算决议，审查上一年预算执行中对大会通过的关于预算审查结果的报告以及人大代表所提意见和建议的贯彻落实和办理情况。

（2）预算安排是否体现了党和国家的政策精神。对每年的经济社会的改革和发展，中央都有总体部署和明确要求，经济社会的各个方面都需要财政支持。审查预算时，代表们应关注中央的方针和政策要求是否在预算报告中得到贯彻，是否在财政政策上得到体现，是否在预算安排中有具体落实。

（3）预算编制是否完整。政府预算体系是否完整，政府一般公共预算、政府性基金预算、国有资本经营预算和社会保险基金预算是否都提交审查，是否做到了相互有机衔接，政府各项收支是否都纳入预算草案，有没有尚未纳入预算的财政收支，各项收支预算编制是否细化，是否透明，能否使代表看清楚来自哪里、用到了哪些方面。

(4) 预算安排是否符合预算法和有关法律、法规的规定。主要审查预算编制是否符合预算法的要求，是否安排债务以及债务规模是否在法定限额内，有无编列赤字，结余结转资金的管理，预备费的安排是否符合预算法的规定等。

(5) 重点支出是否有保障。农业、教育、科技、社会保障、医疗卫生、环境保护等支出与人民群众切身利益密切相关。对于这些重点支出在预算上有没有充分保障，代表们讨论审议时应重点关注。

(6) 对下财政转移支付安排是否科学合理。分税制改革后，财政转移支付的规模越来越大，财政转移支付对地方尤其是经济欠发达地区的基层财政至关重要。代表审查财政转移支付情况应较多关心：财政转移支付的量是增加了还是减少了；财政转移支付结构是否合理，一般性转移支付比重是不是在提高，专项转移支付是不是进行了清理整合；财政转移支付是不是向中西部地区、老少边穷地区倾斜了；财政转移支付的安排分配情况是否做到了公开透明。

(7) 财政资金使用效果的改善情况。随着财政支出规模的不断增加，特别是更多的财政资金用来保障和改善民生，代表们更加关注资金的投入绩效，在资金安排使用和管理的各个环节，是不是有健全规范的制度保证，是不是有严格的问效和追责。

(8) 为完成预算提出的政策措施是否切实可行。主要看各项政策措施和工作安排是否具有可操作性，能否有效保证完成预算任务。

(9) 财税体制改革的推进情况。财政体制改革及存在的问题是人大代表预算审查关注的重要内容，如预算制度不健全，部分预算收支尚未全部纳入预算管理的问题；政府间事权和支出责任划分不清晰、不合理、不规范的问题；财政转移支付制度不完善，专项转移支付项目过多、规模过大，地方配套压力大的问题；税制在解决产能过剩、调节收入分配、促进资源节约和生态保护方面存在的问题；地方政府债务风险问题等。人大代表关注这些问题并献言献策，是推动财税改革和促进经济社会持续稳定发展的重要力量（专栏5-1）。

◇ 专栏5-1

《山东省人大常委会关于加强预算决算审查监督的决定》

规定各类预算的编制应当遵循统筹兼顾、勤俭节约、量力而行、讲究绩效和收支平衡原则。一般公共预算收入的编制，应当与经济和社会发展水平相适应，与财政政策相衔接；一般公共预算支出的编制，应当在保证基本公共服务合理需要的前提下，优先安排国家和省确定的重点支出。

要加大政府性基金预算、国有资本经营预算与一般公共预算的统筹力度，建立将政府性基金预算中应当统筹使用的资金列入一般公共预算的机制，加大国有资本经营预算资金调入一般公共预算的力度。加强社会保险基金预算管理，做好基金结余和保值增值，在精算平衡的基础上实现社会保险基金预算的可持续运行。

规定地方各级政府各部门、各单位应当对预算支出情况开展绩效评价，建立"花钱必问效、无效必问责"机制，切实强化支出责任和效率意识，逐步将绩效管理范围覆盖各级预算单位和所有财政资金，将绩效评价重点由项目支出拓展到部门整体支出以及对政策制度管理等方面的评价、评估，加强绩效评价结果应用，将评价结果作为调整支出结构、完善财政政策和科学安排预算的重要依据，实现预算绩效管理与预算编制执行监督有机结合，实行预算绩效奖惩制度。

资料来源：北大法宝法律数据库网站，http://www.pkulaw.cn/。

三、人大预算监督的程序

这里主要以预算审议批准环节为例，阐释人大预算监督的程序。

（一）全国人民代表大会审议和批准预算的基本过程

国务院财政部门应当及时向全国人民代表大会财政经济委员会和全国人民代表大会常务委员会预算工作委员会通报有关中央预算编制的情况。在全国人民代表大会会议举行的一个半月前，国务院有关主管部门就国家预算及预算执行情况的主要内容，向全国人民代表大会财政经济委员会和有关专门委员会汇报，由财政经济委员会进行初步审查。

全国人民代表大会举行会议时，国务院向会议提出关于国家预算及预算执行情况的报告，并将国家预算收支表（草案）和国家预算执行情况表（草案）一并印发会议，由各代表团进行审查，并由财政经济委员会和有关专门委员会审查。

财政经济委员会根据各代表团和有关专门委员会的审查意见，对关于国家预算及预算执行情况的报告进行审查，向主席团提出审查结果报告。

主席团对审查结果审议通过后，印发会议，并将关于国家预算和预算执行情况的决议草案，提请大会全体会议表决。

在大会期间，有关的专门委员会对预算的审查意见应当及时印发会议，各代表团全体会议审议预算报告时，国务院有关部门的负责人要参加会议，听取意见，回答询问。主席团和专门委员会对议案和预算报告进行审议时，国务院或有关机关负责人应当到会听取意见，回答询问，并可对有关议案作补充说明。在大会期间一个代表团或者30名以上的代表联名，可以书面提出对国务院和国务院各部门的质询案。

对于必须进行的预算调整，应当编制预算调整方案，必须提请人民代表大会常务委员会审查和批准①。

（二）地方人民代表大会审议批准预算的基本过程

地方人大审议和批准地方预算的过程与全国人大基本一致。以省人大审议和批准地方预算为例具体说明。省人大审查批准预算工作大致可以分为四个阶段，即前期准备阶段、预先审查阶段、财经委初步审查阶段和代表大会审查批准阶段（见图5-2）。

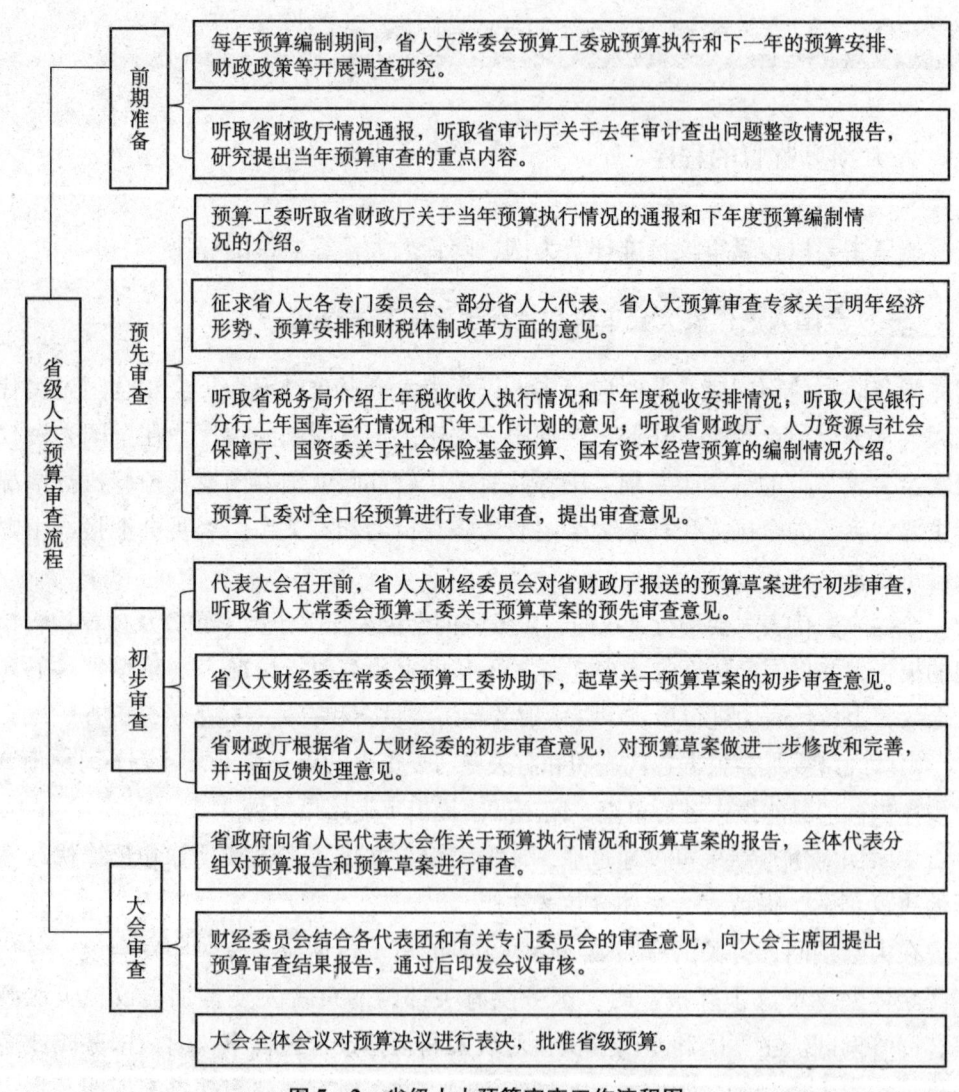

图5-2 省级人大预算审查工作流程图

---

① 详细过程参见本章第四节的内容。

第二节 人大预算监督的制度模式

我国的根本政治制度和基本国情决定我国的人大与政府是分工合作的关系。我国实行人民代表大会制度,人大与政府是决定与执行、监督与被监督的关系,人大与政府的目标是一致的,都紧紧围绕党和国家的工作大局和中心任务开展工作。同时,人大与政府之间又有分工,人大是最高权力机关、民意机关和立法机关,政府是行政机关。人大具有决定国家事务,监督其他国家机关的权力,但不直接处理具体问题,不能代替行政机关等其他国家机关的职权。在预算监督的过程中,人大与政府部门就预算事项展开一系列意见沟通,继而达成共识。因此,创造共识而非制衡是我国人大预算监督制度的基本模式,我们将其简称为合作型监督模式。以下围绕人大合作型监督的基本表现与基本特点进行阐述。

一、我国的合作型监督的基本表现

从预算的全过程来审视人大的预算监督,我们可以清晰地把握人大预算合作型监督的基本表现。

(一) 前期准备阶段

在预算编制期间,人大预算机构通常就当年预算执行和下一年的预算安排、重要财政政策、财税改革等开展调查研究,提出预算审查工作计划和时间表,听取财政部门情况通报,听取审计部门当年审计查出问题整改情况以及下年度审计工作计划的通报,研究提出预算审查的重点问题,与财政部门就下年度预算编制中需要落实的人大要求和有关问题交换意见等。这种提前进行沟通,在工作层面充分讨论交流,相互了解情况的特点,有利于协商推进预算编制工作。

(二) 预先审查阶段

在预先审查阶段,预算机构与财政部门就预算草案编制问题进行沟通,听取财政部门关于当年预算执行情况的通报和下年度预算编制情况的介绍,听取税务部门介绍税收收入执行情况和下年度税收安排建议,了解人大各专门委员会对预算审查的意见和建议,听取政府有关部门关于部门预算执行情况的介绍,征求部分人大代表、专家对财政经济形势、预算安排和财税体制改革的意见建议。在此基础上，对政府全口径预算，从专业及工作角度逐一进行预算预先审查，并提出预算预先审查意见。财政部门根据预先审查意见，对预算报告和预算草案进行修改完善，同时撰写预算分析报告，客观分析和评估上年预算执行情况和本年预算安排，为人大代表审查预算提供参考。

（三）初步审查阶段

在人民代表大会召开前的规定时间内，财政部门将本级预算草案的初步方案提交给本级人大财经委员会进行初步审查。一般由人大财经委员会会同常委会预算工作委员会组织，并请人大相关专门委员会、部分人大代表参加，听取财政部门关于预算执行情况和预算草案的汇报，人大预算工作委员会通报预先审查情况，会议对预算报告和预算草案提出初步审查意见。根据初步审查意见，财政部门对预算报告和预算草案做进一步修改完善，并将对初步审查意见的处理情况向人大书面反馈。常委会预算工作委员会向主任会议汇报预审初审情况。

（四）大会审查阶段

大会审查阶段，在人民代表大会上，政府（财政）要向大会做关于预算执行情况和预算草案的报告，全体代表分组对预算报告和预算草案进行审查，表决通过代表大会关于批准预算的决议草案。期间，人大财政经济委员会会同预算工作委员会在初步审查的基础上，结合各代表团和相关专门委员会的意见，对预算报告和预算草案做进一步审查，形成审查结果的报告，提请大会主席团表决，表决通过后，连同代表大会关于批准预算的决议草案一并印发全体代表。实行部门预算后，本级政府各部门预算也都提交代表大会进行审查，代表们可以就预算的有关问题，向政府有关部门进行询问和质询，特别重要的问题，代表也可以按照法定程序向大会提出关于修改预算的议案。预算经人民代表大会批准后，财政部门应当在20日内向政府各部门批复预算，批复后的部门预算要报人大财政经济委员会和常委会预算工作委员会备案。

（五）预算执行阶段

在预算执行阶段，对于预算执行进度、资金结余结转以及预算调整等突出问题，各级人大积极探索改革监督审查方式方法，不断加大监督审查力度。各地人大在预算调整监督立法、会议监督、辅助询问、工作调研以及借助第三方机构等方面积极探索，及时获取预算调整的信息，加强与财政部门和相关支出部门的沟通与对话，细致分析问题的根源和部门责任，在反复倾听意见和密切跟踪改进效果的基础上，不断强化人大对政府预算调整的监督。

(六) 预算审计整改阶段

在预算审计整改环节，审计机关与立法机构的互动不断加强，一些省市把听取和审议审计查出突出问题整改情况报告，同开展专题询问等监督形式结合起来监督预算，一些省市对审计查出问题后按清单整改并跟踪调研。审计向人大常委会报告以及以审计结果为线索的监督的加强，成为配合预算监督的一个重要环节。

综合上述预算全过程监督的分析，可以发现，我国人大预算监督的协商沟通、达成共识的特征非常明显。也正是通过人大预算部门与政府相关部门的制度化的信息沟通、对话和达成共识，有效约束了政府的财政收支行为，更好地保障了依法理财、民主理财和财政资源配置的效率。

二、我国合作型监督的基本特点

(一) 合作型监督的手段是对话沟通

基于坚持党的领导的基本原则与建设社会主义现代化的共同目标，人大及其常委会监督的根本目的不是为了使政府失去信任，而是为了更好地改善"一府两院"的工作，支持中国特色的社会主义现代化建设。因此，在人大及其常委会预算监督的实际运行过程中，各级人大常委会强调和重视监督过程中的对话和沟通，以便随时让监督对象纠正错误或过失，及时解决问题。除非在调查中发现监督对象工作中存在重大违法和失误的情况下，一般不会直接启动强制性的监督程序。

(二) 合作型监督的目的是约束政府的不规范行为

合作型监督并非仅有合作而没有监督。从历史上看，预算制度的产生，在很大程度上就是为了构建责任政府。现代预算制度是在限制国王们滥用财权的斗争中产生和发展而来的，其核心目标就是保障政府的政治责任，这就使得现代公共预算具有一个重要的特征就是高度的政治责任。因此，合作型监督的根本目的是监督和约束政府财政行为。因此，在预算决策和监督过程中，对于政府的不规范财政收支行为，人大常委会通常整合多种政治资源进行纠正。如在开展监督活动时，通过新闻媒体的参与宣传、专家学者的参与解读和指导，吸引社会关注，扩大社会影响，把人大监督、舆论监督和社会各界监督多种监督形式有机结合起来增强监督效力。正如谢尔德所言："如果没有强制，围绕着信息和解释展开的政治对话,不仅不能真正地约束权力的使用,有时还会使得这种政治对话变成官员可以随意利用的政治装饰。"近些年,许多地方人大开始主动地在预算过程各个阶段加强监督行动,不少地方人大预算监督效力不断增强,尤其是在提前介入、预算初审和预算执行环节,地方人大预算监督已经取得了较为突出的进展,不少地方人大已经开始影响政府的预算资金分配,并开始对随意改变预算的行为进行约束。通过加强人大预算监督,越来越多的地方人大已经开始在预算过程中重塑自己的角色。毫无疑问地,这样的地方人大将能够更好地监督政府,促使政府更好地对人民负责。

(三)合作型监督结果具有效率优势

从理论上看,合作可能比竞争更有制度效率。一方面,随着经济社会活动的复杂化和不确定性的增加,应对日益突出的经济社会不均衡和非稳定的挑战,需要人大和政府加强合作。因此,人大与政府在预算上的相互依赖性越来越强,人大在预算监督方面的作用越来越突出,人大加强预算政策制定、促进政府尽责和监督预算实施方面越来越受到社会的关注。另一方面,在合作型监督过程中,并非仅仅表现为人大与政府部门在预算问题上的合作协商。预算参与是社会多元主体的广泛参与,不仅包括政府预算部门、使用预算资金的各部门,审计部门,也包括新闻媒体与广大纳税人。从公共预算改革的实践看,由财税部门"单兵推进"预算改革的格局已经遇到难以突破的阻碍,继续深化财税改革,迫切需要调动各方面的积极性,特别是人大与政府要形成合力,持续不断地推进改革(专栏5-2)。

◇ 专栏5-2

我国合作型监督的一个案例——预算初审

部门预算改革以来,预算编制越来越详细具体。面对厚厚的预算草案文本,在有限的时间内逐项讨论是不现实的;同时由于一部分预算项目属于常规性项目,虽有变化但变化不大,因此预算审查并非面面俱到,而是突出重点。新《预算法》将人大预算草案审查的重点内容作了明确规定,包括预算安排、重点支出与重大项目、预算完整性、转移支付、政府举债等重点内容。从预算初审服务预算审查的目的来看,预算初审的重点应围绕上述内容进行。人大预算初审不仅要有重点,更要有详细的信息。作为预算草案的编制方与被监督方,政府具有预算信息优势;而人大作为监督方,则处于信息弱势的地位。二者之间存在严重的信息不对称,如何克服人大在预算初审过程中的弱势地位,各地人大进行了一些探索,如制定有关法律强化政府报送预算草案完整信息的义务,进而增强其信息获取能力。新《预算法》在这方面充实了预算草案初审的规定,不仅要求提交完整的预算草案初步方案,而且对报送材料的细化程度做了明确规定。实践中,河北、安徽除要求地方政府报送预算草案之外,还要附带编制说明、政策来源、收入与支出依据等内容,山东要求初审可以就初审内容向有关政府部门进行询问或组织调查。对于如何组织初审会议,《河北省预算审查监督条例》规定可以采取座谈会、论证会、听证会等方式。随着会议组织方式的多样化以及掌握的预算草案信息越来越详细,参与初审会议的人员发言、提出意见也越来越有针对性。因此,在议题明确、信息充足、初审会议组织形式多样化的情况下,初审内容被充分沟通的程度呈现逐渐上升之势,初审民主协商的效果不断提升。

检验预算初审协商效果的一个重要标准是人大的初审意见是否被政府所重视和采纳。2001年《广东省预算审批监督条例》第十九条明确规定了政府的回应责任。2014年修正的《预算法》吸收了地方性法规的创新,第二十二条规定"对于预算初审提出的意见,本级政府财政部门应当将处理情况及时反馈"。分析2015年以来有关预算草案初审的实践,可以发现,人大要求政府有关部门认真研究初审意见,财政部门反馈处理情况的报告,成为人大与财政部门就预算草案初审互动的基本常态:在初审意见中,初审机构基本上不会否决预算草案;同样,对于初审意见,政府有关部门一般会认真研究,不采纳的情况会做出详细的说明。财政部门之所以如此重视人大预算草案的初审意见,很大程度是由于初审结果具有潜在的约束力。按照修正后的《预算法》要求,初审意见和财政部门反馈的处理情况报告需要印发本级人民代表大会。预算初审意见和财政部门反馈的处理情况报告构成了人大代表审议预算草案的指导材料,奠定了预算草案初审的基调。

资料来源:刘元贺:《地方人大预算草案初审权探析》,《财政监督》,2016年第23期。

第三节 人大预算监督的运行机制

《预算法》开宗明义地申明预算法的目的是为了规范政府收支行为,强化预算约束,加强对预算的管理和监督,建立健全全面规范、公开透明的预算制度。现实中人大预算监督是如何实现上述目的的?换句话说,在我国的政治体制背景下人大预算监督是如何运行的?我们认为,人大监督注重围绕党的重大决策和关系人民群众利益的热点问题,通过整合多种监督方式,形成环环相扣的监督链条,向监督对象输入压力,督促监督对象对工作中存在的问题进行自我纠正。在整个监督过程中,沟通协商机制发挥了重要的作用,它既是各政治主体之间相互信任关系的建构过程，又是一个深入了解信息、实现压力输入的途径，从而降低了启动制裁性监督程序的机会，使其呈现出不同于西方代议制监督的特点。人大监督的权力运作逻辑坚持了社会主义制度的基本原则和基本价值，既便于整合政治资源，形成合力增强监督效果，也有助于各政治主体就人大监督议题形成共识，避免因信息了解不全面而盲目实施。尽管制度尚存在不足之处，需要在改革中不断完善和发展，但我国人大预算监督独具特色的问题导向、协商策略和压力输出的运行逻辑是适合我国政治体制的务实选择。决不能仅仅为了彰显监督的刚性而盲目地选择制裁性的监督方式，误导人大监督制度的健康发展。

一、以问题为导向[①]

各级人大常委会专门委员会或工作委员会的常态监督活动是制定年度预算监督工作计划、明确年度预算监督的重点。在我国，由于人大的职责定位是国家意志的执行保证机关、地方党委领导下的工作机关和地方民意的代表机关。因此，在实践中，各级人大常委会专门委员会或工作委员会确定预算监督重点问题时要考虑三种因素：一是中央关于财税改革的重大决策部署落实情况；二是地方党委对本辖区财税制度体制的制定实施情况；三是关系民生的热点问题。对于前两方面，由于人大的监督工作已经嵌入党委的整体工作部署之中，成为不可或缺的角色分工，从而使人大预算监督在与政府部门的权力互动中可以获得可靠的政治权威，减少监督过程的阻力。何俊志的研究也表明，对于某一层级的人大常委会而言，其监督工作能否开展的一个重要前提，就是能否顺利地取得同级党委的领导和支持[②]，而为了要取得这种领导和支持，就必须把握党委的工作走向，以便自己的工作更好地与党委的工作衔接起来。对于后者，因为人大首先是作为民意的反应机构，因而人民群众关心的热点问题必然是人大常委会确定监督方向的重要依据。作为人民行使国家权力的国家机关，就人民群众关心的民生问题开展监督工作，既是法律的明确要求，也是赢得人民信任、收获政治权威的重要来源。这三种导向的选择，既是对执政党领导社会主义现代化建设所作战略部署的积极回应，也是作为代表人民行使国家权力的代议制机关的本质要求和现实选择。如某省在 2019 年预算监督工作计划中将国有资产管理情况、打赢防范化解重大风险攻坚战、创新驱动战略等中央和省委重大部署，人民关切的问题作为重点监督任

---

① 孟宪民：《组织、协商与压力：人大监督权的运行逻辑》，《人大制度研究》，2019 年第 3 期。
② 何俊志、霍伟东：《从嵌入到规范：中国地方人大制度化路径的新模式》，《华中师范大学学报（人文社会科学版）》，2018 年第 4 期。

务,并就监督计划和时间表下发"一府两院";同时抄送所有的政府部门。正如张德江在十二届全国人大常委会第二十次会议上的讲话指出:"常委会要围绕推动贯彻落实党中央重大决策部署,行使好宪法法律赋予的监督权,坚持问题导向,实行正确监督、有效监督,形成加强和改进工作合力,推动解决人大代表、人民群众普遍关注的热点难点问题,推动解决制约全面建成小康社会的短板瓶颈问题。"习近平总书记(2014)在庆祝全国人民代表大会成立60周年大会上的讲话中也指出:"各级人大及其常委会要担负起宪法法律赋予的监督职责,维护国家法制统一、尊严、权威,加强对'一府两院'执法、司法工作的监督,确保法律法规得到有效实施,确保行政权、审判权、检察权得到正确行使。"

在监督计划和监督重点确定之后,围绕监督主题集中力量组织实施监督成为各级人大及其常委会开展监督工作的主要方式。例如在人民代表大会闭会期间,各级人大常委会、专门委员会组织的专题调研、执法检查以及联系群众等工作主要围绕上述重点而展开。与西方代议制监督相比,这样做的优势在于:一是避免了监督的盲目性和分散性,使有限的人大监督资源得到充分的利用,从而提高了监督效能;二是使人大监督得到了执政党的政治支持,并以人民群众的利益诉求作为政治支撑,强化人大监督在权力交往中的政治优势;三是凝聚各政治主体对监督导向的共识,减少监督过程中的阻力,使人大监督获得了相对宽松的发展空间。人大监督这种以问题为中心的监督导向、富有组织性的运行特点取决于两种因素:一是党的领导,二是人民根本利益的一致性。人大监督的领导体制和组织原则是西方代议制监督所不具备的。西方代议制在本质上是代议士围绕各自所代表的利益集团进行利益博弈的场所,很难在国家和人民根本利益上形成共识性的监督主题,因而行动分散,缺乏组织,其监督行动的实施主要是由于特定的事件所引起。例如反对党针对执政党提出的某项议案动员本党议员投反对票,或者就政府的某项工作进行调查或提出质询等。而人大监督则是在中国共产党的领导下,围绕社会主义现代化建设目标和任务。

二、以协商为策略

在人大监督的实际运行过程中,各级人大常委会十分强调和重视监督过程中的沟通与协商,以便随时让监督对象纠正错误或过失,及时解决问题。从组织社会学的意义上讲,权力是在组织中存在和运行的,其主要功能在于形成集体意志,以便组织目标的实现。为了更有效地实现组织目标,各行动者对组织目标的共识对于提高权力运作效能至关重要。正如法国学者克罗齐耶所说:"权力,正如我们所看到的,并不在其自身中存在,它只能在一种关系中起作用。由于这种关系，两个行动者同意联合起来，或者他们实际上是联合在一起的，以完成一项特定的任务。"对于人大监督而言，虽然从权力的性质来看，即便不需要征得监督对象的同意亦可开展监督工作，但从权力运作效能的角度，重视相互沟通协商可以使双方能够对监督的目的形成共识，形成监督重点，有利于提高监督政治体系的整体运作效率。因此，在人大预算监督过程中存在着多层沟通渠道和机制。如人大预算编制的预审、初审、预算调整的报告与监督等。各级人大常委会通过制定法律法规、规范性文件、座谈、调研、视察、询问等多种方式了解信息、互动沟通。当然，沟通协商的方式会因为监督对象和监督内容的不同而存在一定的差异。

三、以压力为保障

如前所述，由于人大监督的目的不是为了单纯地处置监督对象，而是有助于共同解决工作中存在的实际问题，提高国家治理能力。因此，对于在监督过程中发现存在的问题，注重通过加强沟通反馈，持续施加压力的方式督促监督对象进行自我改善，尽量避免直接采用制裁性的方式。从权力的实现途径来看，除了直接使用制裁性的强制性权力实现方式之外，向权力客体施加政治压力也是实施权力主体意志的重要方式。但问题在于，在权力互动关系中，由于权力客体自身利益和行动自主性的存在，使其在权力互动过程中对权力主体的意志做出选择性的执行或回应。对于人大监督而言，尽管人大监督过程中形成了若干沟通协商的环节，但如果缺乏足够的压力输入，这些沟通协商就不能真正发挥作用，甚至有流于形式的风险。那么如何保障监督对象在监督过程中做出积极的回应？人大制定了《预算审查前听取本级人民代表大会代表和社会各界意见的制度》，通过在政府预算正式提交人大审议之前，由人大代表、群众代表、政府工作人员、专家学者就预算内容进行沟通交流，从而更广泛地征求民意，对预算编制产生影响。再如，《预算法》第二十二条对预算初审作出规定，第四十四条对初审的时间进行了规定。人大预算初审作为改善人代会会期短、审议仓促等不足，通过留出充分的时间和提出具体的初审要求，达到加强沟通协商、提高预算民主效果的目的。在加强反馈意见落实方面，2015年12月全国人大常委会预算工作委员会研究提出了《关于改进审计查出突出问题整改情况向全国人大常委会报告机制的意见》，对审计中发现的问题加强落实整改、加强督促办理等提出了要求。总体上看，适当拓展监督过程的回旋余地，使人大有向监督对象施加压力的时间和空间，既提高了监督实效，又避免了在正式会议上启动制裁性程序的风险。此外，人大常委会通常整合多种政治资源增强监督压力输入效果。例如在开展监督活动时，通过新闻媒体的参与宣传、专家学者的参与解读和指导，吸引社会关注，扩大社会影响，把人大监督、舆论监督和社会各界监督多种监督形式有机结合起来增强监督效力。所以，对于人大监督过程中发现的问题以及提出的相关审议意见，监督对象都必须审慎对待，从而使人大监督在不使用制裁性权力的条件下，也能够实现监督目的。谢尔德认为，有效的政治问责需要具备三个基本要素，即信息、对话和强制。从人大监督实践的发展过程来看，人大常委会正是不断通过加强对信息的掌控、反复协商对话，通过各种监督方式的综合应用以形成合力，使得各监督方式可以相互衔接、相互支撑，通过各个环节持续不断地向监督对象层层传递和施加压力，从而提高监督的效能。

第四节　现阶段我国人大预算全过程监督

一、以人大提前介入为起点的预算编制监督[①]

预算过程始于预算编制，预算权力主体间的互动亦始于预算编制。在"前预算时代"，预算编制是各个部门自己的事。预算改革后，财政部门对预算编制起关键作用，在政府部门中逐步占有核心预算机构地位。近几年，人大提前介入预算编制已成为一个基本导向。一般而言，预算工作委员会根据《预算法》《人大预算审查监督重点拓展改革指导意见》和人大代表、委员的意见建议，研究提出改进完善下一年度预算草案和预算报告编报的意见建议，送财政部门研究；预算工作委员会召开预算编制工作通报会，请财政部门通报下一年度预算编制的指导思想、基本原则、重要支出政策、重要财税改革措施和当年度预算执行的预计情况，并听取人大有关专门委员会、预算审查联系代表的意见建议；预算工作委员会研究提出预算分析报告等。从各地人大常委会的探索来看，有以下实践路径：一是参与预算编制准备工作，对当年预算重点和预算原则进行整体把握。如重庆市等地的人大财经委、预算工委积极参加本地财政工作会议和部门预算编制工作会议，听取财政部门关于预算编制原则、依据、口径和总体安排的工作汇报。二是对事关民生、资金量大的部门进行调研，将人大代表和部门的意见建议汇总转交财政部门。三是对上一年的预算开展重点审查，对症下药。2013年起，重庆

---

① 这部分主要参考周振超、李英：《以机制调整促进体制完善：基于地方预算权力结构的视角》，《江苏行政学院学报》，2019年第2期。

市人大常委会每年都会选择4个市级部门就部门重点专项资金的安排情况及其绩效目标编制情况开展重点审查,将审查意见转市财政局及被审查部门,要求其反馈研究处理情况并提供人代会做预算审查批准的参考。通过提前介入,关口前移,人大对预算的审查监督提前到预算方案形成之前或形成之时,有效提升了预算的科学性和针对性,弥补了人大在预算方案前期的参与缺位。这一做法也为人大审查批准预算方案奠定了基础。

二、以预算初审和大会审查"两手抓"的预算审查监督

预算草案只有经过人民代表大会审查批准才具有法律效力。人大对预算草案的审查批准包括两个环节:一是预算草案初审,二是大会审批,其间还可能涉及预算修正案的提出与审议。在大会审批阶段,我国实行的是整体审批制,即要么完全通过,要么完全否决。但在现实政治生活中,几乎不存在否决政府预算草案的情况。人大在大会审批时行使权力相对谨慎。"预算修正权是现代议会的核心预算权力"。"衡量议会权力的一个指标是议会能否修改政府提交的预算,如果议会不能对政府预算进行修改,那么,议会的权力就相对比较小,反之则比较大"。在预算修正方面,重庆、云南、河北等地在地方法规中明确规定了预算修正案提出和审批的程序,上海闵行区等地方已将预算修正权付诸实践。但总的来说,人大预算修正权的实践还不普遍,预算草案修正对预算权力结构的影响也不大。人大在预算审查批准环节发挥作用,一个重要的抓手是预算草案初步审查。初审实质有效、能提出建设性的审查意见,是人大有效审查预算方案的前提。为做好初审工作,各地进行了诸多努力。一是积极组织人大代表参与,扩大参与面。云南、山东等省份均建立了预算审查前广泛听取人大代表和社会各界意见的机制,河北省在2018年预算草案初审中组织了21名省人大代表参与。二是积极开展调研咨询,通过专题座谈会、汇报会、代表视察、专家参与等方式听取意见,提高预算初审的针对性和科学性。2016年山东省人大探索预算审查专家参与预算初审,2017年云南省通过专家座谈会吸纳18名预算审查专家参与预算初审;2018年河北省人大财经委选取上年度预算执行中问题较为典型的地区进行视察调研,听取和审查15个部门经济运行和预算执行情况的汇报,并组织了6位专家顾问参与初审工作。人大在初审期间的努力取得了较好的效果。2017年,云南省人大在预算草案初审意见中提出"在草案中增加2016年全省和省本级政府债务限额、余额和使用情况表"后,财政厅在预算草案中新增10张表。2018年,河北省人大财经委初审后向省财政厅提出了71条意见和建议,要求省政府相关部门在规定时间内修改预算草案。在浙江省乐清市,市人大财经委的预算草

案初审意见直接促成财政部门对 80 个非重点审查部门 2018 年的预算进行了修改，其中新增项目 7 个，涉及 5 个部门 796 万元；删减项目 30 个，涉及 16 个部门 2012 万元；优化项目 92 个，涉及 12 个部门 2041 万元。这些客观事实反映出，部分人大基本具备了预算草案初审的能力，切实行使了要求政府部门就发现问题进行整改的权力。同时也表明，相关预算编制部门能够接受人大的初审意见并进行整改，积极回应人大的要求。

当然，重视预算初审，并不是要弱化大会审批，无论是预算初审还是大会审查，都是预算审查的法定程序。预算草案的大会审查有它的特点和优势。人大代表通过分组审议、联组审议或者集中审议，能够利用人大代表人多面广、观点碰撞的优势，更大程度上集合专业领域代表的意见。同时，最近几年各级人大不断改进审查方式，在预算信息的细化、便捷化等方面做了很大的改进，大会审查预算的效果不断改善。因此，预算审查监督已经形成了预算初审和大会审批两手抓的局面。

三、以预算收支执行规范化为目标的预算执行监督

预算执行是经过法定程序审查和批准的预算的具体实施过程，是把预算由计划变为现实的具体实施步骤。《预算法》对预算执行的各个环节做出了明确规定：如组织预算收支的规范，预算批复及执行进度的规范，账户管理的规范，预算调整及其规范，政府间转移支付的规范，债务管理的规范。人大常委会对预算执行的监督，包括监督政府及其部门是否按人大批准的预算执行，政策是否落实，资金是否到位，是否发挥效果等。全国人大常委会除了监督中央预算执行外，还要监督地方预算的执行。

做好预算执行工作，关系到党和国家各项方针政策的贯彻落实，关系到政府公共服务水平及财政预算管理水平的提升，具有重要的政治经济和社会意义。

根据现阶段预算执行中的突出问题，本部分以预算执行进度与预算调整为重点进行分析。关于预算执行进度，现实中存在一定的执行偏差是正常的，然而，如果预算执行进度偏慢，结余结转资金较多，则可能出现财政资金效率下降、浪费和权力滥用等问题。中央政府自 2010 年以来对预算执行中的财政结转结余资金的关注度越来越高，财政部不断发文规范和盘活财政结转结余资金，财政存量资金也成为预算执行审计的重点内容。在当前经济新常态背景下，财政收入增速放缓，财政支出刚性不断增强，地方政府一方面通过举债筹集财政收入，而另一方面存在结转结余资金较多的矛盾现象。针对预算执行中的进度慢、结余结转多以及政府债务等问题，各级人大深入调研分析预算执行进度慢的成因，积极探索

预算执行进度监测监督办法，加强对预算结余结转资金的监督管理。如山东省规定，结余超过两年的资金要收回国库。

关于预算调整，《预算法》规定，经人民代表大会批准的预算，非经法定程序，不得调整。在预算执行中，各级政府对于必须进行的预算调整，要及时编制预算调整方案，并说明预算调整的理由、项目和数额。人大有关机构要就调整的合法性、必要性、合理性、真实性等进行审查，依法提出审查意见，为人大常委会审议批准提供参考依据。现实中，在预算调整必须经人大常委会审查批准基础上，有些地方明确界定了调整的次数、时间及幅度、要件及限制等，还有部分人大常委会通过量化和列举的方式来直接界定预算调整监督的权限。在预算执行与调整的监督方式上，运用会议监督为主、辅助询问与调研的监督方法已经常态化。各地方一般一年安排两次常委会全体会议，通常是年中和年终各一次，在会上由政府报告半年和全年的预算执行情况、执行进度及调整方案，然后由大会进行审议并做出决议和决定。部分省市丰富了预算执行监督方式，专题询问、质询和调研已日趋成为各级人大常委会的一种定期化、常规化的工作方式。各级人大预算监督的积极探索与实践，有效规范了政府的预算执行和调整行为，增强了预算对各支出部门的约束力，强化了人大对政府预算执行进度和调整的监督，硬化了人大对预算执行的监督权力。

四、以人大决算监督与审计监督深度结合为特点的决算监督

预算年度结束后，各级财政部门编制本级决算草案，经本级政府审计部门审计后，提请本级人大常委会审批。对预算执行情况和决算进行审议，是人大全过程、全口径预算监督的重要环节。《预算法》规定，各级政府提请本级人大常委会审查批准的本级决算草案要与预算相对应，按预算数、调整预算数、决算数分别列出，一般公共预算支出按功能分类编列到项，按经济性质分类编列到款。人大有关机构要突出重点支出和重大投资项目资金的使用、结转资金的使用、财政转移支付安排、超收收入安排等内容，结合政府提出的上一年度预算执行和其他财政收支的审计工作报告，审查决算草案是否做到收支真实、数额准确、内容完整，并提出审查结果报告。必要时，人大可以就决算中的重大事项或者特定问题组织调查。

近年来，人大决算监督与审计监督密切协同日渐成为决算监督的常态，通过颁布实施一系列指导意见，加强审计机关与立法机构互动，共同提升人大预算监督的质量和效果。《关于改进审计查出突出问题整改情况向全国人大常委会报告机制的意见》明确规定，在全国人大常委会听取和审议审计工作报告后的6个月

内，国务院要向全国人大常委会作审计查出突出问题整改情况的报告，并对落实整改责任、改进报告方式、完善报告内容、做好审议保障、增强监督实效、加强督促办理等提出了要求。在决算监督与审计监督的有机结合作方面，部分地方人大进行了进一步深化细化的改革探索，比如，审计查出问题配合询问、质询、特定问题调查等刚性监督方式、审计查出问题后按清单整改并跟踪调研、对审计查出问题整改情况报告进行满意度测评、加大对审计结果和整改情况的公开力度等都是经过实践证明效果较好的改革举措。

第六章

中国人大预算监督的改革发展进程

新中国成立伊始，中央政府即致力于建立统一规范的国家预算制度，加强预算管理。1949年9月29日，中国人民政治协商会议第一届全体会议通过的临时宪法作用的《中国人民政治协商会议共同纲领》规定，要"建立国家预算决算制度，划分中央和地方的财政范围，厉行精简节约，逐步平衡财政收支，积累国家生产资金"。1951年8月，政务院颁布《预算决算暂行条例》，规定了国家预算的基本原则和组织体系，各级人民政府的预算权，各级预算的编制、审查、核定、执行的程序，决算的编报及审定程序等。

1954年9月召开的第一届全国人民代表大会通过的《中华人民共和国宪法》规定了全国人大行使"审查和批准国家的预算和决算"的职权，国务院行使"执行国民经济计划和国家预算"职权；地方各级人民代表大会在本行政区域内"审查和批准地方的预算和决算"。为做好人大对预算的审查工作，全国人大一届一次会议设立"预算委员会"，主要职权是"审查全国人民代表大会交付的预算、决算案和其他同预算有关的议案。"此后，第二届、第三届、第五届全国人大均设立预算委员会。但受到政治运动的冲击，预算委员会自1966年8月起停止工作，国家预算制度运行及人大审查监督长期脱离正常状态。

1978年是第五届全国人大开始之年，也是改革开放的起始之年。1979年全国人大五届二次会议上，中央政府恢复向全国人大作预算报告，此后人大预算监督进入新的历史时期。经过多年改革发展，中国人大预算监督制度体系逐步完善，监督能力日益增强，监督效力不断提升。改革开放以来中国人大预算监督进程，依据不同时期改革发展重点，可分为如下三个阶段。

第一节 人大预算监督基础设施建设阶段（1978—1991年）

鉴于这一时期国家财税改革中心任务偏重收入侧制度重构，财政支出改革尚未实质性推进，人大预算监督制度体系和实施能力亟待建设，本阶段的人大预算审查监督整体处于"基础设施建设阶段"。

一、恢复预算报告和审查批准制度

1979年6月21日，时任财政部部长张劲夫在全国人大五届二次会议上作《关于1978年国家决算和1979年国家预算草案的报告》，这是时隔16年中央政府再次向全国人民代表大会报告国家预算和决算情况。自此，由财政部长代表政府向全国人大做预算报告并由全国人大审查批准的制度得以正式恢复。①

全国人大五届二次会议还通过了《关于修改〈宪法〉若干规定的决议》，通过了《中华人民共和国地方各级人民代表大会和地方各级人民政府组织法》，规定县级以上的地方各级人民代表大会职权包括"审查和批准本行政区域的国民经济计划和预算、决算"；县级以上的地方各级人民代表大会设立常务委员会，地方人大常委会职责之一即是"根据本级人民政府的建议，决定对本行政区域内的国民经济和社会发展计划、预算的部分变更"。由此，地方人大预算审查监督制度也以法律形式确立。

二、恢复并逐渐加强专门委员会工作

1979年6月，第五届全国人大第二次会议重新设立了预算委员会。为进一步适应预算审查的需要，1983年3月，全国人大六届一次会议取消预算委员会，设立财政经济委员会并代行原预算委员会职权。

财政经济委员会在全国人大及其常委会领导下，审查预算报告和预算草案的职能得以强化，具体职责包括：（1）审议全国人大主席团或者全国人大常委会交付的议案；（2）向全国人大主席团或者全国人大常委会提出属于全国人大或者全国人大常委会职权范围内同本委员会有关的议案；（3）审议全国人大常委会

---

① 自2005年起，财政预算报告不再由财政部长口头向大会报告，改为书面印发给全体代表阅读、审查。

交付的被认为同《宪法》、法律相抵触的国务院的行政法规、决定和命令,国务院各部、各委员会的命令、指示和规章,省、自治区、直辖市的人民政府的决定、命令和规章,提出报告;(4)审议全国人大主席团或者全国人大常委会交付的质询案,听取受质询机关对质询案的答复,必要的时候向全国人大主席团或者全国人大常委会提出报告;(5)对属于全国人大或者全国人大常委会职权范围内同本委员会有关的问题,进行调查研究,提出建议;(6)协助全国人大常委会行使监督权,对法律和有关法律问题的决议、决定贯彻实施的情况,开展执法检查,进行监督。

三、完善人大议事规则

1989年通过的《全国人民代表大会议事规则》规定"全国人民代表大会会议于每年第一季度举行",并对国家预算的审查和调整程序做出明确规定,要求会议举行一个月前,"应当就国家预算及预算执行情况的主要内容,向全国人民代表大会财政经济委员会和有关的专门委员会汇报,由财政经济委员会进行初步审查"。人大全体会议时,"国务院应当向会议提出关于国家预算及预算执行情况的报告,由各代表团进行审查,并由财政经济委员会和有关的专门委员会审查"。财政经济委员会"向主席团提出审查结果报告,主席团审议通过后,印发会议并将关于国家预算和预算执行情况的决议草案提请大会全体会议表决"。"国家预算经全国人民代表大会批准后,在执行过程中必须作部分调整的,国务院应当将调整方案提请全国人民代表大会常务委员会审查和批准。"人大议事规则的制定和完善,标志着人大对预算监督权力行使逐步程序化(专栏6-1)。

◇ 专栏6-1

《全国人民代表大会议事规则》(节选)

第三章 审议工作报告、审查国家计划和国家预算

第三十条 全国人民代表大会每年举行会议的时候,全国人民代表大会常务委员会、国务院、最高人民法院、最高人民检察院向会议提出的工作报告,经各代表团审议后,会议可以作出相应的决议。

第三十一条 全国人民代表大会会议举行的一个月前,国务院有关主管部门应当就国民经济和社会发展计划及计划执行情况、国家预算及预算执行情况的主要内容,向全国人民代表大会财政经济委员会和有关的专门委员会汇报,由财政经济委员会进行初步审查。

第三十二条 全国人民代表大会每年举行会议的时候,国务院应当向会议提出关于国民经济和社会发展计划及计划执行情况的报告、关于国家预算及预

算执行情况的报告,并将国民经济和社会发展计划主要指标(草案)、国家预算收支表(草案)和国家预算执行情况(草案)一并印发会议,由各代表团进行审查,并由财政经济委员会和有关的专门委员会审查。

财政经济委员会根据各代表团和有关的专门委员会的审查意见,对关于国民经济和社会发展计划及计划执行情况的报告、关于国家预算及预算执行情况的报告进行审查,向主席团提出审查结果报告,主席团审议通过后,印发会议,并将关于国民经济和社会发展计划的决议草案、关于国家预算和预算执行情况的决议草案提请大会全体会议表决。

有关的专门委员会的审查意见应当及时印发会议。

第三十三条 国民经济和社会发展计划、国家预算经全国人民代表大会批准后,在执行过程中必须作部分调整的,国务院应当将调整方案提请全国人民代表大会常务委员会审查和批准。

资料来源:《中华人民共和国全国人民代表大会议事规则》。

四、加强人大预算监督的法制建设

为加强国家预算管理,强化国家预算的分配、调控和监督职能,促进经济社会稳定发展,1991年10月,国务院颁布《国家预算管理条例》①,同时废止《预算决算暂行条例》。《国家预算管理条例》对国家预算管理进行了全面规范,并对中央和地方预算草案的审查和批准作出规定,地方各级财政部门汇总编制本级总预算草案,由本级人民政府审定后,提请本级人民代表大会审查和批准;财政部将中央预算草案和地方预算草案汇编成国家预算草案,由国务院审定后,提请全国人民代表大会审查和批准。

五届全国人大以来,全国及地方各级人民代表大会的工作逐步进入正轨,审查批准预算、听取预算执行情况报告是人大预算监督的主要内容。但总体而言,这一时期的人大预算监督还处于初级阶段,基本符合"前预算时代"的特征。主要原因有三:其一,这一时期国家财政改革重点是收入制度及财政体制改革,重在厘清政府和市场主体的分配关系以及中央与地方政府的分配关系,国家在财政支出、预算管理方面的改革着力不多,人大预算监督的紧迫性尚不突出。其二,全面改革开放涉及诸多法律问题,而建立健全法律法规体系尚待时日。全国人大基于中国改革开放初期的实际,与"摸着石头过河"的改革策略相适应,整体采取向政府放权策略,对税收立法乃至更大范围的改革开放立法均实行授权

---

① 国务院《国家预算管理条例》,1991年10月21日,见《中国法律年鉴》(1992)。

制度①，以积极推动改革开放进程。因此，人大预算监督尚未成为该阶段人大工作的重心。其三，尽管这一时期政府预算管理逐步规范，但总体来说，政府预算编制较为粗糙，科学性也有待加强，并不具备人大深入规范监督的现实条件。

第二节　人大预算监督体系形成阶段（1992—2011年）

这一阶段的开始以1992年党的十四大召开，明确提出我国经济体制改革的目标是建设社会主义市场经济体制为标志，至党的十八大召开为止。总体来看，这一阶段的人大预算监督和政府预算改革呈现出一种良性互动关系，政府预算改革不断推进，人大预算监督体系也日益成熟，预算监督能力不断提升。一方面，人大预算监督推动了政府预算改革。1999年6月，全国人大常委会在审议审计署代表国务院向全国人大常委会作《关于1998年中央预算之执行情况和其他财政收支的审计报告》时，要求中央政府改进政府预算编制方法，编制部门预算，便于人大进行审查，由此推动了20世纪90年代末的中国公共预算改革。随后，经国务院批准，财政部于1999年9月20日发布《关于改进2000年中央部门预算编制的意见》，部门预算改革由此启动。另一方面，随着部门预算改革的不断深化，政府收支分类改革、国库集中收付制度改革、政府采购制度改革、预算外资金改革等相继推出，预算编制的科学性和精细化程度不断提升，为人大预算监督提供了良好的技术基础。此外，20世纪90年代，我国宪法学界曾经掀起过关于宪法监督制度、人大监督权力研究的高潮，对人大预算监督权履行和预算监督能力建设奠定了重要思想基础，进而推动了人大预算监督体系的不断完善。

一、进一步加强预算监督法制建设

1992年，党的十四大提出建立社会主义市场经济体制的改革目标。为适应社会主义市场经济发展要求，规范政府财政行为，1994年3月，全国人大八届二次会议通过《中华人民共和国预算法》。《预算法》对全国人大及其常委会和地方各级人大及其常委会、国务院和地方各级政府、国务院财政部门和地方各级财政部门的预算管理职权作了明确规定；对人大及其常委会的包括预算审查、批

---

① 例如，1984年全国人大授权国务院改革工商税制；1985年全国人大授权国务院在更大的范围内，包括经济体制改革和对外开放，都可以制定暂行规定或者条例。

准、调整、监督等在内的预算管理职权作了分工,进一步加强了人大对政府预算行为的监督和制约。

为进一步履行《宪法》赋予全国人大及其常务委员会的职责,贯彻依法治国基本方略,规范政府预算行为,1999年12月,第九届全国人民代表大会常务委员会第十三次会议通过了《关于加强中央预算审查监督的决定》,明确坚持先有预算、后有支出,严格按预算支出的原则,细化预算和提前编制预算。坚持按真实、合法、效益和具有预测性的原则,对中央预算进行审查。此外,对预算超收收入使用、不同预算科目间的资金调剂、预算方案调整、预算执行情况及预算执行审计等方面的审查和监督,也都予以明确规定。该决定奠定了全国人大常委会对中央预算审查监督的基本框架。

2002年6月,为规范政府采购行为,提高财政资金使用效益,第九届全国人民代表大会常务委员会第二十八次会议通过了《中华人民共和国政府采购法》,明确要求"政府采购应当严格按照批准的预算执行"。

2006年8月,第十届全国人民代表大会常务委员会第二十三次会议审议通过了《中华人民共和国各级人民代表大会常务委员会监督法》,以法律形式明确了预算监督的重点内容,预算监督的形式、程序和步骤等,解决了许多《预算法》没有明确的预算监督相关问题(专栏6-2)。此后,地方各级人大常委会特别是省级人大常委会纷纷制定或修订了地方人大预算审查监督条例或《监督法》实施办法,人大预算审查、监督的法制化进程不断加快。

◇ 专栏6-2

《中华人民共和国各级人民代表大会常务委员会监督法》(节选)

(该法由中华人民共和国第十届全国人民代表大会常务委员会第二十三次会议于2006年8月27日通过,自2007年1月1日起施行。)

第三章 审查和批准决算,听取和审议国民经济和社会发展计划、预算的执行情况报告,听取和审议审计工作报告

第十五条 国务院应当在每年六月,将上一年度的中央决算草案提请全国人民代表大会常务委员会审查和批准。

县级以上地方各级人民政府应当在每年六月至九月期间,将上一年度的本级决算草案提请本级人民代表大会常务委员会审查和批准。

决算草案应当按照本级人民代表大会批准的预算所列科目编制,按预算数、调整数或者变更数以及实际执行数分别列出,并作出说明。

第十六条 国务院和县级以上地方各级人民政府应当在每年六月至九月期间,向本级人民代表大会常务委员会报告本年度上一阶段国民经济和社会发展计划、预算的执行情况。

第十七条 国民经济和社会发展计划、预算经人民代表大会批准后,在执行过程中需要作部分调整的，国务院和县级以上地方各级人民政府应当将调整方案提请本级人民代表大会常务委员会审查和批准。

严格控制不同预算科目之间的资金调整。预算安排的农业、教育、科技、文化、卫生、社会保障等资金需要调减的，国务院和县级以上地方各级人民政府应当提请本级人民代表大会常务委员会审查和批准。

国务院和县级以上地方各级人民政府有关主管部门应当在本级人民代表大会常务委员会举行会议审查和批准预算调整方案的一个月前，将预算调整初步方案送交本级人民代表大会财政经济委员会进行初步审查，或者送交常务委员会有关工作机构征求意见。

第十八条　常务委员会对决算草案和预算执行情况报告，重点审查下列内容：

（一）预算收支平衡情况；

（二）重点支出的安排和资金到位情况；

（三）预算超收收入的安排和使用情况；

（四）部门预算制度建立和执行情况；

（五）向下级财政转移支付情况；

（六）本级人民代表大会关于批准预算的决议的执行情况。

除前款规定外，全国人民代表大会常务委员会还应当重点审查国债余额情况；县级以上地方各级人民代表大会常务委员会还应当重点审查上级财政补助资金的安排和使用情况。

第十九条　常务委员会每年审查和批准决算的同时，听取和审议本级人民政府提出的审计机关关于上一年度预算执行和其他财政收支的审计工作报告。

第二十条　常务委员会组成人员对国民经济和社会发展计划执行情况报告、预算执行情况报告和审计工作报告的审议意见交由本级人民政府研究处理。人民政府应当将研究处理情况向常务委员会提出书面报告。常务委员会认为必要时，可以对审计工作报告作出决议；本级人民政府应当在决议规定的期限内，将执行决议的情况向常务委员会报告。

常务委员会听取的国民经济和社会发展计划执行情况报告、预算执行情况报告和审计工作报告及审议意见，人民政府对审议意见研究处理情况或者执行决议情况的报告，向本级人民代表大会代表通报并向社会公布。

第二十一条　国民经济和社会发展五年规划经人民代表大会批准后，在实施的中期阶段，人民政府应当将规划实施情况的中期评估报告提请本级人民代表大会常务委员会审议。规划经中期评估需要调整的，人民政府应当将调整方案提请本级人民代表大会常务委员会审查和批准。

二、设立预算工作委员会

为了更好地履行全国人大及其常委会对预算的审查、批准和监督的职责，进一步提高审查工作质量和监督工作力度，使全国人大审查通过的预算更加符合实际情况，体现国家和人民的利益，并使批准的预算得到正确、有效的贯彻实施，1998年12月29日，九届全国人大常委会第六次会议决定设立全国人大常委会预算工作委员会。

预算工作委员会是全国人大常委会的工作机构，其主要职责是：（1）协助全国人大财经委员会承担全国人大及其常委会审查预决算、审查预算调整方案和监督预算执行方面的具体工作；（2）受委员长会议委托，承担有关法律草案的起草工作和有关法规备案审查的具体工作；（3）协助全国人大财经委承担有关法律草案审议方面的具体工作；（4）承办全国人大常委会及其委员会会议交办和全国人大财经委需要协助办理的其他具体事项。

三、推动部门预算及相关改革

1999年6月，审计署代表国务院在第九届全国人大常委会第十次会议所作的《关于1998年中央预算执行情况和其他财政收支的审计工作报告》和全国人大常委会在审议1998年中央决算和中央财政审计报告中都提出要改进和规范中央预算编制工作，主要意见包括：一是"要严格执行预算法，及时批复预算"；二是要"细化报送全国人大审查批准的预算草案内容，增加透明度"，"报送内容应增加对中央各部门支出、中央补助各地方的支出和重点项目的支出等"。1999年12月，《全国人民代表大会常务委员会关于加强中央预算审查监督的决定》首次明确提出"各部门、各单位应当按照预算法的要求编好部门预算和单位预算，有关部门要按时批复预算、拨付资金"。

按照全国人大及其常委会的有关要求，国务院积极推进预算管理制度改革，由此也拉开了部门预算改革的序幕。2000年，所有中央一级预算单位都试编了部门预算，并选择了教育部、农业部、科技部、劳动和社会保障部等四个部门的预算上报全国人大审议。在九届全国人大三次会议批准中央预算后一个月内，中央一级预算单位的部门预算全部批复到了部门，较以往提前2—3个月。

2007年，经国务院批准，政府收支分类改革全面实施。此次政府收支分类改革是在原《政府预算收支科目》的基础上，参照国际通行做法，构建适合社会主义市场经济条件下公共财政管理要求的新的政府收支分类体系。新体系具体包括收入分类、支出功能分类和支出经济分类三部分。收入分类反映政府收入的来源和性质，支出功能分类反映政府各项职能活动，支出经济分类反映各项支出的经济性质和具体用途。

四、预算监督方式不断丰富

2010 年 6 月,十一届全国人大常委会第十五次会议结合听取审议中央决算报告和审计工作报告开展了全国人大历史上的首次财政审计专题询问①,财政部、审计署多位负责人到会回答询问。② 与以往的询问相比,此次专题询问主题更加集中,重点更加突出,聚焦度和互动性更好,使专题询问成为 2010 年全国人大常委会加强和改进监督工作的一项开创性举措。此后,全国人大常委会每年都选择若干社会各界普遍关注的重要议题开展专题询问。

五、地方人大积极探索预算监督

各级地方人大常委会也积极探索预算监督的新途径和新技术。1999 年,河北省人大率先引入预算监督,预算审查采取了程序性审查和实质性审查并进的策略。2004 年 12 月,河北省人大常委会财经委员会举行 2005 年省本级教育部门预算草案审查听证会,首次在预算初审中引入公民听证,为地方人大加强对预算的审批监督进行了新的探索。③

2004 年 9 月,广东省人大财经委与广东省财政厅实现联网④,资源共享"国库集中支付系统"。联网使预算执行整个过程更透明,使人大能够非常清晰且及时地掌握财政资金收支及预算执行情况,具有划时代的意义。此后,各地方人大纷纷利用信息技术手段与财政部门联网,不断推进"在线实时监督"。

第三节 人大预算监督全面深入阶段 (2012 年至今)

党的十八大以来,我国进入全面深化综合改革、逐步实现国家治理体系和治理能力现代化、加快建设中国特色社会主义事业、实现社会主义现代化强国建设目标的新时代,人大预算监督也进入创新监督机制、全面深化拓展的新阶段。

---

① 询问制度始见于 1982 年重新制定的全国人大组织法之中。其后,《地方组织法》《全国人大常委会议事规则》《全国人大议事规则》《代表法》《预算法》《监督法》等法律分别对询问作了规定。
② 《全国人大专题询问预决算》,《光明日报》,2011 年 6 月 29 日第 14 版。
③ 《河北对教育经费预算审查首次听证 重点院校分配太多》,新浪网。
④ 《广东人大实时监督政府花钱》,《人民日报海外版》,2004 年 9 月 6 日第 9 版。

一、进一步健全预算监督法律法规体系

2014年8月,酝酿10年、跨越三届人大、历经四次审议,素有"经济宪法"之称的《预算法》修正案终于在第十二届全国人大常委会第十次会议表决通过,这是预算法在出台20年后完成的首次修改。新修正的《预算法》在全口径预算、预算公开透明、地方政府债务、转移支付制度,以及预决算编制、审查、批准和调整等各方面,均对各级人大的预算权力做出了规定,特别是明确了预算报告初步审查制度,建立了人大对预算、预算调整、执行、决算的审查监督机制(专栏6-3)。

新修正的《预算法》将立法目的由原法强调的"强化预算分配和监督职能,健全国家对预算的管理"改为"规范政府收支行为,强化预算约束,加强对预算的管理和监督",将预算法治重心由过去的"帮助政府管钱袋子"转变为"规范政府钱袋子",极大地强化了人大对预算的监督权力,从而开启了现代预算制度建设的新征程。

◇ 专栏6-3

《中华人民共和国预算法》(2014年修正版)(节选)

第九章 监督

第八十三条 全国人民代表大会及其常务委员会对中央和地方预算、决算进行监督。

县级以上地方各级人民代表大会及其常务委员会对本级和下级预算、决算进行监督。

乡、民族乡、镇人民代表大会对本级预算、决算进行监督。

第八十四条 各级人民代表大会和县级以上各级人民代表大会常务委员会有权就预算、决算中的重大事项或者特定问题组织调查,有关的政府、部门、单位和个人应当如实反映情况和提供必要的材料。

第八十五条 各级人民代表大会和县级以上各级人民代表大会常务委员会举行会议时,人民代表大会代表或者常务委员会组成人员,依照法律规定程序就预算、决算中的有关问题提出询问或者质询,受询问或者受质询的有关的政府或者财政部门必须及时给予答复。

第八十六条 国务院和县级以上地方各级政府应当在每年六月至九月期间向本级人民代表大会常务委员会报告预算执行情况。

第八十七条 各级政府监督下级政府的预算执行;下级政府应当定期向上一级政府报告预算执行情况。

第八十八条 各级政府财政部门负责监督检查本级各部门及其所属各单位

预算的编制、执行,并向本级政府和上一级政府财政部门报告预算执行情况。

第八十九条　县级以上政府审计部门依法对预算执行、决算实行审计监督。

对预算执行和其他财政收支的审计工作报告应当向社会公开。

第九十条　政府各部门负责监督检查所属各单位的预算执行,及时向本级政府财政部门反映本部门预算执行情况,依法纠正违反预算的行为。

第九十一条　公民、法人或者其他组织发现有违反本法的行为,可以依法向有关国家机关进行检举、控告。

接受检举、控告的国家机关应当依法进行处理,并为检举人、控告人保密。任何单位或者个人不得压制和打击报复检举人、控告人。

二、建立全口径预决算监督

2012年,党的十八大提出"全口径预算决算审查监督"。2014年修正的《预算法》首次明确政府全部收支纳入预算,完善全口径预决算体系,预算包括一般公共预算、政府性基金预算、国有资本经营预算、社会保险基金预算。自此,人大预算监督的范围由局部的预算内收支扩大至上述四本预算。

1994年《预算法》规定,"地方各级预算按照量入为出、收支平衡的原则编制,不列赤字"。但实际上,地方政府出于发展需要,采取多种方式融资,已经形成较大规模的地方政府债务。这些债务多数未纳入预算管理,脱离中央和同级人大监督,存在一定的风险隐患。为规范地方政府债务管理,按照疏堵结合、"开前门、堵后门、筑围墙"的改革思路,2014年修正的《预算法》增加了允许地方政府举借债务的规定,同时从五个方面作出限制性规定:第一,限制主体。经国务院批准的省级政府可以举借债务。第二,限制用途。举借债务只能用于公益性资本支出,不得用于经常性支出。第三,限制规模。举借债务的规模,由国务院报全国人大或者全国人大常委会批准,省级政府在国务院下达的限额内举借的债务,列入本级预算调整方案,报本级人大常委会批准。第四,限制方式。举借债务只能采取发行地方政府债券的方式,不得采取其他方式筹措,除法律另有规定外,不得为任何单位和个人的债务以任何方式提供担保。第五,控制风险。举借债务应当有偿还计划和稳定的偿还资金来源,国务院建立地方政府债务风险评估和预警机制、应急处置机制以及责任追究制度。此后,全国人大常委会每年批准新增地方政府债务限额(包括新增一般债务限额和新增专项债务限额)(见表6-1),2015年常委会安排了听取和审议国务院关于规范地方政府债务管理情况的专项工作报告,并于2018年围绕地方债务组织全国性专题调研。该项目重点调研了各级人大、政府贯彻实施预算法关于地方政府债务审查监督和管理规定的情况,通过融资平台公司等国有企业、政府和社会资本合作(PPP)、政府投资基金、政府购买服务等形式违法违规变相举债的情况,地方政府债务管理存在的主要困难与问题,提出化解累积的地方政府债务风险、规范地方政府举债融资、严格政府债务管理、加强人大对政府债务审查监督的意见建议等。专题调研由常委会预算工作委员会负责组织和实施,调研报告于12月底前完成。此次调研发现,"一些地方的隐性债务规模比较大,增长也比较快,有些地方隐性债务情况要高于法定限额内债务,有些地方风险还是比较突出的"。此次专题调研对督促国务院有关部门进一步摸清地方政府隐性债务的底数和产生的原因,完善相关的管理制度,起到了积极的作用。①

此后,全国人大常委会按照党中央的部署,不仅重点推进人大预算审查监督重点向支出预算和政策拓展,按照"全口径审查、全过程监管"的要求,聚焦于财政政策实施、部门预算执行、转移支付下达、地方债发行使用等重点,实施跟踪监督,而且采取多项措施,积极引导和大力推动地方人大落实预算审查监督重点向支出预算和政策拓展的改革举措,迄今,全国各省、市、自治区全部制定了相关实施意见并付诸实施。②

表 6–1　　　　　　全国人大常委会批准的年度新增地方债限额

年　份	新增一般债务限额(亿元)(1)	新增专项债务限额(亿元)(2)	新增地方政府债务限额(亿元)(3＝1＋2)	一般债务限额(亿元)(4)	专项债务限额(亿元)(5)	地方政府债务限额(亿元)(6＝4＋5)
2015	—	—	6000	99272.40	60801.90	160074.30
2016	7800	4000	11800	107189.22 *	64685.08 **	171874.30
2017	8300	8000	16300	115489.22	72685.08	188174.30
2018	8300	13500	21800	123789.22	86185.08	209974.30
2019	9300	21500	30800	133089.22	107685.08	240774.30
2020	9800	37500	47300	142889.22	145185.08	288074.30

数据来源:2015—2019年数据来自财政部网站。

注:＊原为107072.40亿元,调整后限额为107189.22亿元。＊＊原为64801.90亿元,调整后限额为64685.08亿元。

---

① 《人大常委会调研发现一些地方隐性债务确实比较大其中一个重要原因是》,《新民晚报》,http://shanghai.xinmin.cn/xmsz/2019/03/10/31499298.html。
② 参见栗战书委员长在2020年5月25日在十三届全国人大第三次会议上所做的常委会报告。

三、建立预算审计整改报告机制

2015 年，为加强和改进人大预算审查监督，推动审计查出问题整改，中共中央办公厅转发全国人大常委会党组《关于改进审计查出突出问题整改情况向全国人大常委会报告机制的意见》。该意见明确指出，在全国人大常委会会议听取和审议审计工作报告后的 6 个月内，全国人大常委会会议听取审计查出突出问题整改情况报告，报告内容包括审计查出突出问题的整改情况，相关被审计部门单位和审计署等部门有关负责人要到会听取意见，回答询问。通过改进审计查出突出问题整改情况报告机制，推动审计查出问题的整改工作落实到位，有助于建立健全全面规范、公开透明的预算制度，增强监督的针对性和实效性，更好发挥全国人大常委会的重要作用。

同年 12 月，审计署原审计长刘家义受国务院委托，向全国人大常委会报告 2014 年度中央预算执行和其他财政收支审计查出问题的整改情况。该报告既披露了国务院前期重视并抓好 2014 年度中央预算执行和其他财政收支审计查出问题的整改措施，汇报了已整改的事项及其结果，也如实介绍了尚未整改到位的问题及原因。报告为人大常委会审议并提出意见和建议，开展专题询问，督促国务院抓好审计整改、严肃追责问责、完善制度措施，提供了依据和参考。此后，国务院向人大常委会报告上年度中央预算执行和其他财政收支审计查出问题整改情况成为制度性安排，定为每年 12 月下旬常委会会议议程之一，迄今已连续五年，由此形成了审计署一年一次报告预算执行和财政收支审计情况、一次报告审计问题整改情况的格局，而且报告内容越来越全面详实，审议意见越来越明确具体，监督力度越来越大，审计监督与人大监督良性互动的格局已然形成。

为更好履行人大常委会监督职责，更好发挥审计监督作用，把制度优势转化为国家治理效能，2020 年 6 月，全国人大常委会办公厅印发实施《关于进一步加强各级人大常委会对审计查出突出问题整改情况监督的意见》，明确提出了五个方面的主要措施：一是深化拓展监督内容，围绕审计查出普遍存在的问题、反复出现的问题，结合问题性质、资金规模和以往整改情况等，实施跟踪监督；二是用好监督方式方法，综合运用专题询问、质询、特定问题调查等法定监督方式，通过座谈调研、实地察看、调阅资料等多种形式，提高跟踪监督质量；三是强化监督结果运用，与纪检监察机关和审计、财政等部门建立整改工作联动机制，推动建立健全审计结果及整改情况与政策完善和预算安排挂钩机制；四是审计查出突出问题整改情况监督与预算决算审查监督、国有资产监督紧密结合；五是政府及其部门应当依法接受人大监督，政府应当健全审计查出问题整改工作机制，审计机关应当对整改情况进行跟踪检查。该意见的出台，有助于进一步加强人大常委会对审计查出突出问题整改情况的监督，更好发挥全国人大常委会、地方各级人大常委会的监督作用，有助于推动建立健全全面规范透明、标准科学、约束有力的预算制度。

四、建立预算审查前听取人大代表和社会各界意见建议的机制

2017年3月，为积极听取人大代表和社会各界意见建议，加强和改进人大预算审查监督，《关于建立预算审查前听取人大代表和社会各界意见建议的机制的意见》（以下简称《意见》）经全国人大常委会党组审议通过后发布实施。

在当年（2017年）预算审查的前期准备和初步审查等工作中，全国人大财政经济委员会、常委会预算工作委员会积极贯彻落实《意见》提出的措施要求（专栏6-4），先后召开了预算编制情况通报会、专家学者座谈会、中央有关部门预算情况座谈会、预算草案和预算报告通报会等，并邀请了财经委员会预算审查小组成员、其他专门委员会委派的组成人员、部分全国人大代表以及有关专家学者、利益相关方参加，国务院财政等有关部门到会认真听取意见建议。很多意见建议在财政部代拟起草编报的预算草案、预算报告和对草案、报告的修改完善中得到采纳反映，也体现在全国人大财政经济委员会提出的初步审查意见等相关文件中。按照《意见》要求，国务院财政部门制定了贯彻落实《意见》的系列措施，认真介绍财政改革进展和政策实施情况，积极沟通交流听取意见和建议，主动接受指导和监督，扎实做好服务保障工作。

在人民代表大会召开会议前，认真听取人大代表和社会各界对预算编制和预算审查工作的意见建议，是坚持和尊重人大代表主体地位、充分发挥人大代表作用，充分利用社会各界力量，积极回应社会关切的重要方式和内容，是编制好预算和做好预算初步审查工作的重要保障，是人民代表大会审查和批准预算的重要基础工作。

◇ 专栏6-4

建立预算审查前听取人大代表和社会各界意见建议机制的主要措施

一是建立预算编制工作通报制度。要加强同人大代表的联系，保障人大代表对预算编制工作的知情权，为人大代表提出意见建议和依法履职做好服务保障工作。每年11月，由预算工作委员会组织召开通报会，国务院财政部门向财政经济委员会预算审查小组、其他专门委员会委派的组成人员、各代表团推荐的参与预算审查的全国人大代表等通报下年度预算编制情况。通报的主要内容包括下年度预算编制的指导思想、基本原则、支出重点、主要政策措施等内

容，以及当年1—10月预算收支的执行情况。

二是完善听取有关方面专家意见建议制度。要认真听取有关专家、研究机构对预算和预算审查监督工作的意见建议，发挥好其建言献策的重要作用。每年12月，由预算工作委员会组织召开专家座谈会，邀请财政预算、税收、财会、投资、金融、审计、法律等方面专家学者和企业代表，结合中央经济工作会议精神，就经济社会发展、财税政策、预算改革、预算审查等提出意见建议。国务院有关部门到会听取意见建议。

三是建立健全听取部门预算意见建议制度。根据中央经济工作会议部署和年度预算审查工作安排，结合审计查出突出问题的整改情况，了解有关政府部门的部门预算编制和有关专项资金情况，推动部门预算制度规范完善。由预算工作委员会组织召开座谈会，就部门预算编制和执行情况、有关专项资金的使用管理情况，听取财政经济委员会预算审查小组、其他有关的专门委员会委派的组成人员、预算审查联系的人大代表和有关政策利益相关方代表等的意见建议。

四是完善预算草案和预算报告通报工作制度。在预算草案和预算报告初步形成后，由预算工作委员会组织召开座谈会，国务院财政部门向财政经济委员会预算审查小组、预算审查联系的人大代表等通报预算草案和预算报告的主要内容，听取意见建议。在听取通报及意见建议的基础上，预算工作委员会研究提出关于上年预算执行情况和当年预算安排的分析报告，供财政经济委员会对预算草案的初步方案进行初步审查时参考。

五是完善人大代表参加预算初步审查会议制度。财政经济委员会依法对预算草案的初步方案进行初步审查时，应当邀请人大代表参加。提前将有关资料发送参会的人大代表。财政经济委员会对预算草案的初步方案进行初步审查后，提出初步审查意见。参会人大代表的意见建议，应当作为财政经济委员会提出初步审查意见的重要参考。初步审查意见送国务院财政部门研究处理，并及时将处理情况的报告反馈财政经济委员会。代表大会召开会议期间，初步审查意见和对初步审查意见处理情况的报告印发全体代表。

六是建立听取人大代表意见建议网络服务平台。充分利用中国人大网，建立人大代表财政预算信息网络服务平台，更广泛地听取和了解人大代表对预算编制、预算执行和预算审查监督等工作的意见建议。及时整理汇总有关意见建议。有关方面应当认真研究采纳人大代表提出的合理化意见建议。同时，通过网络服务平台，提供相关信息资料，为人大代表依法履职创造条件。

资料来源：《全国人大常委会预算工作委员会负责人就〈关于建立预算审查前听取人大代表和社会各界意见建议的机制的意见〉答记者问》，新华社，2017年3月4日。

五、实施预算联网监督

2017年，全国人大常委会在工作要点中明确提到"推进预算联网监督工作"。当年 3 月,张德江委员长在向十二届全国人大五次会议所作的全国人大常委会工作报告中明确要求,在国务院财政部门的积极支持下,尽快研究制定推广预算联网监督的系统建设的指导意见,确保试点工作扎实稳妥推进。2017 年 7 月,全国人大常委会办公厅印发《关于推进地方人大预算联网监督工作的指导意见》,明确推进地方人大预算联网监督工作"时间表"和路线图、任务书。这是贯彻落实党中央关于加强人大预算审查监督重要部署、实施全面规范、公开透明的预算制度的具体举措,是建立和完善中国特色社会主义预算审查监督制度的有益探索,也是新形势下加强和改进人大预算审查监督、提高监督针对性和有效性的客观需要。该意见对分步建设具有查询、预警、分析、服务等功能,实现定期推送和实时查询相结合的信息传输,以及财税与其他相关部门横向联通、省市县纵向贯通的预算联网监督网络进行了规划部署。

预算联网监督利用政务内网光纤专线实现人大及其常委会与同级财政的联网,建立各级人大预算支出联网监督系统,实现各级财政部门与人大的实时互联互通,将政府各个部门单位的预算执行情况置于人大监督之下。开展预算联网监督,人大能及时了解资金流向,及时发现预算编制、预算执行中存在的问题并提出建议,使人大对政府预算监督由事前、事后监督,转变为实时在线全程监督,由形式上的程序监督升级为多层次、全方位的实质监督,拓展了预算监督的广度和深度,提升了预算监督的质量和实效。

截至 2017 年 12 月底,全国 31 个省级人大常委会预算工委都实现了与政府财政部门预算决算的信息联网查询。在中央本级,全国人大预算联网监督系统(一期)也已上线试运行,二期正在开发建设。

六、实施预算审查监督重点向支出预算和政策拓展

长期以来,人大预算审查监督的重点是赤字规模和预算收支平衡状况,对支出预算的合理性和财政政策的有效性及与其他重要政策的协同性关注不够,不利于提高人大预算审查监督的针对性和有效性。为此,2018 年 3 月,中共中央办公厅印发《关于人大预算审查监督重点向支出预算和政策拓展的指导意见》,明确指出,人大要对支出预算和政策开展全口径审查和全过程监管,强化对财政资金使用绩效和政策实施效果的关注,充分发挥重要政策对编制支出预算的指导和约束作用。

按照党中央改革部署要求和预算法、监督法规定,人大对支出预算和政策开展全口径审查和全过程监管。主要内容包括:

1. 支出预算的总量与结构。审查支出预算总量,重点审查预算安排是否符

合党中央确定的年度经济社会发展目标、国家宏观调控总体要求、国民经济和社会发展相关规划、中期财政规划，审查支出政策的可持续性，更好发挥政府职能作用。审查支出预算结构，重点审查支出预算和政策是否体现党中央就各重要领域提出的重大方针政策和决策部署要求，切实提高财政资金配置效率。

2. 重点支出与重大投资项目。加强对重点支出与重大投资项目的审查，保障党中央重大方针政策和决策部署确定的重点支出与重大投资项目。推动政府健全重点支出与重大投资项目决策机制，合理确定重点支出与重大投资项目范围。加强对重点支出与重大投资项目执行情况的监督，督促实现支出绩效和政策目标。

3. 部门预算。重点审查监督部门预算贯彻落实党中央重大方针政策和决策部署情况；部门预算编制的完整性情况；项目库建设、项目支出预算与支出政策衔接匹配情况；部门重大项目支出绩效目标设定、实现及评价结果应用情况；审计查出问题整改落实情况等。

4. 财政转移支付。重点审查监督贯彻党中央重大方针政策和决策部署情况，转移支付与财政事权和支出责任划分的匹配情况；转移支付对促进实现各地区财政平衡及基本公共服务均等化情况；专项转移支付的清理整合情况；专项转移支付的整体绩效情况。监督转移支付预算执行和政策实施，重点是预算批准后在法律规定时间内批复下达以及资金使用绩效与政策实施效果情况等。

5. 政府债务。硬化地方政府预算约束，坚决制止无序举债搞建设，规范举债融资行为。结合地方政府债务规模、全国经济发展水平等情况，合理评估全国政府债务风险水平。地方政府债务审查监督要重点审查地方政府债务纳入预算管理的情况；要根据各地的债务率、利息负担率、新增债务率等风险评估指标体系，结合债务资金安排使用和偿还计划，评价地方政府举债规模的合理性。积极稳妥化解累积的地方政府债务风险，坚决遏制隐性债务增量，决不允许新增各类隐性债务。

加强对政府预算收入编制的审查。政府预算收入编制要与经济社会发展水平相适应，与财政政策相衔接，根据经济政策调整等因素科学预测。强化对政府预算收入执行情况的监督，推动严格依法征收，不收"过头税"，防止财政收入虚增、空转。推动依法规范非税收入管理。

七、建立国有资产报告制度

2013年11月党的十八届三中全会审议通过的《中共中央关于全面深化改革若干重大问题的决定》明确提出，"要加强人大预算决算审查监督、国有资产监督职能"。2017年12月，中共中央下发《关于建立国务院向全国人大常委会报告国有资产管理情况制度的意见》，要求建立健全人大国有资产报告监督机制，对政府向人大常委会报告国有资产管理情况制度化、规范化、程序化作出了全面部署，对人大常委会加强审议监督提出了明确要求。

2019年4月，十三届全国人大常委会第28次委员长会议通过了《十三届全国人大常委会贯彻落实〈中共中央关于建立国务院向全国人大常委会报告国有资产管理情况制度的意见〉五年规划（2018—2022）》，明确提出，经过5年努力，全面摸清国有资产家底，理清国有资产管理体制机制，建立健全国有资产管理情况报告和监督制度。到2022年，基本建立起报告范围全口径、全覆盖，分类、标准明确规范，报告与报表相辅相成的报告体系；基本建立起符合国有资产类别特点、以联网数据库为依托、以评价指标体系为重点、以常委会审议意见处理和整改问责为重要抓手的人大国有资产监督制度；基本建立起横向协作与纵向联动顺畅有序、规范高效的工作机制。根据《意见》确定的国有资产管理情况年度报告采取综合报告和专项报告相结合的方式，不断完善年度国有资产管理情况综合报告，统筹安排好年度专项报告。综合考虑四类国有资产管理和改革进展等情况，确定年度专项报告议题，2018—2021年，每年在书面报告和审议国务院关于国有资产管理情况综合报告的同时，听取和审议一个专项报告，金融企业国有资产管理情况专项报告（2018年），行政事业性国有资产管理情况专项报告（2019年），企业国有资产（不含金融企业）管理情况专项报告（2020年），国有自然资源（资产）管理情况专项报告（2021年），2022年听取和审议国务院关于国有资产管理情况综合报告。这充分表明，我国的人大预算监督范围在不断拓宽，逐步形成从流量延伸到存量，从流到源监督的新模式（专栏6-5）。

同时，全国各级人大积极推动国有资产管理情况报告制度贯彻落实，截至2020年5月，国资管理情况向地方人大报告制度已延伸到设区的市和自治州。①

◇ 专栏6-5
国有资产总体情况

  2018年10月24日，十三届全国人大常委会第六次会议审议了国务院关于2017年度国有资产管理情况的综合报告，听取了财政部部长刘昆受国务院委托所作的关于2017年度金融企业国有资产的专项报告，听取了全国人大财经委副主任委员、常委会预算工委主任史耀斌作的关于金融企业国有资产管理情况的调研报告。这是在《中共中央关于建立国务院向全国人大常委会报告国有资产管理情况制度的意见》颁布后，全国人大常委会首次审议国务院关于国有资

---

① 参见栗战书委员长在2020年5月25日在十三届全国人大第三次会议上所作的常委会报告。

产管理情况报告。

（一）企业国有资产（不含金融企业）

2017年，中央国有企业资产总额76.2万亿元，负债总额51.9万亿元，国有资本及权益总额16.2万亿元，资产负债率68.1%。

2017年，地方国有企业资产总额107.3万亿元，负债总额66.6万亿元，国有资本及权益总额34.1万亿元，资产负债率62%。

汇总中央和地方情况，2017年，全国国有企业资产总额183.5万亿元，负债总额118.5万亿元，国有资本及权益总额50.3万亿元。全国国有企业境外总资产16.7万亿元。

（二）金融企业国有资产

2017年，国有金融企业资产总额241.0万亿元，负债总额217.3万亿元，形成国有资产16.2万亿元。全国金融企业所投境外机构资产规模18.1万亿元。

（三）行政事业性国有资产

2017年，中央行政事业单位资产总额4.2万亿元，负债总额0.9万亿元，净资产3.3万亿元。其中，行政单位资产总额0.7万亿元，事业单位资产总额3.5万亿元。

2017年，地方行政事业单位资产总额25.7万亿元，负债总额8.6万亿元，净资产17.1万亿元。其中，行政单位资产总额8.2万亿元，事业单位资产总额17.5万亿元。

汇总中央和地方情况，2017年，全国行政事业单位资产总额30.0万亿元，负债总额9.5万亿元，净资产20.5万亿元。其中，行政单位资产总额8.9万亿元，事业单位资产总额21.1万亿元。

文物普查全国不可移动文物76.6万处，国有产权可移动文物1.1亿件（套）。

（四）国有自然资源资产

2017年，全国国有土地面积5.05亿公顷，内水和领海面积38万平方公里，天然气剩余技术可采储量5.5万亿立方米。

资料来源：《国务院关于2017年度国有资产管理情况的综合报告》。

第七章

近期人大预算监督改革重点分析

第一节 重点收入监督

财政收入是政府活动的成本,也是人大预算监督的重要内容。按收入形式,财政收入包括税收收入、非税收入、社会保障收入、国有资产收入以及债务收入等。本节选择税收收入、非税收入、债务收入等重点收入进行分析,是基于收入的重要性、问题的集中性和突出性的考虑。加强人大对税收收入、非税收入、债务收入的监督有非常重要的意义。

一、税收收入监督

研究税收收入的文献众多,从人大预算监督的角度,本部分主要侧重于税收法定原则的分析。这是因为,税收是国家与人民进行分配的基本形式,关系到人民最基本的财产利益与经济自由,必须加以法律甚至是宪法的约束。也就是说,国家征税,要取得人民或人民选举的代表所组成的代议制机关的同意和立法。税收法定原则,是指由立法者决定税收问题的税法基本原则,即如果没有相应法律作依据,政府不能征税,公民也没有纳税的义务。征税主体必须且仅依照法律的规定征税;纳税主体必须且仅依法律的规定纳税。它是依法治国理念在税收领域的具体表现。

（一）税收法定原则

税收法定原则的基本内涵,可以归纳为三个方面:一是税收要素法定,即纳税人、征税对象、税率、计税依据、税收优惠、税收征收程序等税收基本要素应当由法律规定；二是税收要素确定，即税收法律的规定必须明确清晰，尽可能避免出现漏洞和歧义；三是征税程序合法，即征税机关必须严格按照税收法律规定的程序和权限征收税款，非经法定程序，不得随意加征、减征、停征或免征税收。

现代社会落实税收法定主义十分必要。税收法定主义的核心是税收权力的法制化，其背后的逻辑是：政府借助公共权力把公民私有财产划转为公共财政的同时，政府应当恪守税收法定原则，使其权力在法律的监督下有效率、有秩序的使用，从而改进民生状况与社会福祉，促使其回归到公共财产权力的最初出发点。由此，税收法定应当能够使纳税人基本权利得到维护，宪法精神得以体现，财税民主与财税法制得以实现。

（二）我国税收法定原则落实存在的问题

1. 税收法律供给不足

主要体现在一些税种尚未通过全国人大立法，仍以行政法规的形式存在。目前，税收体系中仅有 9 个税种经由全国人大立法征收，其他 9 个税种仍然按照国务院制定的暂行条例进行征收。按照目前的立法规划，最快实现立法的是正在公开征求意见的 3 个税种。按照公开征求意见的时间先后来看，2018 年 10 月 19 日，《城市维护建设税法》正式开始向公众公开征求意见，后于 2019 年 12 月 28 日经第十三届全国人民代表大会常委会第十五次会议初次审议；2018 年 11 月 1 日，《印花税法》正式开始向公众公开征求意见，送审稿于 2019 年上报国务院审议；《中华人民共和国土地增值税法（征求意见稿）》于 2019 年 7 月 16 日由财政部、国家税务总局向社会公开征求意见，送审稿于 2019 年上报国务院审议。紧随其后的是已经进入立法规划的《关税法》和《消费税法》。其中，《关税法》于 2015 年 8 月被补充进第十二届全国人大常委会立法规划。目前，关税的征收以《海关法》为法律依据，以《海关进出口税则》和《海关入境旅客行李物品和个人邮递物品征收进口税办法》为基本法规，与一般税种不太相同。财政部 2019 年立法工作情况显示，《关税法》立法工作取得了较大进展。《消费税法》的立法条件比较成熟，符合提请审议的法律草案的有关条件，已于 2018 年 9 月 7 日纳入十三届全国人大常委会立法规划，并于 2019 年立法工作中取得较大进展。相比较而言，城镇土地使用税、房产税、契税 3 部税收的立法进程滞后一些，目前尚未形成正式草案。而作为第一大税种，动辄牵动整个税收收入，因而被看作立法难点的增值税，在 2019 年立法工作中取得较大进展，预计 2020 年方能形成法律（专栏 7-1）。

◇ 专栏7-1

税收法定进程

截至2019年8月,我国征收的18个税种中有9个已经由全国人大立法征收,具体情况如下:

《车船税法》由中华人民共和国第十一届全国人民代表大会常务委员会第十九次会议于2011年2月25日通过,自2012年1月1日起施行。《车船税法(修订)》于2019年8月26日第十三届全国人民代表大会常委第十二次会议通过。

《环境保护税法》于2016年立法通过,2018年进行修正。

《烟叶税法》于2017年12月27日经由第十二届全国人民代表大会常委会第三十一次会议通过。

《船舶吨税法》由中华人民共和国第十二届全国人民代表大会常务委员会第三十一次会议通过,自2018年7月1日起施行。

《个人所得税法》于2018年8月31日在十三届全国人大常委会第五次会议上进行了第七次修订。

《车辆购置税法》于2018年12月29日第十三届全国人民代表大会常委会第七次会议通过。

《耕地占用税法》于2018年12月29日第十三届全国人民代表大会常委会第七次会议通过。

《企业所得税法》于2018年年底进行了修订,并以国务院令第714号公布。

《资源税法》于2019年8月26日第十三届全国人民代表大会常委会第十二次会议通过。

资料来源:中国财经报网站。

2. 税收法律的可执行性不够强

由于我国目前的税收法律有较多抽象宽松的原则性规定,缺乏必要的定义性条款,使税收要素不够明确清晰,甚至是直接笼统地授权给国务院或财税主管部门规定,法律的可执行性不强。税法过于简短,也为税法执行中的行政解释提供了过大的空间,甚至容易导致一些随意性执法行为。税法解释原本是为了正确适用税收法律所作的具体说明,但在实践中,部门的"批复"或"决定"却取代了被解释对象,成为实际上直接发挥效力的依据,甚至有时还突破了税法规定的文义,相当于变相立法。

3. 税收法律的执行状况不佳

税法的一些规定在现实中被打折扣、搞变通。例如,一些地方政府自行设定税收优惠或降低法定税率,以进行"低税竞争"。这折射出我国税收执法领域"依法征税"意识有待加强,依法治税还需不断强调。

(三) 落实税收法定原则的建议

1. 有计划地将现行税收条例修改上升为法律并相应废止条例

立足于"税收法定",将税收制度的设计和实施纳入法治轨道。可采取"先易后难、稳步推进"的原则,实行税收立法权回归全国人民代表大会。一是今后开征新税的,应当通过全国人大及其常委会制定相应的法律;二是提升税收立法级次,力争在2020年前完成改革的任务。譬如,在全面"营改增"实施之后的五年内,应将增值税、消费税等一批主要的税收暂行条例转变为税收法律,在此过程中,全国人民代表大会应制定税收法。

2. 赋予地方一定的税收立法权

将过去的税收行政法规为主、税收法律为辅的立法形式转变为税收法律为主、税收行政法规为辅,赋予省级人大及其常委会一定的税收立法权,如根据本地区的税源结构,开征适合本地区筹集财政收入和调节经济社会发展的税种的立法权,同时还应加强税法执行机构对现有税法的信息反馈机制,确保税收立法或税收政策改革的质量。

3. 提升税收立法透明度和参与度

在税收立法环节,有关政府税收状况和税收风险信息的披露可以使社会成员更为清楚地了解他们为购买公共产品和公共服务而负担的成本与从这些产品和服务中获得的收益间的关系,从而对一项税收改革方案的合理性作出较为准确的评估。可以在立法讨论环节,借助互联网等多方形式,畅通公众意见渠道,促使立法进程走向社会公众。特别是针对一些重要问题,应该增设听证会议,邀请群众代表和专家参与论证,夯实税法的民意基础和专业基础。

二、非税收入监督

非税收入是政府财政收入的重要组成部分,是政府参与国民收入分配和再分配的一种形式。非税收入的健康发展,不仅事关公共财政体系的健全、财政收入质量改善以及市场发展环境的优化等问题,而且也事关国家治理能力和当前供给侧结构性改革"降成本"的实现问题(专栏7-2)。

◇ **专栏7-2**

我国非税收入的历史变迁

1. 非税收入的前身:预算外资金阶段:1980—2001年。

新中国成立之初,我国实行高度集中的统收统支体制。进入第一个五年计划时期，为了调动地方的积极性，国家开始把原来预算内的一部分收入，放到预算外管理，自此国家财政资金分为预算内和预算外两个部分。但在整个计划经济时期，预算外资金收入数量较小。随着80年代以放权让利为特征的经济体制改革，中央与地方政府开始实施财政包干制，包干制改变了地方依附于中央的局面，强化了地方的独立利益，代表地方自有财力的预算外资金由此开始急剧扩张，预算外资金的规模膨胀，不仅侵蚀和挤压了预算内财政收入，也扰乱了正常的国民收入分配秩序、加重了企业和居民负担，助长了腐败攀比之风。1996年7月，国务院发布《关于加强预算外资金管理的决定》，重新界定了预算外资金的性质和管理办法。随后几年，国家陆续出台多个清理整顿行政事业性收费等预算外资金的通知和规定，并开始逐步缩小预算外资金范围；从1997年1月1日起，国务院规定将铁路建设基金等13项政府性基金以及地方财政部门按国家规定收取的各项税费附加纳入预算管理，预算外资金由此开始了逐步纳入预算的步伐。

2. 非税收入概念提出与加强预算管理阶段：2001—2012年。

进入21世纪以来，伴随着税费关系的调整和收费治理整顿效果的不断显现，摒弃财政资金预算内外的双轨制管理体制，实行财政资金全额预算管理是大势所趋。非税收入的概念正是在这一背景下出现的。2001年财政部和中国人民银行颁布《关于印发财政国库管理制度改革试点方案的通知》，首次用"非税收入"取代"预算外资金"，非税收入理念的提出，使理财彻底跳出了预算内管理和预算外管理的框框，转而可以从收入取得方式的角度对政府财力结构进行分析。2003年，财政部、发改委、监察部、审计署《关于加强中央部门和单位行政事业性收费等收入"收支两条线"管理的通知》中第一次对"非税收入"范围做了界定。2004年财政部颁布《关于加强政府非税收入管理的通知》（以下简称《通知》），进一步明确政府非税收入管理包括行政事业性收费、政府性基金、国有资源有偿使用收入、国有资产有偿使用收入、国有资本经营收益、彩票公益金、罚没收入、以政府名义接受的捐赠收入、主管部门集中收入以及政府财政资金产生的利息收入等，并强调社会保障基金、住房公积金不纳入政府非税收入管理范围，这表明非税收入作为一种财政收入形式正式登上我国的历史舞台。2005年，在中国存在2000多年的农业税被取消，农村乱收费的治理取得重大成效。2006年后，温家宝总理连续三年在政府工作报告中对规范非税收入管理提出了明确要求，非税收入的管理开始严格按照"所有权属国家、使用权归政府、管理权在财政"的基本原则并辅之以"以票管收、银行代理、财政统管"的技术手段进行。从非税收入预算管理来看，至2007年，政府性基金收入全部纳入预算管理，2008年后土地出让金和彩票公益金也全额纳入政府性基金预算管理，政府性基金预算全面建立。2007年9月，国务院发布《关于试行国有资本经营预算的意见》，中央国有资本预算开始编制，到2012年，地方国有资本经营预算也开始编制，国有资本经营预算制度全面建立。2010年6月，财政部下发《关于将按预算外资金管理的收入纳入预算管理的通知》,决定从 2011 年 1 月 1 日起,将预算外资金管理的收入(不含教育收费)全部纳入预算管理。自此,预算外资金彻底退出历史舞台。

3. 全口径预算与供给侧改革背景下非税收入加大治理阶段:2013 年至今。

党的十八大以来,在实现政府预算全口径管理背景下,中央政府围绕降低企业成本、优化发展环境和促进经济平稳增长方面,不断出台新的措施,尤其是 2015 年底召开的中央经济工作会议,明确了供给侧结构性改革"三去一降一补"的重点任务后,适度扩大财政赤字,主要用于减税降费,成为 2016 年后政府财政工作的重要基调,在此政策指导下,2016 年国家停征价格调节基金等 3 项政府性基金,整合归并散装水泥专项基金等 7 项政府性基金,将免征教育费附加等优惠政策扩至月销售额或营业额不超过 10 万元企业。2017 年,发改委、工业和信息化部、财政部、人民银行等四部门联合发布降成本工作的通知,要求进一步减税降费。据财政部统计,截至 2017 年 7 月,中央设立的行政事业性收费由 185 项减少为 51 项,减少幅度为 72%,其中涉企收费由 106 项减少到 33 项,减少幅度为 69%;政府性基金由 30 项减少到 21 项,减少幅度为 30%。各省(区、市)设立的行政事业性收费平均约为 14 项,其中涉企收费平均约 3 项。不仅如此,国务院为从源头上防止各类乱收费、乱摊派,进一步要求建立和实施收费目录清单制度。总之,经过近些年的不断清理、压缩和整顿,目前行政性收费和政府性基金的管理日趋规范。但不容忽视的是,导致非税收入增长的深层次体制机制矛盾仍然存在,非税收入管理中的一些弊病尚未根除。

资料来源:李一花:《我国非税收入过度增长的制度性考察与治理之策》,《地方财政研究》,2018 年第 5 期。

(一)非税收入存在的问题分析

1. 非税收入规模过大

按照财政部《关于加强政府非税收入管理的通知》的界定,我国的非税收入的项目,既覆盖了一般公共预算收入中的非税收入,也覆盖了一般公共预算收入之外的政府性基金、国有资本收益等非税收入,可以说,从制度设置上来看,非税收入体系是一个庞大的组合。从这一角度来说,非税收入的规模大是有一定的客观原因的。当然,这并不是说非税收入规模扩大是合理的。近些年非税收入增速大大超过税收收入,非税收入占财政收入比重不断攀升的事实都说明,我国的非税收入增长之快、规模偏大是不容回避的;而且从国际比较来看,我国的非税收入也处于偏高水平。非税收入中,不仅专项收入、行政事业性收费、国有资源(资产)等一般公共财政非税收入增长迅猛,一般公共财政非税收入之外的政府性基金收入和国有资本收益的增长也非常可观,尤其是以土地财政收入为主的政府性基金的迅猛增长更是令人瞠目结舌。

非税收入增长的背后有深层次的体制原因。我们认为，根源还在于政府与市场的边界不清以及非对称分税制的驱动。在各级政府深度介入经济、政绩竞争、支出压力沉重的情况下，地方自主税权的缺乏，使得对非税收入追逐的内在机制不可能阻断。尽管近几年地方财政收入占全国财政收入有了一定程度的增长，但收支紧运行状态没有太大改变。这是非税收入增长的重要制度原因。

2. 非税收入碎片化和结构僵化

尽管目前非税收入已经全部纳入预算管理，初看起来，分门别类、很有条理。但仔细审视分散在不同预算项下的非税项目，他们之间的联系和界限的处理并不合意。这表现在以下几个方面：

第一，非税收入的预算分类界限模糊。首先，从国有产权收入来看，现行的国有资本经营预算并不包括国有金融类企业。国有金融类企业经营收入和国有资产（资源）有偿使用收入在一般公共财政非税收入中核算。从国有资源收入来看，国有土地是大宗国有资源，其出让收入纳入政府性基金预算进行管理，而场地和矿区使用费、特种矿产品出售收入、矿产资源专项收入等资源收入则列入了公共财政非税收入管理。同属于国有产权收入和国有资源收入，却分列在不同的预算项下，由不同的政府部门进行管理，这种碎片化安排不仅使非税收入制度变得异常复杂，加大了公众和人大代表理解非税收入的难度，也破坏了非税收入统一性。其次，从政府性基金与专项收入来看，按照财政部发布的《政府性基金管理暂行办法》所称，政府性基金是指各级人民政府及其所属部门根据法律、行政法规和中共中央、国务院文件规定，为支持特定公共基础设施建设和公共事业发展，向公民、法人和其他组织无偿征收的具有专项用途的财政资金。而按照政府收支分类科目的规定，专项收入是反映纳入公共预算管理的有专项用途的非税收入。既然政府性基金与专项收入同样具有专款专用、无偿征收的性质，那么二者是不是属于同种收入类型？如果二者没有实质区别，那么把二者分别核算就不合道理。

第二，政府性基金项目的混杂问题。从世界范围来看，政府性基金预算是我国的独创，其他国家没有先例可循。按照《政府性基金管理暂行办法》的规定，对政府性基金预算项目进行梳理，发现存在以下问题：一是在政府性基金项目中，许多是直接针对特定商品或服务无偿征收的，缴费义务人与政府性基金的受益并没有明显直接联系，因此这部分政府性基金项目实际上具有间接税的性质，如对电力、煤炭、水等能源资源类产品征收的基金大多属于这种情况。二是目前政府性基金中多数项目无明确的征收期限，有些本应到期的政府性基金并没有取消，而是变相延长征收期限，或者改头换面后继续征收，缺乏退出机制，机场建设费即是典型一例。三是有些政府性基金项目并不符合政府性基金的性质,例如作为政府性基金收入的最大项目——国有土地出让收入是国有土地的租金收入,是国家行使所有权而获得的收入,在性质上属于国有资源性收入,并不属于无偿征收的政府性基金。其他不属于政府性基金的项目还包括新增建设用地土地有偿使用费收入、中央特别国债经营基金财务收入、彩票公益金收入等项。不属于政府性基金的项目列入政府性基金预算管理,混淆了基金预算的性质。四是近几年部分政府性基金进入一般公共预算的专项收入管理,但分属于各个政府职能部门、单独管理的资金依然是大头,资金统筹使用还远远不够。

第三,非税收入的专用性问题。无论是一般公共财政收入中的专项收入还是政府性基金项目,都采取的是专款专用的原则,专款专用与统筹使用收入的背后是各政府部门对财政资金的分割。尽管财政部门可以通过部门预算等措施对部门所有收入进行综合平衡,相应抵消或减少财政资金部门之间分配的不均衡,但大量专款专用收入的长期存在不利于随着政府职能调整而适时进行财政支出结构的调整,形成了财政资金分配固化、部门化的倾向,也造成了大量政府资金沉淀在各个基金项目中,不利于提高资金的使用效率。

第四,国有资源(资产)收入比重过低问题。国有资源(资产)的收入比重低是非税收入的痼疾。尽管近几年有了很大改观,但大量矿产资源和特许经营权收入未能通过公开拍卖的方式转化为政府财政收入,通过划拨或低价转让的形式流入企业的情况依然存在。而以划拨方式获取资源开采权的国有资源类企业,其利润中包含了大量国有资源租金。不仅如此,取得的国有资源收入分散在政府的各个部门和国企,成为利益小团体的福利来源,甚至进入少数人腰包。《宪法》规定的全民所有的资源、资产,其收益却被少部分人享用,这不仅有违法律原则,而且破坏社会公平准则。因此,亟待加强国有资源(资产)的规范管理,着力提高收益水平。

3. 非税收入的法律规制与透明度问题

我国的非税收入与西方国家非税收入管理的重要区别是法治化进程滞后,这不仅体现在非税收入管理的法制体系中只有一部部门规章领衔,缺乏更高位阶的法律,更重要的是大量具有税收性质,面向社会无偿征收的政府性基金和行政事业性收费的立法权甚至分散在各个政府部门,相当一部分"隐性税收"的立法级次比"暂行条例"还要低,而且往往是由特定部门专款专用。这就出现一个问题,政府部门本身是非税收入的征收部门和资金使用部门,如果非税收入的法规完全由政府部门制定,非税收入的负担者——市场主体和社会公众的权益又如何得到保障?现实中非税收入立法的滞后,不仅使该降下来的社会负担(行政性收费和政府性基金)不容易降下来,从而加重社会主体的非税负担;也使得该增上去的收入（国有产权收益）不容易增上去，阻碍了非税收入的结构优化，也造成了政府财力的分割。

另外，非税收入的透明度不高。非税收入的透明度是非税收入制度完善的重要部分。一个非常简单的道理是，不透明的政府是"看不见的政府"，而"看不见的政府"必然是"不负责任的政府"，"不负责任的政府"不可能是民主政府。财政透明包括非税收入透明，就是要把"看不见的政府"变为"看得见的政府"。因此，提高非税收入的透明度对提高国家的治理能力、优化非税收入治理至关重要。而目前，我国非税收入公开范围和细化程度还不够，非税收入中的具体数据极为粗略，财政统计中只有大类的非税收入数据，缺乏地区性、细分的数据，有关政府性基金的信息更是十分粗浅，数据的缺乏和难以细分，使得无论是人大还是社会公众对非税收入的征收和使用情况难以形成有力监督。目前对于非税收入的监督主要来自财政部门，由于非税收入具有浓厚的部门色彩，财政部门的监督和控制往往力所不及，审计部门的监督力度和范围也明显不足。另外，非税收入的资金使用，按照各地公布的非税收入管理办法规定，既可用于项目支出，也可用于包括人员经费和公用经费在内的经常性支出，这在一定程度上产生了以费养人的问题，由此愈发难以斩断非税收入与部门利益的联系，也削弱了非税收入用于项目建设的功能。

（二）加强人大预算监督，完善非税收入治理的政策建议

1. 为非税收入治理营造良好的制度环境

地方非税收入规模庞大、持续增长，是政府职能宽泛、政府与市场关系没有根本理顺的结果。在政府深度介入经济，而有限财力不能提供预期支持时，非税收入就成为突破这一困局的难得出路。治理非税收入，从人大的角度，应进一步推动政府与市场边界的明晰化，明确各级政府的职能和监督政府职能的合理化。在此基础上，加快推动分税制体制改革，完善中央与地方事权和支出责任划分，尤其是加强中央事权和支出责任，对诸如基础教育、医疗、养老等的责任要加快改革上划，这不仅有利于保证公平性，也能有效减轻地方财政的支出压力；与此同时，应进一步理顺中央与地方收入划分，在"营改增"已经完成，中央与地方政府的分税更多依靠共享税的情况下，地方税体系日渐式微成为一个基本事实。鉴于这种情形，税制改革方面应大力推进直接税改革和完善地方税体系。推进直接税改革的目标是逐步建立健全综合与分类相结合的个人所得税制度与加快房地产税立法，这不仅可以为压缩非税收入后地方财力的空缺提供财力补充，从而抑制非税收入的反弹，也为税制结构优化和建立现代税收制度奠定基础。

另外，为引导地方政府向合意的财政竞争格局转变，应淡化目前以GDP、财

政收入为主要指标的政绩考核制度，建立多元化的考核机制，逐步将地方政府公共服务体系的效率水平、环境发展状况及社会公平程度等纳入政府官员的考核之列，通过制订合理的竞争规则，遏制政府短期化的恶性税收竞争和财政支出竞争。另外，在完善多元化评价指标的同时，还需实现评价主体的多元化，将居民家庭、消费者、企业代表及其他市场主体均纳入对政府的评价中，形成"自下而上"的评价监督机制，这对提高国家治理能力和建立现代财政制度意义重大。

2. 分类治理，预算整合

当前非税收入已全部纳入预算管理，这是非税收入管理的巨大进步，但纳入预算管理后的非税收入的筹集和安排使用的具体权限依然分散在政府的各个部门，财政部门仅在项目、标准、程序等方面具有管理权，部门对非税收入的自由裁量权较大。人大应统一非税收入的管理权，破除部门利益和分散使用的低效率。非税收入管理权的统一，应与非税收入的分类治理、预算整合统筹考虑。

第一，专项收入与政府性基金收入的统筹改革。专项收入与政府性基金都具有专款专用、无偿征收的性质，其治理思路应统筹考虑。一是对一些长期征收的专项收入和政府性基金，包括近几年已经纳入一般公共财政专项收入管理的政府性基金，由于其具有附加税的性质，应该转为税收，如教育费附加、地方教育费附加可以合并为地方附加税。二是对一些有征收期限的政府性基金，到期其承担任务已完成，应该退出。三是一些政府性基金主要是资金预算管理任务，未来可采用表外信息的形式，作为预算报告的补充信息，而不再需要专门的预算反映。通过上述分流归位，所有政府性基金将逐步转到一般公共预算，政府基金收入预算作为专门的预算不再保留。政府性基金预算的取消，从根本上说有助于改变预算的重复设置，对克服部门利益，提高政府资金的统筹能力和资金使用效率也具有重要意义。

第二，国有资本收益改革及其预算管理。我们认为，国有资本收益分散在一般公共预算和国有资本经营预算"两本账"的局面应该改变。改革的基本思路是统一国有企业的所有权，交由国资部门统一管理；建立覆盖全部国有企业、分级管理的国有资本经营预算和收益分享制度，按照十八届三中全会《决定》要求，逐步将现行国有企业平均利润上缴比例提高至30%—40%的水平，所有上缴国有资本收益均纳入一般公共预算，逐步取消国有资本经营预算。取消国有资本经营预算有利于改变国有资本经营收益长期体内循环的弊端，让国有资本经营收益真正用于社会保障和民生支出。

第三，国有资源收益的改革。针对国有资源收益低、税费不分的问题，改革国有资源收益分配制度，应建立健全资源有偿使用制度和生态环境补偿机制，完善国有土地、海域、森林、矿产、水等公共资源的出让机制，对矿产资源探矿权、采矿权转让全面实行"招拍挂"制度,确保矿产资源的级差地租转化为政府收入,实现合理共享。此外,资源行业的税费治理也是一个重点。配合当前资源税改革,应全面清理资源相关收费、基金,逐步扩大资源税征收范围,如水资源费纳入资源税,排污费等环保收费统一纳入2018年后开征的环境保护税等,资源税费的征收,最终形成以税为主、以费为辅的收入格局。

第四,行政事业性收费的治理。行政事业性收费曾是非税收入的重灾区。但经过长期不懈的清理,收费项目和规模已大大下降。但现存的行政性收费依然遍布所有的行政部门,收费大类有近60项,小项有上百项,"收费养人"的情况依然存在,进一步清理涉企收费的空间很大。对体现政府提供普遍公共服务或者是一般性管理职能的行政许可类、检验检测类、登记检索类、监督管理类等行政事业性收费,应加大清理力度。目前,国务院要求财政部门实施行政性收费目录清单制,这种做法值得肯定。下一步应该在目录清单的基础上,连同征收依据、征收标准、征收时限、数额、使用等信息,及时在财政部门门户网站公开,接受社会监督。

3. 健全法律约束,提高透明度,加强社会监督

首先,非税收入的法律约束制度应该健全。多个国家的一般经验是出台听证制度等一系列制度。任何政府非税收入项目都要求有严格的法律依据和程序,项目和标准、控制与开征均需通过议会或选民投票决定;为避免向缴费人收取不合理费用,在收费项目设立过程中,要与服务对象进行磋商,并取得缴费人的理解和支持,包括宣传政策、评估研究、听取意见等;在整个非税收入征收、使用过程中,有公示制度、报告制度、审计制度、听证制度等一系列制度。我国应借鉴经验,尽快建立健全政府非税收入管理的法律体系,人大应尽快研究出台《公共机构收费许可法》《公共产权收入法》《国家非税收入征管法》等法律,同时引进非税收入征收的听证制度、公示制度等,切实改变非税收入征收仅由政府决定的局面。

其次,非税收入的信息公开应该全面。多个国家的一般经验是尽可能详尽的披露相关项目信息,包括成本、定价、征收、使用、绩效等,并且在指定媒介上接收和反馈公众意见。我国应借鉴这一做法,进一步加大非税收入公开力度,细化收支分类信息。强化各级人大、财政部门、审计部门的监督职责,在日常检查的基础上重点开展专项检查,此外,还要借助互联网,加强新闻媒体、社会公众的外部监督。监督的内容,不仅包括非税收入征收和使用的合规性,还应包括非税收入使用结果的绩效评价,通过建立以绩效评价结果为导向的资金配置机制,不断提高非税收入的使用效率。

三、债务收入监督

债务融资是政府缓解财政收支矛盾,满足日益增长的公共支出需要的重要手段。但债务融资是一把双刃剑,一方面,债务融资能弥补财政赤字、扩张社会需求,拉动经济增长,但同时,债务还具有挤出效应,存在机会成本,一旦债务规模扩大化,会加重偿债压力,处理不好还会引发债务危机,导致政府信用下降甚至垮台。因此,加强债务监督、控制债务规模、提高债务绩效、防控债务风险是人大预算监督的重要职责。

(一)近年我国政府债务情况

表7-1列示了2009年后我国国债发行情况。从国债发行额来看,2009年后我国国债发行规模不断增长。分类型看,储蓄式国债占国债总额的比重经历了一个先上升、后下降的过程,而记账式国债的变化趋势则正好相反。2019年储蓄式国债占国债发行总额的比重为6.94%,记账式国债占国债发行总额的比重为93.06%。目前,国债发行以记账式国债为主的趋势非常明显。正是因为国债发行结构趋势的变化,使国债余额的变化趋势保持了一致性,具体见表7-2。

表7-1　　　　　　　　2009年以来我国国债发行情况

年份	国债发行总额		储蓄式国债发行额		记账式国债发行额	
	总额(亿元)	增长率(%)	总额(亿元)	占比(%)	总额(亿元)	占比(%)
2009	14213.58	96.15	1495.48	10.52	12718.10	89.48
2010	15878.18	11.71	1296.28	8.16	14581.90	91.84
2011	13997.92	-11.84	1551.42	11.08	12446.50	88.92
2012	13562.26	-3.11	1529.46	11.28	12032.80	88.72
2013	15544.01	14.61	2169.61	13.96	13374.40	86.04
2014	16247.35	4.52	1884.05	11.60	14363.30	88.40
2015	18534.87	14.08	1859.17	10.03	16675.70	89.97
2016	29457.69	58.93	1991.89	6.76	27465.80	93.24
2017	38661.79	31.25	1945.29	5.03	36716.50	94.97
2018	35410.97	-8.41	2075.37	5.86	33335.60	94.14
2019	36409.30	2.82	2526.70	6.94	33882.60	93.06

资料来源:中国债券信息网。

表7-2　　　　　　　　　　　2009年以来我国国债余额情况

年份	国债余额		储蓄式国债余额		记账式国债余额	
	总额（亿元）	增长率（%）	总额（亿元）	占比（%）	总额（亿元）	占比（%）
2009	55411.38	13.66	2083.93	3.76	53327.45	96.24
2010	62628.29	13.02	3000.44	4.79	59627.85	95.21
2011	67839.07	8.32	3305.62	4.87	64533.45	95.13
2012	74235.93	9.43	3561.58	4.80	70674.35	95.20
2013	83164.65	12.03	5041.80	6.06	78122.85	93.94
2014	91451.99	9.96	5922.44	6.48	85529.55	93.52
2015	101497.70	10.98	6608.15	6.51	94889.55	93.49
2016	114683.93	12.99	6820.28	5.95	107863.65	94.05
2017	129032.39	12.51	7068.12	5.48	121964.27	94.52
2018	143618.37	11.30	7218.30	5.03	136400.07	94.97
2019	161046.03	12.13	7984.86	4.96	153061.17	95.04

资料来源：中国债券信息网。

表7-3列示了2015年后我国地方政府债券发行及余额情况。从地方政府债务余额来看，2015年后我国地方政府债务余额持续增长，尤其是近两年，地方政府债务规模增速明显加快，2019年债务规模增速达31%。分类型看，2015年以来，一般债券占地方政府债券总额的比重逐步下降，专项债券比重逐步上升。2015年，一般债券占地方政府债务总额的比重为62.76%，专项债券占地方政府债务总额的比重为37.24%；2019年一般债券占地方政府债务总额的比重下降为55.28%，专项债券占地方政府债务总额的比重上升为44.72%。由于修正后的预算法规定，地方政府举借债务只能以债券形式存在，故2017年后非政府债券在地方政府债务总额中的比重已大幅下降，2019年占比仅为1%左右。

表7-3　　　　　　　2015年以来我国地方政府债券发行及余额情况

年份	地方政府债务余额		一般债券		专项债券	
	总额（亿元）	增长率（%）	总额（亿元）	占比（%）	总额（亿元）	占比（%）
2015	147568.37	-4.22	92619.04	62.76	54949.33	37.24
2016	153557.59	4.06	98312.88	64.02	55244.71	35.98
2017	164706.00	7.26	103322.00	62.73	61384.00	37.27
2018	183862.00	11.63	109939.00	59.79	73923.00	40.21
2019	240774.30	30.95	133089.22	55.28	107685.08	44.72

资料来源：财政部网站。

由于地方政府举债行为不规范，除了合规的政府债券以外，地方政府还通过融资平台、PPP、政府购买服务以及政府引导基金等隐性举债。尽管地方政府隐性举债规模没有准确的数据统计，但地方隐性债务规模不容小觑是各界共识。

（二）我国政府债务存在的问题

1. 缺少《国债基本法》

自1981年我国重新发行国债以来，尤其是1994年财政分税制改革不再允许财政赤字向央行透支和借款，伴随财政收支压力的增大以及1997年东南亚金融危机和2008年全球金融危机的爆发，国债弥补赤字和干预经济的功能越来越突出，国债已成为我国财政收入的重要形式，但至今还没有一部规范国债发行、流通、使用、偿还和监管等行为的国债法。从现有规范国债的法律法规来看，已经不适合发展需要。1992年颁布的《国库券条例》是现行专项规范国债发行的最高层级法律文件。由于出台时间较早，受当时客观环境所限，其中的很多规定已不能适应当前国债发行的需要。相关法律法规统一性和协调性不够。如《中国人民银行法》《证券法》从不同的角度对国债的有关事项做出规定，但缺乏全局性和协调性，甚至面临着法律适用的冲突的情况。与此同时，中央银行和财政部门间尚未建立制度化的综合协调机制，增加了公债宏观调控的难度。

2. 预算监督制度体系不健全

第一，预算报告对于政府债务的举借和偿还的信息披露比较完整，包括债务当年发行额、债务余额、债务还本数额和付息数额都分别在专门栏目列出，但是对政府债务的使用去向没有详细的信息。第二，债务余额限额的约束力较弱。我国目前政府债务余额管理属于年度管理，限额"一年一定"，与年度财政预算同时审批，在限额的确定上缺乏常态化的安排。同理，债务限额管理采取"当年年度新增债务限额等于年度预算赤字"，即先确定年度预算赤字，再推算债务限额。中央债务和地方债务莫不如此。因此，新增债务限额约束预算赤字的作用有限。同时，政府职能部门在预算之外仍有权组织"准财政"活动，预算软约束的存在使得隐性债务大量存在，现有政府财务报告无法反映表外的融资活动，由此削弱了财政基础，积累下大量财政风险。第三，中期预算施行困难。由于举借债务中会涉及大量中长期债务，因此，债务的预算管理需要与中长期预算相配合。但实践中，中期预算的编制困难，尤其是基层政府，其财力主要源于上级政府的转移支付，转移支付时间与数量上的不确定，为地方政府三年预算的编制带来了极大的困难。同时，中期预算三年滚动周期的设置与国民经济和社会发展规划的五年非滚动周期，不能较好地匹配，这也给中期预算的编制带来了阻碍。第四，政府预算会计制度的局限。由于我国尚未实施权责发生制会计基础，因此部分债务不能实现当期确认和计量，尤其是隐性债务和或有债务。这给隐性债务和或有债务的管控带来了困难。

3. 债务风险不容忽视

由于我国的政府债务的大头在地方，因此，债务风险的重要隐患也在地方。就地方政府显性债务风险来看，2015—2018 年，我国地方政府的负债率为 23.22%、23.13%、19.96% 和 37%，低于欧盟 60% 警戒线；债务率分别为 82.22%、83.40%、70.53%、71.03%，未超过 100% 警戒线；债务依存度分别为 21.79%、32.20%、21.46%、18.86%；偿债率分别为 2.02%、2.70%、3.09% 和 3.35%。因此，从地方政府显性债务风险来看，并不突出。就隐性债务风险而言，闫衍（2018）的测算结果显示，如果将隐性债务纳入考量后，2017 年地方政府负债率将提高到 68%—80%，超过 60% 警戒线。一些地方披露的信息显示地方政府隐性债务风险不容忽视。如湖南省汝城县 9 月 16 日公布的《关于 2018 年县级预算执行和其他财政收支的审计工作报告》显示，截至 2018 年 12 月，该县政府债务余额 56.37 亿元，而政府隐性债务 47.22 亿元，隐性债是显性债的 5.1 倍。云南绥江县《2018 年财政决算和 2019 年上半年财政预算执行情况的报告》则显示，截至 2019 年 7 月，该县地方政府债务余额共 9.41 亿元，隐性债务监测平台债务余额为 55.11 亿元，后者为前者的 5.86 倍。山东兰陵县公开的《关于 2018 年度县级预算执行和其他财政收支情况的审计工作报告》显示，截至 2018 年底，地方政府债务余额 25.26 亿元，地方政府隐性债务余额 42.73 亿元，隐性债务为政府债务的 1.7 倍。

（三）人大加强债务监督的建议

1. 加快国债立法

第一，加快国债基本法立法工作。从法制财政的目标出发，国债立法首先要明确国债法的立法原则，应坚持国债法定原则、民主原则和财政健全原则。第二，要对国债发行的基本内容进行规范，其发行规模、结构、利率、偿还等都必须严格遵守法律的规定，并对国债发行制度、审批制度、流通及偿还制度、管理制度和法律责任以及国债监督等方面进行明确的规定。

2. 完善债务预算管理监督

第一，加强债务预决算的公开，提高债务信息的透明度。就公布的内容来看，将政府的债务余额、限额、举借与还本付息、资金使用状况及债务率等相关债及风险的指标实时发布，提高债务信息的透明度，便于社会监督。同时，探索建立债务与资本支出预算制度。研究编制资本支出和债务预算制度，将所有政府债务和资本性支出综合起来，编制在一本预算中，以便于从整体上控制各级政府的资本性支出和对应政府债务的规模和结构，分析其必要性、效益和风险。第二，推进中期预算改革和跨年度预算平衡机制。进一步推进中期预算改革，协同中期预算改革与权责发生制政府会计改革，为真实反映政府资产和负债以及收入和支出的财政状况提供技术支撑。改善对宏观经济与预算收支的预测，为跨年度预算编制和财政风险预警提供必要条件。根据跨年度预算平衡目标相机安排各类债务规模。第三，优化债务余额限额管理制度。综合考虑宏观经济发展趋势、中长期财政规划及偿债能力等多因素，确定债务余额限额指标。为熨平宏观经济波动对债务限额的影响，可以考虑设计两档债务余额上限：经济疲软或经济衰退时设立一档债务余额上限，一旦超过此上限政府债务的偿还将难以为继，必须停止借贷行动或启动支出自动削减方案等；同时为经济复苏或经济上升时期设立一档较低的债务余额上限，以此留出充足的财政资源、政策空间供政府应对经济负面冲击时使用。此外，从债务余额限额的形式上来说，考虑到国家及各地方政府偿债能力和货币价值等因素的变化，就政府债务相对规模设置比例上限比设置政府债务余额绝对规模上限会更加灵活。

3. **强化对地方政府隐性债务监督**

对于存量隐性债务，首先应开展隐性债务调查，摸清地方政府隐性债务规模，通过暂缓建设、谈判重组与资产处置等各项措施，减少存量，缓释风险。对于增量隐性债务，首先要规范政府购买服务和PPP项目运作，完善PPP项目流程管理，严格执行PPP财政承受能力红线，禁止"明股实债"和承诺回购等不规范行为。推进融资平台的市场化改革，避免银行对地方政府的多头授权和相互担保，避免地方债向企业转移，特别是要密切关注风险可能诱发的高杠杆化问题，真正促使地方政府隐性债务走向显性化，切实降低隐性债务风险。加大利用规范化的转移支付手段与政府债券来满足地方政府合理的融资需要，加大对违规举债的问责力度，加强债务举借权力和偿还责任的统一，实现债务责任终身制，杜绝岗位调离引起的卸责风险。

4. **建立动态监控机制**

从监控的时点看，尝试建立地方政府隐性债务风险预警机制，改变只有在突破警戒线后才进行处理的事后补救机制，定期检测隐性债务的风险状况、构成和变化趋势；密切关注高风险区域隐性债务的发展变化；实时传送基层流量数据至上级监控部门，以便利用债务率、负债率、偿债率等指标，及时辨析与分析险情，有效控制地方政府的债务风险状况。

第二节 重点支出监督

重点监督是人大预算监督的重要原则,也是现实中人大在有限人力和时间的情况下提高监督效果的务实做法。本节以人大对财政农业(农林水)支出、教育支出、医疗卫生支出、扶贫支出的监督为例,系统论述这四类重点支出的现状以及加强人大重点监督的思路。需要说明的是,之所以选择这四个领域,是与我国公共财政的民生导向、发展导向以及与各级政府高度重视"三农"的政策导向有关。

一、人大对农业(农林水)支出的监督

财政农业(农林水)支出指的是国家财政预算中用于农业、林业、水利、南水北调、扶贫、农业综合开发、农村综合改革、普惠金融发展、目标价格补贴等支出。从资金的来源看,包括中央财政农业支出和地方财政农业支出两部分。以下为简略起见,农林水支出简称"农业支出"。

(一)财政农业支出现状与问题分析

农业作为国民经济的基础产业和战略产业,对国家安全和经济社会发展具有举足轻重的作用。2004—2019年连续16年,中央一号文件均围绕"三农"问题展开。因此,"三农"一直被作为各级政府工作的重中之重来对待,围绕促进农业生产、农民增收和农村经济社会事业的全面发展,中央不断健全"三农"投入增长机制和强农惠农的政策体系。图7-1是1994—2017年我国财政农业支出的规模情况。

1. 财政农业支出规模不断增长,但增速和相对规模有待提高

从图7-1可以看出,财政农业支出的绝对规模不断扩大,从1994年的399.7亿元增长到2017年的19088.99亿元,增长了47.76倍,尤其是从2009年开始,财政农业支出的绝对规模显著扩大。从环比增长率来看,财政农业支出的增长率波动较大,具有阶段性特征,2004年财政农业支出迎来首个增长高峰,增长率达到49.25%,2007年增长率进一步上涨到57.53%,到2009年增长率仍保持在47.9%的水平上。但2010年后,受全球金融危机的影响,我国经济进入新常态,经济下行压力加大,财政收支矛盾凸显,财政农业支出的增长率开始下

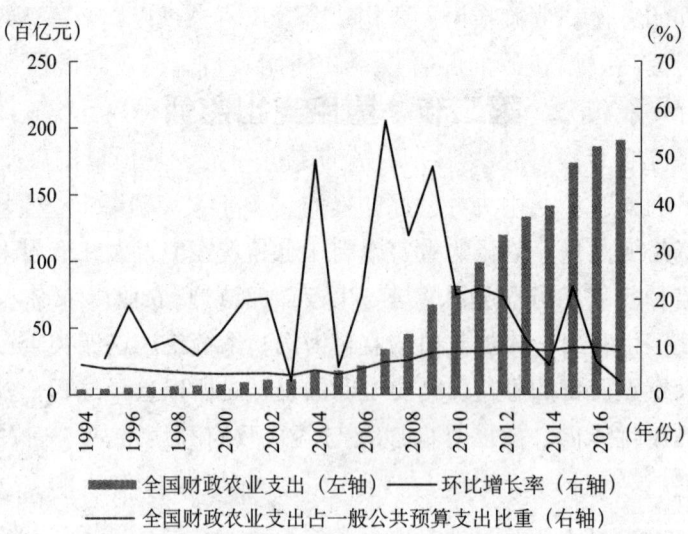

图 7-1　1994—2017 年我国财政农业（农林水）支出的规模情况

数据来源：1995—2018 年《中国财政年鉴》。

降。这种下降趋势一直持续到 2014 年。2015 年止跌回升，但 2016 年后财政农业支出增长率又出现下跌之势。因此，可以说，从 2009 年后，除了 2015 年财政农业支出增长率有短暂上升外，财政农业支出增长速度呈现急剧下滑之势。

从财政农业支出占全国一般公共预算支出的比重来看，同样呈现出明显的阶段性。2008 年之前，财政农业支出占全国一般公共预算支出的比重最低点出现在 2003 年，占比为 4.07%，最高点为 2007 年的 6.84%。2008 年以后，财政农业支出占全国一般公共预算支出中的比重出现明显增长，到 2017 年，财政农业支出占全国一般公共预算支出达到 9.40%。尽管中央政府高度重视"三农"问题，但财政对农业的支持仍有待提高。

2. 地方政府承担大量农业支出责任，财政农业事权划分需要进一步调整

我国的财政农业事权一直是由中央和地方政府共同承担，但中央和地方的农业事权划分没有明确的界定，存在交叉重复。同时，中央通过大量的转移支付将农业事权委托给地方政府，使政府间农业事权与支出责任分离，支出责任向基层政府集中态势明显。2016 年地方财政农业支出的占比已经达到 95.81%，即使在经过转移支付调整后，地方政府的农业支出占比仍高达 62%，一半以上的财政农业支出由地方政府负担。基层政府财力与支出责任矛盾凸显，因此，我国政府间财政农业事权和支出责任的划分仍需进一步调整。

中央与地方农业支出的结构具体情况如表 7-4 所示。

表 7-4　1994—2017 年我国中央本级和地方财政农业（农林水）支出情况

年份	全国财政农业支出（亿元）	中央本级财政农业支出（亿元）	地方财政农业支出（亿元）	中央本级支出占比（%）	地方支出占比（%）
1994	399.70	44.95	354.75	11.25	88.75
1995	430.22	46.40	383.82	10.79	89.21
1996	510.07	54.95	455.12	10.77	89.23
1997	560.77	56.12	504.65	10.01	89.99
1998	626.02	68.79	557.23	10.99	89.01
1999	677.46	68.64	608.82	10.13	89.87
2000	766.89	77.42	689.47	10.10	89.90
2001	917.96	99.09	818.87	10.79	89.21
2002	1102.70	119.74	982.96	10.86	89.14
2003	1134.86	135.59	999.27	11.95	88.05
2004	1693.79	141.80	1551.99	8.37	91.63
2005	1792.40	147.53	1644.87	8.23	91.77
2006	2161.35	194.39	1966.96	8.99	91.01
2007	3404.70	313.70	3091.00	9.21	90.79
2008	4544.01	308.38	4235.63	6.79	93.21
2009	6720.41	318.70	6401.71	4.74	95.26
2010	8129.58	387.89	7741.69	4.77	95.23
2011	9937.55	416.56	9520.99	4.19	95.81
2012	11973.88	502.49	11471.39	4.20	95.80
2013	13349.55	526.91	12822.64	3.95	96.05
2014	14173.83	539.67	13634.16	3.81	96.19
2015	17380.49	738.78	16641.71	4.25	95.75
2016	18587.36	779.07	17808.29	4.19	95.81
2017	19088.99	708.74	18380.25	3.71	96.29

数据来源：1995—2018 年《中国财政年鉴》。

3. 财政转移支付制度不健全

为保证基层政府提供基本公共服务的能力，中央政府每年通过大量的转移支付来平衡地方财力与支出责任之间的缺口。目前，我国中央对地方的转移支付制度存在一般性转移支付占比低，专项转移支付项目繁多，管理不规范的问题。这一问题在农业领域有突出表现。农业支出涉及细分领域众多，支农政策繁多，造成农业领域设立了众多转移支付项目。根据财政部转移支付管理平台的项目显示，农业领域中央对地方的转移支付包含30多项。这30多项转移支付中仅有产粮大县奖励资金、生猪（牛羊）调出大县奖励资金2项是一般性转移支付，其他均为专项转移支付。专项转移支付在使用上存在严格的约束，地方不能统筹支配使用，对地方因地制宜、发展农业的积极性、主动性形成束缚。

4. 财政农业资金效率较低

财政农业资金效率较低表现在资金管理和资金使用两方面。财政农业资金在分配和管理环节效率低下。由于农业支出涉及众多内容，目前，我国的财政农业资金存在来源多头、管理多头、资金分散的问题。农业部、财政部、国务院农村综合改革工作小组等部门均有管理部分农业资金的权力。部门间的规划安排差异性和信息流动的不完全性造成农业资金管理分散，很难形成合力，降低了资金效率。财政农业资金在使用环节效率较低，部分营利性农业建设项目的收益性低，资金风险预警体系不健全是财政农业资金使用过程中的突出问题，使得财政农业资金很难发挥最大效力。

（二）加强人大对农业支出监督的建议

1. 加强对农业投入规模和结构的监督

人大对农业支出的监督，首先表现在确保农业投入稳定增长方面。作为人口大国和农业大国，确保粮食安全和农业高质量发展是各级政府和人大的重要任务。尤其是在城镇化快速推进、农民工大量向城镇转移的大背景下，如何更好地推进农业供给侧改革，实施乡村振兴重大战略，财政保障是关键。尽管党的十八届三中全会调整了农业支出等法定支出与财政收入增长挂钩的规定，但这并不是说财政农业支出的增长变得不再重要。在经济新常态下，财政收入增长趋缓，如何保障财政农业投入稳定增长，更是面临严峻挑战，因此，人大对农业投入的监督必须加强，通过人大的监督确保政府财政支农投入的持续稳定增长。其次，在加强农业投入监督的基础上，人大还应加强对财政农业支出结构的监督。各级人大应注意发挥预算审查对政府支出行为的约束性，在审查政府预算环节，严格把关财政农业资金的使用投向，根据国家发展的战略需要，优化财政农业资金的支出结构。

2. 加强人大对农业事权与支出责任划分改革的监督

清晰的事权和支出责任划分是保证财政资金充分发挥作用、财政政策顺利实施的基础。中央和地方各级政府在农业事权与支出责任上存在交叉重复现象。从我国农业发展的特点来看，农业发展具有明显的区域性差异。政府间农业事权与支出责任的划分应充分考虑区域异质性和具体公共服务的特性，立足我国的实际情况，在严谨论证基础上，优化农业事权与支出责任的划分。全国人大应推动财政部加强对农业事权与支出责任的划分改革进度，通过加大督促和加快立法，时机成熟后，将政府间农业事权和支出责任划分进行法律保障。

3. 加强对农业支出效率的监督

在经济下行、财政收入紧张、财政收支矛盾凸显的情况下，如何确保"乡村振兴"战略的顺利实施成为我国面临的一大挑战。加强人大对财政农业资金支出效率的监管是应对这一挑战的有效手段。在全面推进预算绩效管理的背景下，完善涉农资金的绩效管理，加强绩效信息公开和涉农资金的预算执行进度，是现阶段发挥人大对农业支出监督的重要方面。

4. 加强专项资金的监督

农业领域有众多专项资金，专项资金管理缺乏规范性是普遍存在的问题。提升专项资金管理的规范性要求人大发挥好监督作用。为加强涉农专项资金管理、加强资金管理的规范性、实现资金的规模收益，2017年国务院印发了《关于探索建立涉农资金统筹整合长效机制的意见》（国发〔2017〕54号），对涉农资金整合改革做出统一部署。目前，涉农专项资金整合已进入深化阶段，涉农资金整合过程中资金管理体制、部门利益、农业投融资问题凸显。为进一步推进涉农专项资金改革，保证改革目标的实现，更好地发挥专项资金的作用，要求人大对涉农专项资金的改革应加大推进和监督力度。

二、人大对教育支出的监督

财政教育支出是指财政用于普通教育、职业教育、成人教育、广播电视教育、留学教育、特殊教育、进修和培训支出、教育费附加安排的支出。财政教育支出包括中央财政教育支出和地方财政教育支出两部分。财政教育支出不仅是民生支出的重要组成部分，也是国家实施科教强国和实现从人口大国到人力资本强国的重要支撑手段。长期以来，财政教育支出都是财政支出的重点，受到全社会的高度关注。

（一）财政教育支出的现状与问题

1. 教育支出规模逐年上升，但支出水平不稳定

图7-2是我国1994—2017年财政教育支出的规模情况。从数据可以看出，我国的财政教育支出绝对规模逐年上升，2017年财政教育支出为1994年支出额的39.02倍。2009年教育支出突破万亿元大关，支出总额达到10437.54亿元。

但教育支出的环比增长率波动较大，年均增长率为17.65%，呈现出阶段性特征。以2006年为重要的历史节点，2006—2007年国家出台了多项影响深远的教育政策，如2006年6月29日对《义务教育法》的修订，明确提出义务教育免收学杂费、对农村学校的义务教育进行经费保障等。2007年，中央将人才强国战略作为发展中国特色社会主义的三大基本战略之一，写进中国共产党章程和党的十七大报告。因此，教育支出增长率在2007迎来历史的高点，环比增长率达到48.99%，同时，教育支出占一般公共预算的比重2007年也出现了大幅跃升，比重达到14.31%，较2006年上升了2.48个百分点。2012年这一比重为16.87%，随后呈下降趋势，2017年占比下降到14.85%。同样，财政性教育经费支出在GDP中的占比，1993年国务院颁布《中国教育改革和发展纲要》首次提出财政性教育经费支出占GDP比重4%的目标，根据财政统计数据，我国财政性教育经费支出在GDP中的占比2012年达到这一目标，占比为4.30%，由于近年经济下行的压力，这一比重呈下降趋势，2017年，财政性教育经费支出在GDP中的占比下降到4.17%。与欧美发达国家5%以上的投入水平相比，我国财政教育支出的水平应持续提高并保持一定的稳定性。

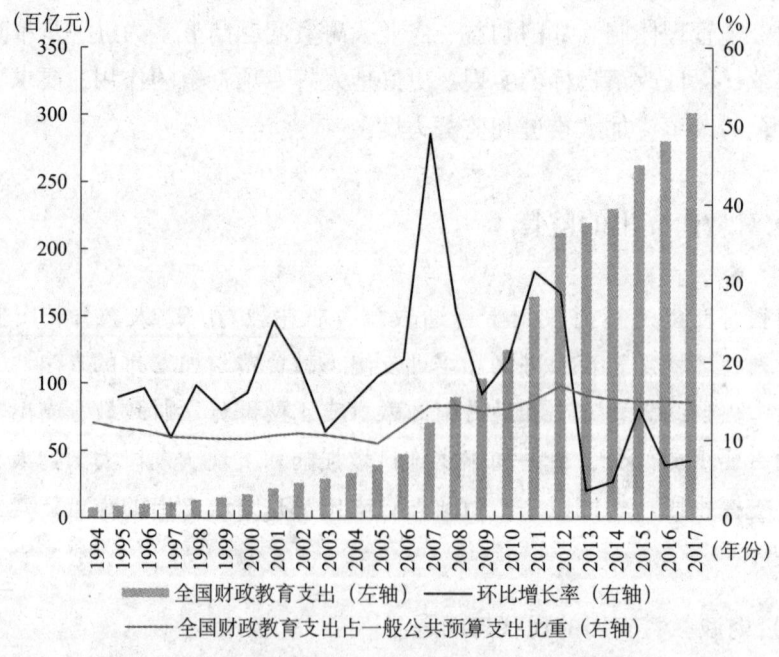

图7-2 1994—2017年我国财政教育支出的规模情况

数据来源：1995—2018年《中国财政年鉴》。

2. 政府间教育事权划分不尽合理

我国的教育事权由中央政府和地方政府共同承担，从统计数据看出，财政教育支出责任与教育事权分离，支出责任向地方政府集中。虽然中央通过转移支付的方式将教育事权委托给地方政府承担，但财政教育的支出责任仍主要由地方政府承担。尤其是 2007 年后，随着教育支出规模的扩大，更多的支出责任落到地方政府身上，2007 年后中央地方的财政分级支出数据显示，每年超过 94% 的教育支出责任是地方政府负担的。即使考虑到转移支付的情况进行调整后，地方政府教育支出占比仍高达 85%。教育支出责任向市县层级的政府集中是教育支出的常态。具体的中央与地方财政教育分级支出的情况如表 7-5 所示。

表 7-5　　　　　1994—2017 年中央本级和地方财政教育支出情况

年份	全国财政教育支出（亿元）	中央财政教育支出（亿元）	地方财政教育支出（亿元）	中央支出占比（%）	地方支出占比（%）
1994	772.78	66.05	706.73	8.55	91.45
1995	891.50	70.94	820.56	7.96	92.04
1996	1038.37	77.18	961.19	7.43	92.57
1997	1145.03	89.84	1055.19	7.85	92.15
1998	1338.06	123.28	1214.78	9.21	90.79
1999	1522.61	127.16	1395.45	8.35	91.65
2000	1764.64	140.50	1624.14	7.96	92.04
2001	2208.13	172.41	2035.72	7.81	92.19
2002	2644.98	210.25	2434.73	7.95	92.05
2003	2937.34	240.20	2697.14	8.18	91.82
2004	3365.94	219.64	3146.30	6.53	93.47
2005	3974.83	244.85	3729.98	6.16	93.84
2006	4780.41	295.23	4485.18	6.18	93.82
2007	7122.32	395.26	6727.06	5.55	94.45
2008	9010.21	491.63	8518.58	5.46	94.54
2009	10437.54	567.62	9869.92	5.44	94.56
2010	12550.02	720.96	11829.06	5.74	94.26
2011	16497.33	999.05	15498.28	6.06	93.94
2012	21242.10	1101.46	20140.64	5.19	94.81
2013	22001.76	1106.65	20895.11	5.03	94.97
2014	23041.71	1253.62	21788.09	5.44	94.56
2015	26271.88	1358.17	24913.71	5.17	94.83
2016	28072.78	1447.72	26625.06	5.16	94.84
2017	30153.18	1548.39	28604.79	5.14	94.86

数据来源：1995—2018 年《中国财政年鉴》。

3. 教育支出的区域差异性较大

由于经济发展水平和财政收入差距等原因，我国财政教育支出表现出显著的区域差异性。东部地区经济发达,相对充足的财政收入可以支持较高水平的教育支出,实现教育软硬件的匹配。而中西部地区经济发展相对落后,部分地区财政困难,财政教育经费来源不足,无法安排较高水平的教育支出,造成财政教育投入不足,与东部地区产生较大差距。近年来,中西部教育支出与东部地区的差距逐步减小,但2015年的统计数据仍显示中西部教育支出与东部有1.75倍和2.10倍的差距。教育的区域差异依然是我国教育支出面临的主要问题。

图7-3列出了2007—2015年我国东中西部财政教育支出的情况①,2007年东中西部地区的教育支出分别为3954.68亿元、2050.05亿元、1487.43亿元,东部教育支出分别为中西部教育支出的1.93倍和2.66倍;到2015年,东中西部的教育支出分别为13066.19亿元、7463.29亿元、6211.86亿元,东部教育支出为中西部教育支出的1.75倍和2.10倍。东部与中西部地方教育差距有所缓解,但仍有不小的差距。

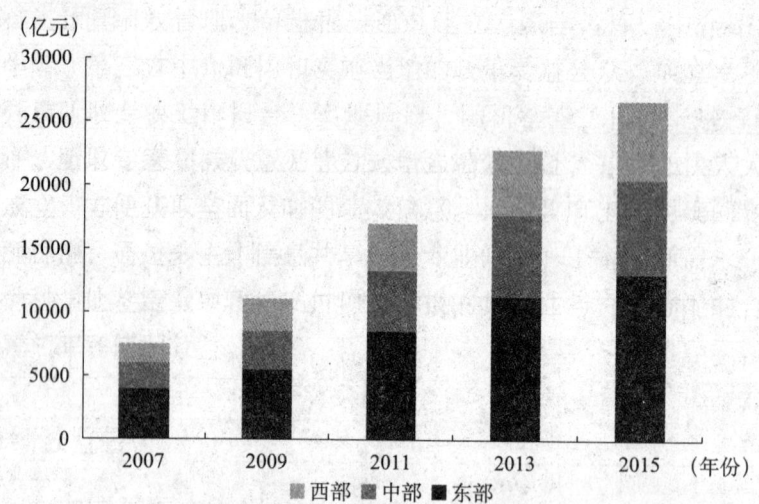

图7-3 2007—2015年我国东中西部财政教育支出情况

数据来源:2008—2016年《中国教育统计年鉴》。

(二) 加强人大对教育支出监督的政策建议

1. 加强对财政教育支出规模的监督

为保证教育服务的供给水平,人大需要加强对教育支出规模的监督。尤其是面对经济下行压力,财政收支矛盾突出的情况下,如何保障我国财政性教育经费

---

① 东部地区包括北京、天津、河北、辽宁、上海、江苏、浙江、福建、山东、海南、广东11省(市、自治区);中部地区包括山西、吉林、黑龙江、安徽、江西、河南、湖南、湖北8省份;西部包括内蒙古、重庆、四川、贵州、云南、陕西、甘肃、青海、宁夏、新疆、广西、西藏12省(市、自治区)。

在 GDP 和一般公共预算支出中的占比稳定提高是保障和改善民生、实现我国人才强国战略的重要保障。因此，各级人大需要在预算编制和审批环节加大对教育支出规模的监督。

2. 促进和优化教育事权和支出责任划分的监督

教育事权的优化需要从两方面认识。首先，优化教育事权的基础是划清政府与市场的界限。从教育经费的资金来源分析发现，政府参与了很多竞争性领域的教育供给，客观上增加了财政支出压力，降低了政府在非竞争性领域的教育供给水平。其次，优化教育事权重点是优化政府间事权划分。我国在教育事权划分上，除高等教育管理主要由中央和省级政府主导外，学前教育、义务教育、高中教育的事权被下放到县，由县级政府管理。"以县为主"的财政教育体制造成基层政府财力与支出责任难以匹配，降低了基层政府对教育服务的供给水平，也有违教育的外部性原则。因此，基础教育事权应适度上移。人大应重点关注教育事权在政府间划分的进展，通过加强监督，保障教育服务的供给水平不断提高。

3. 加强对教育支出公平目标的监督

教育的公平性目标包含三方面内容：第一，公平性要求确保人人享有平等的受教育的权利的实现；第二，公平性要求不同地区提供相对平等的受教育的机会和条件；第三，教育的公平性要求教育机会和教育效果的相对均等。东部、中部、西部的教育公平在上述三个方面表现出差异性，这是我国教育发展长期以来存在的问题。实现教育公平是各级政府的重要责任。2018 年全国教育大会明确提出把教育公平作为国家基本教育政策。因此，人大应切实履行好自身的监督要求，加强对教育支出公平目标的监督，确保实现新时期下教育发展"优质均衡"目标。

三、人大对医疗卫生支出的监督

财政医疗卫生支出是指政府用于医疗卫生事业的财政资金。从财政支出内容看，主要包括公立医院、基层医疗卫生机构、公共卫生、中医药、计划生育事务、食品和药品监督管理事务、财政对基本医疗保险基金的补助、医疗救助等。

（一）财政医疗卫生支出现状与问题

1. 我国医疗卫生支出规模逐年增长，但支出水平偏低

图 7-4 是 1994—2017 年我国财政医疗卫生支出规模情况。可以看出，我国的财政医疗卫生支出规模逐年增长，2005 年突破千亿元，达到 1036.81 亿元，

2014年突破万亿元，达到10176.81亿元。人均医疗卫生支出规模亦呈现逐年上升趋势，尤其是2006—2011年人均医疗卫生支出规模有较快增长，年均增长率为35.33%。但医疗卫生支出整体增长波动性较大。2004—2007年，医疗卫生支出增长率有显著提高，2007年增长率达到50.73%的峰值；2008年后由于经济下行，医疗卫生支出增长率呈波动下降趋势。医疗卫生支出在一般公共预算中的占比在2005年后逐年增长，但增速缓慢，2005年占比为2.48%，2017年占比增长到7.12%，13年间占比增长1.87倍。根据2018年《国际统计年鉴》统计的最新数据，医疗卫生支出占GDP比重的世界平均水平从2010年的9.5%上升到2015年的9.9%，其中，高收入国家的这一比重在2015年为12.4%，中等收入国家的比重为5.4%。2015年我国的医疗卫生支出占GDP比重为5.3%，刚刚能够达到中等收入国家的平均水平，与世界平均水平仍有不小的差距。

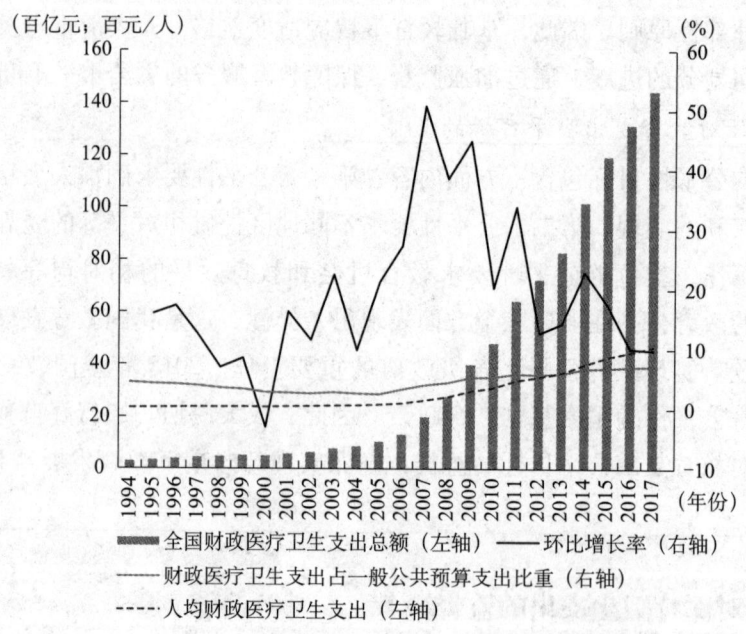

图7-4　1994—2017年我国财政医疗卫生支出的规模情况

数据来源：1995—2018年《中国财政年鉴》。

2. 医疗卫生事权及支出责任划分不科学

医疗卫生领域存在大量中央地方共同事权，由于没有对各级政府需要承担的事权和支出责任作出明确清晰规定，"齐抓共管"造成的事权与支出责任交叉重复现象在医疗卫生领域普遍存在。中央通过转移支付手段实现事权委托下放，造成大量支出责任向更低层级的政府集中。从中央、地方政府医疗卫生分级支出的数据统计可以看出，地方承担的医疗卫生支出责任始终不低于97%。即便考虑转移支付后，医疗卫生支出大头在下的局面也没有改变，而且，在中央大规模实施转移支付,尤其是专项转移支付的情况下,由于中央政府缺乏对基层政府财政能力以及各地医疗卫生服务需求的详细了解,地方承担资金配套压力较大等一系列问题,使中央和地方的医疗卫生事权和支出责任划分亟待调整。中央和地方财政医疗卫生支出情况如表7-6所示。

表7-6　　　1994—2017年中央本级和地方财政医疗卫生支出情况

年份	全国财政医疗卫生支出（亿元）	中央财政医疗卫生支出（亿元）	地方财政医疗卫生支出（亿元）	中央支出占比（%）	地方支出占比（%）
1994	284.37	6.31	278.06	2.22	97.78
1995	329.80	6.74	323.06	2.04	97.96
1996	386.68	7.83	378.85	2.02	97.98
1997	434.95	8.74	426.21	2.01	97.99
1998	465.25	9.59	455.66	2.06	97.94
1999	504.86	8.46	496.40	1.68	98.32
2000	489.71	7.32	482.39	1.49	98.51
2001	569.30	11.76	557.54	2.07	97.93
2002	635.04	17.25	617.79	2.72	97.28
2003	778.05	22.07	755.98	2.84	97.16
2004	854.64	22.39	832.25	2.62	97.38
2005	1036.81	21.26	1015.55	2.05	97.95
2006	1320.23	24.23	1296.00	1.84	98.16
2007	1989.96	34.21	1955.75	1.72	98.28
2008	2757.04	46.78	2710.26	1.70	98.30
2009	3994.19	63.50	3930.69	1.59	98.41
2010	4804.18	73.56	4730.62	1.53	98.47
2011	6429.51	71.32	6358.19	1.11	98.89
2012	7245.11	74.29	7170.82	1.03	98.97
2013	8279.90	76.70	8203.20	0.93	99.07
2014	10176.81	90.25	10086.56	0.89	99.11
2015	11953.18	84.51	11868.67	0.71	99.29
2016	13158.77	91.16	13067.61	0.69	99.31
2017	14450.63	107.60	14343.03	0.83	99.17

数据来源:1995—2018年《中国财政年鉴》。

3. 我国医疗卫生事业发展不平衡

医疗卫生事业发展不平衡主要表现在区域差异性和城乡差异性上。首先,我国医疗卫生发展存在显著的区域差异性。东中西部医疗卫生支出的差异在医疗资源的拥有数量、医疗投入、医疗服务质量等方面均有体现。近年来，实现基本医疗公共卫生服务均等化成为医疗改革的首要目标，医疗卫生发展的区域差距逐渐缩小，但区域差异性问题并没有彻底解决，中西部地区仍与东部地区存在显著差异。其次，城乡医疗卫生发展存在显著的差异性。从医疗机构的分布情况、医疗人员数量、医疗基础设施占有规模和居民医疗卫生消费水平等方面均体现出医疗卫生服务在城乡间的发展不平衡问题。图7-5列示了2004—2017年东中西部地区医疗机构床位数情况。从城乡医疗卫生服务来看，同样存在较大差距，如图7-6所示。

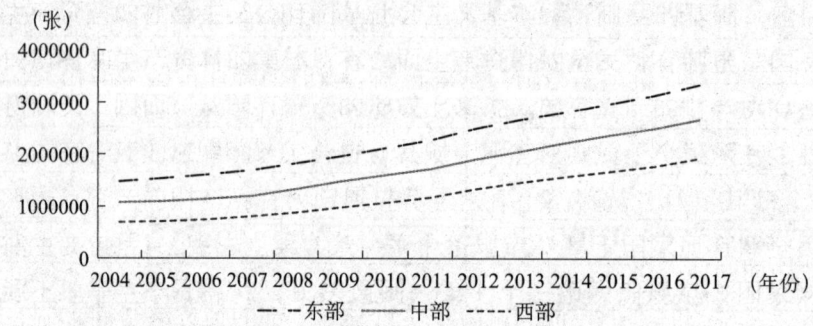

图7-5　2004—2017年东中西部地区医疗机构床位数情况

数据来源：2005—2018年《中国统计年鉴》。

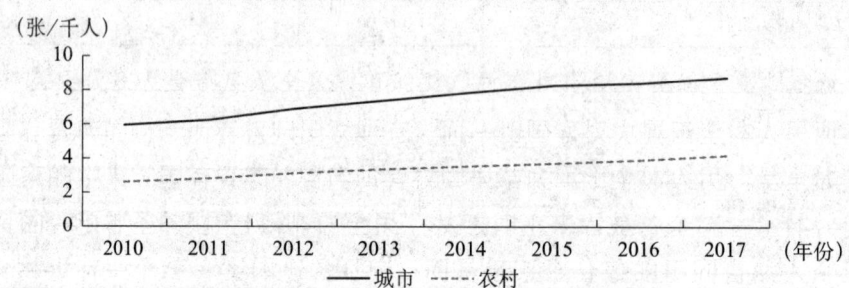

图7-6　2010—2017年城乡每千人医疗机构床位数

数据来源：2011—2018年《中国统计年鉴》。

（二）加强人大对医疗卫生支出监督的政策建议

1. 加强医疗卫生支出规模的监督

为保证医疗卫生服务的供给水平，解决社会公众看病难、看病贵的问题，加强对医疗卫生支出规模的监督，确保医疗卫生财政投入不断增长是各级人大监督的重要任务。同时，我国现阶段也面临老龄化的严峻挑战，确保实现"健康中国"目标、实现"病有所医"对医疗卫生支出规模提出新要求,各级人大应加强医疗卫生支出规模的监督力度,确保医疗卫生事业的健康发展。

2. 加强医疗卫生服务均等化的监督

医疗卫生作为重要的民生性服务,实现医疗卫生服务均等化供给对社会福利提升有重要作用。但该目标的实现存在一定难度:首先,我国各地人口经济社会情况复杂,特别是区域间及城乡间的自然条件、经济发展水平、财政承受能力的差异性增加了医疗卫生服务均等化的实现难度。其次,医疗卫生服务体系包含公共卫生服务体系、医疗服务体系、医疗保障体系和药品供应保障体系,因此,医疗卫生服务的均等化需要实现上述四个体系的均等化,是一项复杂系统的工程。各级人大应围绕这一目标,加强对医疗卫生服务均等化水平的监督,为实现医疗卫生服务的公平提供法制和监督保障。

3. 加强医疗卫生事权及支出责任划分改革的监督

政府间清晰的事权及支出责任划分是保障基层政府基本医疗卫生服务供给的基础。人大加强对医疗卫生事权及支出责任划分的监督,有利于促进基层政府医疗卫生供给能力的提升。现阶段医疗卫生领域繁多的共同事权不仅造成政府间事权支出责任重复,追责困难等问题,同时造成基层政府财政困难,自主财力与支出责任不匹配矛盾凸显。人大与政府应加强医疗卫生事权及支出责任划分的研究与调研工作,切实发挥好对医疗卫生事权及支出责任划分问题的监督,加强政府各部门在医疗卫生事权与支出责任划分的协同配合,从制度上解决基层政府财力与支出责任不对称的矛盾,保障基层医疗卫生供给水平的不断提升。

四、人大对扶贫支出的监督

(一) 财政扶贫支出现状与问题

2015年11月中央扶贫会议提出"打赢脱贫攻坚战",党的十九大提出打赢防范重大风险、精准脱贫、污染防治三大攻坚战。2017年3月,财政部《财政专项扶贫资金管理办法》(修订)明确指出,财政扶贫专项资金是中央和地方政府通过一般公共预算安排的用于精准扶贫、精准脱贫的资金。因此,财政扶贫支出不仅是农林水支出中的"扶贫支出",还应该包括城乡低保、自然灾害生活救助、保障房安居工程、医疗救助等多项对贫困人口的救助支出。

1. 我国财政扶贫支出规模不断增长,但与需求相比仍有较大差距

图7-7是2008—2017年我国财政扶贫支出的规模情况①。财政扶贫支出的绝对规模逐年上升,2008年支出达1088.97亿元,2017年突破万亿元大关,达到10202.29亿元,10年间支出扩大9.37倍。扶贫支出的增长呈现出显著的阶段性特征。具体而言,2009—2010年是增长率的上升阶段,2010年增长率高达90.48%;2011—2013年扶贫支出增长率大幅回落,2014—2016年增长率再次提升,2017年增长率出现下降。从扶贫支出在一般公共预算支出中的占比来看,呈现小幅上升的趋势,占比从2008年的1.74%上升到2017年的5.02%。但扶贫资金规模相对于脱贫减贫需求而言,还有一定差距。而且,中央补助地方财政扶贫资金规模较低。2018年中央财政预算安排补助地方财政专项扶贫资金1060.95亿元,比2017年同口径增加200亿元。截至2018年,全国贫困村还有2.6万个未脱贫,与艰巨的脱贫任务相比,中央财政预算安排补助地方财政专项扶贫资金力度不足。

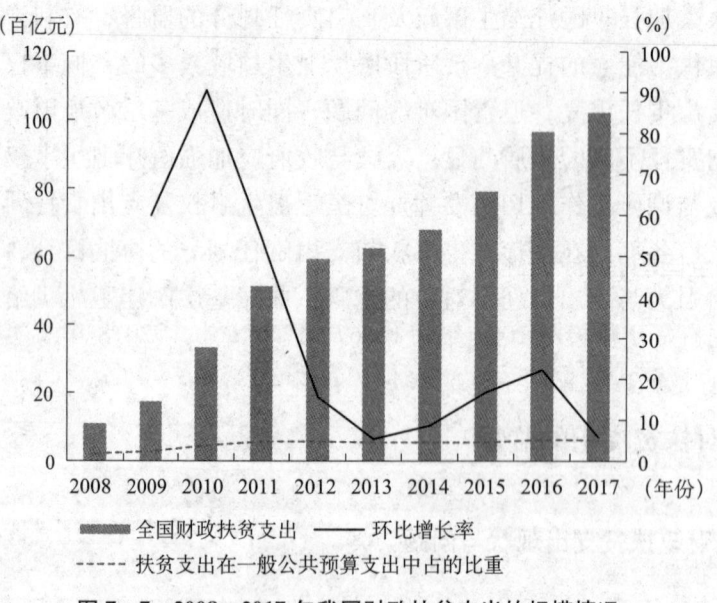

图7-7 2008—2017年我国财政扶贫支出的规模情况

数据来源:2009—2018年《中国财政年鉴》。

---

① 以2017年一般公共预算支出科目设置为准,财政扶贫支出测算口径为:财政扶贫支出=农林水中扶贫支出+特殊教育支出+残疾人事业支出+自然灾害生活救助支出+最低生活保障支出+临时救助支出+特困人员救助供养支出+补充道路交通事故社会救助基金支出+医疗救助支出+保障性安居工程支出+其他生活救助支出,上述支出分散在农林水支出、教育支出、社会保障和就业支出、医疗卫生与计划生育支出、住房保障支出等多个分类项下。

2. 扶贫事权及支出责任划分不科学

由于我国的扶贫工作坚持"责任到县、权力到县、资金到县、任务到县"的原则，2008—2017年财政扶贫分级支出情况体现出强化县级扶贫主体地位的原则。地方安排的扶贫支出占比从2008年的97.75%上升到2017年的99.66%。即使在考虑中央转移支付的情况下，2016年地方安排的扶贫支出占比仍保持在80%的水平上[①]，具体情况见表7-7。

表7-7　　　2008—2017年我国中央本级和地方财政扶贫支出情况

年份	全国财政扶贫支出（亿元）	中央财政扶贫支出（亿元）	地方财政扶贫支出（亿元）	中央占比（%）	地方占比（%）
2008	1088.97	24.52	1064.45	2.25	97.75
2009	1741.44	36.08	1705.36	2.07	97.93
2010	3317.05	68.16	3248.89	2.05	97.95
2011	5121.69	83.28	5038.41	1.63	98.37
2012	5915.80	104.18	5811.62	1.76	98.24
2013	6228.83	127.04	6101.79	2.04	97.96
2014	6766.71	121.08	6645.63	1.79	98.21
2015	7898.58	90.66	7807.92	1.15	98.85
2016	9646.56	68.65	9577.91	0.71	99.29
2017	10202.29	34.55	10167.74	0.34	99.66

数据来源：2009—2018年《中国财政年鉴》。

我国的扶贫支出责任集中由地方政府主导承担的扶贫原则，造成地方政府财政收支压力加大，特别是一些发展相对落后的地区，政府的财政自给能力和财政收入的承载力有限，影响脱贫工作的推进。

3. 扶贫资金效率低

首先，扶贫资金安排缺乏科学的可行性论证，主要表现在扶贫项目的选取上。目前，扶贫的主要形式是产业扶贫，扶贫资金被分配到各个产业项目上，目的是带动贫困地区的经济发展，实现脱贫。但在资金规划过程中，部分扶贫项目的选取没有得到充分的论证，造成项目可行性差、收益低，降低了扶贫资金的效

---

① 中央对地方的扶贫转移支付总额＝扶贫一般性转移支付＋扶贫专项转移支付
扶贫一般性转移支付＝老少边穷补助
扶贫专项转移支付＝特殊教育补助经费＋学生资助补助经费＋中央自然灾害生活补助资金＋流浪乞讨人员救助资金＋孤儿基本生活保障补助资金＋残疾人事业发展补助资金＋困难群众基本生活救助补助＋财政医疗救助补助资金
中央财政扶贫支出＝中央本级财政扶贫支出＋中央对地方的扶贫转移支付总额；地方财政扶贫支出＝地方财政扶贫支出－中央对地方的扶贫转移支付总额。

率。其次，在资金使用过程中存在资金与项目进度不匹配问题，项目进度受阻或资金闲置现象常有发生，影响资金使用效率。再次，一些地区项目库建设迟缓，资金绩效考核指标设立不科学等问题降低了资金管理效率。

（二）加强人大对扶贫支出监督的政策建议

1. 加强扶贫资金规模监督

脱贫目标的实现首先要求有一定规模的资金投入支持，因此，各级人大对扶贫支出的监督工作，首先应加强对扶贫资金规模的监督。党的十八大报告中对扶贫工作提出明确要求：到2020年，我国现行标准下农村贫困人口要实现脱贫，贫困县全部摘帽，解决区域性整体贫困，做到脱真贫、真脱贫。在面临经济增速放缓、减税压力增大、财政收支矛盾的现实下，2020年打赢"脱贫攻坚战"的难度有所增加，保证财政性资金对扶贫工作的支持力度，推进扶贫工作的开展，最终实现脱贫目标，需要各级人大加强扶贫资金规模监督力度。

2. 加强扶贫资金使用效率监督

在财政收支压力不断增大的条件下，提升扶贫资金效率是保证扶贫工作开展的有效途径。财政扶贫资金在资金规划、资金使用、资金管理等环节还存在不同程度的低效率问题，削弱了扶贫支出的政策效果。各级人大应充分发挥预算审查权力，做好扶贫资金统筹安排、使用管理、资金追责各个环节的审查工作，同各级政府协同，形成合力，在追踪资金过程中及时发现问题，有效提升扶贫资金效率。

3. 加强扶贫事权及支出责任改革监督

基层政府财政收支压力大是普遍现象，如果扶贫事权及支出责任得不到科学的划分，基层政府财政收支压力得不到有效缓解，最终将阻碍脱贫目标的实现。各级人大应该做好扶贫事权及支出责任划分改革的监督工作。只有扶贫事权及支出责任监督工作得到有效落实，县级扶贫主体地位得到强化，"责任到县、权力到县、资金到县、任务到县"的原则才能发挥指导作用，脱贫目标才能最终实现。

第三节 绩效监督

党的十九大报告提出全面实施绩效管理，《中共中央　国务院关于全面实施预算绩效管理的意见》明确指出，要构建全方位、全过程、全覆盖的预算绩效管理体系，着力提高财政资源的配置效率和使用效益。绩效既能体现资金利用程度、反映目标完成状况，又能反馈需求变化、引导支出方向。实施绩效管理作为优化财政资源配置、提升公共服务质量的关键举措，是预算制度改革的必然趋势。2018年3月6日中共中央办公厅印发的《关于人大预算审查监督重点向支出预算和政策拓展的意见》对人大预算监督工作也提出新的要求，将审查重点由过去的赤字规模和收支平衡状况拓展为支出预算和政策、加大财政资金使用绩效和政策实施效果的监督。加强绩效监督、积极参与绩效管理，是人大预算审查监督工作的细化与深化，有利于督促预算主体增强绩效意识、主动提高绩效水平，有利于规范预算安排、提升预算编制质量，有利于强化政策指导、加快绩效管理进程，从而增强财政可持续性、更好发挥财政在国家治理中的重要支柱作用。可见，人大绩效监督对于绩效预算改革意义重大。

自实施绩效管理以来，在人大及其相关部门的有效监督下，各级预算主体加快预算改革步伐、不断完善绩效管理顶层设计，从强调合规性的传统预算向重视资金效益的绩效预算模式积极转变，财政资金配置效率和使用效益均得到有效提升。2018年，绩效目标已基本实现全覆盖，初步建立了较为规范的绩效指标体系。绩效运行监控范围扩大到所有中央本级项目，并不断强化评价结果反馈与应用、推动绩效信息公开。但现行绩效管理体系仍存在一些问题，需要有针对性地探究改进、加大监督力度，进而形成预算编制有目标、预算执行有监控、预算完成有评价、评价结果有反馈、反馈结果有应用的预算绩效管理机制。

一、重大投资项目绩效监督

我国重大投资项目绩效改革进程参见专栏7-3。

◇ 专栏7-3
重大投资项目绩效改革进程

重大投资项目主要涉及教育、医疗卫生、社会保障和就业、节能环保、保障性安居工程等民生项目以及大型基础性、公益性投资项目。作为财政资金的重要支出领域，加强其绩效管理，能够有效引导财政支出结构优化、加快政府服务职能转变。近年来，财政部及相关部门出台了一系列规章制度，为推进重大支出项目绩效管理指明方向。《关于推进预算绩效管理的指导意见》（财预〔2011〕416号）明确提出，优先选择重点民生性支出和公益性较强的项目进行绩效管理试点。2012—2015年预算绩效管理工作规划（财预〔2012〕396号）要求将"三农"、教育、医疗卫生等重大支出项目纳入重点评价范围，以提高财政资金使用效益、确保民生工作顺利开展。《中共中央 国务院关于全面实施预算绩效管理的意见》指出重点关注重大政策和项目实施效果，各级财政部门要加强重大政策项目预算审核、建立绩效跟踪机制、健全结果反馈制度、强化绩效结果应用。

伴随改革措施的逐步明确，我国重大投资项目方面的绩效管理工作取得了突出进展。从2016年开始，针对重点民生政策和重大项目建立绩效评价常态化机制，大力推进重点绩效评价。2016年财政部从教育、社保、农林水等重要领域选取25个重点民生项目开展政策评估，涉及资金达到3092亿元。2017年增加到35项，截至目前已对100多个重点项目开展绩效评价，资金规模逐步扩大。重点项目绩效信息公开力度也进一步加强，2016年财政部首次将5个重大政策项目的绩效评价报告作为中央决算的参考资料提交到全国人大常委会，实现了绩效公开工作中的历史性突破，获得了一致好评。2017年进一步从教育部、卫生部、环保部等部门选择10个重点项目将其绩效目标和指标随同部门预算文本供全国人大代表审议、并向社会公开，在推进绩效管理上又迈出了重要一步。2018年，中央部门36个重点项目绩效目标、15个重点项目的绩效评价报告提交到人大常委会参阅和审议。与此同时，地方政府也积极探索绩效管理方式、加大绩效信息公开。接近一半的省份已将项目支出的绩效目标随同部门预算文本上报到地方人大审议批复。广东、湖北、湖南、河北等省份已经覆盖所有省本级项目支出，广西、山西、北京分别覆盖200万元、300万元、500万元以上项目支出，江西、重庆、四川等省份主要覆盖重点项目或部门支出。北京、天津、江苏等省市在有关部门网站主动公开重点项目绩效目标和绩效评价报告。不少地方为提高绩效评价科学性和公开性，针对重大项目实施财政与人大联动管理。例如，广东省财政厅积极配合人大展开第三方绩效评价和联网监督工作，四川、湖北邀请人大财经委参与预算绩效目标审核等均为推动绩效管理改革发挥了重要作用。但是，在重点支出、重大投资项目绩效改革进程中，也存在着一些突出问题。

资料来源：财政部预算司预算绩效管理网站、中国人民大学财税研究所网站、中国政府网。

（一）重大投资项目绩效存在的问题

1. 绩效目标设定不明确

绩效目标作为预算绩效管理的起点，也是后续进行绩效监控和绩效评价的重要依据。而当前重大支出项目的绩效目标设定不明确，尤其是年度总体目标，经常将工作计划或总结作为绩效目标，过于笼统、范围过大，未突出具体项目的特点和要求。如某个医疗卫生项目将绩效目标设定为：改善医疗卫生条件、提高医院治疗能力、解决患者看病难、看病贵问题等，就会发现这样不明确的绩效目标没有实质性绩效，可能会导致项目资金安排不合理、监管不严密、实施效果不佳。在细化绩效目标的绩效指标层面，定性指标较多、量化指标不足，只能依靠主观判断进行绩效定位、不够准确。例如，降低了使用成本，方便了居民生活、提高了公众福利等表述，没有进行分级分档、难以选择对应项目标准或历史标准进行衡量，也就无法进行客观评价。部分定量指标也存在目标值偏低的情况，设置时未经过合理测度和充分论证，使预算部门不用努力就可以达到，绩效指标形同虚设。类似于预算执行率设置目标值为90%，就为无效指标，不能起到目标管理的引导和督促作用。

2. 问责主体缺乏独立性

当前重点支出、重大投资项目绩效管理中问责方式仍是以同体问责为主，问责主体较为单一。同体问责主体主要包含财政部门、预算部门、审计部门、监察部门及主管财政方面专家组成的审核委员会等，异体问责主体一般包括各级人大、司法部门、社会公众和新闻媒体等。同体问责虽有规制成本低、高效便捷的优势，但其主观偏好性强、独立性差，难以察觉绩效问题，甚至由于利益趋同而有意遮掩，这会弱化问责效果、大大降低资金效益。近年来，有些地方通过引入第三方评价机构、强化公众满意度等措施开启多元问责之路，初步探索也会存在许多不足之处，有待完善。对于评价机构，评价资料的获取一般来自项目负责人的工作计划和报告总结、已有的管理资料和部分网站公开数据，受限于项目实施主体先入思想，不乏粉饰资料的可能。数据真实性和独立性不高、评价结果不准确。对于公众，专业水平较差和绩效意识薄弱限制了其参与绩效问责的主动性和积极性，评价过于依赖政府，缺乏独立性。

3. 评价结果难以反馈应用

绩效评价结果应用作为预算绩效管理的落脚点，是绩效预算区别于传统预算模式的重要体现。尤其对于涉及社会民生的重大项目，周期性较长，需要绩效的适时反馈与结果应用，结合公众需求变化，及时作出调整，才能更好发挥资金效益。但当前出台的大多数绩效管理实施办法仅提到将绩效评价结果作为以后年度安排资金的重要依据，没有明确绩效评价结果和资金配置之间的直接关系。在重大项目绩效管理实践中，往往只重视绩效评价过程，开展绩效评价大多仅是为了得到一个分数或者结论，忽视了评价结果的反馈和应用。这种评价模式往往使得耗费大量精力得到的结论和意见只停留在书面层面、得到实际应用的很少，某些绩效评价问题反复存在，导致项目实施效益不佳、未达到预期效果。这种绩效与预算不挂钩的"两张皮"现象，使得绩效评价工作沦为一个"形象工程"，预算绩效管理体制无法得到有效落实，价值和意义也大打折扣。

（二）加强人大对重大投资项目绩效监督的建议

1. 严格审查绩效目标

绩效目标是实施预算绩效管理的基础和前提，能够统领整个绩效管理工作。而且重点支出、重大投资项目作为国家财政的关注焦点，强化其绩效目标管理势在必行。各级人大应积极发挥绩效审查监督作用，严格审核预算部门的目标设置，引导绩效目标逐步明确。首先，重大项目绩效目标整体上要符合国家发展战略规划、紧密贴合项目支出方向、注重满足社会民生需求。其次，重大项目一般具有长期性特点，需要设置总体目标和分期目标。总体目标需要体现项目自身特色、具有定量标准，避免使用形式化表述。分期目标要结合项目自身特点和现实形势，进一步明确预算执行进度，并与总体目标相对应。在绩效指标层面，考虑到重大项目大多涉及教育、医疗卫生、社保等民生领域，资金投向较为集中，需重点加快民生行业核心绩效指标和标准体系的构建、强化公众满意度，形成信息化项目库，使项目指标选取及对应目标值设置有所参考，杜绝过低无效。绩效指标的选取需注重指标可衡量性，如果能够定量就用定量指标，难以定量可使用定性指标，但要分级分档、对于设置依据和来源作详细备注。结合同类型项目（横向）或者自身项目历史年度（纵向）表现设定一定标准值，说明达到什么要求才能合格等情况。

2. 完善异体问责制度

人大作为独立于预算部门的权力机关，应大力发挥绩效问责中的主体作用。首先全国人大应该加快立法来为预算绩效问责提供法律保障，使绩效问责向规范化和常态化发展、督促预算部门加强绩效管理、提高资金使用效益。其次，人大应引导社会公众和新闻媒体积极加入绩效问责，强化专业知识培养、完善异体问责制度。重大项目资金来源多为财政性资金，支出方向多为民生领域，体现着政府与公众间强烈的委托代理关系。社会公众作为委托方，必然存在绩效监督与问责的诉求，其需求变化与利益趋向也直接关系到项目作用的发挥。需要拓宽公众参与渠道，首先通过张贴海报、宣传报告、召开座谈会等方式培养公众绩效问责意识、积累绩效专业知识，再者以简单易懂的形式将项目运作情况在相关网站公开，让公民有机会、有能力进行绩效监督。另外，新闻媒体作为公众表达民生的重要载体，其曝光度能够引起相关主体高度关注，利用舆论监督方式来共同加强绩效问责。

3. 落实结果应用方案

重大项目涉及社会民生、资金规模庞大、周期长，作为国家重点关注领域，是落实结果应用的重要试点。各级人大要督促政府机构加快完善预算绩效管理办法,通过规章制度来明确绩效结果与资金配置关系,将评价结果与预算安排相挂钩,引导财政资金流向更有效的方向。此前,合肥市、广西省、辽宁省等地就已开始探索,改革效果显著。通过发布合政办〔2016〕51号文、桂财办〔2015〕34号文、辽财预〔2015〕15号文等将绩效评价结果分为优秀、良好、合格和不合格等级,然后根据等级不同分配不同比例的财政资金。这样有利于及时反馈调整、减少无效益支出、有效贴合公众需求、提高项目整体效益。将绩效结果转化预算安排的标准,利用绩效优劣为项目支出提供参考依据,解决预算与绩效"两张皮"的现象,实现真正意义上的绩效预算。

二、专项转移支付绩效监督

我国专项转移支付绩效管理改革进程参见专栏7-4。

◇ 专栏7-4
专项转移支付绩效管理改革进程

转移支付制度是我国现行财政制度的重要组成部分,主要包括一般性转移支付和专项转移支付,与均衡地方基本财力、统筹安排使用的一般性转移支付不同,专项转移支付是中央政府为实现特定宏观政策和战略发展目标所设立的补助性资金,具有明显的政策意图和特定的使用范围。专项转移支付的资金性质和行政审批色彩决定了规范专项转移支付、加强绩效管理的必要性与紧迫性。2014年,国务院出台《关于改革和完善中央对地方转移支付制度的意见》(国发〔2014〕71号),提到要规范专项转移支付资金分配与使用、完善绩效评价制度、建立科学评价机制。为进一步规范专项转移支付绩效管理,2015年财政部印发了《中央对地方专项转移支付绩效目标管理暂行办法》(财预〔2015〕163号),对于专项转移支付绩效目标的设定、审核、下达、调整与应用均提出明确要求。另外,2016年制定《专员办开展中央对地方专项转移支付监管暂行办法》(财预〔2016〕136号),授权专员办参与专项转移支付绩效管理,要求结合地方实际情况,细化绩效评价方案、客观公正评判绩效情况,并形成绩效评价报告上报相关部门。这能够充分发挥专员办就地就近优势,有效开展审核督导工作、提高资金使用效益,是推动专项转移支付绩效改革的重要举措。

在相关文件的指导下,我国专项转移支付绩效管理逐步走向规范。2013—2017年,各级财政部门通过清理一些政策到期、绩效低下的专项,并积极整合政策目标、投入方向相近项目,将专项资金从220项压减至69项,规范专项转移支付资金管理,为顺利开展绩效管理工作打下良好基础。2016年中央开始对

93项专项转移支付逐一设定绩效目标,在2017年进行预算编制时又加以修订完善,细化为绩效指标体系。并进一步加大绩效信息公开力度,2018年将所有中央对地方专项转移支付的绩效目标提交到全国人大常委会进行参阅审议,推动绩效信息向社会公开。

资料来源:财政部预算司预算绩效管理网站、中国财政学会2017年年会"预算管理"分论坛主要观点综述。

(一)专项转移支付绩效管理中存在的问题

1. 项目设立交叉重叠

当前我国部分专项转移支付项目的设立安排交叉重叠。鉴于我国仍存在事权划分不清晰、不合理的现实问题,与事权支出责任划分相衔接的专项转移支付也会出现不同程度地交叉重叠。另外,设立门槛较低、行政权力干预过多,部分项目只要满足一定的资金需求就可以进行设立,从而导致各部门出于利益竞争随意设立,项目重复泛滥现象出现。《国务院关于2018年度中央预算执行和其他财政收支的审计工作报告》指出,财政部安排的涉及金额1552.55亿元的11项专项转移支付和发展改革委1431.47亿元的7个投资专项,在资金投向上相同或者类似。发展改革委6个投资专项的一些具体投向也存在重叠现象,涉及金额达到165亿元。专项转移支付项目的交叉重叠会造成资源浪费,使资金紧缺项目无法获得支持,从而降低资金配置效率、降低资金使用绩效。

2. 绩效目标管理不足

专项转移支付一般是为实现国家宏观政策和经济社会发展目标而设立的补助性项目,所以相比其他资金项目来说,更能体现出中央政府的政策性意图,更需关注政策效果,所以在绩效管理的起点绩效目标的设置阶段就应充分体现国家的政策导向和战略规划。当前专项转移支付的绩效目标总体方向上虽贴合政策战略,但普遍存在表述形式化的问题,没有依据项目实际情况、体现项目特色,目标量化性较差。而且专员办在参与专项转移支付绩效管理过程中,往往将工作重点放在事后绩效评价层面,对于事前绩效目标的设置审核以及执行阶段介入不多、关注度不高,从而导致专项转移支付绩效目标管理不足。2018年,审计署审计工作报告指出有17项转移支付的绩效目标设定不够明确、管理规定要素不完整;12项转移支付的绩效目标未能和预算同步下达;21项专项转移支付的年度整体绩效目标未公开。

3. 资金分配不严格

专项转移支付分配不严格主要体现在申报审核真实性不足、分配方式科学性不强等方面。在专项转移支付项目申报时，会存在某些政府或者部门为争取更多上级专项资金，而利用信息不对称来包装项目甚至编报虚假项目的可能性，申报资金非项目实际需求，如果审核不严格予以批准，就会造成资金下达后财政用不出去或者使用方向与起初申报差异较大。据审计署报告，2018年我国因审核不严向不符合条件的22家单位分配资金，涉及专项转移支付达到7亿元。在资金分配方式上，《中央对地方专项转移支付管理办法》虽规定可以采用因素法、项目法进行资金分配，但并没有明确具体的分配标准和计算方式。而且专项转移支付行政权力干预较多，转移金额会很大程度上依赖政府拥有的自由裁量权，存在不透明现象。审计署审计发现，2018年度，有24项专项转移支付涉及超过15000亿元没有明确实施期限、因素权重和退出条件，有7项专项转移支付未按规定标准和分配方法进行分配。

（二）加强人大对专项转移支付绩效监督的建议

1. 提前介入项目审查

鉴于专项转移支付项目设立之初存在混乱重复的问题，各级人大要充分发挥监督审查作用，提前介入项目审查、加大项目设立监督力度，在源头降低专项转移支付资金使用的无效行为。在加快推进政府间事权和支出责任改革基础上，严格审查新设项目，设立之前人大就积极介入调查，并通过听证方式，加强公众与媒体的参与，在征求民众意见的基础上，结合有关专家建议进行科学评定。需要界定所设项目是否与事权划分有紧密相关性，属于中央地方共担事权项目、少量中央委托事权项目以及引导类、救济类和应急类项目，且具有明确的政策依据和目标、资金需求和用途以及主管部门和职责分工才可以准予设立，仅有资金需求、其他事项不明确的项目不予通过。同时，及时清理整合交叉重叠、零星分散的专项转移支付项目，取消到期、绩效低下和竞争性项目，整合政策目标、资金投向和管理方式相近项目，对于保留项目要建立项目库，通过数据共享和信息比对，明确项目职能和实施顺序，方便开展项目绩效评价与审查。

2. 强化绩效目标管理

绩效目标对于绩效管理的重要作用不言而喻，尤其是带有明显政策意图的专项补助性资金，其绩效目标的设置更需科学严谨，才能引导资金使用始终围绕政策战略初衷。为此，人大要加强事前绩效目标的审查工作，首先由于专项转移支付涉及领域较为广泛、业务知识较为专业，需要组织专业知识和绩效管理的技能培训，通过人大、专家及相关主体互相学习交流，加强绩效目标管理重视程度、提升绩效审查监督能力。再者，严格设置审查绩效目标。改革初期阶段，人大应积极参与绩效目标设置工作、给予相应指导建议，将目标审查要求一开始就渗透到设计阶段,并规定不设定绩效目标或者目标设定不合理不予调整的,不得进入预算安排和资金分配阶段。专项转移支付绩效目标总体目标要紧扣对应领域的宏观政策与战略规划,而且要根据项目自身特点进行量化。绩效指标是绩效目标的分解与细化,包括产出指标、效益指标和满意度指标。产出指标包括数量、质量、时效和成本指标,其中时效指标不可忽视,对于专项转移支付来说,资金能否及时下达是检验执行效率的重要方面,需要设置对应指标进行反映。效益指标包括经济效益、社会效益、可持续影响等指标,不仅需关注经济层面效益,其社会和可持续影响更能体现专项转移支付的政策化特征。满意度指标是反映受益人和服务公众的认可度指标,调动公众参与度、注重满意度测评,从资金受益方的反应洞察公众需求,能够深度体现资金绩效水平。

3. 创新绩效监督方式

人大作为绩效监督主体,自身现有审查机构和人员远远不够,需要整合各方力量共同推进预算绩效管理改革进程。通过建立专家学者库、中介评价机构库,引入专家学者、第三方中介机构和实施当地的政策受益公众,成立专项绩效评价小组,除开展听取专项工作报告、实地调研、随机检查工作外,进行问卷调查、满意度测评、听取专家和群众意见等方式增强绩效监督,并且加快人大预算监督联网系统成立,方便获取全面及时的绩效信息。推动政府出台明确的专项转移支付资金分配标准,通过多主体信息共享增强专业知识、了解实际需求、扩大信息公开,更为科学地鉴定专项转移支付项目申报的真实性与资金分配的合理性,提高资金配置效率和使用效益。

三、债务绩效监督

我国债务绩效管理改革进程参见专栏7-5。

◇ **专栏7-5**

债务绩效管理改革进程

近几年,债务规模的加速扩张引起社会各界的广泛关注,政府及相关部门出台了一系列文件加强债务管理。2014年《国务院关于加强地方政府性债务管理的意见》(国发〔2014〕43号)对于地方债务的规模控制和预算管理与化解债务风险等方面提出相应要求。财政部等部门印发的《关于进一步规范地方政府举债融资行为的通知》(财预〔2017〕50号)进一步明确规定了加强融资平台公司融资管理以及健全规范举债融资机制的相关措施。在党的十九大全面实施绩效管理的号召下,2018年出台的《中共中央国务院关于全面实施预算绩效管理的意见》,明确指出要将预算绩效管理的范围延伸至政府债务项目的相关领域，加强政府债务的绩效考评。当前已有一些省份开始启动债务绩效评价，债务绩效管理实践工作逐步开展。安徽省财政厅发布《关于开展2015年度新增地方政府债券资金绩效评价工作的通知》，在全国率先开展新增地方债务资金的绩效评价。明确绩效评价范围为省、市、区使用新增债务组织实施的相关项目，评价内容主要包括项目进展、管理措施、完成投资、资金到位及产出效果等。2016年，河北省印发《省对市、县政府债务管理工作绩效评价办法（试行）》（冀财债〔2016〕38号），针对债务限额管理、项目管理等方面设定指标展开评价。2018年陕西省财政厅制定《陕西省政府债务管理绩效评价暂行办法》（陕财办预〔2018〕109号），引导建立债务绩效评价指标体系，主要围绕"建立规范的举债融资机制""政府债务限额和预算管理""控制和化解债务风险"等七项内容进行绩效评价，并明确设置一、二级指标，对规范债务绩效管理工作提供借鉴。

资料来源：财政部预算司政府债务管理网站、中国政府网、各省财政厅网站。

（一）债务绩效管理存在问题

1. 覆盖范围有限

目前，我国债务绩效管理改革处于起步阶段，一些省份虽然已经开始探索债务绩效管理之路，但整体来看我国债务绩效还未得到有效推行，覆盖范围有限。一是体现在地域范围层面，多数省份还未制定专门的债务绩效管理相关文件、未正式开展债务绩效评价工作，债务绩效意识较低。尤其是市、县级债务负担较重、债务风险较大的地区，债务绩效管理重视度远远不够。二是体现在资金范围层面，当前债务绩效管理资金多为地方政府债券等显性债务，没有覆盖到城投债、地方政府隐性担保的银行贷款及其他隐性债务。隐性债务游离在预算管理之外，若不对其加以绩效问责和化解控制，会造成隐性债务的愈发膨胀、债务风险大大增加。审计署2018年度对18省、17市、17县政府债务进行审计，发现16省未对困难较大的市县债务制定风险应急预案，11个地区170.78亿元的存量隐性债务未制定化解措施。

2. 举债融资不透明

我国债务问题主要集中于地方政府债务，其举债融资形式主要分为两种：一种是地方政府在国务院批准的债务限额内发行地方政府债券，包含一般债券和专项债券，是最为规范透明的债务存在形式。另一种是地方借助地方融资平台和企事业单位等机构，通过发行城投债、BT模式、银行贷款等方式变相举债。虽然国家相关政策严格控制变相举债，但囿于收支压力和官员利益影响，变相举债模式依然存在，举债信息不透明、隐性债务日益膨胀。而且，近年来为解决地方融资问题推行的政府和社会资本合作（PPP）模式，伴随实践的开展也逐步暴露出一些问题：项目选择盲目、管理监督不强、效率低下等。其约定回购本金、承诺保底收益、明股实债等现象也暗含着隐性债务的存在，加大了隐性债务风险。

3. 偿债机制不健全

地方政府举债融资必然对应着未来的还本付息义务，债务能否到期偿还应是债务管理中的重点问题。但是由于缺乏规范的债务管理，某些地区不顾及地方承债压力和偿债能力，肆意举债、违规使用，造成成本效益不匹配、无法保证到期偿债，大大增加了债务风险。一方面政府官员会出于经济人动机，为追求个人政绩在任职期间通过大量举债来发展经济，未提前做好项目储备和可行性研究，就盲目争取发债额度或者自行变相举债，造成债务资金闲置浪费，资金效益下降。甚至在职期间利用个人权力和制度漏洞，扩大寻租空间、违规违法举债，致使债务规模超常规增长。另一方面，地方政府债务期限多为中长期，与政治周期存在不一致，本届政府举债一般由下届政府偿还，政府官员就能在自己任期内规避偿还责任，这种权责分离模式进一步加大了债务扩张的可能。

（二）加强人大债务绩效监督的建议

1. 扩大债务绩效管理范围

当前债务绩效覆盖范围有限，人大应该积极参与引导各级政府加快债务绩效管理改革步伐、扩大债务绩效管理范围、规范债务绩效管理模式。首先，调动各级人大力量和地方政府相关部门清查本地债务，摸清债务状况，重点关注市县级地方债务，既包括地方政府债券形式的显性债务，也包含部分由财政性资金进行偿还的融资平台债务以及由政府购买、投资和PPP模式约定回购本金、承诺保底收益产生的隐性债务。在此基础上，出台规范化的地方债务绩效管理方案、开展绩效评价工作，将评价对象扩展到PPP和政府购买等项目，同时扩大绩效评价地域范围和资金范围，增强债务绩效管理意识、压缩隐性债务规模、提高债务资金效益。

2. 推动绩效评价指标全过程覆盖

构建规范合理的债务绩效评价指标体系是开展债务绩效评价工作的核心所在，是推动债务绩效管理的关键一步。一般来看，地方政府为满足一定的资金需求开始举借债务，然后将其投入社会民生和基础设施领域，进行资金运作与监管，最后产生相应的经济效益和社会效益。所以债务绩效评价指标体系也应覆盖债务"举借—投入—使用—产出"的全过程，不能仅仅关注结果产出，要对每一环节都加以重视，尤其是举借、投入等前期阶段，力求将绩效关口前移、在源头控制债务风险。再者，根据绩效经典 3E 理念，重点关注债务绩效的效率性、效果性和公平性，设置债务规模效率、结构效率、运作效率和管理效率来体现效率性，分别从能否按需筹集对应资金、能否根据要求分配资金、能否按时建成投产项目以及能否及时披露信息和反馈意见等方面进行考察。设定经济效果和社会效果来衡量效果性，不仅关注地区生产总值和居民收入等经济效果，也需关注教育、医疗等债务投向领域的社会效果。利用公众满意度来体现公平性，围绕政府满意度、公共服务满意度展开评价。对应上述七类指标结合债务实施项目进行指标细化，完善债务绩效评价指标体系。

3. 强化债务绩效问责

要想提高债务资金使用绩效、防范控制债务风险，强化债务绩效问责是关键。应该建立绩效评价结果激励与约束机制、及时公开评价结果的相关信息。对于绩效评价结果表现良好的债务项目给予优先保障和适当奖励，绩效评价结果较差的债务项目进行追究问责、落实到具体负责人，设定期限进行整改，并将奖罚结果与政绩考核相挂钩，改变传统以"GDP 论英雄"的政绩考核机制，融入政府官员在任期间债务绩效与风险状况，对债务率、新增债务率、偿债率等典型指标进行重点考察，时刻把控债务风险，实行领导干部的债务终身问责制，减弱官员急于追求经济增长而变相举债、忽视债务风险的非理性行为，避免其任期结束后留下巨大的债务压力，并督促其加强债务绩效管理，提高债务使用效益，积极化解债务风险。

第四节 国有资产监督

党的十八大以来，中央高度重视人大国有资产监督工作。党的十八届三中全会提出，加强人大预算决算审查监督、国有资产监督职能，完善国有资产管理体制，以管资本为主加强国有资产监管。2017 年 12 月，《中共中央关于建立国务院向全国人大常委会报告国有资产管理情况制度的意见》（中发〔2017〕33 号，以下简称《意见》）发布，对建立健全人大国有资产报告监督机制提出要求。明确规定县级以上地方要根据本地实际情况，建立政府向本级人大常委会报告国有资产管理情况制度。为了推进和完善人大国有资产监督职能，本节主要分析人大国有资产监督的理论依据、国有资产基本情况、国有资产监督存在的问题、国有资产监督改革建议。

一、人大国有资产监督的理论依据

国有资产的财产所有权归全民所有,全民无法直接行使,代议制的方式要求各级人大及其常委会履行国有资产监督职能。全国人大及其常委会是全民行使国有资产所有权的最高机构,其履行国有资产监督职能既能体现国有资产的全民所有属性,也能有效落实对国有资产的财产所有权的保护。

1. 国有资产的财产所有权归全民所有①

从国有资产的形成上分析,其财产所有权归属于全民所有。我国是社会主义国家,生产资料的社会主义公有制是社会主义基本经济制度的基础,包括生产资料的全民所有和生产资料的集体所有,而生产资料的全民所有制正是国有资产形成的最初源头。因而,从国有资产的形成上来说,国有资产的财产所有权归属于全民。从国有资产的法律确认上分析,其财产所有权归属于全民所有。我国多部法律中对国有资产的财产所有权归属进行了法律上的确认,认定其归全民所有。这些法律主要包括:《宪法》第九条、第十条规定"属于国家所有即全民所有的自然资源土地等生产资料";《民法通则》第七十三条明确规定"国家财产属于全民所有";《物权法》第四十五条规定"法律规定属于国家所有的财产,属于国家所有即全民所有",第四十六条至第五十二条对国家所有的财产进行了列举式的详细规定;《企业国有资产法》第三条规定"国有资产属于国家所有即全民所有"等。

2. 人民代表大会制度是全民所有的财产所有权得以实现的重要制度设计

国有资产的财产所有权归国家所有,而一切国家权力属于全体人民所有,人民是国家的主人。国有资产的财产所有权归根结底属于全体人民,是全体人民共同所有的一项神圣的财产权利。"全民"从法律上来看是一个统一主体,但在实际中却并没有一个统一实体与之对应,而是亿万个分散的不同自然人个体。因此,全民对国有资产的所有权并不体现为具体权利的直接行使。根据我国宪法和相关法律,国务院代表国家行使国有资产所有权,国务院和地方各级政府依法履行国有资产出资人职责。这种分工协作的国有资产制度设计并不是否认人民对国有资产及其管理运营所天然具有的介入权、收益权和监督权,只是这种权利的行使更多体现为间接行使,即在全体人民的财产所有权与国有资产管理运营的国家行政权力之间依托人民代表大会这一制度搭建起了沟通桥梁。全民可以按照相关法律法规和程序选举人民代表大会代表,通过各级人民代表大会行使国有资产的

---

① 文宗瑜、谭静:《国有资产报告制度的若干问题》,《财政科学》,2018年第4期。

所有权。全民通过各级人民代表大会行使所有权主要是通过各级人大及其常委会履行法定职权（立法权和监督权）来实现。而长期以来，人大对国有资产的监督权未能得到有效落实，监督职能较为弱化，全民对国有资产各项权利的行使缺乏有效机制。通过人大履行国有资产监督职能制度的建立和发挥，可以很好地解决长期以来所有权人缺位的问题，很好地打通人民行使全民所有财产所有权的通道。从本质上看，不论是预算资金还是国有资产，归根结底是全民的财权，全民应该可以行使完整的权利。而全体人民这一共同财产权利的行使是通过人大制度得以实现的：一方面，人民通过人大审核批准预算的制度及预算公开机制的完善而了解"从哪里来，到哪里去"，通过人大监督国有资产制度和国有资产信息公开机制的建立而了解"发挥了什么功能，效果怎么样"。而且，从资产与预算的关系上看，人大审查批准预算与监督国有资产是密不可分的，脱离资产管理的预算管理是不够科学准确且无法很好发挥功能的，离开预算支持的资产管理也是没有基础的。为此，要彻底改变长期以来人大只审预算而不监督国有资产，各级政府只关注预算而不重视资产的思维，真正建立起预算管理与资产管理高度结合的现代大国理财思维。

二、国有资产基本情况

（一）全国国有资产规模

我国国有资产规模从 2001 年的 16.67 万亿元增长到 2018 年的 210.4 万亿元，增长了 12.6 倍，增长幅度不可谓不大（见图 7-8）。

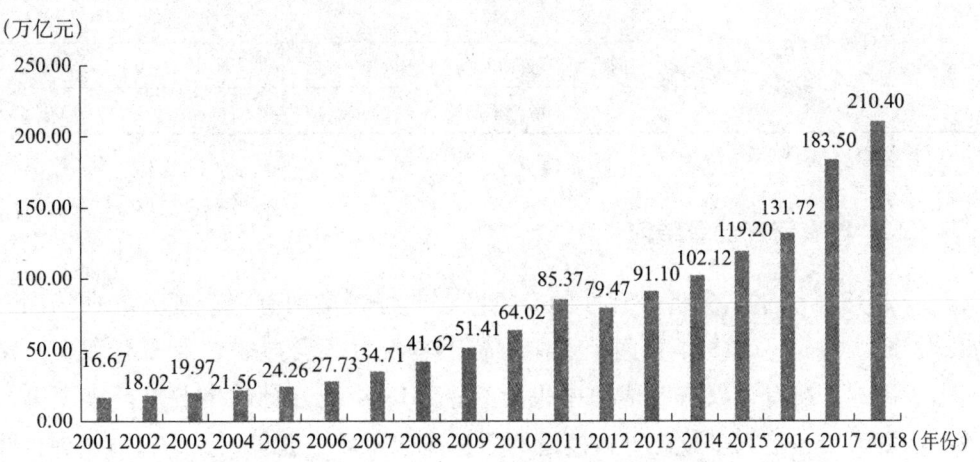

图 7-8 2001—2018 年我国国有资产

资料来源：《中国财政年鉴》和财政部网站。

表 7-8 是国有资产管理情况报告制度建立后,按照用途和性质划分的国有资产构成情况。首先,全国国有资产总额(不包含金融企业)的占比从 2017 年的 43.23% 上升到 2018 年的 44.32%。而全国国有金融企业资产总额占比,则从 2017 年的 56.77% 下降到 2018 年的 55.68%;其次,包含了行政性国有资产、事业性国有资产的非经营性国有资产,从 2017 年的 30 万亿元增长到 2018 年的 33.5 万亿元,负债总额则从 2017 年的 9.5 万亿元增长到 2018 年的 9.9 万亿元,在二者的共同作用下,全国行政事业性国有净资产从 2017 年的 20.5 万亿元增长到 2018 年的 23.6 万亿元,增长率为 15.12%;资源性国有资产的数据显示,全国国有土地总面积、内水和领海面积基本维持不变,这符合自然资源实际状况。

表 7-8   2017—2018 年我国各类国有资产规模变化情况

		2017 年	2018 年
经营性国有资产	非金融类国有资产总额(万亿元)	183.50	210.40
	占比(%)	43.23	44.32
	国有金融类资产总额(万亿元)	241.00	264.30
	占比(%)	56.77	55.68
行政事业性国有资产	行政事业性国有资产总额(万亿元)	30.00	33.50
	增长率(%)		11.67
	负债总额(万亿元)	9.50	9.90
	增长率(%)		4.21
	净资产(万亿元)	20.50	23.60
	增长率(%)		15.12
国有自然资源资产	全国国有土地总面积(亿公顷)	5.05	5.06
	增长率(%)		0.10
	内水和领海面积(万平方公里)	38.00	38.00
	增长率(%)		0.00

资料来源:财政部网站。

(二)国有资产层级结构

以 2018 年为例,分析经营性国有资产、非经营性国有资产细分数据的国有资产构成。首先,2018 年我国企业国有资产构成(不含金融企业国有资产)中有七成为地方所有,仅有三成由中央所有;2018 年地方行政事业资产在全国行政事业资产中占绝大多数比重,接近 86%,中央行政事业单位资产仅占全国行政事业资产的 14.03%。进一步分析发现,中央行政事业单位资产、地方行政事业单位资产均以事业单位资产为主,而非行政单位资产为主。

三、国有资产监督存在的问题[①]

国有资产是经济社会发展和民生保障的重要物质基础,管好用好国有资产对于推进国家治理体系和治理能力现代化具有重要意义。当前,国有资产管理监督工作还面临不少问题和挑战。

(一)国有资产监督法律体系不健全

监督法规定,各级人民代表大会常务委员会对本级人民政府、人民法院和人民检察院的工作实施监督。企业国有资产法规定,各级人民代表大会常务委员会通过听取和审议本级人民政府履行出资人职责的情况和国有资产监督管理情况的专项工作报告,组织对本法实施情况的执法检查等,依法行使监督职权。土地管理法规定,省、自治区、直辖市人民政府应当将土地利用年度计划的执行情况列为国民经济和社会发展计划执行情况的内容,向同级人民代表大会报告。以上法律明确赋予各级人大常委会对本级政府国有资产管理工作的监督职权,但法律条文规定过于笼统,没有明确赋予各级人大常委会监督矿藏、水流、海域等自然资源和公路铁路等基础设施的监督职权;对各级人大常委会监督国有资产的范围、内容、形式等没有作出明确规定,缺乏制度性和可操作性;对国有资产管理工作监督针对性不强,特别是对国有资产管理主体、责任监督内容不够全面详细;缺乏监督结果处理机制,法律约束力度不强。

(二)国有资产报告制度仍需完善

中发〔2017〕33号文件下发后,省级人大陆续出台本省政府向本级人大常委会报告国有资产管理情况的法规、建立制度并实施。各设区市也相继建立了政府向本级人大常委会报告国有资产管理情况的制度。但是总体来看,国有资产管理情况报告的内容仍不完整,对按法律规定属于国家所有的野生动植物资源、无线电频谱资源、国防资产、铁路、公路、电力设施、电信设施和油气管道等基础设施尚未纳入相关国有资产报告内容;会计统计报表不能反映国有资产管理工作主要内容,需要加快完善设计国有资产的会计制度和统计制度,规范完善报表体系;国有自然资源报告内容简单、不规范,对国有自然资源总量、结构、分布和保护利用等主要内容没有详细具体说明。

[①] 本部分资料主要借鉴山东省人大常委会预工委"完善国有资产监督研究"的课题资料。

(三)国有资产监督机制不完善

按照中发〔2017〕33号文件要求,各级人大常委会要逐步"建立起多层次多角度、既相互分工又有机衔接的人大国有资产报告和监督机制。"省人大财经委、常委会预算工委以省人大常委会听取审议国有资产管理情况报告为契机,组织省直部门国有资产管理工作座谈会,调研省属国有企业管理情况,积极探索国有资产监督工作,并计划组织开展行政事业性国有资产管理情况专项工作调研等监督工作。这些工作距离建立多层次多角度、既相互分工又有机衔接的人大国有资产报告和监督机制还存在较大差距。需要加大工作力度,积极探索开展执法检查、组织代表视察、开展专题调研、进行询问质询、听取专题汇报等方式,加强对国有资产管理情况的监督。

(四)国有资产监督方式单一

省级人大财经委、常委会预算工委在开展有关工作时,普遍采取座谈会、调研、书面调研等多种监督方式,并广泛听取人大代表和有关专家智库的意见建议,保障国有资产监督工作水平和质量不断提高。但近年出现的一些新的监督工作方法尚未应用到国有资产监督工作中来。如委托第三方评估机构对有关部门国有资产管理情况开展绩效评价。如利用人大预算联网监督平台,实现国有资产管理联网监督。此外,国有资产管理工作和监督工作仍然存在公开性不够、公开不及时的问题,人大代表和社会公众缺少了解国有资产管理工作情况的有效渠道。

(五)国有资产监督力量薄弱

国有资产监督具有较强的专业性和技术性,需要会计、审计、经济、管理、法律等多方面的专业知识。从代表结构来看,各级人大代表中能够看懂企业报表、懂企业管理以及企业相关法律法规的代表并不多,制约了国有资产监督工作的开展。从我国的审计体制来看,审计机关作为政府的职能部门开展的同级审计,人大缺乏自己相对独立的审计机构,制约了审计部门对国有资产监督作用的有效发挥。从人大机构组织来看,我国各级人大中并未设置专门的国有资产预算监督机构,国有资产监督的具体工作一般由财经委(财经工委)承担,但各级人大的现状是财经委(财经工委)的任务重、人员少,现有人员素质、知识结构、工作能力与庞大的国有资产、众多的国有企业及项目相比,显然力不从心,缺乏足够的力量和专业水平开展监督。

四、加强国有资产监督的改革建议

（一）健全国有资产监督法律法规体系

健全的法律法规体系，是人大加强对国有资产监督工作的前提和基础，同时也是工作有序开展的重要保障。宪法是国家的根本大法，具有最高法律效力。我国的宪法对国有经济、国有资产的重要地位和国家权力的归属问题均有明确的规定。从国有经济的重要地位来看，国有经济，即社会主义全民所有制经济，是国民经济中的主导力量。从权力归属来看，一切权力属于人民，全国人民代表大会和地方各级人民代表大会是人民行使国家权力的机关。人民依照法律规定，通过各种途径和形式，管理国家事务，管理经济和文化事业，管理社会事务。因而，从法理上讲，我国国有资产最终所有权的名义法权归属于人大，人大作为国有资产的真正出资人，应当履行国有资产的管理权。但是我国国有资产总量非常庞大，不仅包括经营性国有资产，还包括矿藏、水流、森林、山岭、草原、荒地、滩涂等自然资源，都属于国家所有。与之不相匹配的是，全国各级人大现有的机构设置、人员配置、职能范围等难以承担起直接管理国有资产的责任和义务，不具备行使出资人权力的条件。现阶段，我国国有资产的管理权力为授权政府及其相应机构代为履行，由国务院和地方人民政府分别代表国家履行出资人职责，享有所有者权益。实际操作中多由财政部门作为出资人履行对行政事业性国有资产和金融企业国有资产的管理职能，国资管理部门履行对企业国有资产的出资人管理职能，自然资源等部门履行对自然资源性国有资产的管理职能。全国各级人大则发挥以人为本、关注全局、着眼权威的监督优势，根据自身能力情况，逐步做实国有资产的监督职责，有效弥补政府具体监管国有资产的各种缺陷。

为了进一步明确人大对国有资产的监督权，尽快做实人大对国有资产的监督职责，健全国有资产监督法律法规体系，应从国家层面、地方层面和人大层面三个层面明确国有资产出资人权力归属，在落实中共中央建立报告制度等政策部署的基础上，将中央《意见》相关规定转化为法定的相关工作，使《意见》所确定的一些创制性规定转化为法律性规定，推动党的主张上升为国家意志，通过立法程序上升为法律条款，为人大更好履行国有资产监督职责提供坚实的法律保障。

在国家层面，首先应当基于分散立法的现状，以补短板、填空白为重点，在现有法律法规的基础上，注重提高和创新，尽快推动宪法和既有法律的修订和完善，推动有关法律的制定和实施。一是在宪法层面尽快通过宪法修正案的形式赋予人大及其常委会对国有资产的最高监督权。现行宪法中,明确人大具有审查和批准国有资本经营预算和预算执行情况的报告的权限,并未明确提及人大对国有资产的监督权,人大对国有资产的监督仅模糊为国家权力机关的监督。因而,宪法层面应参考预算审查尽快增加各级人大对国有资产管理、运营实施监督的相关内容,增强人大监督权力的法定性。二是推动既有法规的修订和完善。2008年10月28日第十一届全国人民代表大会常务委员会第五次会议通过的《企业国有资产法》第六十三条规定,由各级人民代表大会常务委员会听取和审议本级人民政府履行出资人职责的情况和国有资产监督管理情况的专项工作报告。2018年6月《中共中央 国务院关于完善国有金融资本管理的指导意见》(以下简称《指导意见》)第二十六条规定,国有金融资本情况按规定向全国人大常委会报告,并明确具体报告责任由财政部承担。上述两项法律法规仅对企业国有资产和金融企业国有资产向人大报告的制度作出了规定,并未对人大的权力进一步明确。为增强人大监督的法定性和可操作性,应尽快修订《企业国有资产法》,将对国有金融资本管理的《指导意见》上升为相关法律,明确人大的监督权力和监督职责。三是推动有关法律的制定和实施。在行政事业性国有资产管理方面,2006年财政部颁布的《行政单位国有资产管理暂行办法》《事业单位国有资产管理暂行办法》和2015年财政部出台的《关于进一步规范和加强行政事业单位国有资产管理的指导意见》,对规范和加强行政事业单位资产管理作出了相关规定,是目前对行政事业性国有资产进行管理的主要依据。但是这三个文件作为部门加强管理的规定,并未涉及人大的监督权问题。在自然资源资产管理方面,我国现行的法律有水法、土地管理法、矿产资源法、文物保护法等,这些法律都是对自然资源分门别类的管理,缺少统一的更高层次的自然资源资产管理及保护的法律法规。建议加快推进行政事业性国有资产管理立法的研究论证工作,尽快出台行政事业单位国有资产法和自然资源资产法,若时机尚不成熟,可以先行出台相关条例,规范资产管理及保护事宜。四是时机成熟时,可研究提出制定综合性、统一规范各类国有资产的相关法律的建议,制定一部统一的、效力层次更高的《国有资产管理法》,将人大对国有资产的监督作为相关法律法规的重要内容,并进一步明确人大及其常委会在监督中拥有的权力,特别是评议权、特定问题调查权、质询权、问责权等强制性权力。当前阶段,可组织开展制定综合性国有资产管理法的可行性研究,总结梳理各类国有资产管理、监督中遵循的共同原则和面临的共性问题,从必要性和可行性、理论基础和实践基础等方面开展研究论证,提交可行性研究报告。

在地方层面,地方政府要有重点的加强对资产管理薄弱环节的立法,重视地方性法规建设,加强执法检查。省级人大常委会要加强各类国有资产管理立法工作,健全国有资产管理法规,不断提高立法质量,使国有资产发展和重大改革有法可依。地方各级人大常委会要加强执法检查,围绕听取和审议国有资产管理情况报告,就相关法律法规的贯彻实施情况,对相关部门、重点单位和企业进行检查,促进政府依法管理国有资产。

在人大层面,全国人大要进一步做好新时代人大财经立法工作,落实科学立法、民主立法和依法立法的要求,在总结国有资产管理情况报告制度实施情况,梳理人大国有资产监督面临的困难和问题等基础上,尽快出台加强对国有资产管理监督的决定,将国有资产监督工作法律化,实现党的主张的制度化、法律化。地方人大财经立法要贯彻"不抵触、有特色、可操作"的要求,有重点地开展立法工作。加强全国人大与地方各级人大的联系和协作,形成推进新时代人大国有资产监督工作的整体合力。

(二) 改进完善国有资产报告机制

1. 明确国有资产报告方式

按照中央33号文件的要求,年度报告采取综合报告和专项报告相结合的方式。地方各级政府应明确向同级人大常委会报告国有资产管理情况的频率、报告的时间和报告负责人员。各级政府每年向本级人大常委会报告国有资产管理情况,依法由政府负责同志进行报告,也可以委托有关部门负责同志报告。国有资产管理情况的年度报告采取综合报告和专项报告相结合的方式,向本级人大常委会报告国有资产管理情况时,一并报送有关国有资产管理情况报表。各级人大常委会在每届任期内,届末年份政府向本级人大常委会提交书面综合报告并口头报告;其他年份在提交书面综合报告的同时就1个专项报告进行口头报告。各级人大常委会每届任期内,听取并审议国有资产管理情况综合报告及各专项报告,应当覆盖国有资产管理工作的全部内容。

2. 完善国有资产报告内容

地方各级人大要采取有力措施,按照全口径、全覆盖、高标准、高质量的要求,切实督促政府做好报告工作。要依法明确和规范国有资产报告范围、标准,及时、准确掌握全省国有资产基本情况,切实摸清家底,将各级、各类、境内境外国有资产全部纳入报告范围。

国有资产管理情况综合报告,应当全面客观、实事求是地反映全省各类国有资产管理情况。重点报告贯彻落实中央决策部署情况和各级党委工作要求,贯彻落实各级人大常委会有关决议、决定及意见建议情况,国有资产总量、结构情况,企业国有资产(不含金融企业)、金融企业国有资产、行政事业性国有资产、国有自然资源的主要情况,建立和完善国有资产管理体制情况,加强和改进国有资产管理工作情况。

企业国有资产（不含金融企业）、金融企业国有资产专项报告应重点报告总体资产负债，国有资本投向、布局和风险控制，国有企业改革，国有资产监管，国有资产处置和收益分配，境外投资形成的资产，企业负责人薪酬等情况。行政事业性国有资产专项报告应重点报告资产负债总量，相关管理制度建立和实施，资产配置、使用、处置和效益，推进管理体制机制改革等情况。国有自然资源专项报告应重点报告按照法律规定属于国家所有的土地、矿藏、水流、海域、森林等自然资源总量，优化国土空间开发格局、改善生态环境质量、推进生态文明建设等相关重大制度建设，自然资源保护与利用等情况。

3. 规范国有资产报告程序

参照预算法有关规定，进一步明确国有资产报告的相关程序。各级人大常委会在政府提交国有资产管理情况报告前，可以组织开展视察或者专题调研，采取多种方式，广泛听取人大代表和有关专家智库关于国有资产管理工作的意见建议。各级政府应在本级人大常委会会议举行 20 日前将国有资产报告提交人大有关专门委员会和常委会有关工作机构征求意见，由人大有关专门委员会提出初审意见。各级人大常委会会议对报告及初审意见一并审议后，由人大有关专门委员会和常委会有关工作机构汇总、整理人大常委会组成人员提出的意见和建议，形成人大常委会会议审议意见。人大常委会审议意见经人大常委会主任会议审议通过后，应于 10 个工作日内以人大办公厅文件印送政府研究处理。政府要坚持问题导向，将本级人大常委会审议意见分解细化到相关部门研究处理和整改，并在 3 个月内向本级人大常委会报告研究处理情况以及存在问题整改和问责情况。各级人大常委会视情况需要可以综合运用专题询问、质询和特定问题调查等方式，必要时可依法作出决议。政府应当在决议规定期限内，将执行决议情况向本级人大常委会报告。政府要严格落实本级人大常委会审议意见和决议，加强组织领导，完善工作机制，不断提高国有资产管理水平。各级人大有关专门委员会和常委会有关工作机构要对本级人大常委会关于国有资产报告的审议意见、决议的研究处理情况进行跟踪监督。

4. 突出审议重点

审议重点和报告重点既相互呼应，又各有侧重，《意见》提出了九个方面的审议重点，有助于提高审议工作的针对性和监督的有效性。地方人大在审议中还可以根据工作需求适当补充，各级人大常委会对政府关于国有资产管理情况综合报告和专项报告，应该重点审议以下内容：贯彻落实党中央有关国有资产重大决策部署和方针政策情况；贯彻落实省委意见情况；执行有关法律、法规情况；本级人大常委会有关审议意见和决议落实情况；完善国有资产管理与监督体制，国有资产保值增值考核和责任追究等制度建设情况；国有资产安全完整，防止国有资产流失情况；国有企业优化布局和结构，推进企业改革和发展，提高国有经济的整体素质，增强国有经济的控制力、影响力的情况；行政事业性国有资产的配置、使用、处置等情况；国有自然资源保护利用，推进绿色发展和生态文明建设情况；人大常委会在视察和执法检查中发现的突出问题；有关审计查出问题整改情况等。

企业国有资产（不含金融企业）报告、金融企业国有资产报告还应当重点审议以下内容：商业一类企业的经营效益情况，包括营业总收入、营业总成本、实现利润、上缴税金、资产、负债和所有者权益等情况；商业二类企业经营效益情况，承担政府重大专项任务，实现特定社会功能情况；公益类企业提供公共产品和服务、保障民生、服务社会情况。注重对国有资本经营预算的审查，强化人大对国有资产管理的刚性约束，依照法定程序做好相关工作，提高人大监督的权威性和法律效力。行政事业性国有资产报告还应当重点审议国有资产有偿使用和绩效管理情况。国有自然资源报告还应当重点审议国有自然资源开发情况，有偿使用情况，有偿使用收入的管理分配情况。

5. 推动报告制度全覆盖

中发〔2017〕33号文件要求县级以上地方政府建立向同级人大常委会报告国有资产管理情况的制度。当前人大对国有资产管理情况进行监督的工作重点：一是按照中央和省委确定的原则，制定听取国有资产报告的五年规划，着力把报告制度建立起来，地方各级人大要认真落实报告制度，及时了解各市县国有资产报告制度建立情况、人大常委会听取审议报告情况，推动全省国有资产监督工作上下协同，整体推进。二是坚持实事求是、分类施策、先易后难，逐步扩大报告范围、提高报告质量。要研究建立全口径国有资产报表体系，根据年度专项报告议题安排，建立和完善相应类别国有资产报表，作为专项报告的内容，争取到2022年形成涵盖金融企业国有资产报表，行政性国有资产和教育、医疗、科技等分类别事业性国有资产报表，企业（不含金融企业）国有资产报表和国有自然资源资产报表在内的，比较健全的全口径国有资产报表体系。健全国有资产报告附录，将以权责发生制为基础的政府综合财务报告和自然资源资产负债表作为国有资产管理情况综合报告的附录。三是逐步规范和扩大报告范围。加强研究论证，按照全口径全覆盖的要求，适时将储备土地、公路、在建工程、社保基金、国防资产、外汇储备、住房公积金、互联网金融企业国有资产、政府投资基金中的政府资本和部分金融基础设施等资产纳入报告范围，形成涵盖各类、各级、境内外国有资产的综合性国有资产报告。

(三) 健全完善人大国有资产监督机制

1. 认真开展监督调研

按照各级人大常委会监督工作计划，深入国有资产管理部门，进行专题调研和专项检查，对国有资产管理工作进行经常性监督，是提高各级人大常委会国有资产监督实效的重要基础。加强国有资产管理法律法规执法检查，监督国有资产管理部门依法履职、依法理财、依法经营，确保国有资产管理严肃性，提高国有资产管理安全性、有效性。围绕社会关注、群众关心的国有资产管理情况进行专项检查，如国有企业经营情况、国有自然资源保护情况等。重点开展经人大批准具有法律约束力的、关于国有资产管理决议执行情况的检查，确保人大审议意见决议在国有资产管理工作中贯彻落实，保障人大监督权威性、法制性。通过调查研究了解掌握真实情况，抓住存在的突出问题，分析背后的原因，提出客观、可行的意见建议，形成有深度的监督调研报告。

2. 适时开展专题询问和质询

专题询问和质询是人大监督的法定形式，具有层次高、针对性强、监督力强的显著特点。适时开展国有资产管理专题询问和质询，对于提高人大国有资产监督刚性、法制性、权威性具有重要意义。要坚持问题导向，围绕全省工作大局，聚焦国有资产管理工作问题，抓住管理体制机制中的难点焦点问题，选准专题询问题目。各级人大有关专门委员会和常委会有关工作机构要根据专题询问题目，提前开展调查研究工作，制定专题询问实施方案，提出全面深入的调研报告供本级人大常委会参阅。要加强质询刚性，提出质询的本级人大代表或常委会组成人员过半数对受质询机关大幅不满意的，主席团或主任会议可以要求受质询机关再次答复。再次答复仍不满意的，要按照法律程序处理，必要时可提出罢免案、撤职案或组织特定问题调查委员会进行调查。

3. 综合运用监督方式，督促整改问责

一是加强跟踪监督和日常监督。人大常委会工作机构要保持监督工作的连续性，对短期内难以解决的问题开展跟踪监督，推动问题切实解决。建立国有资产日常报告制度，各级政府有关部门定期向本级人大常委会有关机构报送国有资产管理工作情况、国有资产情况。二是积极探索国有资产管理重大事项报告制度。对国资委和控股公司在资本运营中的重大决策及其执行过程进行监督，建立在企业重大改革、改组、重大投资、资产处置等重大事项决策前向人大通报和征求人大意见的相关制度，防止造成国有资产的重大失控和流失。三是找准突出问题，督促整改问责。全面梳理对审计查出、巡视发现、纪检监察处理有关案件反映的问题，研究提出和分析国有资产管理方面的突出问题。对常委会审议意见进行梳理，提出分类整改问题清单，制定整改时间表，严格对标对表，督促落实整改和问责要求。对发现问题拖延不改的，严肃问责，用足用好法定监督方式，增强监督实效。

4. 建立全口径国有资产数据库和互联互通的国有资产信息平台

国有资产数据管理和信息化建设是国有资产管理和治理的现代化的必然要求和重要内容。探索大数据、云计算等先进技术在这项工作中的运用，尽快与政府有关部门建立全口径国有资产数据库和信息共享平台，与全国人大和地方各级人大实现资产管理和监督数据的互联互通和数据共享，提高数据传输、汇集、整理和分析的效率，提高国有资产管理情况报告制度的实效。利用各省预算联网监督平台开展这项工作已经具备基础条件。按照分类分步有计划推进的原则，逐步实现与省财政厅、省国资委联网，将省财政厅负责的金融企业国有资产、行政事业性国有资产数据以及由国资委负责的企业国有资产数据纳入联网平台；最后，推进与自然资源管理部门联网，接入国有自然资源数据。充分利用人大预算联网监督平台，在数据联通的基础上，加强国有资产统计分析，逐步实现预警分析功能，实现国有资产管理实时监督。

5. 充分发挥代表、专家及社会公众的监督作用

加强人大监督工作，根本上还是要充分发挥人大代表的主体作用，充实和拓展人大代表预算审查监督联络员制度和专家咨询委员会制度，将国有资产监督纳入两项制度的监督内容中去。对体制性、政策性问题，各级人大有关的专门委员会可以结合开展专题调研、听取政府专项工作报告、专题询问等方式，提出意见建议；对法律本身和执法中存在的问题，可以通过执法检查提出建议；对严重失职或违法行为，还可使用质询、特定问题调查等方式，必要时依法作出决议，更好地发挥人大专门委员会的专业特点和优势，增强国有资产监督效果。充分发挥专家学者的辅助作用，聘请知名经济、财税、法律等领域的专家学者及有关知名社会人士参与国有资产监督。

6. 推进国有资产管理公开

公开透明是最有效的监督方式。习近平总书记在深改组审议《意见》时指出，监督就要在规定的范围公开，让人民来监督，确保国有资产安全。《监督法》明确规定："各级人民代表大会常务委员会行使监督职权的情况，向社会公开"，确立了人大常委会行使监督权的公开性原则。要健全国有资产报告和监督的公开机制，对国有资产管理情况报告及审议意见、政府及有关部门对审议意见的研究处理和整改问责情况或者执行决议情况的报告等，分别做好向人大代表通报和向

社会公布的工作。对常委会听取和审议国有资产报告的五年规划和年度安排，可以在印发常委会组成人员的同时，采取适当形式向社会公布。通过倾听人民的呼声，回应人民期待，凝聚起最广大人民的智慧和力量，使国有资产监督破题更准、建议更实、力度更强，使人民群众更加关心和积极参与国有资产管理和监督工作。当然，由于国有资产种类较多、情况复杂，按照有关法律需要保密的事项，要严格按照法律规定执行，处理好公开与依法保密的关系。

第八章

人大预算监督典型案例分析

自改革开放后恢复人大预算监督制度以来,我国人大预算监督领域涌现出了丰富多彩的典型案例,其中既有自上而下的强力制度推动,也有自下而上的基层实验推广。本章主要选取全国人大、省级人大以及市级以下人大预算监督的典型做法,评析其经验,以期对我国人大预算监督发展改革起到借鉴推动作用。

第一节 全国人大预算监督案例

一、国有资产管理情况报告制度案例

(一) 案例基本情况[①]

依据《宪法》和法律,国务院代表国家行使国有资产所有权并负有管理职责,全国人大及其常委会负有国有资产监督职责。近年来,国务院不断加强国有资产管理,国有资产产权日益明晰,国有资产管理机制逐步理顺,会计统计等基础工作显著加强。全国人大常委会加强国有资产立法和监督,《企业国有资产法》颁布实施,国有资本经营预算制度、国有自然资源保护和利用制度初步建立,人大国有资产监督职能有所加强,但总体看,受体制机制等因素的影响,人大国有资产监督职能的发挥还受到一些限制。2013 年,党的十八届三中全会报告指出,要"加强人大预算决算审查监督、国有资产监督职能"。

[①] 本案例主要改编自中国人大网站相关资料。

为充分发挥人大对国有资产的监督职能，完善人大国有资产监督的制度建设，规范监督程序，扩大监督覆盖面，2017年12月30日，中共中央下发《关于建立国务院向全国人大常委会报告国有资产管理情况制度的意见》。意见明确指出，国务院每年向全国人大常委会报告国有资产管理情况，年度报告采取综合报告和专项报告相结合的方式；要根据各类国有资产性质和管理目标，确定各类国有资产管理情况报告重点；要采取有力措施，科学、准确、及时掌握境内外国有资产基本情况，切实摸清家底。全国人大常委会依照《监督法》《预算法》《企业国有资产法》等有关法律规定，把国务院关于国有资产管理情况报告纳入年度监督工作计划，精心组织审议，推进公开透明，实行全方位监督。

2018年10月24日，十三届全国人大常委会第六次会议审议了《国务院关于2017年度国有资产管理情况的综合报告》和《国务院关于2017年度金融企业国有资产的专项报告》。这是国务院首次向全国人大常委会报告国有资产"家底"，向全体人民交出一份涵盖各级各类国有资产的"明白账"。

根据《国务院关于2017年度国有资产管理情况的综合报告》，2017年，全国国有企业（不含金融企业）资产总额共183.5万亿元，国有金融企业资产总额共241万亿元，全国行政事业单位国有资产总额共30万亿元，全国国有土地面积5.05亿公顷，内水和领海面积38万平方公里，天然气剩余技术可采储量5.5万亿立方米（专栏8-1）。

◇ 专栏8-1
企业国有资产管理工作情况

国资国企改革路线图更加清晰，顶层设计不断完善。一是国资国企改革已形成以《中共中央 国务院关于深化国有企业改革的指导意见》为统领、以若干文件为配套的"1+N"文件体系。2017年以来又相继制定印发《国务院办公厅关于进一步完善国有企业法人治理结构的指导意见》《国务院关于推进国有资本投资、运营公司改革试点的实施意见》等文件。二是加快推动中央企业完成公司制改制。目前，全国国有企业公司制改制面达91.6%。三是持续推进国有企业"十项改革试点"，探索在电力、石油、天然气、铁路、民航、电信、军工等重要领域开展混合所有制改革。

国有资产管理体制改革加快推进，各项举措落地实施。一是国务院办公厅转发《国务院国资委以管资本为主推进职能转变方案》，各级国有资产监管机构加快推进职能转变，企业市场主体地位进一步得到落实。二是国有资产监管机构授予出资人职责的国有资本投资运营公司试点改革深化完善，政府直接授予出资人职责的国有资本投资运营公司试点开始启动。三是推动中央行政事业单位经营性国有资产集中统一监管改革，国有资本布局和结构调整持续推进。四是国务院印发《划转部分国有资本充实社保基金实施方案》，改革和完善基本养老保险制度,推进实现国有企业发展成果全民共享。

完善国有资产监督体系,有效防范国有资产流失。一是不断完善出资人监督工作体系,形成出资人监管、审计、纪检监察、巡视等的监督合力。二是完善加强和改进企业国有资产监督防止国有资产流失的制度体系,逐步建立职责明确、流程清晰、规范有序的责任追究工作机制。三是完善国有企业和国有资本审计监督体制机制,推进审计全覆盖。四是加强境外国有资产监督,规范境外国有企业财务投资管理行为。

资料来源:《国务院关于2017年度国有资产管理情况的综合报告》。

《国务院关于2017年度金融企业国有资产的专项报告》全面摸清我国境内外国有金融资产"家底",既重点报告中央情况,也汇总反映地方情况,并统计了金融管理部门下属金融基础设施类机构、中央企业集团(非金融)控股各级金融子公司等情况。数据显示,2017年,扣除客观因素后,中央国有金融企业平均保值增值率为110.8%。2013—2017年,中央国有金融企业营业收入由4.3万亿元增至5.8万亿元,归属母公司净利润从1.2万亿元增至1.4万亿元(专栏8-2)。

◇ 专栏8-2

金融企业国有资产基本情况

党的十八大以来,在以习近平同志为核心的党中央坚强领导下,随着中国经济的平稳健康增长和对外开放力度的不断加大,我国金融企业国有资产实力日益壮大,资产分布以银行业为主体,集中在中央本级,境外金融资产规模稳步增长。

(一)金融企业国有资产总量。我国金融企业国有资产(国有资本应享有权益)主要分布在财政部管理的中央国有金融企业、金融管理部门管理的金融基础设施类机构、中央企业集团(非金融)管理的下属各级金融子公司,以及地方金融企业。截至2017年末,上述金融机构资产总额241万亿元,负债总额217.3万亿元,形成国有资产16.2万亿元。

(二)中央与地方金融企业国有资产分布。金融企业国有资产集中在中央本级。在全国金融企业集团中,中央国有金融企业资产总额149.2万亿元,国有资产10.2万亿元。地方金融企业国有资产总量相对较少,地区分布不均。地方金融企业资产总额65.5万亿元,国有资产3.2万亿元。

(三)金融企业国有资产行业结构。从行业布局看,银行业金融机构占比最大。截至2017年末,中央层面,银行业金融机构资产总额、国有资产分别占84.8%、65.3%;证券业分别占0.6%、1.8%;保险业分别占3.7%、3.2%。地方层面,银行业金融机构资产总额、国有资产分别占89.1%、54.2%;证券业分别占4.4%、12.6%;保险业分别占2.8%、3.1%。

（四）金融企业境外资产总量和分布。截至2017年末，全国金融企业所投境外机构（含境内企业设立的境外分支机构）资产规模18.1万亿元，集团层面享有的权益总额0.9万亿元。与2013年相比，投资总额增长了50%，权益翻了一番。中央本级机构数量、资产总额、营业收入和利润都占到90%以上。从行业分布看，境外业务以银行业为主。

资料来源：《国务院关于2017年度金融企业国有资产的专项报告》。

在这次会议上，全国人大财政经济委员会副主任委员、全国人大常委会预算工作委员会主任史耀斌还结合调研组前期的实地调研，作了《关于金融企业国有资产管理情况的调研报告》。报告分析了当前我国金融企业国有资产与管理的基本情况，剖析了面临的主要问题，具体包括布局不优、职责分散、权责不明、机制不科学、经营收益预算管理不规范和法制建设滞后等方面，并从优化国有金融资本战略布局、落实国有金融资本出资人制度、建立有效的激励约束机制、健全绩效分类评价体系、提高风险防范能力、完善预算管理、加强法治建设等角度提出了进一步完善金融企业国有资产管理的相关建议。至2019年3月，全国31个省级人大常委会均已建立国有资产管理情况报告制度。

2019年4月12日，十三届全国人大常委会第二十八次委员长会议通过了《十三届全国人大常委会贯彻落实〈中共中央关于建立国务院向全国人大常委会报告国有资产管理情况制度的意见〉五年规划（2018—2022）》（以下简称《五年规划》），明确提出，经过5年努力，全面摸清国有资产家底，理清国有资产管理体制机制，建立健全国有资产管理情况报告和监督制度，为向全国人民交出国有资产"明白账""放心账"奠定坚实基础（见图8-1）。

（二）案例评析

国有资产是全体人民共同的宝贵财富，其表现形态多样，既有企业国有资产，也有行政事业单位国有资产，还有大量国有自然资源。国有资产管理情况报告制度是人大预算监督范围不断拓展、监督质量不断提升的必然要求，完善了人大国有资产监督链条，实现了人大监督与行政监督的密切配合，构建了从流量监督延伸至存量监督，从重流量监督溯及源泉监督的人大预算监督新模式，大大提高了人大预算监督的效力。

其一，建立国有资产管理情况报告制度，有助于补齐人大监督链条，充分履行人大国有资产监督职能，完善国有资产的行政监督与人大监督体系。自国务院国资委成立以来，经营性国有企业的国有资产监督管理框架基本形成，管人管事管资产相结合的国有资产管理体制逐渐完善，但金融领域国有资产、行政事业单

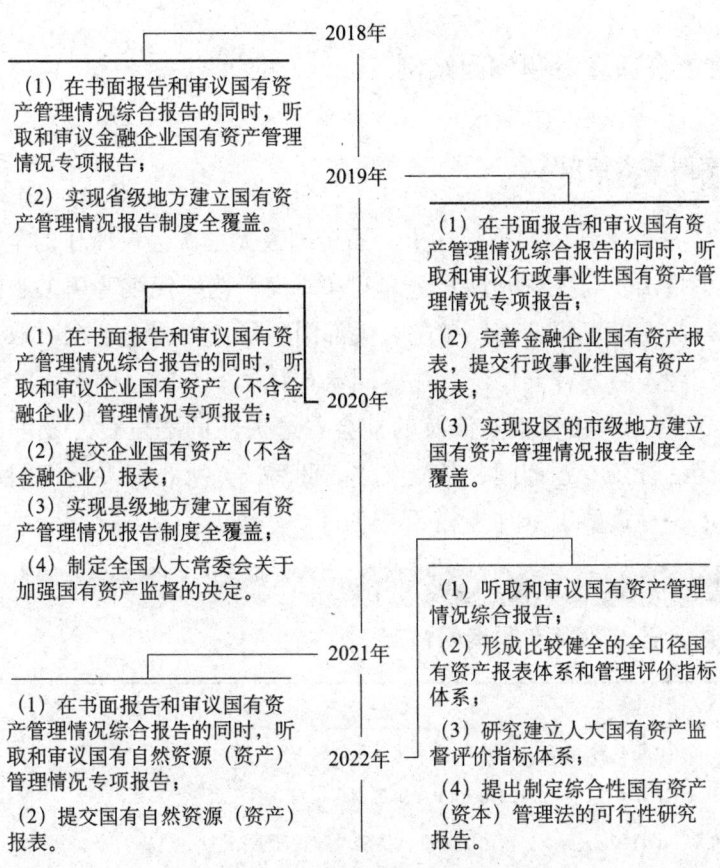

图 8-1 《五年规划》时间表和任务要求

位国有资产以及自然资源国有资产,仍是多头管理,分头监督。国有资产管理情况报告制度设立后,国务院向全国人大常委会报告国有资产管理情况综合报告和专项报告,人大常委会通过开展视察或专题调研、听取报告和开展询问、形成审议意见并送政府研究处理,可以充分履行人大的国有资产监督职能,补齐人大对国有资产的监督链条,完善国有资产管理中的多级委托代理关系,构建科学合理的国有资产行政监督与人大监督体系。

其二,建立国有资产管理情况报告制度,有助于建立从流到源的人大预算监督体系。2007年以来,我国逐步建立并完善了国有资本经营预算制度,逐渐规范了国有资本经营收益的上缴与使用,但国有资产底数不够清楚、管理不够公开透明、国有资产人为流失、无效损耗、效益发挥不充分等问题比较突出,人大预算监督职能大大弱化。通过建立国有资产管理情况报告制度,可以强化国家权力机关对国有资产经营与管理的监督,进一步推动国有资产管理情况的公开透明,这一过程同时与人大的国有资本预算监督协调配合,大大拓展人大预算监督范围,实现了对国有资产流量监督与存量监督的全覆盖,提高人大预算监督效力。

二、人大常委会预算专题询问案例

(一) 案例基本情况[①]

2010年3月,吴邦国委员长在十一届全国人大三次会议所作的全国人大常委会工作报告中指出,要依法开展专题询问和质询,选择代表普遍关心的问题听取国务院有关部门专题汇报,请国务院有关部门主要负责同志到会听取意见、回答询问、答复问题,引发社会广泛关注。同年6月,十一届全国人大常委会第十五次会议对2009年中央决算报告涉及的社会普遍关注问题进行专题询问,这是全国人大委员会的首场专题询问,备受关注。此后,人大预算专题询问逐渐成为人大预算监督的一种重要工具(专栏8-3)。

◇ **专栏8-3**

全国人大常委会开展预算专题询问情况

时间	专题询问议题
2010年6月	2009年中央决算报告
2011年6月	2010年中央决算报告
2011年10月	城镇保障性住房建设和管理工作情况
2012年4月	农田水利建设工作情况
2012年10月	国企发展与改革情况
2013年10月	国家财政科技资金分配与使用情况
2013年12月	农村扶贫开发工作情况
2014年12月	推进新农村建设工作情况
2014年12月	统筹推进城乡社会保障体系建设
2015年12月	2014年度中央预算执行等审计查出问题整改情况
2017年8月	关于脱贫攻坚工作情况的报告
2018年12月	关于财政医疗卫生资金分配和使用情况的报告

资料来源:根据中国人大网站整理。

2015年6月28日,十二届全国人大常委会第十五次会议听取并审议了《国

[①] 本案例主要改编自《国务院关于2014年度中央预算执行和其他财政收支审计查出问题整改情况的报告》、十二届全国人大常委会第十八次会议举行联组会议相关资料以及董峻,推动审计查出问题整改工作制度化,《解放军报》,2015年12月27日。

务院关于2014年度中央预算执行和其他财政收支的审计工作报告》，责成有关方面切实加强整改，注重完善制度，进一步规范财政管理工作。全国人大常委会将在12月份听取审议整改情况的报告，并开展专题询问。

国务院高度重视整改工作，7月8日，李克强总理主持召开国务院常务会议作出部署，要求加强对审计查出问题的整改。审计署按国务院要求，向有关部门、单位和地方下发督促整改通知，并积极配合全国人大常委会预算工委改进审计查出突出问题整改情况报告机制有关工作。截至2015年10月底，通过整改促进增收节支5794.94亿元；根据审计建议，制定完善规章制度5935项。

同年12月26日，十二届全国人大常委会第十八次会议召开联组会议，就2014年度中央预算执行等审计查出问题整改情况进行专题询问，这也是全国人大常委会首次专题询问审计整改报告。

吴晓灵委员就如何进一步提高每年年初中央投资计划和基本建设预算编列细化到项目的比例问题首先发问发改委。发改委主任徐绍史回答，中央本级预算内投资具体细化到项目的比例，按照不低于75%来执行。凡是需要安排中央预算内投资的项目，必须进入重大项目库。发改委要求重大项目库分级储备、逐级审核、逐步推进。在此基础上，制定三年滚动的投资计划，形成接续不断、滚动实施的储备机制和良性循环，从而提高每年预算内投资落实到项目的比例。

王明雯委员就地方政府债务风险防控措施和违规举债的处理问题向财政部提问。财政部部长楼继伟指出，2014年债务率为86%，低于警戒线，总体风险可控。同时，确实存在一些地区债务规模较大，偿还能力下降，个别地区存在发生局部风险的可能性。关于风险如何防范，楼继伟提出四点建议：规模控制、落实偿贷责任、发行地方政府债券、鼓励地方政府和社会资本合作。

尹中卿委员就福利彩票、体育彩票中存在问题的整改情况及责任人处理问题向民政部和体育总局提问。民政部部长李立国回答，制度建设滞后、管理运行方式调整不及时、法治观念淡薄、行政监管不够到位，是问题屡现的主要原因。国家体育总局局长刘鹏将问题成因归纳为"办事不讲规矩""做事缺乏监管"和"改革相对滞后"。对于违规问题，已经按照相关规定进行了清理调整处理。

吕薇委员就如何建立完善适应科研规律的科技经费预算管理办法、"公共卫生服务补助"专项碎片化如何整改问题向中科院和卫生卫计委提问。中国科学院副院长王恩哥在应询时指出，研制过程的不确定性、研制费用支付的阶段性和设备验收调制的滞后性，是造成科研经费结转的主要原因。卫生计生委主任李斌介绍了重大基本公共卫生专项的特点以及审计整改的情况。

彭森委员就加快提出建立事权和支出责任相适应制度的改革方案问题向财政部提问。财政部部长楼继伟在应询时指出，事权与支出责任划分改革要按照分领域、法治化的思路进行推进。

冯淑萍委员就如何落实中央关于审计监督全覆盖和推动审计查出问题整改工作制度化长效化问题向审计署提问。审计署审计长刘家义在回答时指出,"全覆盖"从审计对象上来看,包括国有公共资金、国有资产、国有资源和领导干部履行经济责任情况四个方面。实现"全覆盖",要用创新的方式,包括创新管理模式、创新组织方式、技术手段和方式方法（专栏8-4）。

◇ 专栏8-4

关于2014年度中央预算执行等审计查出问题专题询问（委员提问）

[吴晓灵] 请问发改委,每年的中央投资计划和基本建设预算,在提交全国人大审查批准的预算中,细化到具体项目的比例是多少？如何进一步提高年初编列细化到项目的比例,在中央计划投资中如何进一步规范投资计划的调整行为？

[王明雯] 对财政部提四个方面的问题：一是对政府或有债务如何处置和防控风险？在债务风险防控体系的建立和完善方面做了哪些工作？二是未到期债务偿还有无安排？逾期债务是否也要还款？置换的规模是否还会增加？三是财政部如何监管和处理一些地方政府存在违规举债、变相举债的问题？四是有些省份债务风险极大,财政部有什么措施来解决地方控制风险和继续发展的矛盾？

[尹中卿] 请问民政部和体育总局,我国彩票管理中为什么会存在虚报、套取、挤占、挪用等突出问题？作为福利彩票和体育彩票的业务管理部门,是如何进行整改的？违纪违规违法资金全部都收回来了吗？对有关责任人员都严肃问责、追责了吗？今后如何进一步完善有关法律制度,切实改进公益彩票募集和使用工作,真正实现依法治彩、规范管彩,坚决避免此类问题再次发生？

[吕薇] 请问中科院,预算支出执行率偏低的主要原因是什么？对探索建立符合科研规律的财政科技经费预算管理办法有什么建议？请问卫生计生委,公共卫生服务补助专项设立的背景、作用以及主要内容是什么？卫计委对审计报告中提出的问题是如何进行整改的？

[彭森] 请问财政部,建立中央和地方事权划分和支出责任制度的工作进展如何？明年有没有把握如期地完成划分中央和地方事权和支出责任的改革方案？

[冯淑萍] 国务院及其审计部门准备采取什么措施,落实中央关于审计监督全覆盖和推动审计查出问题整改工作制度化、长效化的要求？

资料来源：中国人大网 http://www.npc.gov.cn/。

（二）案例评析

人大预算专题询问是人大常委会充分履行监督职能,创新询问权行使方式,就预算专题开展询问与应询。预算专题询问通过双方互动交流，推动协商，形成共识，是一种独具特色的人大预算监督工具，对提高预算监督效果具有重要意义。

其一，预算专题询问，面对面互动交流，充分体现合作型监督的制度模式特征。预算专题询问中，询问人和应询人可以面对面就预算问题进行充分交流，专题询问目的并非问责与质询，而是协商沟通、形成共识，充分体现我国人大预算监督的合作型监督特征。

其二，预算专题询问，主题更加集中，预算监督的针对性更强。询问是人大监督的法定形式之一，是常委会组成人员的法定权利，人大常委会组成人员围绕各项议案、报告提出询问已成为一种常态，但2010年人大常委会的预算专题询问却是首次。与以往的询问相比，预算专题询问主题更加集中，常委会组成人员或人大代表询问时问题更加聚焦，人大预算监督的针对性和实效性大大增强。

其三，预算专题询问，可以充分发挥中国之治优越性，提高人大预算监督效果。预算专题询问过程中，询问人往往是预算问题专家，他们熟悉预算管理流程，不回避矛盾，往往可以抓住关键问题提问，对回答不满意还可继续补充询问。问答双方良性互动，既有交流讨论也有观点交锋，形成求真务实的审议氛围和共同研究问题、探讨问题的机制，形成整体合力，共同推动问题解决的路径，这是其他监督形式不具备的特点，可以大大提高人大预算监督效果。

第二节　省级人大预算监督案例

一、广东省人大预算联网监督案例

广东省人大的预算联网监督，开全国之先河。经过多年实践探索，广东省人大预算联网监督系统呈现出纵横联网监督的格局，发挥着日益重要的监督作用。

（一）案例基本情况[①]

长期以来，地方人大财经监督手段落后，人大与政府预算基本信息不共享，程序性监督多于实质性监督，事后监督多于事前的有效防范。时任中共中央政治

[①] 本案例主要改编自广东人大网站及王泽春：《推进人大预算联网监督，提升人大审查监督权——基于广东省经验》，《人大研究》，2017年第11期；于浩：《还财政清白，还百姓明白——广东省人大预算支出联网监督工作纪实》，《中国人大》，2015年第8期。

局委员、广东省委书记的张德江在依法治省工作领导小组会议上提出,要改革对政府财政预算执行情况的监督,财政部门要与人大财经委员会联网,每一笔财政支出都要让人大知道,加强财政支出的审批监督、使用监督和事后监督。

2003 年,广东省启动建设人大预算联网监督系统,并于 2004 年 8 月初步实现了广东省人大预算联网系统与财政厅国库集中支付系统联网。此前,广东省人大常委会对省财政预算执行情况的日常监督,主要依据财政部门报送的月报表,而一般月报表反映的均是各项支出大数,无法准确反映具体支出项目。实现联网监督以后,人大能够开展对财政预算资金支付情况的实时查询监督,实时掌握财政资金的收支及预算执行情况,开展经常性监督,由过去偏重于形式上履行法定程序向注重多层次、全方位的实质性监督转变。

2005 年,根据广东省委和省纪委关于"继续探索建立实时在线财政预算监督系统的做法,加强人大对财政开支的监督"的统一部署和要求,财政预算支出联网监督系统纳入广东省建立健全惩治和预防腐败体系总体框架。此后,广东省人大常委会的预算联网监督系统建设进入快车道,纵向上,努力推动省市县三级人大预算监督系统贯通,横向上,不断拓宽人大与财政、审计、社保等部门的联系沟通(专栏 8-5)。

◇ 专栏 8-5

广东省人大预算联网监督系统大事记

2004 年,广东省人大预算联网监督系统与财政厅国库集中支付系统联网。

2007 年,广东省 21 个地级以上市人大与统计政府财政部门全部建立了预算支出联网监督系统。

2008 年,广东省审计厅与财政厅国库集中支付系统实现联网。

2010 年,广东省 21 个地级以上市实现了审计部门与统计财政部门联网。

2013 年,广东省监察厅与财政厅国库集中支付系统联网。

2013 年,广东省人大常委会着力推进县一级人大与统计政府财政部门联网工作。

2014 年,广东省人大常委会实现与省社保局的省级社保基金报表系统联网。

2016 年,广东省人大预算支出联网监督系统覆盖面进一步扩大,首次将广东省社保基金纳入人大预算支出联网监督,实现了人大预算支出联网监督系统与社会保险统计分析查询系统互联互通。

资料来源:王泽春:《推进人大预算联网监督,提升人大审查监督权——基于广东省经验》,《人大研究》,2017 年第 11 期。于浩:《还财政清白,还百姓明白——广东省人大预算支出联网监督工作纪实》,《中国人大》,2015 年第 8 期。

为全面贯彻实施新修正的《预算法》，进一步发挥预算联网监督系统作用，2015年11月，广东省人大常委会制定了四项联网监督的制度规定，分别是《广东省人大预算支出联网监督工作情况分析评估会议制度》《运用省级预算支出联网监督系统开展财政监督工作暂行规定》《省级预算支出联网监督分析成果使用暂行规定》《省级预算支出联网查询系统管理工作规定》，为人大预算联网监督提供了有效的制度保证。

2016年，广东省委《关于加强新形势下人大工作的决定》中提出，要"推进县级以上人大预算支出联网监督"。广东省人大常委会不断升级完善省级预算联网监督系统，大力推进全省市县人大预算联网监督系统建设，积极探索省市县人大预算联网监督，预算联网监督在全省得到普遍运用。目前，全省21个地级以上市人大常委会全部实现了与同级财政国库集中支付系统联网，121个县区中有114个县区实现了本级人大与同级财政国库集中支付系统联网，其中13个地级以上市、13个县区实现了人大与社保部门联网。光纤专线实现广东省人大对省财政厅、省社保局网络前置服务器的单点连接，将财政、社保基金数据导入省人大数据库，并从数据库抓取数据运用计算模型运算，实现系统联网监督功能。政府部门积极配合人大建设和完善联网系统，省财政厅实时向人大联通国库集中支付系统和专项资金在线监督系统数据，预算草案、财政报表、政府采购、绩效评价等数据传送到联网监督系统，为系统运转提供基础数据源。省人力资源社会保障厅在整合社会保险基金综合报表查询系统的基础上，进一步向人大开放财务信息查询系统，充实人大与社保联网的数据内容，为省人大加强对广大老百姓关心的社保基金监督提供有力支撑。

目前，广东省的预算联网监督系统已经基本成熟，基本实现了预算资金全纳入、预算单位全覆盖、预算执行全跟踪、预算监督全方位。具体来说，预算联网监督系统实现了对全部预算资金的监督，涵盖一般公共预算、政府性基金预算、国有资本经营预算和社会保险基金预算等四本预算；系统实现了预算单位的全覆盖，涵盖了119个省级一级预算单位和21个地级市；系统实现了预算执行的全跟踪，从年初预算编制、年终决算到年中每笔财政资金拨付情况，都可以实现全程追踪；系统还实现了预算监督的全方位，联网监督系统有效沟通了审计部门和纪检监察部门，从而实现了人大监督、审计监督与纪检监督的全方位监督体系。

（二）案例评析

人大预算联网监督源自广东基层实验探索，经实践检验后推向全国，是人大适应信息时代发展要求，创新监督形式，规范预算监督工作和提高预算监督效力的一种主动应变与改革，对提高人大预算监督实效发挥了重要的作用。

首先,人大预算联网监督,保证了对全口径政府预决算的审查监督。党的十八大以来,"加强对政府全口径预决算的审查和监督"成为人大预算监督的重要任务和要求。全口径预决算审查和监督,对人大审查监督范围提出了更高的要求。但随着财政业务的不断扩展,财政数据呈几何级数增长,受传统人大预算监督技术制约,人大对预算的实质性监督难以推进,特别是对地方人大而言,预算监督往往停留在程序性审批层面。广东省人大常委会利用信息化技术,构建预算联网监督系统,真正实现对全口径预决算的审查和监督,保证人大监督不流于形式。也正是基于广东省人大常委会的有效实践,2017年6月,全国人大常委会办公厅印发《全国推进地方人大预算联网监督工作的指导意见》,推动全国层面人大预算联网监督。

其次,人大预算联网监督,推动了人大预算监督工作的规范化、透明化。通过线上查询与线下监督、全面监督与专项监督、人大常委会监督与人大代表参与监督、查询分析和督促整改、人大监督与审计监察监督相结合,进一步推动了人大预算监督工作的规范性和透明度,增强了人大预算审查监督工作的针对性和有效性。

最后,人大预算联网监督,提高了人大预算监督的实效性。预算联网监督系统建成后,可以充分发挥网络的规模效应,系统涵盖范围不断扩大、反映内容逐渐丰富、监督功能日益强大。依托互联网监督系统,人大预算监督实现了由周期性的报表审阅转变为实时性的电子信息审阅,由对支出结果的概括性审核监督转变为多层次、多环节的全方位监督,由静态时点监督转变为动态过程与静态时点相结合监督,由事后监督转变为事前、事中和事后相结合的全过程监督,由发现问题监督转变为预防问题监督,预算监督实效性大大增强。

二、北京市人大预算初审监督案例

(一)案例基本情况[①]

党的十八大提出"支持人大及其常委会充分发挥国家权力机关作用""加强对政府全口径预算决算的审查和监督"。党的十八届三中全会明确提出,"构建决策科学、执行坚决、监督有力的权力运行体系""改进预算管理制度""建立事权和支出责任相适应的制度",这些都对人大预算监督工作提出了新的要求。

---

① 本案例主要改编自市人大常委会预算工作委员会:《加强预算初审工作的探索》,《北京人大》,2014年第1期。

2013年，为适应新形势下人大预算审查监督的需要，北京市人大常委会决定将工作重点放在预算初审环节。同年9月，北京市人大财经委依据《预算法》和《北京市预算监督条例》的有关规定，探索改进对预算草案的初步审查工作，进一步推动建立科学、民主、依法的财政预算管理制度，提出《关于进一步加强和改进预算初步审查的工作方案》（以下简称《工作方案》），并报市人大常委会主任会议研究通过。人大预算初审制度正式明确，并逐渐形成惯例。

10月，北京市人大常委会财经办、预算工委和代表联络室共同组织召开了各区县代表联络室及北京军区政治部组织部参加的工作布置会。17个代表团推荐本团2—5位比较了解、熟悉财政预算工作的市人大代表，成立了由56位市人大代表组成的财经代表小组。根据《财经代表小组工作规则》，大会期间，财经代表小组负责向本代表团通报财经委员会的预算初审情况，协助本代表团审议预算报告及草案，并积极发表审议意见，必要时向本代表团代表作相关讲解；收集本代表团代表关于预算草案和报告的审议意见，并及时报送大会财经组。闭会期间，财经代表小组负责听取和反映原选区关于预算执行的意见、建议和信息，并报送市人大常委会财经办、预算工委；参与财经办、预算工委组织的全过程预算监督工作；受邀参加本区县人大常委会组织的预算、决算审查及相关预算监督工作，收集本代表团代表和社会公众对预算执行情况的意见和建议，对属于市级预算审查监督范围的，整理后反馈给财经办、预算工委。

11月，按照工作方案的要求，北京市人大法制、内司、财经、教科、城建、农村、民侨七个专门委员会或其工作机构，根据部门工作职责，先后采取座谈调研、听取专题汇报等方式，了解对口政府部门的部门预算和大额专项资金预算编制情况。通过调研，形成各专委会关于对口政府部门预算草案主要内容的初步审查意见，经各专委会会议审议后形成正式意见和建议，并向预算初审会议报告，成为财经委初审报告的重要意见来源。

2013年12月2—4日，北京市人大财经委召开第六次（扩大）会议，对北京市2014年市级预算草案进行初步审查。在充分研读会议材料、听取"四本预算"专题解读以及开展专题审议的基础上，与会人员讨论更加深入，提出的审议意见更具有针对性和可操作性。市人大财经委在充分吸收委员、代表及各专委会的意见建议后，形成了初步审查意见。

在调整2014年市级预算安排方面，建议适度调减产业类大额专项资金规模，用于增加对首都大气污染治理的投入，以保障和促进有关部门相关工作的开展；进一步优化调整市市政市容委2014年部门预算草案及"城市环境综合整治专项资金"的支出结构，集中财力加大对地下管线监管、应急维护、垃圾分类责任制落实的保障力度。

在进一步加强预算管理方面：一是强化市级大额专项资金使用的监管。对市级大额专项资金的设立和使用进行整体研究，评估分析各项大额专项资金的设立初衷以及整体效益。力争在编制2015年市级预算草案前，形成合理科学的专项资金管理体系和运行机制。二是完善公用事业补贴机制。开展对公用事业补贴机制的研究和分析，摸清情况，提出压缩财政补贴的思路和方案，适时组织实施。三是加强和完善国有资本经营预算制度。研究完善国资预算编制的方式方法并加以改进，全面反映国有资本经营状况，督促国有资本提高经营效益，进一步发挥国有资本经营预算对公共财政特别是社保基金预算的贡献作用。四是全面加强预算刚性约束。建立预算执行全过程动态监控机制，减少预算追加和调整；建立结转结余资金定期清理机制，盘活存量资金；进一步扩大全过程预算绩效管理试点范围，强化绩效结果的应用；细化和规范预决算信息公开，主动接受社会监督。

在深化财税改革方面：一是认真研究当前预算支出固化的问题，提高财政资金的统筹安排能力，集中财力用于首都建设和发展的重点领域和关键环节。二是进一步完善财政体制及转移支付制度，完善事权和支出责任相适应的财政体制。加强对专项转移支付的全过程监管和绩效考核，确保各项支出符合预算安排的用途，并实现预期效益。三是加快推进预算管理基础工作的创新。探索跨年度预算平衡机制，研究编制三年滚动预算，研究建立权责发生制的政府综合财务报告制度，试编政府资产负债表，推进事业单位产权制度改革。

北京市人大财经委形成的初审审议意见和建议，经常委会主任会议讨论后正式提交市政府，要求市政府根据初审意见和建议对预算进行调整、补充和完善，并将采纳情况依法及时反馈给市人大常委会。同时，常委会党组还专门将初审情况报送市委，供市委在决策时参考。市人大财经委向市人代会提交的初审意见，也将增加初审的相关情况，体现初审的效果。

（二）案例评析

预算初审制度是充分落实人大预算监督职能，提高监督质量，保证预算编制的科学性、可行性和效益性，改进预算管理制度的一种制度创新。预算初步审查与人民代表大会的正式审议相结合，可以充分提高人大预算监督质量。

第一，预算初审制度可以有效提高审议质量。一般来说，省市级人民代表大会5—7天，会期时间短、议程多、任务重，人大代表难以深入阅读政府预算草案资料，难以将预算审查工作做到深入细致。通过建立预算初审制度，人大代表可以提前审阅预算草案材料，时间比较充裕，主题十分集中，从而可以较好克服人代会时间短、预算审议不充分、审议质量不高的问题。

第二，预算初审制度可以采用询问、调查等多种方式，并且可以做到重点审查。预算初审制度可以灵活运用多种方式，充分与政府部门面对面沟通，切实对重点支出项目进行审查监督，既能够从整体上对整个预算草案进行监督，又能够从不同项目角度提出问题和意见（专栏8-6）。

◇ 专栏8-6

北京市2015年预算初审分组会议部分代表意见

[吴世雄] 一是2015年市本级的预算在支出方面安排得偏紧，历年结余资金基本都没有安排进去。"以收定支"这四个字不简单地指当年的收入，应当为当年的可用财力。今年中央经济工作会议提出的五项任务中，第一个任务是稳增长。因此要考虑货币的时间价值，利用历年结余的资金，优先考虑解决当前北京城市发展中存在的一些突出的难点、焦点问题。二是要增加交通疏堵项目的安排，在有充分资金保障的前提下，加快一些地下和地上道路的建设进度。三是部分高速路收费站应当考虑搬迁，这是政府"花小钱收实效"的事。四是要加大对北京城地下管网的改造力度。五是加大对老旧小区的改造。老旧小区的改造存在着一些产权不清的问题，政府应当考虑每年安排一些投入，去解决历史遗留问题，改善市民生活。六是加大养老设施建设。政府应当关注北京老龄化的程度，应当通过增加投入提供相应的公共服务。七是如果把一些闲置的资金能够通过调整预算安排到急需的地方，对于2015年北京市稳增长和各项社会事业的发展，都能够起到四两拨千斤的重要意义。

[王火] 一是财政预算要考虑与2015年实施的新预算法的衔接问题，具体而言就是北京市采取了哪些措施。二是公交、地铁补贴应当在财政预算报告里重新说明一下，2014年补贴多少，2015年有无变化。三是习近平总书记曾提到大医院处于"临战状态"，预算上对这个问题应当有所回应，考虑适当增加投入，还有相关的医疗改革推进问题。四是关于养老问题，预算应有前瞻性考虑，应当考虑到养老条例在2015年初的人代会上审议通过后，可能在法规执行过程中涉及相关资金问题，从财政经费上要保障这个条例的贯彻执行。

资料来源：张毅：《预算初审凝聚代表智慧》，《北京人大》，2015年第1期。

第三，预算初审制度有利于提高地方人大预算监督能力。从北京市的实践来看，预算初审明确要求由各团团长或具有市人大代表身份的分管财经工作区县人大常委会副主任，牵头参与市人代会闭会期间预算审查监督的相关活动，可以有效实现市区两级人大预算监督能力的提升。

第四，预算初审制度有利于实现预算民主。通过初审，代表的意见建议在预算编制阶段得到及时、充分的反映，提高审查质量和效果，为人代会审批预算打好基础。而且，通过完善意见反馈机制，使初审意见能够进入预算编制整个过程，有利于人民群众的意志和愿望依法有序地进入国家机关的决策和工作中。

第三节　市县级人大预算监督案例

一、上海闵行区人大预算草案修正案案例

（一）案例基本情况①

2007年以来，上海市闵行区逐渐开启了一场"以人大为主导"的公共预算改革实验。2008年2月，上海市闵行区人大常委会审议通过《闵行区人民代表大会常务委员会预算审查监督办法》，明确了人大常务会预算审查监督的内容、程序及重点。2008年12月，上海市闵行区人大常委会制定《闵行区人民代表大会关于预算草案修正案的试行办法》。该办法内容不过千字九条，却为人大代表质询政府财政预算提供了一个依据，规定"区人民代表大会会议期间，区人大代表十人以上联名"，可以就区预算草案"向区人代会提出属于区人代会职权范围内的修正案"。这在国内极具开创意义（专栏8-7）。

◇ 专栏8-7
《闵行区人民代表大会关于预算草案修正案的试行办法》

（2008年12月15日闵行区第四届人民代表大会常务委员会第十四次会议通过）

第一条　根据《中华人民共和国地方各级人民代表大会和地方各级人民政府组织法》《中华人民共和国预算法》《中华人民共和国各级人民代表大会代表法》和《闵行区人民代表大会常务委员会预算审查监督办法》的相关规定，结合本区公共财政建设的具体情况，制定本试行办法。

第二条　本办法所称的预算草案修正案（以下简称修正案）是指针对提交区人民代表大会会议审批的预算草案中的项目或科目书面提出削减、否决或增加的议事原案。

第三条　区人民代表大会会议期间，区人民代表大会代表（以下简称代表）十人以上联名，可以向人民代表大会提出属于区人民代表大会职权范围内的修正案。

第四条　代表应深入实际，调查研究，在认真酝酿并充分准备的基础上提出修正案。

---

① 本案例主要改编自高亮亮：《闵行诞生人大手里预算草案修正案》，《上海人大》，2012年第2期。

代表联名提出修正案,领衔代表应当向参加联名附议的代表分别提供修正案文本,经附议人认真审阅同意后,再签名附议;有条件集体讨论的,应经集体讨论,取得一致意见后,签名提出。

第五条　修正案应当对所提议事项的案由、案据和方案作出详细说明。提出增加支出的修正案,应当相应提出增加收入或减少其他支出的具体方案,以保持总预算的平衡。

修正案应当用大会统一印发的区人大代表议案专用纸,一事一案书写。

第六条　修正案由各代表团或者领衔代表在大会决定的修正案截止时间前送交大会财政预算审查委员会。

财政预算审查委员会应当对修正案进行研究、分析,提出初步审查意见。

财政预算审查委员会在初步审查修正案时,可以邀请提修正案人列席会议,发表意见。

第七条　修正案由大会主席团审查并决定是否列入大会议程。

主席团审查修正案时,可以邀请提修正案人列席会议,发表意见。

第八条　经主席团决定列入大会议程的修正案,由主席团提请大会表决。表决前,先由修正案领衔人向大会作修正案说明报告。

对交付表决的预算草案,有修正案的,先表决修正案,再就关于预算的决议草案进行表决。修正案通过后,区人民政府应当按照决议及时修改预算,减少支出的资金划入预备费。

第九条　本办法自区人大常委会会议通过之日起施行。

资料来源:闵行人大网站。

2010年和2011年人代会期间,江川代表团的部分代表根据该办法,提出过预算修正案,但最终没能正式立案。

2012年1月7日,在闵行区五届人大一次会上,由区人大代表钱天信领衔32名人大代表共同提交了一份预算草案修正案。该修正案提出削减2012年度闵行区党政机关会议、课题、调研、评估、咨询、培训等六项预算开支,以2011年为基数,将2012年六项费用的总削减幅度定在5%;而调减下来的资金,建议向民生项目倾斜。

闵行区人大财政预算审查委员会对此的审查意见为:"削减行政开支符合区委有关文件精神,根据财政部门的数据统计,2012年上述六项费用在2011年的基础上已下降2.8%,建议继续加大削减力度,总削减幅度达到5%。"

修正案由大会主席团审查后,决定列入大会议程,并在全体代表大会上表决通过,从某种意义上说,这也是我国人大历史上具有特殊意义的一个修正案,人大代表人民、监督政府的权力,在这一时刻得到了充分体现。

对此,区财政局表示,2012年上述六项预算开支已在2011年基础之上下降

2.8%，根据人大预算草案修正案将再降2.2%，以达到5%的总削减目标。

（二）案例评析

人大对预算草案的修正权是人大预算监督权的重要体现，但长期以来，地方人大对预算监督大多停留在程序性审批层面，实质性监督难以有效启动。闵行区人大对预算草案的修正案，提供了一个十分生动的案例，充分说明在条件具备的地方，人大预算监督大有可为。

首先，上海市的自身条件给闵行区人大预算监督改革提供了良好的物质基础。总体而言，上海市的经济发展水平和对外开放水平相对较好，勇于探索的积极性较高，善于接受新鲜事物的能力较强，所有这些都给闵行区的公共预算改革提供了良好支撑。

其次，外部专家团队的智力支持是保证人大预算监督改革的重要推动力。闵行区公共财政预算改革实验的背后，有一支高效的专家团队支持，他们大都是来自高校和科研机构的知名学者，大都具有海外学习或工作经历背景，能比较准确把握公共财政预算改革的总体趋势，并能给闵行区的预算改革提供必要的技术支持和智力保障。

最后，规范有序的制度建设是实现人大预算监督的重要保障。闵行区在公共财政预算改革和人大预算监督改革中，相继推出了一系列规章制度，不仅为人大预算监督提供有效的法律依据和制度保障，还可以保障预算改革的延续性和可持续性，利用制度建设推动人大预算监督的规范化发展。

二、浙江温岭参与式预算案例

（一）案例基本情况[①]

温岭的参与式预算，是人民群众以民主恳谈为主要形式参与政府年度预算方案协商讨论，人大代表审议政府全口径预算并决定预算的修正和调整，进而实现实质性参与的预算审查监督。它是温岭市人大将最早发源于当地的民主恳谈引入预算审查监督的一种创新[②]，也是协商民主与代议制民主的有机结合。从2005年

[①] 本案例主要改编自浙江省温岭市人大常委会：《温岭市参与式预算的做法与成效》，《研究与交流》，2014年第15期。

[②] 浙江温岭市的民主恳谈制度创建于1999年6月。初始阶段的民主恳谈，实质上是当地党委、政府与群众之间的对话机制，是温岭市在发展市场经济的新形势下以民主的方法加强和改进农村思想政治工作的一种新载体。

开始探索，历经"由点到面、由下而上、由表及里、由柔变刚"的多年实践，深入推进预算全口径、监督全过程、参与全方位，取得较大进展和突破。

温岭的参与式预算，主要体现在三个环节：

第一，人代会前围绕政府及部门预算草案进行初审和民主协商。具体包括：（1）开展部门预算民主恳谈。一般在人代会两个月前举行，与会人员先集中听取市发改委、财政及恳谈部门（如交通局）有关情况的汇报，然后采取分组与集中相结合的方式，就部门预算进行深入恳谈讨论，相关部门积极回应并回答询问，市政府分管副市长作表态发言。（2）开展代表工作站（代表联络站）预算征询恳谈。将部门预算送交各代表工作站进行征询恳谈，广泛征求工作站辖区内选民意见，为人代会审查部门预算打好基础（专栏8-8）。（3）常委会初审票决部门预算草案。围绕市委市政府重点工作部署，每年选几个部门，由常委会会议初审并票决后，再提交人代会审查批准。（4）开展政府重大投资项目审查。在人代会前，常委会会议逐个审查当年拟新增的3000万元以上政府性重大投资项目和重大前期项目，并选择部分重大项目举行初审听证，对有争议的项目进行表决。（5）对政府性债务进行审查。从2009年开始，专门组建市人大常委会政府性债务跟踪监督小组，在每年人代会前审查当年度政府性债务收支计划，年中听取政府债务管理情况报告，督促政府防范和化解债务风险。

◇ 专栏8-8

浙江温岭5家代表工作站探索部门预算选民征询恳谈

浙江省温岭市人大常委会探索实行的参与式预算改革又有新举措。市人大常委会将审查部门预算的阵线进一步前移，在人代会召开前夕，选择5个部门预算，以人大代表工作站为载体，就部门预算在基层直接与选民进行征询恳谈，广泛征集选民意见和建议。

2011年温岭市人代会期间，将组织12个代表团，分别对17个部门预算草案进行专题审议。为进一步提高专题审议的实效，市人大常委会要求各代表团，在人代会前按照所确定审查的部门预算内容，组织代表进行深入调研和初审。为进一步延伸触角，扩宽意见收集渠道，市人大常委会探索将参与式预算与代表工作站相结合，指导箬横贯庄、温峤江厦、泽国丹山、新河塘下、滨海岱石等5家代表工作站，分别根据代表在人代会期间所要审查的部门预算，即国土资源局、环境保护局、科学技术局、广播电视台、农业林业局预算，与选民面对面征询恳谈。5个部门的主要负责人全程参加，介绍预算编制情况，回答代表和选民询问，并就有关事项作表态承诺。征询恳谈主要达到两个目的，一是让代表深入选区广泛听取选民的建议和意见，为人代会审查部门预算提供参考；二是让政府职能部门围绕预算安排与选民面对面对话，从而把有限的财政资金花到群众最需要的地方。

来自5个代表工作站所在选区的150多位选民参加了部门预算征询恳谈，共提出80多条意见和建议。市人大常委会专门召开主任办公会议，将这些意见建议反馈给市财政局，督促其会同相关部门认真研究吸收，进一步完善部门预算后提交人代会审查。

资料来源：人民网—中国人大新闻网。

第二，人代会围绕预算进行深入审查。逐年推进全口径预算审查，已实现公共财政预算、政府性基金预算、社保基金预算、国有资本经营预算等四本预算单独编制并全部提交人代会审查，并在审查中形成了专题报告、专题审议、专题票决、专题决议等四个"专"的做法。

第三，人代会后围绕预算执行进行深入监督。具体包括：（1）推动预决算公开。每年就预决算公开的内容、程序、范围、时间、载体等向政府提出明确要求，促进预决算公开不断取得突破。（2）专题询问预算执行审计问题。结合审议审计工作报告开展专题询问，督促相关部门对预算执行中存在的问题作出整改落实，促使政府部门重视加强预算管理。（3）注重预算绩效监督。每年听取财政部门对预算绩效评价项目抽查情况的汇报。2014年，首次探索对3个政府重大预算项目进行绩效评估，开启人大预算绩效评估新征程。

（二）案例评析

温岭的参与式预算，是将民主恳谈这一体制外制度创新与现行制度相融合，把民主恳谈引入人民代表大会的预算审查、监督过程，从预算民主切入，以民主恳谈"激活"基层人大，促进基层人大和人大代表依法履行权力，使人民代表大会制度回归人民民主的本来意义。

总结起来，温岭参与式预算的特点，主要体现在如下三个方面：

其一，充分的预算公开。预算公开是实现有效监督的前提。参与式预算有效推动了政府预算信息公开，如2008年全文公开审计工作报告，2009年网络公开8个部门预算，2010年报纸整版刊登建设规划局预算，2011年网络公开5个部门"三公"经费，2013年实现部门预算及"三公"经费公开全覆盖、35个部门决算公开，2016年全面公开市镇两级及部门预决算和"三公"经费预决算。同时预决算已实现在温岭人大网、参与式预算网、阳光工程网、市政府门户网站、各部门网站等"五网"联动公开，以及报纸常态化公开。

其二，充分的民意表达。民意表达是否充分，是预算审议的关键。参与式预算破解了民众参与难的问题。按照"只要有意愿，就会有机会"的思路，通过定向邀请、广而告之、随机抽取、科学抽样、代表征询、媒体追踪等多种途径，并在市级建立涵盖社会各个层面的预算审查监督参与库和专业库，解决了民众不愿参与、难以参与以及如何有序参与等问题。

其三，充分的预算监督。参与式预算有效破解了人民代表大会审查批准预算难的问题。通过开启分项分部门预算表决机制、规定人大代表 10 人以上联名（乡镇为 5 人以上联名）可以提出预算修正议案等，打破了长期以来对预算只能整体通过或整体否决、无法进行修正和调整的尴尬局面，使人代会审查批准预算更具刚性、更趋真实。

第九章

人大预算监督改革发展之趋势与未来

如何认识40多年来人大预算监督改革发展趋向？我们认为可以着眼于三个维度，其一是预算监督的法理依据，即人大预算监督是否做到有法可依；其二是预算监督的能力建设，即人大预算监督主体能否不断增强能力，做到有法必依；其三是监督效力评价，即预算监督的实际效果如何。本章主要总结回顾人大预算监督改革的变化趋势特征，分析其改革发展的内在逻辑，并从权力保障、能力建设、多元协调配套措施方面对改革进行前瞻。

第一节 我国人大预算监督的趋势特征

总结梳理人大预算监督改革发展40多年来的历程，可以发现其改革路径主要集中在监督依据、监督能力与监督效力三个维度，改革目标紧紧围绕全面规范、公开透明、科学有效、约束有力的现代预算制度，改革趋势主要呈现法治化、专业化、全面化、多元化和信息化等五个方面特征（见图9-1）。

一、法治化：人大预算监督法律法规体系逐步建立健全

人大预算监督法律法规体系是预算监督的法律依据，其立法层级、覆盖范围、内容健全程度不仅体现着人大预算监督的权威性科学性有效性，而且直接影响着现代预算制度的建立和运行。人大预算监督法律法规体系不健全的监督只能是一种缺依据的"软监督"，也容易导致无序的"乱监督"。40多年来，我国人大预算监督法律法规体系经历了一个分阶段、加速度、从低阶到高阶的建设历

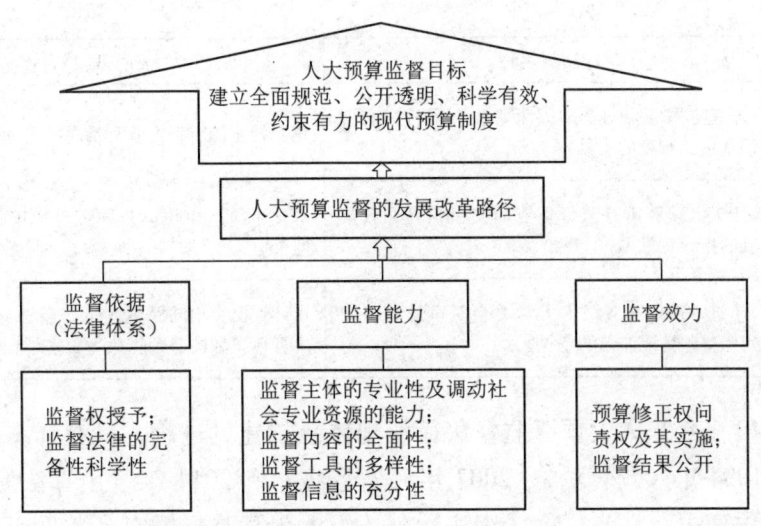

图9-1 人大预算监督改革发展的逻辑线索

程,迄今解决了有法可依的问题(见表9-1)。

表9-1 改革开放以来中国人大预算监督法律法规体系建设

年份	法律法规名称	人大预算监督内容
1978	《中华人民共和国宪法》	人大的预算决算审批权
1979	《中华人民共和国地方各级人民代表大会和地方各级人民政府组织法》	地方人大及人大常委会的预算监督权
1982	《中华人民共和国宪法》(修正)	增加人大常委会对预算执行调整的审查批准权
1989	《全国人民代表大会议事规则》	审查国家预算的程序
1994	《中华人民共和国预算法》	预算管理职权划分,预算审查批准、预算调整、决算审查批准,人大对预决算监督
1999	《关于加强中央预算审查监督的决定》	中央预算初步审查;超收收入监督,预算科目之间资金调剂、预算调整审查
2006	《中华人民共和国各级人民代表大会常务委员会监督法》	人大常委会的预算监督职权
2014	《中华人民共和国预算法》(修正)	预算管理职权,预算审查批准,预算调整,决算审查批准,预决算监督
2015	《关于改进审计查出突出问题整改情况向全国人大常委会报告机制的意见》	把督促审计查出突出问题整改工作同审查监督政府、部门预算决算工作结合起来
2017	《关于推进地方人大预算联网监督工作的指导意见》	建设功能齐全、财税与其他相关部门横向联通、省市县纵向贯通的预算联网监督网络
2017	《关于建立预算审查前听取人大代表和社会各界意见建议的机制的意见》	建立预算审查前听取人大代表和社会各界意见建议机制

续表

年份	法律法规名称	人大预算监督内容
2017	《关于建立国务院向全国人大常委会报告国有资产管理情况制度的意见》	建立健全国有资产管理情况报告和监督制度
2018	《关于人大预算审查监督重点向支出预算和政策拓展的指导意见》	对支出预算和政策开展全口径审查和全过程监管
2020	《关于进一步加强各级人大常委会对审计查出突出问题整改情况监督的意见》	审计查出突出问题整改情况监督与审查预算、决算草案和监督预算执行紧密结合

梳理40多年来人大预算监督法律法规体系的建设进程，具有标志性意义的事件当属1994年《预算法》、2007年《监督法》和2014年《预算法》修正案。1994年《预算法》之前，除《宪法》外，人大预算监督规定多散见于国务院条例、文件或人大决定，少有从法律层级明确立法机关、行政机关与司法机关之间的关系。1994年《预算法》第一次以法律形式明确了有关国家预算的权责配置、运行程序及监督内容。2006年《监督法》则对人大如何监督预算做了更为详尽的规定。2014年修正后的《预算法》，则是从国家治理的高度，系统规范了人大预算监督的框架。

二、专业化：监督机构与人员专业化程度提高

人大预算监督的能力首先取决于监督主体的专业能力及调动社会专业资源的能力。拥有专司监督机构和一支政治素质强、专业水平高的专业队伍，辅之以政府智库专业人员，以及第三方社会专业人员，是实现人大预算监督常态化有效性的必要条件。鉴于我国实行人民代表非职业化制度，专司预算监督的机构及其人员的专业化水平至关重要，调动社会专业资源的能力也变得更为必要。否则，人大预算监督就容易停留在程序性、形式性的"浅监督"上。

40多年人大预算监督的发展历程表明：一方面，从人大内设机构看，随着从中央到地方人大专门委员会和工作委员会的相继设立，人大预算监督机构专业化程度逐步提高。1983年3月，全国人大设立财政经济委员会，这一专门委员会的成立为加强人大及其常委会工作，提高人大预算监督效能发挥了重要作用。1998年12月，全国人大常委会决定设立预算工作委员会，专司预算审查监督工作。截至目前，全国31个省级地方人大中均设立了财政经济委员会，27个省市

在人大常委会下设立预算工作委员会①,并逐渐向下级延伸。同时,部分地方人大为更好履行监督职责,在专业机构改革与建设方面主动探索,积极实践。2015年,广州市人大预算委员会设立,专司审查监督预算、计划、审计、国资、社保基金等工作。2018年,我国首个省级层面的预算委员会——四川省人大预算委员会成立,主要协助省人大及其常委会行使预算审查与监督以及财政、税务、审计领域的立法和监督职权。专业机构的建立健全为实施规范化常态化的人大预算监督奠定了组织基础。另一方面,随着人大预算监督工作的深入,为提高预算监督效能,充分发挥社会专业机构和专业人员的优势,各级人大均建立了不同形式的预算审查咨询专家库。咨询专家根据需要,在预算编制、审查、绩效评价等不同环节灵活介入,充分发挥外脑力量,也有效助力了人大预算监督的专业化水平提高。

此外,不断提高人大代表的专业水平,充分发挥其在预算审查监督中的重要作用,也是人大监督专业化程度的重要方面。按照党的十八届三中全会关于加强人大预算决算审查监督职能的改革部署,全国人大常委会办公厅先后印发《关于建立预算审查前听取人大代表和社会各界意见建议的机制的意见》(以下简称《意见》)及《全国人大预算审查联系代表工作办法》(以下简称《办法》),建立了预算审查联系代表机制。作为建立完善预算审查联系代表机制的措施之一,2018年11月12—14日,全国人大常委会办公厅、预算工委在国家厦门会计学院全国人大预算审查联系代表暨预算审查监督干部学习班(专栏9-1)。②《意见》及《办法》的实施,将全国人大预算审查联系代表工作规范化机制化,有利于进一步保障全国人大代表对预算的知情权、参与权和监督权,有利于更好地发挥人大代表在预算审查监督中的主体作用。

◇ 专栏9-1

发挥人大代表作用审查监督好政府预算——来自全国人大预算审查联系代表学习班的观察

> 政府预算,关乎经济社会发展和百姓切身福祉。
> 2018年11月12日至14日,逾百位全国人大代表走进厦门国家会计学院,

---

① 经查询各省级地方人大网站,截至2019年年底,北京、山西、内蒙古、辽宁、吉林、黑龙江、上海、江苏、浙江、安徽、江西、山东、湖北、湖南、广东、广西、海南、重庆、四川、贵州、云南、陕西、青海、宁夏等24个省市在其人大常委会下设独立的预算工作委员会,天津、河南、甘肃3省市在其人大常委会下设财经预算工作委员会,河北、福建、西藏、新疆4省区没有设置预算工作委员会,但河北、福建、新疆3省区均设有财政经济工作委员会。

② 《全国人大常委会办公厅、预算工委举办预算审查联系代表专题学习班,发挥代表作用做好预算审查监督工作》,《法制日报》,2018年11月27日。

参加全国人大预算审查联系代表学习班。三天的培训，旨在增强人大代表审查监督预算的履职能力，也是贯彻落实加强人大预算审查监督职能的一项具体措施。

举办预算专题培训班让代表履职更专业

财政收入取之于民，用之于民。审查批准预算、决算和监督预算执行，是法律赋予各级人大及其常委会的重要职权。

记者了解到，此次在厦门举办的学习班，是首次由全国人大常委会办公厅和全国人大常委会预算工委联合为人大代表举办的财政预算、预算审查监督专题学习班。

据全国人大财经委副主任委员、全国人大常委会预算工委主任史耀斌介绍，全国人大预算审查联系代表是根据代表的专业背景和工作领域，在十三届全国人大代表中经过推荐、审核和批准确定的。

"预算审查联系代表工作领域比较广泛，代表性比较好。"史耀斌表示，联系代表需要具有财政预算、会计、税收等专业背景，或者有在机关、企业、农村等领域工作经历，并且关心财政预算工作。

据介绍，代表有多种方式来依法履行预算审查监督职权。例如，提出预算管理和预算审查监督议案和建议，审议预算草案和报告，参加关于预算的决议表决等；受邀参加全国人大常委会预算工委组织召开的有关预算编制情况通报会、座谈会，受邀参加全国人大财经委召开的预算、决算初步审查会议，提出意见建议；代表们还可以受邀参加所在省区市财政部门等组织开展的预算绩效评估等活动。通过多种形式，反映与财政预算有关的问题情况和提出意见建议等。

财政部部长助理许宏才表示，财政部高度重视服务代表工作，坚持把自觉接受人大依法监督、支持和服务好代表履职作为一项重要任务；把做好服务代表工作作为财政部门深入推动工作作风转变，建设"让党中央放心、让人民群众满意"机关的一项重要举措。

创新机制进一步加强人大预算审查监督职能

政府花钱必问效、无效必问责——伴随我国全面实施预算绩效管理，人大如何通过监督推动政府管好、用好财政预算资金备受关注。

党的十八届三中全会提出，加强人大预算决算审查监督、国有资产监督职能。

"建立全国人大预算审查联系代表机制，是适应加强人大预算审查监督职能需要，贯彻落实党中央重要改革部署的一项积极措施，是全国人大代表工作发展历程中的一个新实践。"史耀斌说。

近年来，全国人大常委会积极推动建立全国人大预算审查联系代表机制，出台了《关于建立预算审查前听取人大代表和社会各界意见建议的机制的意见》及《全国人大预算审查联系代表工作办法》，标志着预算审查联系代表工作制度化、规范化。

"发挥好人大代表在预算审查中的主体地位和作用,对于深入贯彻党的十九大精神,推动把党中央重大方针政策和决策部署在政府预算编制和预算执行中贯彻好、落实好,具有重要的意义。"史耀斌说。

全国人大代表、山东大学校长樊丽明在接受记者采访时表示,这是一项具有创新意义的改革举措,有利于进一步保障全国人大代表对政府预算的知情权、参与权和监督权。

充分发挥代表作用推动政府预算全面规范透明

在此次学习班上,代表们普遍表示,作为人大预算审查联系代表,应更好地依法履行审查监督预算的重要职责,不断推动促进政府预算的全面规范透明、标准科学、约束有力。

"成为联系代表后,深感责任重大、使命光荣。"全国人大代表、中国人民银行郑州中心支行行长徐诺金说,今后将会认真履行好预算审查联系代表职责,主动对政府的重点工作和活动实施有效监督。

代表们同时表示,新时代人大预算审查监督的任务繁重,需要不断增强自身履职能力,更好地成为党和国家密切联系人民群众的桥梁和纽带。

全国人大代表、安徽省财政厅厅长罗建国认为,联系代表们来自各行各业,应更多地将所在地方和领域的意见建议、将基层的一线情况,通过代表的履职尽责,依法依规反映上来,融入全口径和全过程预算监督之中,推动促进政府预算更加规范科学,更好确保党中央各项决策部署落到实处。

全国人大常委会预算工委副主任朱明春建议,作为预算审查联系代表,应进一步加强学习,不断提高履职能力;日常要多思考、多调研,注意搜集政府财政预算、税收和人大预算审查监督方面的情况与意见建议。

史耀斌建议,预算审查联系代表应进一步发挥来自人民、植根人民的特点,接地气、察民情、聚民智,增强履职能力,为推进依法行政、依法理财,推进国家治理体系和治理能力现代化,充分发挥国家权力机关的重要职能作用作出贡献。

资料来源:新华社。

三、全面化:预算监督范围不断拓展

人大预算监督的范围是否涵盖国家财政分配的全部内容,是判断人大预算监督广度和深度的重要指标,是人大预算监督能力的具体体现。仅涵盖财政分配部分内容的监督是不完整的监督,不能充分行使人大预算监督权,也无从体现人民对于全部公共财政分配决策的权利委托,因而只能是一种"弱监督"。而包含全部财政分配内容的全面监督才是实现监督科学性有效性的前提条件之一。我国40多年的人大预算监督走过了监督范围不断拓展、趋于全面的历程。

首先，人大预算监督范围逐步实现从预算内收支到全预算监督，再到地方债监督、国有资产监督的全覆盖。20 世纪 90 年代之前，我国把预算收支明确分为预算内和预算外，受监督能力制约，人大预算监督对象主要是预算内收支，预算外收支事实上游离于人大监督范围之外。2014 年修正的《预算法》颁布之后，随着我国复式预算体系的逐步规范，人大预算监督范围随之涵盖一般公共预算、政府性基金预算、国有资本经营预算和社会保险基金预算。同时，修正后的《预算法》确认了地方政府的有限举债权，确立了疏堵结合、"开前门、堵后门、筑围墙"的管理改革思路，规定地方政府债务必须纳入预算，奠定了人大对地方政府债务预算监督的制度基础①。2017 年 12 月，中共中央下发通知，要求建立健全人大国有资产报告监督机制，从而将各种形式的国有资产陆续纳入全国及地方人大监督范围。2019 年 4 月 12 日，栗战书委员长主持召开十三届全国人大常委会第二十八次委员长会议，审议通过《十三届全国人大常委会贯彻落实〈中共中央关于建立国务院向全国人大常委会报告国有资产管理情况制度的意见〉五年规划（2018—2022）》，公布了人大加强国有资产管理监督的任务书、路线图和时间表，人大国有资产监督进程明显加快。

其次，预算监督重点发生转变。一直以来，人大预算审查监督的重点是预算收支平衡及财政赤字规模，2018 年 3 月，中共中央办公厅印发《关于人大预算审查监督重点向支出预算和政策拓展的指导意见》，明确指出人大预算监督重点要转向支出预算和支出政策，各级人大预算审查的重点是：预算安排是否符合国民经济和社会发展的方针政策，收支政策是否可行；重点支出和重大投资项目的预算安排是否适当；对下级政府的转移性支出预算是否规范、适当等。

四、多元化：监督工具增多、力度加大

一般来说，人大预算监督工具可以分为两类：第一类是约束性较弱、使用比较普遍的常规性工具，如一般的询问、听证、会议审议等；第二类是约束性较强、严肃性权威性更高、使用较少的非常规工具，如专题询问、质询、专项调查等。根据王淑杰（2009）的研究，预算监督工具丰富程度与政治因素（政体、

---

① 修正后的《预算法》规定："经国务院批准的省、自治区、直辖市的预算中必需的建设投资的部分资金，可以在国务院确定的限额内，通过发行地方政府债券举借债务的方式筹措。举借债务的规模，由国务院报全国人民代表大会或者全国人民代表大会常务委员会批准。省、自治区、直辖市依照国务院下达的限额举借的债务，列入本级预算调整方案，报本级人民代表大会常务委员会批准。举借的债务应当有偿还计划和稳定的偿还资金来源，只能用于公益性资本支出，不得用于经常性支出。"

民主程度、政治态势)、经济因素(经济体制、经济发展水平)和文化因素有关(见表9-2)。人大预算监督"工具箱"内的工具品种多少直接影响着选用的灵活性和组合的可能性大小,从而影响着监督的力度和有效性。

表9-2　　　　　不同经济发展水平国家议会使用预算监督工具情况

经济状况	监督工具的数量				总计	平均
	4	5	6	7		
低收入国家	4	4	7	3	18	5.5
中等收入国家	1	2	5	8	16	6.25
高收入国家		1	6	7	15	6.27
总计					49	

资料来源:Stapenhurst R.,PelizzoR.,Olson D.,Trapp L..Legislative Oversight and Budgeting:A World Perspective. World Bank Publications,2008. 转引自王淑杰:《议会监督预算能力研究——兼论我国人大预算监督》,《财经论丛》,2009年第5期。

从我国近些年的实践来看,人大预算监督的工具不断增多,手段日益丰富,力度不断加大。主要包括:(1)听取意见建议。每年在政府预算草案编制前听取人大代表和专家意见,与本级政府财政等部门密切沟通,认真研究提出关于年度预算的分析报告。(2)专题审议。人大财政经济委员会每年对预算草案进行初步审查时,对有关支出预算和政策开展专题审议(专栏9-2)。(3)重点审查。人大对预算进行重点审查,人大财政经济委员会向主席团提出预算审查结果报告。(4)专题调研。各级人大及其常委会听取和审议政府关于重点支出预算和政策专项工作报告,开展重点支出预算和政策专题调研,提出有针对性、前瞻性和可行性的意见建议。(5)特定问题调查。特定问题调查既是宪法和法律赋予人大及其常委会的一种刚性的监督手段,又是国家权力机关为正确行使职权就某一专门问题所进行的一种调查活动(专栏9-3)。[①](6)询问和质询。人大或常委会会议时就预决算相关问题提出询问和质询。(7)听取报告。各级人大十分注重及时听取重大财税政策报告。对于事关全国或者本级行政区域内经济社会发展全局、涉及群众切身利益的重大财税政策,各级政府在政策出台前应当向本级人大常委会报告。总的来看,多种工具并用增加了预算监督的环节和机会,扩大了人民代表、专业人士及社会人员对预算监督的参与度,加大了立法机关对预算分配乃至国有资产监督的深度,凸显了立法机关监督的权威性,在一定程度上提高了人大预算监督的有效性。

---

① 《嘉兴市第八届人民代表大会常务委员会关于组织特定问题调查委员会对市属国有资产若干问题开展调查的决定》,嘉兴人大网,http://old3w.cnjxol.com/gov/jxrd/content/2017-12/28/content_2661222.htm。《向国资"亮剑"》,2019年8月15日,https://www.sohu.com/a/333931365_120207617。

◇ 专栏9-2

北京市人大强化预算初审制度预算审查"入口"要严

政府的"钱袋子"怎么用,这需要各级人大审查批准预算。人大对预算的监督是对国家行政权力运行和公共资源配置监督的重要组成部分。

为保证代表大会顺利审查批准预算,北京市人大常委会将工作重点放在预算初审环节,通过初审提高预算审查的质量和效果,为大会审批预算打好基础。北京市人大财经委副主任委员、常委会预算工委主任陈京朴介绍,北京市人大明确将预算初审作为市人大常委会的一项整体工作,建立起市人大常委会集中领导,各专门委员会发挥专业特点和优势、听取对口政府部门的部门预算编制情况,常委会主任专题会对各专门委员会提出的意见作统筹研究,纳入财经委员会初步审查意见的预算初审制度。

北京市人大常委会在对北京市环保局2015年部门预算及"节能减排及环境保护专项资金"预算编制情况进行专题审议时,代表们对"绿色文明样板工地创建项目(500万元)"和"绿色生态示范区奖励资金和标识认证项目(1900万元)"提出了建议,认为这些项目属于企业应尽责任,建议研究此类奖励性支出的必要性和效益性,尽量予以清理、调整。专题审议后,北京市环保局会同财政部门研究,取消了原有项目,将资金调整为增加相关部门环境执法和社会公众普法宣传等。

为进一步深化预算初审工作,拓展人大预算监督范围,提高监督实效,从2013年起,北京市人大常委会就首次开展了专题审议,要求在财经委员会召开的初审会上,专门安排半天时间,每年选择一个政府部门的预算及其管理的大额专项资金进行审议。"建立专题审议机制,就是要以问题为导向,借鉴专题询问和事前评估的方式,吸收多方面力量参与,推进人大实质性审查监督,提高财政资金使用效益。"陈京朴说。

目前,北京市人大财经委员会还将专题审议的形式拓展到审计整改等环节,其他专门委员会也在听取对口政府部门预算编制情况时借鉴这一做法,提高了审议效果。

资料来源:张璁,《北京市人大强化预算制度 预算审查"入口"要严》,《人民日报》,2018年11月14日。

◇ 专栏9-3

辽宁省人大常委会首次启用特定问题调查权

2018年7月25日,辽宁省十三届人大常委会第四次会议表决通过了关于成立政府支出预算结构和政府性债务问题调查委员会的决定。这是《监督法》施行以来,省人大常委会首次行使特定问题调查权,对政府支出预算结构和政府性债务进行特定问题调查,在全国尚属首次。

近年来，全省财政支出预算中，一些预算支出安排绩效不理想，有些地方"依靠高负债拉动增长"的旧发展观还没有根除，未能更好满足人民日益增长的美好生活需要。对政府支出预算结构和政府性债务问题开展调查，有利于提高支出预算编制质量和预算执行规范化水平，使各级财政支出预算更好地有效保障民生，有效化解防控债务风险，使改革发展成果更多惠及全省人民。

根据《预算法》第八十四条规定："各级人民代表大会和县级以上各级人民代表大会常务委员会有权就预算、决算中的重大事项或者特定问题组织调查，有关的政府、部门、单位和个人应当如实反映情况和提供必要的材料。"《监督法》第三十九条规定："各级人民代表大会常务委员会对属于其职权范围内的事项，需要作出决议、决定，但有关重大事实不清的，可以组织关于特定问题的调查委员会。"第四十条规定："委员长会议或者主任会议可以向本级人民代表大会常务委员会提议组织关于特定问题的调查委员会，提请常委会审议。"

2018年5月29日，财经委向省十三届人大常委会党组（扩大）第五次会议汇报了关于采取特定问题调查的方式对政府支出预算结构和政府性债务问题进行剖析检查有关情况。根据《中共中央办公厅印发〈关于人大预算审查监督重点向支出预算和政策拓展的指导意见〉的通知》（中办发〔2018〕15号）中关于"地方各级人大及其常委会就重大事项或特定问题组织调查，要向本级党委请示报告"的要求，省人大常委会党组会议结束后，常委会党组将开展此项工作情况，以辽人党组发〔2018〕35号文件形式向中共辽宁省委进行了请示。6月15日，财经委向十二届省委常委会第九十一次会议汇报了关于采取特定问题调查的方式对政府支出预算结构和政府性债务问题进行剖析检查工作情况，省委常委会审议通过了这项议题。省人大常委会主任会议听取了关于采取特定问题调查的方式对政府支出预算结构和政府性债务问题进行剖析检查的有关情况，并由主任会议决定列入省十三届人大常委会第四次会议议题，经审议通过。

特定问题调查委员会由主任委员、副主任委员和委员组成，根据工作需要，聘请4位专家。调查委员会将采取听取汇报，调阅有关材料等方式开展调查，调查结束后将向常委会提交调查报告。常委会将根据调查报告，作出相应的决议、决定。

资料来源：辽宁人大微信公众号。

五、信息化：预算联网助力深化有效监督

要实现有效的人大预算监督，就必须保证预算信息的准确、充分和可及。因此，信息化是实现及时有效预算监督的必经之途，非法律规定保密之外的信息公

开是必要条件。仅靠有限的大会时间和更有限的提供预算书面材料时间,实现有效预算监督是难以奏效的。进入21世纪以来,信息技术和互联网快速发展,国家电子政务工程建设和信息安全技术水平提高,为预算联网监督提供了技术支撑和安全保障。2014年修正的《预算法》的实施和一系列预算改革的推进,为预算联网监督提供了法律和制度基础。广东等地方人大利用与财政信息资源共享实现网络监督的实践做法,也为预算联网监督提供了成功经验(见图9-2)。

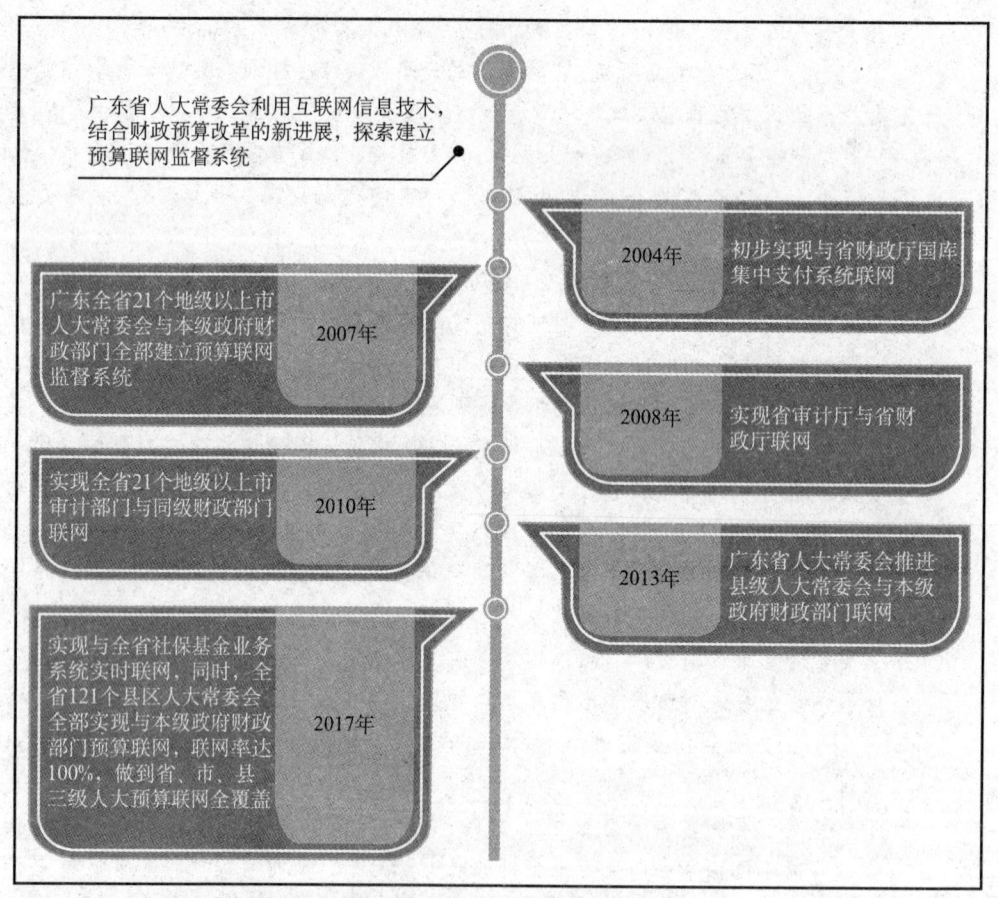

图9-2 广东等地方人大利用与财政信息资源共享实现网络监督

早在2012年11月,全国人大常委会办公厅在《2012—2017年人大机关信息化建设规划》中就提出了信息化建设的方向。2015年6月,中共中央转发《中共全国人大常委会党组关于加强县乡人大工作和建设的若干意见的通知》,在"逐步地推进基层人大工作意见"中提出要推进信息化进程。同年11月,全国人大常委会办公厅发布《关于通过网络平台密切代表同人民群众联系的实施意见》,明确提出要做到让各级人大代表能够接触更多的信息。2017年3月,全国人大常委会工作报告中明确提出要"推进预算联网监督工作"。同年7月,全国人大常委会办公厅下发《关于推进地方人大预算联网监督工作的指导意见》,规划部署预算联网监督系统建设(见图9-3)。同年12月,全国人大预算联网监督系统(一期)正式上线试运行,运用该系统能实现对财政预算和部门预算的全口径全过程多层次监督,可以进行专题监督和多维度分析,对进一步推动预算公开透明,加强对政府全口径预算决算的审查和监督,增强审查监督工作的针对性、深入性和有效性,都具有十分重要的意义。

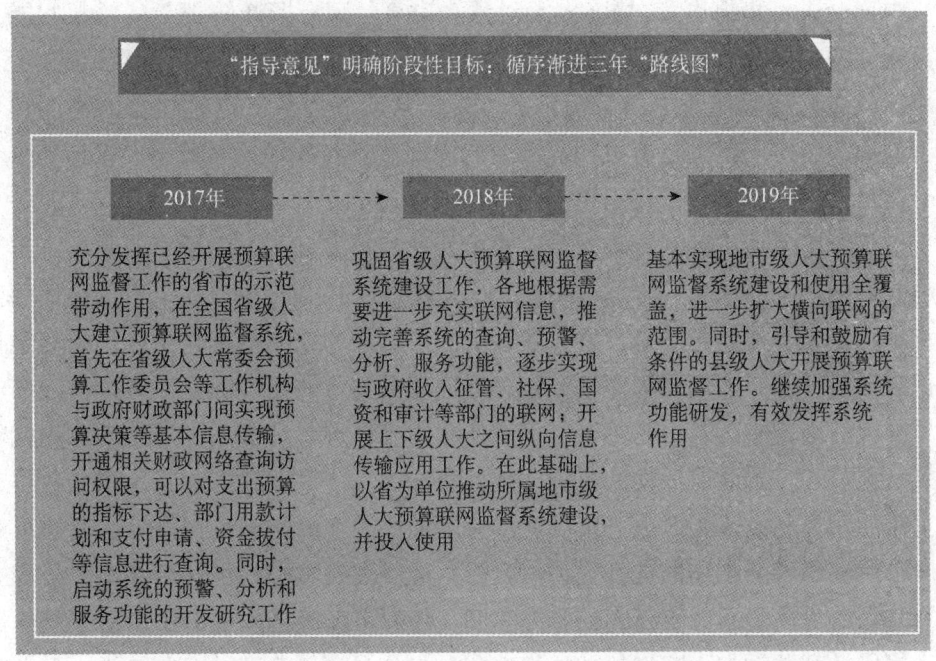

图9-3 《关于推进地方人大预算联网监督工作的指导意见》简明图

第二节 人大预算监督改革发展的内在逻辑

一、人大预算监督改革发展的条件

总结改革开放以来中国人大预算监督的发展条件,主要体现为改革思想引领、经济发展推动、政治协同推进、基层典型示范以及技术保障支撑等五个方面。

一是改革思想引领。中国共产党是中国特色社会主义事业的领导核心。坚持党对一切工作的领导,是党和国家的根本所在和命脉所在。从40多年来的人大预算监督改革历程来看，人大制度改革、政府预算管理制度改革、审计制度改革等都是在党的统一领导下进行的。党的十八大谈到推进政治体制改革时提出，"加强对政府全口径预算决算的审查和监督"，并将其作为支持和保证人民通过人民代表大会行使国家权力的一项重要内容；党的十八届三中全会审议通过的《中共中央关于全面深化改革若干重大问题的决定》更是成为新时期全面深化改革的总纲领，并对建立现代财政制度及现代预算制度提出了具体要求；党的十九届三中全会进一步提出，"加强人大对预算决算、国有资产管理等的监督职能。"这是在党的全国代表大会报告和中央全会决定等重要文件中，专门就加强人大预算决算审查监督职能作出的重要部署、提出的明确要求。正是在党的统一领导下，各项改革协同推进，有关预算的政府内部监督与外部人大监督、审计监督和社会监督等多元立体化监督新格局已经形成并逐步完善。

二是经济发展推动。改革开放以来的快速经济发展为人大预算监督孕育了越来越强烈的公共需求。一方面，社会主义市场经济体制改革培养了市场主体的监督意识和能力。市场经济条件下，各经济主体都成为独立的利益主体，各有维权意识和利益诉求，因而要求厘清利益边界，理顺利益关系。而且，等价交换的经济原则天然内含平等自由精神，经济主体自由平等理念和参与国家管理意识比较强烈。预算规定着政府活动的范围、规模和方向，体现着政府政策，事关各类市场主体的切身利益，当然成为市场主体高度关心关注的领域，通过人大渠道反映诉求自然成为十分现实的选择。另一方面，经济发展水平的迅速提高提出了人大预算监督的更高要求。亨廷顿的研究表明，随着市场经济发展，中产阶级规模增大，他们的利益诉求不断增长，且表达和参与公共事务管理的意愿最强。随着我国经济改革发展，GDP规模迅速增长，政府收支规模和比重提升迅速。同时，人均收入持续攀升，2019年中国人均GDP突破1万美元，跻身中等偏上收入国家行列。预算收入规模和结构如何，预算支出规模和方向如何，债务规模和负担如何，事关人民切身利益，势必引发人民及其代表的高度关心关注，[①] 由此也对提高人大预算监督质量和效力提出了更高要求。

三是社会舆论推动。需要特别指出的是，在人大预算监督改革进程中，除了公共部门内部的改革动力，还有来自法律界、公共管理学界以及财税学界的专家学者，充分发挥专业优势，积极利用人大代表、政协委员、咨询专家等身份，呼吁预算公开，推动预算改革。此外，许多高校及研究机构紧紧把握预算热点问

---

① 2012年8月5日结束的《预算法》修正案（草案）创下了中国人大立法网上征求意见的新纪录。一个月的时间里，《预算法》修正案（草案）征集意见数达33万多条，远超出此前征集意见数"冠军"《个人所得税法》修正案（草案）的23万条意见。充分说明，随着经济发展水平的提高，公众对公共事务的关注度也在不断上升。

题,开展持续研究,如上海财经大学省级财政透明度研究课题组、清华大学市级政府财政透明度研究课题组,多年来致力于省级和市级政府财政透明度研究,每年发布研究报告,这些都对人大预算监督改革起到了重要的思想引领作用(专栏9-4)。

◇ 专栏9-4

《中国财政透明度报告》简介

开展《中国财政透明度报告》项目研究的最初动力来源于党的十七大报告关于保障人民知情权的精神和长期以来学术研究中获得我国财政信息的困难,2008年《政府信息公开条例》的正式实施则是启动该项目的契机。是年,蒋洪教授、刘小兵教授领衔的上海财经大学公共政策研究中心启动了该项目,并于2009年初发布了第一份《报告》。

《报告》选择了我国大陆地区的31省、直辖市、自治区作为调查对象,通过网上搜索、公开出版物检索和向政府信息公开办公室申请三种途径了解各省财政信息的公开情况,并对获取的信息数据进行了分析、评分、排序,以直观地展现我国政府财政信息的公开程度和激励各省在信息公开工作上开展竞争。如果以满分为100计,2009—2018年我国财政信息透明度指数分别是21.71、21.87、23.14、25.33、31.40、32.68、36.04、42.25、48.28、53.49,呈现稳步提高趋势。

《报告》已连续10年全面揭示和评价了中国省级财政信息公开的状况,引起了学界和社会公众的广泛关注,并形成了促进财政信息公开的巨大推动力。其相关成果在全国政协会议上大会发言,多次被央视"新闻会客厅"和"新闻1+1"栏目采访报道,在《PublicAdministration》《政治学研究》《中国行政管理》等刊物上发表,并荣获多项省部级奖励。

资料来源:作者根据相关资料整理。

四是基层典型示范。同其他领域的改革类似,我国人大预算监督改革进程中也具有典型的自下而上改革特征。浙江温岭、上海闵行、河南焦作等地的参与式预算,广东等地推行的人大预算联网监督,河北、上海等地试点的人大预算审查居民听证制度,都是来自基层的典型实践,这也为全国范围内人大预算监督改革发挥了成功的示范效应(专栏9-5)。

◇ 专栏9-5

浙江省温岭市的参与式预算:民主恳谈会

● 2005年7月,温岭市新河镇首次邀请民众参与预算民主恳谈,90名镇人大代表直接参与了政府的财政预算审议,193名村干部、企业负责人和村民自发前来参加旁听。

- 2006年3月，在新河镇十四届人代会第六次会议上拟定并在镇人大预备会上通过了《新河镇预算民主恳谈实施办法（试行）》，规范了预算民主恳谈程序。410多人参加了此次会议，提出预算审议意见建议112条，预算修正议案8个。
- 2008年，温岭市人大常委会首次"试水"部门预算民主恳谈
- 2009年，温岭市部门预算民主恳谈进入常态
- 2010年，部门预算恳谈的大门正式向温岭普通市民打开
- 2015年3月，温岭在全国县级城市首次试行预算修正议案

参考资料：温岭市人大常委会参与式预算网，http://www.yusuan.gov.cn/；钟晓敏等著，《公共预算之路：浙江的实践与探索》，浙江大学出版社2008年版。

五是技术保障支撑。一方面，信息技术的快速发展，推动了我国政务信息化的进程，进而为人大预算联网监督提供了技术支撑。另一方面，随着政府预算改革的不断推进，政府收支分类科目日趋成熟，预算编制技术日益完善，也为人大预算监督提供了可能和保障。

二、人大预算监督改革发展的目标路径

回顾40多年来人大预算监督改革发展历程，总体目标十分明晰，即建立全面规范、公开透明、标准科学、约束有力、强化绩效的现代预算制度。党的十八届三中全会和修正后的《预算法》提出要建立"全面规范、公开透明"的预算制度。党的十九大报告根据社会经济形势的发展变化，作出了新的表述，即"建立全面规范透明、标准科学、约束有力的预算制度，全面实施绩效管理。"这与十八届三中全会提出的表述相比，既保持了连续性，又有所拓展和深化。

如何实现这一改革发展目标？40多年来人大预算监督发展改革的路径主要包括三个方面：第一，加强监督法律体系建设。如前所述，40多年来人大预算监督改革的趋向之一即是法治化，人大监督预算的法律体系逐步建立和完善。第二，加快监督能力建设。如上节分析，我国从多个侧面持续改革，不断提升人大预算监督能力，包括不断提升监督主体的专业性水平，不断增强调动社会专业资源参与预算监督的能力，不断拓展预算监督内容范围，逐步丰富监督工具箱，增强监督信息的充分性和可及性等。第三，增强监督效能。预算执行的监督问责以及监督结果的公开和应用，有利于增强监督效能。尽管在实践中三条路径的宽度和清晰度有所差别，但三因素相互联系，共同发挥了作用。

三、人大预算监督改革发展的主要策略

一是纵横协同。从纵的方面来看，我国五级人大预算监督是自上而下、自下而上相结合发展推进的。其中既有在中央统一领导下全国人大把握方向、加强指导、全面推进，也有各地因地制宜自主探索、创造经验、示范引领，上下结合，互相促进。但整体而言，各地尤其是基层人大预算监督的力度、质量和效力差异较大。从横的方面来看，在中央统一领导下，人大预算监督与政府预算改革配套进行，与审计监督、社会监督等协同推进，形成了监督合力，产生了有效监督的成效。

二是探索规范。人大预算监督发展改革与我国整体改革发展模式相适应，均是从中国实际出发，采取探索规范模式。具体来说，人大预算监督在改革之初以采取行为主义模式为主，即"摸着石头过河"，先突破条条框框创新试验，再总结经验，上升为法律规范。这是一种更符合改革开放初期我国国情、不等不靠加快改革的模式。后期改革则趋向于制度主义模式，即强调顶层设计、统筹谋划，先立法明确行为规范、后推进改革的模式。这种模式对各类主体的法治意识、法治能力要求很高，适用于法制基础厚实的国情和一般改革事项。

三是渐进深化。如前所述，我国人大预算监督改革经历了三个阶段，初期以制度建设、机构建设为主的基础设施建设阶段，发展到加快预算监督法律法规体系、监督能力建设为主阶段，再到加强法律体系的科学性、完整性，深化能力建设，提高监督效力的新阶段，逐步实现从形式性监督走向实质性监督。

第三节　人大预算监督改革前瞻

人大预算监督改革是一个系统工程，不仅需要从监督对象和监督机制层面进行完善，也要建立配套措施进行系统支持，本节主要从法律体系、能力建设、多元协调配套措施方面对改革进行前瞻。

一、完善人大预算监督法律体系

完善的法律体系是保障人大预算监督权的制度依据。我国现行《宪法》授予各级人大及其常委会具有预算审查批准及预算调整的权力、开展特定问题调查

的权力、对国务院及其部委的质询权等;《中华人民共和国预算法》(以下简称《预算法》)、《中华人民共和国地方各级人民代表大会和地方各级人民政府组织法》(以下简称《地方组织法》)也规定了县级以上地方各级人大及其常委会行使的预算监督权;《中华人民共和国各级人民代表大会常务委员会监督法》(以下简称《监督法》)则明确规定了人大常委会行使监督权的七种方式。①

总体来看,我国人大预算监督的法律体系框架已经基本形成,法律完备程度不断提高,但也要看到,人大预算监督的实体内容有待细化完善,预算监督权力运行程序也有待进一步规范等。基于此,应尽快完善包括《宪法》《预算法》《地方组织法》《监督法》等法律体系,增加法律供给,强化人大预算监督法律保障。具体来说,一是增加规定明确、可操作强的具体程序。例如,应当进一步明确《监督法》第22条所规定的执法检查所针对的"重大问题"以及第39条所规定的特定问题调查所针对的"特定事项"的范围等。二是补缺法律责任。应当填补法律法规的空白,明确规定被监督者的违法责任,同时赋予监督者必要的问责追究手段。三是加强配套制度建设。应当完善与监督措施相配套的制度和常态化工作机制,以及后续的跟踪监督和反馈机制,建立长效监督机制,确保人大预算监督效力。②

二、提高人大预算监督能力建设

经济社会的发展对人大预算监督提出了更高的要求,这就需要加快人大预算监督能力建设,否则拥有再高的监督权力也难以保障该权力落到实处。提高人大预算监督能力,要从多角度、多层次入手,既要提高人大代表对预算的监督水平,也要加强人大预算审查监督机构的建设,同时健全预算审查监督机制。

(一)进一步提高人大代表的预算监督水平

我国人大代表来自国民经济和社会发展的各个行业,分布广泛,代表性强,有效地保证和发展了人民当家作主,但随着我国现代财政制度改革的不断推进,政府预算规模不断扩大,预算编制技术不断改进,预算内容日益扩展,这对人大代表的预算监督能力都提出了新的要求和考验。下一步,应不断完善人大代表选举方式,合理调整人大代表规模和结构,加强代表履职能力培训,不断提高人大

---

① 具体包括:听取和审议工作报告;审查和批准计划和预算;审查规范性文件;罢免和撤职;询问和质询;对法律的实施情况进行检查;组织特定问题调查。

② 简小文:《习近平关于人大监督的重要论述研究——兼论我国宪法法律监督权与人大监督制度的完善》,《经济社会体制比较》,2020年第1期。

代表的预算监督水平。

(二) 加强人大预算审查监督机构建设

加强预算监督机构的建设是提高人大预算监督能力的关键。目前，我国预算监督机构存在人员不足、机构不健全、辅助机构不足等问题，在一定程度上制约着人大预算的监督能力。一方面，应继续加强预算监督机构建设和队伍建设，完善预算工作委员会制度，以适应人大预算监督的发展趋势；另一方面，还应结合中国实际，加强预算辅助机构建设。可以借鉴国外已有的经验和做法，吸纳具有非官方背景，掌握财政、金融、预算、立法等相关理论和知识的专家学者及行业从业者等，以提高人大预算监督的针对性和实效性。

(三) 健全人大预算审查监督机制

目前，我国预算审查存在审查时间不足、初审不够充分、表决机制不够科学等问题。为改善这一现状，应将预算审查作为人大审议的重点，增加人大对预算的审查时间；加强人大对预算的初审；促进预算的单项表决，从多层次、多角度完善预算审查机制，提高人大预算的科学性和权威性。

三、完善人大预算监督改革协调措施

全面提升人大预算监督能力，只有权力保障和能力建设还不够，还应强化人大预算监督的约束机制，加强多元协调配套措施的完善。这些配套措施需要政府部门的预算公开透明、社会公众的广泛参与以及加强人大预算联网监督。

(一) 进一步提高预算透明度

预算透明度的提高有利于优化政府行为，提高财政资金的使用效率；有利于增强公众监督政府的便利程度，有效地遏制贪污腐败；有利于确立人民主权地位，维护人民对政府预算的知情权和监督权。因此，提高预算透明度是保障人民对政府监督有效性的重要途径。

提高预算透明度，首先，要从法律上对预算公开规范进行明确规定，依靠立法保障对政府部门进行明确约束，强化其预算公开职责。完善预算公开法律法规，应从宪法层面上明确公民的知情权，扩大公民知情权的范围，除了保密法规定的国家机密以外，公民有权知晓一切信息。其次，应在《预算法》中对预算信息公开的具体内容、具体标准进行明确规定，如财政"四本账"理论上都是预算公开的内容，对于涉及金额大，影响范围广的重点支出、重点项目，政府部门应进行特别公开。除此之外，为了更好地推进政府部门的预算公开，可以采取激励机制，将预算公开作为部门领导的政绩考核，提高政府部门预算公开的动力。采用预算公开绩效考核，不仅要考察预算公开的数量，更要考核预算公开的质量。应设置预算公开透明的具体的量化的指标，分为公开及时性、公开全面性和公开细致性进行全方位考核，考核的结果作为干部提拔、奖励或者惩戒的重要依据。对于公开情况较好的，应该给予相应的奖励；对于公开模糊质量不高的，要追究相关领导人的责任，增强各部门、各单位领导人员公开预算的主动性和自觉性。

（二）提高社会公众预算参与度

鼓励社会公众参与预算监督是修正代议制缺陷的需要，是强化政府的受托责任、推进政府决策的科学性的必由之路。目前，我国地方人大在提高社会公众预算参与方面进行了大量的创新实践，为促进社会公众参与预算奠定了良好的基础。

我国在社会公众预算参与方面已经有了较为丰富的尝试，2005年，浙江省温岭市首次开展了公民参与式预算，采用民主恳谈方式讨论、审议了政府预算，取得了开创性成果；此后，河南焦作、江苏无锡也对参与式预算进行了创新，为我国公民参与式预算的推广提供了实践经验。

为进一步提高社会公众预算参与度，提出以下具体建议：

其一，完善参与式预算的制度体系。在我国预算治理以浓厚的行政主导为主、人大对政府预算审查监督不力的背景下，只有将参与式预算法制化，方能真正实现公民对政府预算权力的分享。因此，我国应从以下方面推进参与式预算的法治完善：一是明确《宪法》中对公民预算参与权的规定，可在《宪法》第二章"公民的基本权利和义务"中对公民参与权作总括性规定，明确"公民享有通过各种形式依法参与公共事务的决策、管理、实施和监督的权利。"二是在《预算法实施条例》的修订过程中，明确赋予公民参与预算决策权，确保公民能够通过参与预算决策和进行实质监督，形成对预算行为的规范和约束。三是借鉴已有参与式预算的经验，在总结全国各地参与式预算试点经验的基础上，由全国人大常委会和财政部主导，制定全国性的规范性文件或操作性指南，规定公众参与地方政府预算的层级、渠道、程序，为各地参与式预算改革与实践提供制度指引。

其二，合理选择预算参与的机制。在选择具体参与方式上，有三个重要的方面需要特别注意：一是参与机制要与参与目标结合起来；二是预算决策的准备阶段（或早期阶段）的参与机制尤其重要；三是参与机制要体现参与主体的代表性和专业性的结合。我国目前参与式预算的首要目标是要解决预算资源使用的优先排序和效率问题，那么通过预算听证会等公共会议广泛征求公众意见就非常有必要。为了通过多种途径搜集更全面的公民意见，还可以充分运用电视和网络等途径进行信息发布和民意调查，也可以选取一些居住小区或村居发放问卷调查或张贴公告征求意见。

其三，优化公民参与预算的环境。优化公民参与预算的环境首先要加强公民教育与培训。参与到预算决策中的公民往往缺乏必要的专业知识，即使得到行政部门的授权与认可，也很难对决策形成实质性影响。因此，参与式预算运作良好的国家往往会开展多渠道的公民教育与培训。通过非营利组织或媒体广泛的宣传与介入，增加公民对基本预算信息的了解；利用预算工作室，加强对公众解读预算和监督政府方面能力的培训；组织预算参观活动，促进广大公众提高公共意识，超越局部利益；充分运用网络与信息化手段，最大限度地拓展参与方式，实施预算教育途径。其次，要将预算信息的通俗化和精细化相结合。为了让全体公民中尽可能多的人读懂预算，需要对预算文件进行通俗化处理并建立专门的公民预算。"公民预算"并不替代常规详细的政府预算文件，只是正式预算文件的重要补充。对某些项目的深入审查和监督必须是在预算方案细化的基础上。此外，要加大预算信息的公开。财政预算报告、财政预算审议过程以及对财政预算执行的监督等都是在保证公民知情权、参与权的基础上进行的，细化了的财政预算报告也使公众更清楚地了解到政府的钱花在了哪里、怎么花的。公众在财政预算上的知情权和参与权的落实将大大加强公众对政府的信任，也为人大对政府预算的监督奠定了良好的社会环境。

（三）加强人大预算联网监督

目前，我国已基本实现了地市级人大预算联网监督系统建设和使用全覆盖，进一步扩大了横向联网的范围。下一步，还应从以下三个方面加强人大预算联网监督。

1. 利用预算联网系统，加强人大与政府间沟通协调

预算联网系统的建设为加强人大预算监督提供了技术保障，但要切实提高人大预算监督能力必须要在提高技术水平的基础上加强各级人大和政府财政部门、全国人大和地方人大之间的密切沟通和协调。其一，地方人大和政府财政部门间要结合彼此需求，逐步丰富完善预算联网需求，人大应明确预算监督的重点和难点，财政部门应配合人大，详细披露预算监督重点难点数据，积极提高预算信息透明化水平，对预算公开内容尽量详细化，配合人大完善预算的监督和动态跟进。其二，全国人大财经委、常委会预算工委、财政部要继续密切配合，加强对地方的业务指导，通过召开座谈会、开展培训等方式，及时研究解决联网监督推

进过程中遇到的问题。全国人大应帮助地方人大加强专业人才队伍建设，进一步提高业务能力水平，积极做好新形势下人大预算审查监督工作。

2. 增强人大预算联网监督的针对性和有效性

人大预算监督的联网系统要有针对性，能够过滤和筛选数据，使人大预算监督避免被"海量"无效数据所困扰。要做到有针对性就要做到以下三点：第一，找准人大预算监督的关键之处。预算审核中初审、支出审核、预算执行的动态跟进等是人大预算监督中的重点和难点，若结合预算联网系统的实时反馈则会使之变得更加高效，预算联网系统中应重点对以上内容进行细化和跟进，并联系政府财政部门加以支持，提高预算监督的针对性。第二，预算联网系统中应加入预警、分析、筛选等功能，预警和分析功能能够实现预算审查监督工作由静态向动态、由阶段向全程、由被动向主动的转变，筛选功能则能帮助人大从众多数据中筛选出需要监督的种类，提高预算监督效率，增强预算监督的针对性。第三，预算联网监督虽然具有诸多优势，但仍需与"线下"监督相结合，要结合"线上""线下"数据之间的关联性，找准问题的实质，分析问题的根源，提高审查监督效率，增强人大预算监督的有效性。

3. 确保预算联网系统的信息安全

在进行人大预算联网监督的过程中，应妥善处理好联网信息的安全性，高度重视保密和防控工作。首先，应建立健全预算联网监督系统的使用管理制度，严格划分用户权限，设立使用记录、信息采集、信息查询等功能，在日常管理中严格操作规范，构建安全持续的运行机制和制度保准，做到信息共享不干扰政府部门的正常运行，提高系统使用和管理的规范化水平。此外，在系统开发设计和使用过程中，可聘用专门的联网安全管理人员，通过设定技术参数、认证使用身份、设置使用权限等方式，确保系统安全可靠运行，做好系统维护工作。另外，应注意对涉密信息的过滤，各级政府及其财政等部门要积极配合人大做好预算联网监督的技术服务保障工作，在确保安全的前提下，合理控制和降低运行维护成本，推动运行维护专业化和高效化。

附　录

附表1　　2018年中央一般公共预算收入决算表

单位：亿元

项目	预算数	决算数	决算数为预算数的%	决算数为上年决算数的%
一、税收收入	80205.00	80448.07	100.3	106.3
国内增值税	29570.00	30753.32	104.0	109.2
国内消费税	10570.00	10631.75	100.6	104.0
进口货物增值税、消费税	17060.00	16878.97	98.9	105.7
出口货物退增值税、消费税	-14770.00	-15913.93	107.7	114.7
企业所得税	21900.00	22242.11	101.6	108.9
个人所得税	7750.00	8324.42	107.4	115.9
资源税	46.00	45.15	98.2	105.5
城市维护建设税	166.00	159.31	96.0	100.8
印花税	1140.00	976.88	85.7	91.4
船舶吨税	53.00	49.78	93.9	98.8
车辆购置税	3580.00	3452.53	96.4	105.2
关税	3140.00	2847.78	90.7	95.0
二、非税收入	5152.00	5008.39	97.2	91.3
专项收入	495.00	325.94	65.8	63.0
行政事业性收费收入	425.00	404.56	95.2	90.2
罚没收入	70.00	167.00	238.6	68.8
国有资本经营收入（部分金融机构和中央企业上缴利润）	3500.00	3217.94	91.9	88.7
国有资源（资产）有偿使用收入	560.00	789.11	140.9	143.7
其他收入	102.00	103.84	101.8	104.7
中央一般公共预算收入	85357.00	85456.46	100.1	105.3
中央财政调入资金	2453.00	2453.00	100.0	145.2
从预算稳定调节基金调入	2130.00	2130.00	100.0	157.8
从政府性基金预算调入	1.46	1.46	100.0	4.8
从国有资本经营预算调入	321.54	321.54	100.0	104.0

附表2　　　　　　　　2018年中央一般公共预算支出决算表　　　　　　　　单位：亿元

项目	预算数	决算数	决算数为预算数的%	决算数为上年决算数的%
一、中央本级支出	32466.00	32707.81	100.7	108.8
一般公共服务支出	1453.88	1503.68	103.4	115.3
外交支出	600.70	583.37	97.1	112.3
国防支出	11069.51	11069.70	100.0	108.1
公共安全支出	1991.10	2041.51	102.5	108.1
教育支出	1711.22	1731.23	101.2	107.6
科学技术支出	3114.84	3120.27	100.2	110.3
文化体育与传媒支出	280.60	281.13	100.2	101.3
社会保障和就业支出	1180.16	1184.55	100.4	108.7
医疗卫生与计划生育支出	209.05	210.65	100.8	155.1
节能环保支出	376.44	427.56	113.6	120.7
城乡社区支出	78.62	86.38	109.9	106.2
农林水支出	587.26	592.30	100.9	111.9
交通运输支出	1240.48	1313.71	105.9	113.3
资源勘探信息等支出	291.88	381.52	130.7	99.2
商业服务业等支出	94.65	73.28	77.4	131.0
金融支出	831.72	845.59	101.7	99.0
国土海洋气象等支出	323.70	353.67	109.3	117.7
住房保障支出	444.07	506.45	114.0	119.9
粮油物资储备支出	1371.50	1375.64	100.3	86.1
其他支出	881.58	826.74	93.8	135.3
债务付息支出	4286.52	4161.65	97.1	110.2
债务发行费用支出	46.52	37.23	80.0	105.1
二、中央对地方税收返还和转移支付	70344.00	69680.66	99.1	107.3
中央对地方转移支付	62207.00	61649.15	99.1	108.1
一般性转移支付	38994.50	38722.06	99.3	110.2
专项转移支付	23212.50	22927.09	98.8	104.8
中央对地方税收返还	8137.00	8031.51	98.7	101.2
三、中央预备费	500.00	—		
中央一般公共预算支出	103310.00	102388.47	99.1	107.7
补充中央预算稳定调节基金	—	1020.99	—	30.5

附表3　　2018年地方一般公共预算收入决算表　　单位：亿元

项目	预算数	决算数	决算数为预算数的%	决算数为上年决算数的%
一、税收收入	73460.00	75954.79	103.4	110.6
国内增值税	29620.00	30777.45	103.9	109.1
企业所得税	12530.00	13081.60	104.4	111.9
个人所得税	5165.00	5547.55	107.4	115.9
资源税	1440.00	1584.75	110.1	120.9
城市维护建设税	4415.00	4680.67	106.0	111.3
房产税	2840.00	2888.56	101.7	110.9
印花税	1215.00	1222.48	100.6	107.4
城镇土地使用税	2585.00	2387.60	92.4	101.1
土地增值税	5370.00	5641.38	105.1	114.9
车船税	845.00	831.19	98.4	107.4
耕地占用税	1770.00	1318.85	74.5	79.8
契税	5250.00	5729.94	109.1	116.7
烟叶税	115.00	111.35	96.8	96.2
环境保护税	300.00	151.38	50.5	—
其他税收收入	—	0.04	—	44.4
二、非税收入	24360.00	21948.59	90.1	96.3
专项收入	7000.00	7197.44	102.8	110.4
行政事业性收费收入	4200.00	3520.89	83.8	81.8
罚没收入	2290.00	2492.18	108.8	115.4
国有资本经营收入	650.00	356.26	54.8	62.8
国有资源（资产）有偿使用收入	7650.00	6286.87	82.2	90.8
其他收入	2570.00	2094.95	81.5	90.3
地方本级收入	97820.00	97903.38	100.1	107.0
中央税收返还和转移支付	70344.00	69680.66	99.1	107.3
地方一般公共预算收入	168164.00	167584.04	99.7	107.1
地方财政调入资金及使用结转结余	400.00	12312.28	—	—

附表4　　2018年地方一般公共预算支出决算表　　单位：亿元

项目	预算数	决算数	决算数为预算数的%	决算数为上年决算数的%
地方一般公共预算支出	176864.00	188196.32	106.4	108.7
一般公共服务支出	15508.69	16871.01	108.8	110.7
外交支出	2.02	2.99	148.0	143.8
国防支出	206.70	210.76	102.0	102.5
公共安全支出	10654.98	11739.97	110.2	110.7
教育支出	29726.03	30438.24	102.4	106.5
科学技术支出	4480.01	5206.38	116.2	117.3
文化体育与传媒支出	3096.53	3256.73	105.2	104.4
社会保障和就业支出	24810.60	25827.54	104.1	109.4
医疗卫生与计划生育支出	15082.00	15412.90	102.2	107.5
节能环保支出	5513.04	5870.05	106.5	111.5
城乡社区支出	21197.06	22037.75	104.0	107.4
农林水支出	18692.94	20493.29	109.6	111.5
交通运输支出	9358.02	9969.05	106.5	104.8
资源勘探信息等支出	4580.04	4694.90	102.5	100.9
商业服务业等支出	1443.71	1533.68	106.2	100.9
金融支出	294.79	534.03	181.2	182.0
援助其他地区支出	397.16	442.16	111.3	110.8
国土海洋气象等支出	1887.58	1919.91	101.7	95.7
住房保障支出	6061.83	6299.92	103.9	102.7
粮油物资储备支出	643.18	685.11	106.5	104.9
其他支出	733.62	1485.90	202.5	130.5
债务付息支出	2468.24	3241.07	131.3	129.9
债务发行费用支出	25.23	22.98	91.1	94.6

附表5　　2018年中央政府性基金收入决算表　　单位：亿元

项目	预算数	决算数	决算数为预算数的%	决算数为上年决算数的%
中央政府性基金收入	3863.04	4034.81	104.4	104.3
一、中央农网还贷资金收入	152.00	161.35	106.2	113.0
二、铁路建设基金收入	510.00	523.80	102.7	110.2

续表

项目	预算数	决算数	决算数为预算数的%	决算数为上年决算数的%
三、民航发展基金收入	410.00	435.44	106.2	118.5
四、港口建设费收入	186.00	182.82	98.3	104.4
五、旅游发展基金收入	14.50	14.52	100.1	112.9
六、国家电影事业发展专项资金收入	12.20	11.38	93.3	113.6
七、中央水库移民扶持基金收入	221.37	258.96	117.0	94.3
八、中央特别国债经营基金财务收入	632.24	632.68	100.1	94.2
九、彩票公益金收入	595.19	652.62	109.6	115.1
十、国家重大水利工程建设基金收入	213.72	217.37	101.7	70.1
十一、核电站乏燃料处理处置基金收入	21.30	21.89	102.8	116.9
十二、可再生能源电价附加收入	755.00	786.10	104.1	111.4
十三、船舶油污损害赔偿基金收入	1.50	1.55	103.3	105.4
十四、废弃电器电子产品处理基金收入	33.00	28.65	86.8	102.3
十五、彩票发行和销售机构业务费收入	68.84	69.32	100.7	108.1
十六、国有土地使用权出让金收入	34.43	35.44	102.9	88.8
十七、国有土地收益基金收入	0.61	0.03	4.9	14.3
十八、农业土地开发资金收入	0.30	0.15	50.0	16.1
十九、城市基础设施配套费收入	0.84	0.40	47.6	18.2
二十、污水处理费收入	—	0.34	—	130.8
上年结转收入	385.59	—	—	—

附表6　　2018年中央政府性基金支出决算表　　单位：亿元

项目	预算数	决算数	决算数为预算数的%	决算数为上年决算数的%
一、中央农网还贷资金支出	158.11	98.7	110.4	11.44
中央本级支出	158.11	98.7	110.4	
二、铁路建设基金支出	565.34	100.0	134.6	13.80
中央本级支出	565.34	100.0	134.6	
三、民航发展基金支出	477.95	91.9	155.6	67.77
中央本级支出	212.26	89.0	200.6	
对地方转移支付	265.69	94.2	131.9	
四、港口建设费相关支出	191.05	98.4	104.5	-0.03

续表

项目	预算数	决算数	决算数为预算数的%	决算数为上年决算数的%
中央本级支出	58.73	94.9	101.7	
对地方转移支付	132.32	100.0	105.8	
五、旅游发展基金支出	16.46	96.5	117.6	0.62
中央本级支出	1.82	82.4	76.8	
对地方转移支付	14.64	98.6	125.9	
六、国家电影事业发展专项资金相关支出	10.57	99.2	95.0	-0.73
中央本级支出	3.16	97.2	207.9	
对地方转移支付	7.41	100.0	77.1	
七、国有土地使用权出让金收入相关支出	28.53	86.5	76.8	5.45
中央本级支出	28.53	86.5	76.8	
八、国有土地收益基金相关支出	0.03	4.9	14.3	
中央本级支出	0.03	4.9	14.3	
九、农业土地开发资金相关支出	0.15	50.0	16.5	
中央本级支出	0.15	50.0	16.5	
十、中央水库移民扶持基金支出	214.72	99.9	73.1	37.91
中央本级支出	1.09	77.3	102.8	
对地方转移支付	213.63	100.0	73.0	
十一、中央特别国债经营基金财务支出	632.92	100.0	92.7	0.44
中央本级支出	632.92	100.0	92.7	
十二、彩票公益金相关支出	584.50	86.2	110.4	150.69
中央本级支出	413.33	85.3	114.7	
对地方转移支付	171.17	88.6	101.3	
十三、城市基础设施配套费相关支出	0.41	48.8	30.4	-0.01
中央本级支出	0.41	48.8	30.4	
十四、国家重大水利工程建设基金相关支出	225.16	99.3	67.6	5.19
中央本级支出	177.88	99.1	78.8	
对地方转移支付	47.28	100.0	44.1	
十五、核电站乏燃料处理处置基金支出	14.97	55.6	587.1	12.54
中央本级支出	14.91	55.5	584.7	
对地方转移支付	0.06	100.0		
十六、可再生能源电价附加收入安排的支出	838.88	100.0	117.8	31.10
中央本级支出	768.56	101.8	118.5	

续表

项目	预算数	决算数	决算数为预算数的%	决算数为上年决算数的%
对地方转移支付	70.32	83.7	111.0	
十七、船舶油污损害赔偿基金支出	0.16	8.2	1600.0	1.83
中央本级支出	0.16	8.2	1600.0	
十八、废弃电器电子产品处理基金支出	22.74	62.4	3445.5	9.38
中央本级支出	22.74	62.4	3445.5	
十九、彩票发行和销售机构业务费安排的支出	38.90	44.2	107.0	49.66
中央本级支出	29.16	37.2	95.0	
对地方转移支付	9.74	100.0	171.8	
二十、污水处理费相关支出				0.34
中央政府性基金支出	4247.17	4021.55	94.7	108.4
政府性基金预算调出资金	1.46	1.46	100.0	34.1

附表7　　2018年地方政府性基金收入决算表　　单位：亿元

项目	预算数	决算数	决算数为预算数的%	决算数为上年决算数的%
一、地方农网还贷资金收入	43.32	40.33	93.1	99.1
二、海南省高等级公路车辆通行附加费收入	26.00	24.27	93.3	109.1
三、港口建设费收入	47.47	46.59	98.1	104.2
四、新型墙体材料专项基金收入				
五、国家电影事业发展专项资金收入	21.13	17.65	83.5	101.7
六、城市公用事业附加收入				
七、国有土地使用权出让金收入	52498.00	62875.11	119.8	125.8
八、国有土地收益基金收入	1844.90	2044.13	110.8	115.4
九、农业土地开发资金收入	318.80	249.02	78.1	81.2
十、彩票公益金收入	616.00	668.89	108.6	113.9
十一、城市基础设施配套费收入	1850.00	2523.60	136.4	141.1
十二、地方水库移民扶持基金收入	55.00	55.15	100.3	103.6
十三、国家重大水利工程建设基金收入	50.90	71.27	140.0	95.9
十四、车辆通行费收入	1650.00	1483.52	89.9	95.3
十五、彩票发行和销售机构业务费收入	170.29	172.76	101.5	109.7
十六、污水处理费收入	500.00	539.06	107.8	113.9

续表

项目	预算数	决算数	决算数为预算数的%	决算数为上年决算数的%
十七、其他政府性基金收入	610.00	632.91	103.8	109.6
地方政府性基金本级收入	60301.81	71444.26	118.5	123.9
中央政府性基金转移支付	984.46	932.26	94.7	94.6
地方政府性基金收入	61286.27	72376.52	118.1	123.4
地方政府专项债务收入	13500.00	13500.00	100.0	168.8

附表8　　2018年地方政府性基金支出决算表　　单位：亿元

项目	预算数	决算数	决算数为预算数的%	决算数为上年决算数的%
一、地方农网还贷资金安排的支出	43.32	44.22	102.1	124.0
二、民航发展基金支出	281.90	264.46	93.8	132.1
三、海南省高等级公路车辆通行附加费相关支出	53.16	33.79	63.6	86.3
四、港口建设费相关支出	179.79	151.05	84.0	100.9
五、新型墙体材料专项基金相关支出		0.06		
六、旅游发展基金支出	14.85	18.49	124.5	221.7
七、国家电影事业发展专项资金相关支出	28.54	23.26	81.5	98.9
八、城市公用事业附加相关支出		1.78		
九、国有土地使用权出让金收入相关支出	64768.38	68138.81	105.2	134.7
十、国有土地收益基金相关支出	1844.90	1660.32	90.0	121.3
十一、农业土地开发资金相关支出	318.80	125.94	39.5	84.0
十二、中央水库移民扶持基金支出	213.63	239.57	112.1	87.6
十三、彩票公益金相关支出	809.27	717.51	88.7	111.4
十四、城市基础设施配套费相关支出	1850.00	1707.15	92.3	133.5
十五、地方水库移民扶持基金相关支出	55.00	51.01	92.7	105.9
十六、国家重大水利工程建设基金相关支出	111.76	148.89	133.2	89.1
十七、核电站乏燃料处理处置基金支出	0.06	0.06	100.0	
十八、车辆通行费相关支出	2755.49	2402.63	87.2	128.6
十九、可再生能源电价附加收入安排的支出	84.00	70.23	83.6	110.8
二十、彩票发行和销售机构业务费安排的支出	180.03	158.06	87.8	110.1
二十一、污水处理费收入安排的支出	500.00	474.44	94.9	108.4

续表

项目	预算数	决算数	决算数为预算数的%	决算数为上年决算数的%
二十二、其他政府性基金支出	691.55	1082.44	156.5	176.4
地方政府性基金支出	74786.27	77512.33	103.6	133.0

附表9　　2018年中央国有资本经营收入决算表　　单位：亿元

项目	预算数	决算数	决算数为预算数的%	决算数为上年决算数的%
一、利润收入	1265.92	1209.86	95.6	106.7
二、股利、股息收入	110.76	111.91	101.0	110.4
三、产权转让收入	0.02	3.12	15600.0	7.9
四、清算收入	—	0.01	—	2.2
五、其他国有资本经营预算收入	0.12	1.48	1233.3	5.1
中央国有资本经营收入	1376.82	1326.38	96.3	101.7
上年结转收入	113.59	113.59	100.0	88.7

附表10　　2018年中央国有资本经营支出决算表　　单位：亿元

项目	预算数	决算数	决算数为预算数的%	决算数为上年决算数的%
一、国有资本经营预算补充社保基金支出	10.44	13.29	127.3	38.1
二、解决历史遗留问题及改革成本支出	531.14	473.23	89.1	75.6
三、国有企业资本金注入	351.72	331.49	94.2	129.3
四、国有企业政策性补贴	70.09	81.08	115.7	104.5
五、其他国有资本经营预算支出	205.48	212.64	103.5	1452.5
中央国有资本经营支出	1168.87	1111.73	95.1	110.1
国有资本经营预算调出资金	321.54	321.54	100.0	104.0
结转下年支出	—	6.70	—	5.9

附表11　　2018年地方国有资本经营收入决算表　　单位：亿元

项目	预算数	决算数	决算数为预算数的%	决算数为上年决算数的%
一、利润收入	896.50	928.63	103.6	129.7
二、股利、股息收入	202.36	232.47	114.9	124.9

续表

项目	预算数	决算数	决算数为预算数的%	决算数为上年决算数的%
三、产权转让收入	148.00	256.53	173.3	128.0
四、清算收入	6.35	11.65	183.5	133.8
五、其他国有资本经营预算收入	207.63	150.13	72.3	66.6
地方国有资本经营本级收入	1460.84	1579.41	108.1	118.2
中央对地方国有资本经营转移支付	100.00	86.88	86.9	36.9
地方国有资本经营收入	1560.84	1666.29	106.8	106.0
上年结转收入		25.52		75.9

附表12　　2018年地方国有资本经营支出决算表　　单位：亿元

项目	预算数	决算数	决算数为预算数的%	决算数为上年决算数的%
一、解决历史遗留问题及改革成本支出	341.71	269.25	78.8	66.2
二、国有企业资本金注入	473.63	608.19	128.4	110.7
三、国有企业政策性补贴	45.20	40.12	88.8	113.1
四、其他国有资本经营预算支出	344.17	210.87	61.3	81.9
地方国有资本经营支出	1204.71	1128.43	93.7	90.3
国有资本经营预算调出资金	356.13	563.38	158.2	158.0

附表13　　2018年中央社会保险基金预算收入决算表　　单位：亿元

项目	预算数	决算数	决算数为预算数的%
一、企业职工基本养老保险基金收入	302.41	303.02	100.2
二、城乡居民基本养老保险基金收入	0.97	1.15	118.6
三、机关事业单位基本养老保险基金收入	310.61	223.71	72.0
四、职工基本医疗保险基金收入	44.71	46.45	103.9
五、居民基本医疗保险基金收入	7.55	7.88	104.4
（一）城镇居民基本医疗保险基金收入	7.55	7.88	104.4
（二）新型农村合作医疗基金收入	—	—	—
（三）城乡居民基本医疗保险基金收入	—	—	—
六、工伤保险基金收入	2.98	2.74	91.9
七、失业保险基金收入	5.15	3.14	61.0

续表

项目	预算数	决算数	决算数为预算数的%
八、生育保险基金收入	1.96	1.58	80.6
中央社会保险基金收入小计	676.34	589.67	87.2
其中：保险费收入	318.61	308.33	96.8
财政补贴收入	352.90	274.87	77.9
利息收入	3.69	3.68	99.7
委托投资收益	—	1.15	—
中央调剂基金收入	—	2422.30	—
扣除中央单位上缴的中央调剂基金	—	9.00	—
地方上缴的中央调剂基金收入	—	2413.30	—
中央社会保险基金收入合计	676.34	3002.97	444.0

附表14　　2018年中央社会保险基金支出决算表　　单位：亿元

项目	预算数	决算数	决算数为预算数的%
一、企业职工基本养老保险基金支出	288.99	292.99	101.4
二、城乡居民基本养老保险基金支出	0.24	0.33	137.5
三、机关事业单位基本养老保险基金支出	309.07	184.06	59.6
四、职工基本医疗保险基金支出	41.61	41.60	100.0
五、居民基本医疗保险基金支出	6.63	6.41	96.7
（一）城镇居民基本医疗保险基金支出	6.63	6.41	96.7
（二）新型农村合作医疗基金支出	—	—	—
（三）城乡居民基本医疗保险基金支出	—	—	—
六、工伤保险基金支出	2.57	2.50	97.3
七、失业保险基金支出	3.88	2.40	61.9
八、生育保险基金支出	1.84	2.20	119.6
中央社会保险基金支出小计	654.83	532.49	81.3
其中：社会保险待遇支出	652.44	527.60	80.9
中央调剂基金支出	—	2422.30	—
扣除安排给中央单位的中央调剂基金	—	15.50	—
安排给地方的中央调剂基金支出	—	2406.80	—
中央社会保险基金支出合计	654.83	2939.29	448.9

附表 15　　　　　　　　2018 年地方社会保险基金收入决算表　　　　　　单位：亿元

项目	预算数	决算数	决算数为预算数的%
一、企业职工基本养老保险基金收入	31544.58	37217.95	118.0
二、城乡居民基本养老保险基金收入	3430.01	3868.97	112.8
三、机关事业单位基本养老保险基金收入	10381.60	13221.11	127.4
四、职工基本医疗保险基金收入	12007.43	13312.15	110.9
五、居民基本医疗保险基金收入	7481.21	7959.76	106.4
（一）城镇居民基本医疗保险基金收入	178.59	183.44	102.7
（二）新型农村合作医疗基金收入	721.66	712.98	98.8
（三）城乡居民基本医疗保险基金收入	6580.96	7063.34	107.3
六、工伤保险基金收入	788.89	888.45	112.6
七、失业保险基金收入	1081.67	1168.05	108.0
八、生育保险基金收入	701.26	776.47	110.7
地方社会保险基金收入小计	67416.65	78412.91	116.3
其中：保险费收入	48188.87	57236.67	118.8
财政补贴收入	16631.18	17379.96	104.5
利息收入	1647.30	1841.08	111.8
委托投资收益	239.34	700.51	292.7
中央调剂资金收入	—	2406.80	—
地方社会保险基金收入合计	67416.65	80819.71	119.9

附表 16　　　　　　　　2018 年地方社会保险基金支出决算表　　　　　　单位：亿元

项目	预算数	决算数	决算数为预算数的%
一、企业职工基本养老保险基金支出	31322.92	31274.29	99.8
二、城乡居民基本养老保险基金支出	2643.08	2938.06	111.2
三、机关事业单位基本养老保险基金支出	10118.88	12496.88	123.5
四、职工基本医疗保险基金支出	10363.15	10482.94	101.2
五、居民基本医疗保险基金支出	6885.47	7263.04	105.5
（一）城镇居民基本医疗保险基金支出	155.79	157.45	101.1
（二）新型农村合作医疗基金支出	691.72	711.34	102.8
（三）城乡居民基本医疗保险基金支出	6037.96	6394.25	105.9
六、工伤保险基金支出	693.90	722.53	104.1

续表

项目	预算数	决算数	决算数为预算数的%
七、失业保险基金支出	1046.20	912.91	87.3
八、生育保险基金支出	813.89	757.55	93.1
地方社会保险基金支出小计	63887.49	66848.20	104.6
其中：社会保险待遇支出	62881.93	65648.86	104.4
中央调剂资金支出	—	2413.30	—
地方社会保险基金支出合计	63887.49	69261.50	108.4

数据来源：财政部预算司官网。

中华人民共和国预算法

(1994年3月22日第八届全国人民代表大会第二次会议通过 根据2014年8月31日第十二届全国人民代表大会常务委员会第十次会议《关于修改〈中华人民共和国预算法〉的决定》第一次修正 根据2018年12月29日第十三届全国人民代表大会常务委员会第七次会议《关于修改〈中华人民共和国产品质量法〉等五部法律的决定》第二次修正)

第一章 总 则

第一条 为了规范政府收支行为,强化预算约束,加强对预算的管理和监督,建立健全全面规范、公开透明的预算制度,保障经济社会的健康发展,根据宪法,制定本法。

第二条 预算、决算的编制、审查、批准、监督,以及预算的执行和调整,依照本法规定执行。

第三条 国家实行一级政府一级预算,设立中央,省、自治区、直辖市,设区的市、自治州,县、自治县、不设区的市、市辖区,乡、民族乡、镇五级预算。

全国预算由中央预算和地方预算组成。地方预算由各省、自治区、直辖市总预算组成。

地方各级总预算由本级预算和汇总的下一级总预算组成;下一级只有本级预算的,下一级总预算即指下一级的本级预算。没有下一级预算的,总预算即指本级预算。

第四条 预算由预算收入和预算支出组成。

政府的全部收入和支出都应当纳入预算。

第五条 预算包括一般公共预算、政府性基金预算、国有资本经营预算、社会保险基金预算。

一般公共预算、政府性基金预算、国有资本经营预算、社会保险基金预算应当保持完整、独立。政府性基金预算、国有资本经营预算、社会保险基金预算应当与一般公共预算相衔接。

第六条 一般公共预算是对以税收为主体的财政收入,安排用于保障和改善民生、推动经济社会发展、维护国家安全、维持国家机构正常运转等方面的收支预算。

中央一般公共预算包括中央各部门(含直属单位,下同)的预算和中央对地方的税收返还、转移支付预算。

中央一般公共预算收入包括中央本级收入和地方向中央的上解收入。中央一般公共预算支出包括中央本级支出、中央对地方的税收返还和转移支付。

第七条 地方各级一般公共预算包括本级各部门(含直属单位,下同)的预算和税收返还、转移支付预算。

地方各级一般公共预算收入包括地方本级收入、上级政府对本级政府的税收返还和转移支付、下级政府的上解收入。地方各级一般公共预算支出包括地方本级支出、对上级政府的上解支出、对下级政府的税收返还和转移支付。

第八条 各部门预算由本部门及其所属各单位预算组成。

第九条 政府性基金预算是对依照法律、行政法规的规定在一定期限内向特定对象征收、收取或者以其他方式筹集的资金，专项用于特定公共事业发展的收支预算。

政府性基金预算应当根据基金项目收入情况和实际支出需要，按基金项目编制，做到以收定支。

第十条 国有资本经营预算是对国有资本收益作出支出安排的收支预算。

国有资本经营预算应当按照收支平衡的原则编制，不列赤字，并安排资金调入一般公共预算。

第十一条 社会保险基金预算是对社会保险缴款、一般公共预算安排和其他方式筹集的资金，专项用于社会保险的收支预算。

社会保险基金预算应当按照统筹层次和社会保险项目分别编制，做到收支平衡。

第十二条 各级预算应当遵循统筹兼顾、勤俭节约、量力而行、讲求绩效和收支平衡的原则。

各级政府应当建立跨年度预算平衡机制。

第十三条 经人民代表大会批准的预算，非经法定程序，不得调整。各级政府、各部门、各单位的支出必须以经批准的预算为依据，未列入预算的不得支出。

第十四条 经本级人民代表大会或者本级人民代表大会常务委员会批准的预算、预算调整、决算、预算执行情况的报告及报表，应当在批准后二十日内由本级政府财政部门向社会公开，并对本级政府财政转移支付安排、执行的情况以及举借债务的情况等重要事项作出说明。

经本级政府财政部门批复的部门预算、决算及报表，应当在批复后二十日内由各部门向社会公开，并对部门预算、决算中机关运行经费的安排、使用情况等重要事项作出说明。

各级政府、各部门、各单位应当将政府采购的情况及时向社会公开。

本条前三款规定的公开事项，涉及国家秘密的除外。

第十五条 国家实行中央和地方分税制。

第十六条 国家实行财政转移支付制度。财政转移支付应当规范、公平、公开，以推进地区间基本公共服务均等化为主要目标。

财政转移支付包括中央对地方的转移支付和地方上级政府对下级政府的转移支付，以为均衡地区间基本财力、由下级政府统筹安排使用的一般性转移支付为主体。

按照法律、行政法规和国务院的规定可以设立专项转移支付，用于办理特定事项。建立健全专项转移支付定期评估和退出机制。市场竞争机制能够有效调节的事项不得设立专项转移支付。

上级政府在安排专项转移支付时，不得要求下级政府承担配套资金。但是，按照国务院的规定应当由上下级政府共同承担的事项除外。

第十七条　各级预算的编制、执行应当建立健全相互制约、相互协调的机制。

第十八条　预算年度自公历一月一日起，至十二月三十一日止。

第十九条　预算收入和预算支出以人民币元为计算单位。

第二章　预算管理职权

第二十条　全国人民代表大会审查中央和地方预算草案及中央和地方预算执行情况的报告；批准中央预算和中央预算执行情况的报告；改变或者撤销全国人民代表大会常务委员会关于预算、决算的不适当的决议。

全国人民代表大会常务委员会监督中央和地方预算的执行；审查和批准中央预算的调整方案；审查和批准中央决算；撤销国务院制定的同宪法、法律相抵触的关于预算、决算的行政法规、决定和命令；撤销省、自治区、直辖市人民代表大会及其常务委员会制定的同宪法、法律和行政法规相抵触的关于预算、决算的地方性法规和决议。

第二十一条　县级以上地方各级人民代表大会审查本级总预算草案及本级总预算执行情况的报告；批准本级预算和本级预算执行情况的报告；改变或者撤销本级人民代表大会常务委员会关于预算、决算的不适当的决议；撤销本级政府关于预算、决算的不适当的决定和命令。

县级以上地方各级人民代表大会常务委员会监督本级总预算的执行；审查和批准本级预算的调整方案；审查和批准本级决算；撤销本级政府和下一级人民代表大会及其常务委员会关于预算、决算的不适当的决定、命令和决议。

乡、民族乡、镇的人民代表大会审查和批准本级预算和本级预算执行情况的报告；监督本级预算的执行；审查和批准本级预算的调整方案；审查和批准本级决算；撤销本级政府关于预算、决算的不适当的决定和命令。

第二十二条　全国人民代表大会财政经济委员会对中央预算草案初步方案及上一年预算执行情况、中央预算调整初步方案和中央决算草案进行初步审查，提出初步审查意见。

省、自治区、直辖市人民代表大会有关专门委员会对本级预算草案初步方案及上一年预算执行情况、本级预算调整初步方案和本级决算草案进行初步审查，提出初步审查意见。

设区的市、自治州人民代表大会有关专门委员会对本级预算草案初步方案及上一年预算执行情况、本级预算调整初步方案和本级决算草案进行初步审查，提出初步审查意见，未设立专门委员会的，由本级人民代表大会常务委员会有关工作机构研究提出意见。

县、自治县、不设区的市、市辖区人民代表大会常务委员会对本级预算草案初步方案及上一年预算执行情况进行初步审查，提出初步审查意见。县、自治县、不设区的市、市辖区人民代表大会常务委员会有关工作机构对本级预算调整初步方案和本级决算草案研究提出意见。

设区的市、自治州以上各级人民代表大会有关专门委员会进行初步审查、常务委员会有关工作机构研究提出意见时，应当邀请本级人民代表大会代表参加。

对依照本条第一款至第四款规定提出的意见，本级政府财政部门应当将处理情况及时反馈。

依照本条第一款至第四款规定提出的意见以及本级政府财政部门反馈的处理情况报告，应当印发本级人民代表大会代表。

全国人民代表大会常务委员会和省、自治区、直辖市、设区的市、自治州人民代表大会常务委员会有关工作机构，依照本级人民代表大会常务委员会的决定，协助本级人民代表大会财政经济委员会或者有关专门委员会承担审查预算草案、预算调整方案、决算草案和监督预算执行等方面的具体工作。

第二十三条　国务院编制中央预算、决算草案；向全国人民代表大会作关于中央和地方预算草案的报告；将省、自治区、直辖市政府报送备案的预算汇总后报全国人民代表大会常务委员会备案；组织中央和地方预算的执行；决定中央预算预备费的动用；编制中央预算调整方案；监督中央各部门和地方政府的预算执行；改变或者撤销中央各部门和地方政府关于预算、决算的不适当的决定、命令；向全国人民代表大会、全国人民代表大会常务委员会报告中央和地方预算的执行情况。

第二十四条　县级以上地方各级政府编制本级预算、决算草案；向本级人民代表大会作关于本级总预算草案的报告；将下一级政府报送备案的预算汇总后报本级人民代表大会常务委员会备案；组织本级总预算的执行；决定本级预算预备费的动用；编制本级预算的调整方案；监督本级各部门和下级政府的预算执行；改变或者撤销本级各部门和下级政府关于预算、决算的不适当的决定、命令；向本级人民代表大会、本级人民代表大会常务委员会报告本级总预算的执行情况。

乡、民族乡、镇政府编制本级预算、决算草案；向本级人民代表大会作关于本级预算草案的报告；组织本级预算的执行；决定本级预算预备费的动用；编制本级预算的调整方案；向本级人民代表大会报告本级预算的执行情况。

经省、自治区、直辖市政府批准，乡、民族乡、镇本级预算草案、预算调整方案、决算草案，可以由上一级政府代编，并依照本法第二十一条的规定报乡、民族乡、镇的人民代表大会审查和批准。

第二十五条　国务院财政部门具体编制中央预算、决算草案；具体组织中央和地方预算的执行；提出中央预算预备费动用方案；具体编制中央预算的调整方案；定期向国务院报告中央和地方预算的执行情况。

地方各级政府财政部门具体编制本级预算、决算草案；具体组织本级总预算的执行；提出本级预算预备费动用方案；具体编制本级预算的调整方案；定期向本级政府和上一级政府财政部门报告本级总预算的执行情况。

第二十六条　各部门编制本部门预算、决算草案；组织和监督本部门预算的执行；定期向本级政府财政部门报告预算的执行情况。

各单位编制本单位预算、决算草案；按照国家规定上缴预算收入，安排预算支出，并接受国家有关部门的监督。

第三章　预算收支范围

第二十七条　一般公共预算收入包括各项税收收入、行政事业性收费收入、国有资源（资产）有偿使用收入、转移性收入和其他收入。

一般公共预算支出按照其功能分类，包括一般公共服务支出，外交、公共安全、国防支出，农业、环境保护支出，教育、科技、文化、卫生、体育支出，社会保障及就业支出和其他支出。

一般公共预算支出按照其经济性质分类，包括工资福利支出、商品和服务支出、资本性支出和其他支出。

第二十八条 政府性基金预算、国有资本经营预算和社会保险基金预算的收支范围，按照法律、行政法规和国务院的规定执行。

第二十九条 中央预算与地方预算有关收入和支出项目的划分、地方向中央上解收入、中央对地方税收返还或者转移支付的具体办法，由国务院规定，报全国人民代表大会常务委员会备案。

第三十条 上级政府不得在预算之外调用下级政府预算的资金。下级政府不得挤占或者截留属于上级政府预算的资金。

第四章 预算编制

第三十一条 国务院应当及时下达关于编制下一年预算草案的通知。编制预算草案的具体事项由国务院财政部门部署。

各级政府、各部门、各单位应当按照国务院规定的时间编制预算草案。

第三十二条 各级预算应当根据年度经济社会发展目标、国家宏观调控总体要求和跨年度预算平衡的需要，参考上一年预算执行情况、有关支出绩效评价结果和本年度收支预测，按照规定程序征求各方面意见后，进行编制。

各级政府依据法定权限作出决定或者制定行政措施，凡涉及增加或者减少财政收入或者支出的，应当在预算批准前提出并在预算草案中作出相应安排。

各部门、各单位应当按照国务院财政部门制定的政府收支分类科目、预算支出标准和要求，以及绩效目标管理等预算编制规定，根据其依法履行职能和事业发展的需要以及存量资产情况，编制本部门、本单位预算草案。

前款所称政府收支分类科目，收入分为类、款、项、目；支出按其功能分类分为类、款、项，按其经济性质分类分为类、款。

第三十三条 省、自治区、直辖市政府应当按照国务院规定的时间，将本级总预算草案报国务院审核汇总。

第三十四条 中央一般公共预算中必需的部分资金，可以通过举借国内和国外债务等方式筹措，举借债务应当控制适当的规模，保持合理的结构。

对中央一般公共预算中举借的债务实行余额管理，余额的规模不得超过全国人民代表大会批准的限额。

国务院财政部门具体负责对中央政府债务的统一管理。

第三十五条 地方各级预算按照量入为出、收支平衡的原则编制，除本法另有规定外，不列赤字。

经国务院批准的省、自治区、直辖市的预算中必需的建设投资的部分资金，可以在国务院确定的限额内,通过发行地方政府债券举借债务的方式筹措。举借债务的规模,由国务院报全国人民代表大会或者全国人民代表大会常务委员会批准。省、自治区、直辖市依照国务院下达的限额举借的债务,列入本级预算调整方案,报本级人民代表大会常务委员会批准。举借的债务应当有偿还计划和稳定的偿还资金来源,只能用于公益性资本支出,不得用于经常性支出。

除前款规定外,地方政府及其所属部门不得以任何方式举借债务。

除法律另有规定外,地方政府及其所属部门不得为任何单位和个人的债务以任何方式提供担保。

国务院建立地方政府债务风险评估和预警机制、应急处置机制以及责任追究制度。国务院财政部门对地方政府债务实施监督。

第三十六条 各级预算收入的编制,应当与经济社会发展水平相适应,与财政政策相衔接。

各级政府、各部门、各单位应当依照本法规定,将所有政府收入全部列入预算,不得隐瞒、少列。

第三十七条 各级预算支出应当依照本法规定,按其功能和经济性质分类编制。

各级预算支出的编制,应当贯彻勤俭节约的原则,严格控制各部门、各单位的机关运行经费和楼堂馆所等基本建设支出。

各级一般公共预算支出的编制,应当统筹兼顾,在保证基本公共服务合理需要的前提下,优先安排国家确定的重点支出。

第三十八条 一般性转移支付应当按照国务院规定的基本标准和计算方法编制。专项转移支付应当分地区、分项目编制。

县级以上各级政府应当将对下级政府的转移支付预计数提前下达下级政府。

地方各级政府应当将上级政府提前下达的转移支付预计数编入本级预算。

第三十九条 中央预算和有关地方预算中应当安排必要的资金,用于扶助革命老区、民族地区、边疆地区、贫困地区发展经济社会建设事业。

第四十条 各级一般公共预算应当按照本级一般公共预算支出额的百分之一至百分之三设置预备费,用于当年预算执行中的自然灾害等突发事件处理增加的支出及其他难以预见的开支。

第四十一条 各级一般公共预算按照国务院的规定可以设置预算周转金,用于本级政府调剂预算年度内季节性收支差额。

各级一般公共预算按照国务院的规定可以设置预算稳定调节基金,用于弥补以后年度预算资金的不足。

第四十二条 各级政府上一年预算的结转资金,应当在下一年用于结转项目的支出;连续两年未用完的结转资金,应当作为结余资金管理。

各部门、各单位上一年预算的结转、结余资金按照国务院财政部门的规定办理。

第五章 预算审查和批准

第四十三条 中央预算由全国人民代表大会审查和批准。

地方各级预算由本级人民代表大会审查和批准。

第四十四条 国务院财政部门应当在每年全国人民代表大会会议举行的四十五日前，将中央预算草案的初步方案提交全国人民代表大会财政经济委员会进行初步审查。

省、自治区、直辖市政府财政部门应当在本级人民代表大会会议举行的三十日前，将本级预算草案的初步方案提交本级人民代表大会有关专门委员会进行初步审查。

设区的市、自治州政府财政部门应当在本级人民代表大会会议举行的三十日前，将本级预算草案的初步方案提交本级人民代表大会有关专门委员会进行初步审查，或者送交本级人民代表大会常务委员会有关工作机构征求意见。

县、自治县、不设区的市、市辖区政府应当在本级人民代表大会会议举行的三十日前，将本级预算草案的初步方案提交本级人民代表大会常务委员会进行初步审查。

第四十五条 县、自治县、不设区的市、市辖区、乡、民族乡、镇的人民代表大会举行会议审查预算草案前，应当采用多种形式，组织本级人民代表大会代表，听取选民和社会各界的意见。

第四十六条 报送各级人民代表大会审查和批准的预算草案应当细化。本级一般公共预算支出，按其功能分类应当编列到项；按其经济性质分类，基本支出应当编列到款。本级政府性基金预算、国有资本经营预算、社会保险基金预算支出，按其功能分类应当编列到项。

第四十七条 国务院在全国人民代表大会举行会议时，向大会作关于中央和地方预算草案以及中央和地方预算执行情况的报告。

地方各级政府在本级人民代表大会举行会议时，向大会作关于总预算草案和总预算执行情况的报告。

第四十八条 全国人民代表大会和地方各级人民代表大会对预算草案及其报告、预算执行情况的报告重点审查下列内容：

（一）上一年预算执行情况是否符合本级人民代表大会预算决议的要求；

（二）预算安排是否符合本法的规定；

（三）预算安排是否贯彻国民经济和社会发展的方针政策，收支政策是否切实可行；

（四）重点支出和重大投资项目的预算安排是否适当；

（五）预算的编制是否完整，是否符合本法第四十六条的规定；

（六）对下级政府的转移性支出预算是否规范、适当；

（七）预算安排举借的债务是否合法、合理，是否有偿还计划和稳定的偿还资金来源；

（八）与预算有关重要事项的说明是否清晰。

第四十九条 全国人民代表大会财政经济委员会向全国人民代表大会主席团提出关于中央和地方预算草案及中央和地方预算执行情况的审查结果报告。

省、自治区、直辖市、设区的市、自治州人民代表大会有关专门委员会，县、自治县、不设区的市、市辖区人民代表大会常务委员会，向本级人民代表大会主席团提出关于总预算草案及上一年总预算执行情况的审查结果报告。

审查结果报告应当包括下列内容：

（一）对上一年预算执行和落实本级人民代表大会预算决议的情况作出评价；

（二）对本年度预算草案是否符合本法的规定，是否可行作出评价；

（三）对本级人民代表大会批准预算草案和预算报告提出建议；

（四）对执行年度预算、改进预算管理、提高预算绩效、加强预算监督等提出意见和建议。

第五十条　乡、民族乡、镇政府应当及时将经本级人民代表大会批准的本级预算报上一级政府备案。县级以上地方各级政府应当及时将经本级人民代表大会批准的本级预算及下一级政府报送备案的预算汇总，报上一级政府备案。

县级以上地方各级政府将下一级政府依照前款规定报送备案的预算汇总后，报本级人民代表大会常务委员会备案。国务院将省、自治区、直辖市政府依照前款规定报送备案的预算汇总后，报全国人民代表大会常务委员会备案。

第五十一条　国务院和县级以上地方各级政府对下一级政府依照本法第五十条规定报送备案的预算，认为有同法律、行政法规相抵触或者有其他不适当之处，需要撤销批准预算的决议的，应当提请本级人民代表大会常务委员会审议决定。

第五十二条　各级预算经本级人民代表大会批准后，本级政府财政部门应当在二十日内向本级各部门批复预算。各部门应当在接到本级政府财政部门批复的本部门预算后十五日内向所属各单位批复预算。

中央对地方的一般性转移支付应当在全国人民代表大会批准预算后三十日内正式下达。中央对地方的专项转移支付应当在全国人民代表大会批准预算后九十日内正式下达。

省、自治区、直辖市政府接到中央一般性转移支付和专项转移支付后，应当在三十日内正式下达到本行政区域县级以上各级政府。

县级以上地方各级预算安排对下级政府的一般性转移支付和专项转移支付，应当分别在本级人民代表大会批准预算后的三十日和六十日内正式下达。

对自然灾害等突发事件处理的转移支付，应当及时下达预算；对据实结算等特殊项目的转移支付，可以分期下达预算，或者先预付后结算。

县级以上各级政府财政部门应当将批复本级各部门的预算和批复下级政府的转移支付预算，抄送本级人民代表大会财政经济委员会、有关专门委员会和常务委员会有关工作机构。

第六章　预算执行

第五十三条　各级预算由本级政府组织执行，具体工作由本级政府财政部门负责。

各部门、各单位是本部门、本单位的预算执行主体，负责本部门、本单位的预算执行，并对执行结果负责。

第五十四条　预算年度开始后，各级预算草案在本级人民代表大会批准前，可以安排下列支出：

（一）上一年度结转的支出；

（二）参照上一年同期的预算支出数额安排必须支付的本年度部门基本支出、项目支出，以及对下级政府的转移性支出；

（三）法律规定必须履行支付义务的支出，以及用于自然灾害等突发事件处理的支出。

根据前款规定安排支出的情况，应当在预算草案的报告中作出说明。

预算经本级人民代表大会批准后，按照批准的预算执行。

第五十五条 预算收入征收部门和单位，必须依照法律、行政法规的规定，及时、足额征收应征的预算收入。不得违反法律、行政法规规定，多征、提前征收或者减征、免征、缓征应征的预算收入，不得截留、占用或者挪用预算收入。

各级政府不得向预算收入征收部门和单位下达收入指标。

第五十六条 政府的全部收入应当上缴国家金库（以下简称国库），任何部门、单位和个人不得截留、占用、挪用或者拖欠。

对于法律有明确规定或者经国务院批准的特定专用资金，可以依照国务院的规定设立财政专户。

第五十七条 各级政府财政部门必须依照法律、行政法规和国务院财政部门的规定，及时、足额地拨付预算支出资金，加强对预算支出的管理和监督。

各级政府、各部门、各单位的支出必须按照预算执行，不得虚假列支。

各级政府、各部门、各单位应当对预算支出情况开展绩效评价。

第五十八条 各级预算的收入和支出实行收付实现制。

特定事项按照国务院的规定实行权责发生制的有关情况，应当向本级人民代表大会常务委员会报告。

第五十九条 县级以上各级预算必须设立国库；具备条件的乡、民族乡、镇也应当设立国库。

中央国库业务由中国人民银行经理，地方国库业务依照国务院的有关规定办理。

各级国库应当按照国家有关规定，及时准确地办理预算收入的收纳、划分、留解、退付和预算支出的拨付。

各级国库库款的支配权属于本级政府财政部门。除法律、行政法规另有规定外，未经本级政府财政部门同意，任何部门、单位和个人都无权冻结、动用国库库款或者以其他方式支配已入国库的库款。

各级政府应当加强对本级国库的管理和监督，按照国务院的规定完善国库现金管理，合理调节国库资金余额。

第六十条 已经缴入国库的资金，依照法律、行政法规的规定或者国务院的决定需要退付的，各级政府财政部门或者其授权的机构应当及时办理退付。按照规定应当由财政支出安排的事项，不得用退库处理。

第六十一条 国家实行国库集中收缴和集中支付制度，对政府全部收入和支出实行国库集中收付管理。

第六十二条 各级政府应当加强对预算执行的领导，支持政府财政、税务、海关等预算收入的征收部门依法组织预算收入，支持政府财政部门严格管理预算支出。

财政、税务、海关等部门在预算执行中，应当加强对预算执行的分析；发现问题时应当及时建议本级政府采取措施予以解决。

第六十三条 各部门、各单位应当加强对预算收入和支出的管理,不得截留或者动用应当上缴的预算收入,不得擅自改变预算支出的用途。

第六十四条 各级预算预备费的动用方案,由本级政府财政部门提出,报本级政府决定。

第六十五条 各级预算周转金由本级政府财政部门管理,不得挪作他用。

第六十六条 各级一般公共预算年度执行中有超收收入的,只能用于冲减赤字或者补充预算稳定调节基金。

各级一般公共预算的结余资金,应当补充预算稳定调节基金。

省、自治区、直辖市一般公共预算年度执行中出现短收,通过调入预算稳定调节基金、减少支出等方式仍不能实现收支平衡的,省、自治区、直辖市政府报本级人民代表大会或者其常务委员会批准,可以增列赤字,报国务院财政部门备案,并应当在下一年度预算中予以弥补。

第七章 预算调整

第六十七条 经全国人民代表大会批准的中央预算和经地方各级人民代表大会批准的地方各级预算,在执行中出现下列情况之一的,应当进行预算调整:

(一)需要增加或者减少预算总支出的;

(二)需要调入预算稳定调节基金的;

(三)需要调减预算安排的重点支出数额的;

(四)需要增加举借债务数额的。

第六十八条 在预算执行中,各级政府一般不制定新的增加财政收入或者支出的政策和措施,也不制定减少财政收入的政策和措施;必须作出并需要进行预算调整的,应当在预算调整方案中作出安排。

第六十九条 在预算执行中,各级政府对于必须进行的预算调整,应当编制预算调整方案。预算调整方案应当说明预算调整的理由、项目和数额。

在预算执行中,由于发生自然灾害等突发事件,必须及时增加预算支出的,应当先动支预备费;预备费不足支出的,各级政府可以先安排支出,属于预算调整的,列入预算调整方案。

国务院财政部门应当在全国人民代表大会常务委员会举行会议审查和批准预算调整方案的三十日前,将预算调整初步方案送交全国人民代表大会财政经济委员会进行初步审查。

省、自治区、直辖市政府财政部门应当在本级人民代表大会常务委员会举行会议审查和批准预算调整方案的三十日前,将预算调整初步方案送交本级人民代表大会有关专门委员会进行初步审查。

设区的市、自治州政府财政部门应当在本级人民代表大会常务委员会举行会议审查和批准预算调整方案的三十日前,将预算调整初步方案送交本级人民代表大会有关专门委员会进行初步审查,或者送交本级人民代表大会常务委员会有关工作机构征求意见。

县、自治县、不设区的市、市辖区政府财政部门应当在本级人民代表大会常务委员会举行会议审查和批准预算调整方案的三十日前，将预算调整初步方案送交本级人民代表大会常务委员会有关工作机构征求意见。

中央预算的调整方案应当提请全国人民代表大会常务委员会审查和批准。县级以上地方各级预算的调整方案应当提请本级人民代表大会常务委员会审查和批准；乡、民族乡、镇预算的调整方案应当提请本级人民代表大会审查和批准。未经批准，不得调整预算。

第七十条　经批准的预算调整方案，各级政府应当严格执行。未经本法第六十九条规定的程序，各级政府不得作出预算调整的决定。

对违反前款规定作出的决定，本级人民代表大会、本级人民代表大会常务委员会或者上级政府应当责令其改变或者撤销。

第七十一条　在预算执行中，地方各级政府因上级政府增加不需要本级政府提供配套资金的专项转移支付而引起的预算支出变化，不属于预算调整。

接受增加专项转移支付的县级以上地方各级政府应当向本级人民代表大会常务委员会报告有关情况；接受增加专项转移支付的乡、民族乡、镇政府应当向本级人民代表大会报告有关情况。

第七十二条　各部门、各单位的预算支出应当按照预算科目执行。严格控制不同预算科目、预算级次或者项目间的预算资金的调剂，确需调剂使用的，按照国务院财政部门的规定办理。

第七十三条　地方各级预算的调整方案经批准后，由本级政府报上一级政府备案。

第八章　决　算

第七十四条　决算草案由各级政府、各部门、各单位，在每一预算年度终了后按照国务院规定的时间编制。

编制决算草案的具体事项，由国务院财政部门部署。

第七十五条　编制决算草案，必须符合法律、行政法规，做到收支真实、数额准确、内容完整、报送及时。

决算草案应当与预算相对应，按预算数、调整预算数、决算数分别列出。一般公共预算支出应当按其功能分类编列到项，按其经济性质分类编列到款。

第七十六条　各部门对所属各单位的决算草案，应当审核并汇总编制本部门的决算草案，在规定的期限内报本级政府财政部门审核。

各级政府财政部门对本级各部门决算草案审核后发现有不符合法律、行政法规规定的，有权予以纠正。

第七十七条　国务院财政部门编制中央决算草案，经国务院审计部门审计后，报国务院审定，由国务院提请全国人民代表大会常务委员会审查和批准。

县级以上地方各级政府财政部门编制本级决算草案，经本级政府审计部门审计后，报本级政府审定，由本级政府提请本级人民代表大会常务委员会审查和批准。

乡、民族乡、镇政府编制本级决算草案，提请本级人民代表大会审查和批准。

第七十八条　国务院财政部门应当在全国人民代表大会常务委员会举行会议审查和

批准中央决算草案的三十日前,将上一年度中央决算草案提交全国人民代表大会财政经济委员会进行初步审查。

省、自治区、直辖市政府财政部门应当在本级人民代表大会常务委员会举行会议审查和批准本级决算草案的三十日前,将上一年度本级决算草案提交本级人民代表大会有关专门委员会进行初步审查。

设区的市、自治州政府财政部门应当在本级人民代表大会常务委员会举行会议审查和批准本级决算草案的三十日前,将上一年度本级决算草案提交本级人民代表大会有关专门委员会进行初步审查,或者送交本级人民代表大会常务委员会有关工作机构征求意见。

县、自治县、不设区的市、市辖区政府财政部门应当在本级人民代表大会常务委员会举行会议审查和批准本级决算草案的三十日前,将上一年度本级决算草案送交本级人民代表大会常务委员会有关工作机构征求意见。

全国人民代表大会财政经济委员会和省、自治区、直辖市、设区的市、自治州人民代表大会有关专门委员会,向本级人民代表大会常务委员会提出关于本级决算草案的审查结果报告。

第七十九条 县级以上各级人民代表大会常务委员会和乡、民族乡、镇人民代表大会对本级决算草案,重点审查下列内容:

(一)预算收入情况;
(二)支出政策实施情况和重点支出、重大投资项目资金的使用及绩效情况;
(三)结转资金的使用情况;
(四)资金结余情况;
(五)本级预算调整及执行情况;
(六)财政转移支付安排执行情况;
(七)经批准举借债务的规模、结构、使用、偿还等情况;
(八)本级预算周转金规模和使用情况;
(九)本级预备费使用情况;
(十)超收收入安排情况,预算稳定调节基金的规模和使用情况;
(十一)本级人民代表大会批准的预算决议落实情况;
(十二)其他与决算有关的重要情况。

县级以上各级人民代表大会常务委员会应当结合本级政府提出的上一年度预算执行和其他财政收支的审计工作报告,对本级决算草案进行审查。

第八十条 各级决算经批准后,财政部门应当在二十日内向本级各部门批复决算。各部门应当在接到本级政府财政部门批复的本部门决算后十五日内向所属单位批复决算。

第八十一条 地方各级政府应当将经批准的决算及下一级政府上报备案的决算汇总,报上一级政府备案。

县级以上各级政府应当将下一级政府报送备案的决算汇总后,报本级人民代表大会常务委员会备案。

第八十二条 国务院和县级以上地方各级政府对下一级政府依照本法第八十一条规定报送备案的决算,认为有同法律、行政法规相抵触或者有其他不适当之处,需要撤销批准该项决算的决议的，应当提请本级人民代表大会常务委员会审议决定；经审议决定撤销的，该下级人民代表大会常务委员会应当责成本级政府依照本法规定重新编制决算草案，提请本级人民代表大会常务委员会审查和批准。

第九章 监　　督

第八十三条　全国人民代表大会及其常务委员会对中央和地方预算、决算进行监督。县级以上地方各级人民代表大会及其常务委员会对本级和下级预算、决算进行监督。乡、民族乡、镇人民代表大会对本级预算、决算进行监督。

第八十四条　各级人民代表大会和县级以上各级人民代表大会常务委员会有权就预算、决算中的重大事项或者特定问题组织调查，有关的政府、部门、单位和个人应当如实反映情况和提供必要的材料。

第八十五条　各级人民代表大会和县级以上各级人民代表大会常务委员会举行会议时，人民代表大会代表或者常务委员会组成人员，依照法律规定程序就预算、决算中的有关问题提出询问或者质询，受询问或者受质询的有关的政府或者财政部门必须及时给予答复。

第八十六条　国务院和县级以上地方各级政府应当在每年六月至九月期间向本级人民代表大会常务委员会报告预算执行情况。

第八十七条　各级政府监督下级政府的预算执行；下级政府应当定期向上一级政府报告预算执行情况。

第八十八条　各级政府财政部门负责监督本级各部门及其所属各单位预算管理有关工作，并向本级政府和上一级政府财政部门报告预算执行情况。

第八十九条　县级以上政府审计部门依法对预算执行、决算实行审计监督。
对预算执行和其他财政收支的审计工作报告应当向社会公开。

第九十条　政府各部门负责监督检查所属各单位的预算执行，及时向本级政府财政部门反映本部门预算执行情况，依法纠正违反预算的行为。

第九十一条　公民、法人或者其他组织发现有违反本法的行为，可以依法向有关国家机关进行检举、控告。
接受检举、控告的国家机关应当依法进行处理，并为检举人、控告人保密。任何单位或者个人不得压制和打击报复检举人、控告人。

第十章　法律责任

第九十二条　各级政府及有关部门有下列行为之一的，责令改正，对负有直接责任的主管人员和其他直接责任人员追究行政责任：
（一）未依照本法规定，编制、报送预算草案、预算调整方案、决算草案和部门预算、决算以及批复预算、决算的；
（二）违反本法规定，进行预算调整的；
（三）未依照本法规定对有关预算事项进行公开和说明的；
（四）违反规定设立政府性基金项目和其他财政收入项目的；

（五）违反法律、法规规定使用预算预备费、预算周转金、预算稳定调节基金、超收收入的；

（六）违反本法规定开设财政专户的。

第九十三条　各级政府及有关部门、单位有下列行为之一的，责令改正，对负有直接责任的主管人员和其他直接责任人员依法给予降级、撤职、开除的处分：

（一）未将所有政府收入和支出列入预算或者虚列收入和支出的；

（二）违反法律、行政法规的规定，多征、提前征收或者减征、免征、缓征应征预算收入的；

（三）截留、占用、挪用或者拖欠应当上缴国库的预算收入的；

（四）违反本法规定，改变预算支出用途的；

（五）擅自改变上级政府专项转移支付资金用途的；

（六）违反本法规定拨付预算支出资金，办理预算收入收纳、划分、留解、退付，或者违反本法规定冻结、动用国库库款或者以其他方式支配已入国库库款的。

第九十四条　各级政府、各部门、各单位违反本法规定举借债务或者为他人债务提供担保，或者挪用重点支出资金，或者在预算之外及超预算标准建设楼堂馆所的，责令改正，对负有直接责任的主管人员和其他直接责任人员给予撤职、开除的处分。

第九十五条　各级政府有关部门、单位及其工作人员有下列行为之一的，责令改正，追回骗取、使用的资金，有违法所得的没收违法所得，对单位给予警告或者通报批评；对负有直接责任的主管人员和其他直接责任人员依法给予处分：

（一）违反法律、法规的规定，改变预算收入上缴方式的；

（二）以虚报、冒领等手段骗取预算资金的；

（三）违反规定扩大开支范围、提高开支标准的；

（四）其他违反财政管理规定的行为。

第九十六条　本法第九十二条、第九十三条、第九十四条、第九十五条所列违法行为，其他法律对其处理、处罚另有规定的，依照其规定。

违反本法规定，构成犯罪的，依法追究刑事责任。

第十一章　附　　则

第九十七条　各级政府财政部门应当按年度编制以权责发生制为基础的政府综合财务报告，报告政府整体财务状况、运行情况和财政中长期可持续性，报本级人民代表大会常务委员会备案。

第九十八条　国务院根据本法制定实施条例。

第九十九条　民族自治地方的预算管理，依照民族区域自治法的有关规定执行；民族区域自治法没有规定的，依照本法和国务院的有关规定执行。

第一百条　省、自治区、直辖市人民代表大会或者其常务委员会根据本法，可以制定有关预算审查监督的决定或者地方性法规。

第一百零一条　本法自 1995 年 1 月 1 日起施行。1991 年 10 月 21 日国务院发布的《国家预算管理条例》同时废止。

关于人大预算审查监督重点向支出预算和政策拓展的指导意见

为贯彻落实党的十八届三中全会关于加强人大预算决算审查监督职能的要求,实现人大预算审查监督重点向支出预算和政策拓展,根据党中央决策部署和预算法、监督法等法律规定,现提出如下指导意见。

一、重要意义

审查批准预算、决算和监督预算执行是宪法和预算法、监督法等法律赋予全国人大及其常委会、地方各级人大及其常委会的重要职权。人大依法开展预算审查监督,对规范预算行为、促进依法行政、推动经济社会发展,发挥了重要作用。同时也要看到,过去政府预算审核管理和人大预算审查监督的重点主要是赤字规模和预算收支平衡状况,对支出预算和政策关注不够,对财政资金使用绩效和政策实施效果关注不够,不利于发挥政策对编制支出预算的指导和约束作用,不利于提高人大预算审查监督的针对性和有效性。

党的十八大以来,以习近平同志为核心的党中央就人大制度和人大工作提出一系列新论断新举措新要求,为在新的历史条件下坚持、完善、发展人民代表大会制度,加强和改进人大预算审查监督工作,提供了科学理论指导和行动指南。实施人大预算审查监督重点向支出预算和政策拓展,是依法加强和改进人大预算审查监督工作的内在要求,是建立和完善中国特色社会主义预算审查监督制度的重要举措,是提高财政资金使用绩效和政策实施效果的客观需要,也是对预算法、监督法关于人大预算决算审查监督特别是支出预算和政策审查监督规定的细化深化。人大加强对支出预算和政策的审查监督,有利于强化政策对支出预算的指导和约束作用,使预算安排和政策更好地贯彻落实党中央重大方针政策和决策部署;有利于加强和改善宏观调控,有效发挥财政在宏观经济管理中的重要作用;有利于提高支出预算编制质量和预算执行规范化水平,实施全面规范、公开透明的预算制度;有利于加强对政府预算的全口径审查和全过程监管,更好发挥财政在国家治理中的基础和重要支柱作用,更好发挥人民代表大会制度支撑国家治理体系和治理能力的根本政治制度作用。

二、总体要求

全国人大及其常委会、地方各级人大及其常委会在开展预算审查监督重点向支出预算和政策拓展工作中,要深入学习贯彻党的十九大精神,以习近平新时代中国特色社会主义思想为指导,坚持党的领导、人民当家作主、依法治国有机统一,以宪法和预算法、监督法等法律为依据，坚持正确监督、有效监督，加强对支出预算和政策的审查监督，提高针对性和有效性，推进依法行政、依法理财，保障党中央重大方针政策和决策部署的贯彻落实。

1. 坚持党中央集中统一领导。旗帜鲜明讲政治，坚持党总揽全局、协调各方的领导核心作用，把坚持党的领导首先是坚持党中央集中统一领导作为首要原则，把维护习近平总书记的核心地位、维护党中央权威和集中统一领导摆在讲政治的首要位置，增强政治意识、大局意识、核心意识、看齐意识，自觉在思想上政治上行动上同以习近平同志为核心的党中央保持高度一致，向党中央看齐，向党的理论和路线方针政策看齐，向党中央决策部署看齐，认真负责、不折不扣执行党中央决策部署，使党的主张通过法定程序成为国家意志，使支出预算和政策更好体现和落实党中央决策部署，保障党的路线方针政策在国家工作中得到全面贯彻和有效执行。

2. 坚持围绕和服务党和国家大局。牢牢把握中国特色社会主义进入新时代、我国社会主要矛盾已经转化为人民日益增长的美好生活需要和不平衡不充分的发展之间的矛盾，坚持稳中求进工作总基调，紧紧围绕统筹推进"五位一体"总体布局和协调推进"四个全面"战略布局，坚定不移贯彻落实新发展理念，主动适应经济发展新常态，坚持以推进供给侧结构性改革为主线，开展支出预算和政策审查监督工作，使财政预算和政策更好服务于党和国家中心工作，推动经济社会持续健康发展。

3. 坚持以人民为中心的发展思想。把人民群众对美好生活的向往作为奋斗目标，推进完善支出预算和政策，着力保障和改善民生，推动解决制约全面建成小康社会的短板和瓶颈问题，推动解决人民群众普遍关心的热点难点问题，使改革发展成果更多惠及全体人民，不断增强人民群众的获得感、幸福感。

4. 坚持依法开展审查监督。严格按照宪法和预算法、监督法等法律赋予的预算审查监督职权，通过法定程序、运用法定方式，加强支出预算和政策审查监督工作，提高审查监督的针对性和有效性。坚持监督与支持相统一，人大通过依法加强预算审查监督，推动政府依法行政、依法理财。

5. 坚持问题导向。紧紧围绕贯彻落实党中央重大方针政策和决策部署，结合人大代表和人民群众普遍关心的热点难点问题、审计查出的突出问题、制约事业发展的关键问题等，加强对相关支出预算和政策的审查监督，提出有效、可行的意见建议，着力推动解决突出矛盾，推动建立健全解决问题的长效机制。加强对支出绩效和政策目标落实情况的监督，推动建立健全预算绩效管理机制。

6. 坚持积极探索与扎实推进相结合。立足我国基本国情、经济社会发展阶段及财政预算管理水平，既扎实做好基础性工作，为深入实施改革举措创造条件，又适应新的形势和任务要求，认真研究总结预算审查监督经验做法和规律，深化拓展支出预算和政策审查监督的内容，探索创新方式方法，确保改革取得成效。

三、主要内容

政府预算反映国家的战略、规划、政策，反映政府的职责、活动范围、方向。支出政策是政府根据党中央重大方针政策和决策部署、预算法等法律规定制定的财政支出安排措施，包括财政支出的方向、规模、结构和管理制度等。支出预算是政府根据党中央重大方针政策和决策部署、预算法等法律规定，按照规定的程序、方法和标准编制的，对各种支出作出统筹安排，并报经本级人民代表大会审查批准后执行的财政支出计划。人大通过审查监督支出预算和政策，保障党中央重大方针政策和决策部署的贯彻落实。

按照党中央改革部署要求和预算法、监督法规定，人大对支出预算和政策开展全口径审查和全过程监管。主要内容包括：

1. 支出预算的总量与结构。审查支出预算总量，重点审查预算安排是否符合党中央确定的年度经济社会发展目标、国家宏观调控总体要求、国民经济和社会发展相关规划、中期财政规划，审查支出政策的可持续性，更好发挥政府职能作用。审查支出预算结构，重点审查支出预算和政策是否体现党中央就各重要领域提出的重大方针政策和决策部署要求，切实提高财政资金配置效率。

2. 重点支出与重大投资项目。加强对重点支出与重大投资项目的审查，保障党中央重大方针政策和决策部署确定的重点支出与重大投资项目。推动政府健全重点支出与重大投资项目决策机制，合理确定重点支出与重大投资项目范围。加强对重点支出与重大投资项目执行情况的监督，督促实现支出绩效和政策目标。

3. 部门预算。重点审查监督部门预算贯彻落实党中央重大方针政策和决策部署情况；部门预算编制的完整性情况；项目库建设、项目支出预算与支出政策衔接匹配情况；部门重大项目支出绩效目标设定、实现及评价结果应用情况；审计查出问题整改落实情况等。

4. 财政转移支付。重点审查监督贯彻党中央重大方针政策和决策部署情况，转移支付与财政事权和支出责任划分的匹配情况；转移支付对促进实现各地区财政平衡及基本公共服务均等化情况；专项转移支付的清理整合情况；专项转移支付的整体绩效情况。监督转移支付预算执行和政策实施，重点是预算批准后在法律规定时间内批复下达以及资金使用绩效与政策实施效果情况等。

5. 政府债务。硬化地方政府预算约束，坚决制止无序举债搞建设，规范举债融资行为。结合地方政府债务规模、全国经济发展水平等情况，合理评估全国政府债务风险水平。地方政府债务审查监督要重点审查地方政府债务纳入预算管理的情况；要根据各地的债务率、利息负担率、新增债务率等风险评估指标体系，结合债务资金安排使用和偿还计划，评价地方政府举债规模的合理性。积极稳妥化解累积的地方政府债务风险，坚决遏制隐性债务增量，决不允许新增各类隐性债务。

加强对政府预算收入编制的审查。政府预算收入编制要与经济社会发展水平相适应，与财政政策相衔接，根据经济政策调整等因素科学预测。强化对政府预算收入执行情况的监督，推动严格依法征收，不收"过头税"，防止财政收入虚增、空转。推动依法规范非税收入管理。

四、主要程序和方法

全国人大及其常委会、地方各级人大及其常委会要按照总结、继承、完善、提高的原则，在巩固完善现有程序和方法基础上，进一步探索健全程序，创新方式方法，提高可操作性和运转效率，提高审查监督的针对性和有效性。

1. 认真贯彻落实党中央重大方针政策和决策部署。要深入学习贯彻习近平新时代中国特色社会主义思想和党的十九大精神，认真学习贯彻中央全会、中央经济工作会议、中央政治局会议等重要会议精神，明确目标任务，掌握部署要求，做好预算审查监督工作。坚持党对人大预算审查监督工作的领导，全国人大及其常委会开展预算审查监督工作中的重要事项和重要问题要及时向党中央请示报告，地方人大及其常委会开展预算审查监督工作中的重要事项和重要问题要及时向本级党委请示报告。

2. 充分听取意见建议。每年在政府预算草案编制前，应当通过召开座谈会、通报会等多种形式，认真听取本级人大代表、专家智库等社会各界关于重点支出、重大投资项目、重大支出政策等方面的意见建议。各级人大常委会预算工作委员会等工作机构要结合听取意见建议情况，与本级政府财政等部门密切沟通，认真研究提出关于年度预算的分析报告。

3. 深入开展专题调研。全国人大及其常委会、地方各级人大及其常委会应当根据年度工作要点和监督工作计划，听取和审议政府关于重点支出预算和政策专项工作报告，开展重点支出预算和政策专题调研，提出有针对性、前瞻性和可行性的意见建议。

4. 探索就重大事项或特定问题组织调查。根据预算法，各级人大和县级以上各级人大常委会可以就预算、决算中的重大事项或特定问题组织调查。根据《全国人大常委会关于加强中央预算审查监督的决定》，经全国人大常委会委员长会议专项批准，人大常委会预算工作委员会可以对各部门、各预算单位、重大建设项目的预算资金使用和专项资金的使用进行调查，政府有关部门和单位应当积极协助、配合。全国人大及其常委会、地方各级人大及其常委会就重大事项或特定问题组织调查，要按照前面第一项规定要求，向党中央或者本级党委请示报告。

5. 探索开展预算专题审议。人大财政经济委员会每年对预算草案进行初步审查时，应根据中央经济工作会议精神，结合人大常委会年度监督工作重点、人大代表和人民群众关心的热点难点问题、审计查出的突出问题等，对有关支出预算和政策开展专题审议。政府有关部门负责人应到会听取意见，回答询问。人大有关的专门委员会可以结合开展执法检查、听取政府专项工作报告等，对相关领域部门预算草案、相关重点支出和重大投资项目、有关转移支付资金和政策开展调查研究，更好发挥人大专门委员会的专业特点和优势。根据需要，可以引入社会中介机构为人大预算审查监督工作提供服务。

6. 推动落实人大及其常委会有关预算决算决议。通过听取报告、开展专题调研、组织代表视察等形式，推动政府及其有关部门积极落实本级人民代表大会及其常委会有关预算决算的决议。人大常委会预算工作委员会等工作机构应当听取政府财政等部门落实预算决算决议的工作安排情况通报，并将有关情况发送本级人大代表。

7. 及时听取重大财税政策报告。对于事关全国或者本级行政区域内经济社会发展全局、涉及群众切身利益的重大财税政策，各级政府在政策出台前应当向本级人大常委会报告。预算执行中，政府财政等部门出台增加收入或者支出、减少收入的政策措施，需要进行预算调整的，应当及时向本级人大常委会预算工作委员会等工作机构通报有关情况，依法编制预算调整方案，报本级人大常委会审查批准。

8. 加快推进预算联网监督工作。要适应信息社会发展要求，加快推进预算联网监督工作，实现预算审查监督信息化和网络化。要充分利用预算联网平台，加强对支出预算和政策的审查监督，提升审查监督内容的翔实性和时效性，增强审查监督工作的针对性和有效性。

五、组织保障

各级党委要进一步提高对推进人大预算审查监督重点向支出预算和政策拓展改革重要性的认识，加强组织领导，把握工作方向，及时研究解决改革中遇到的新情况新问题，支持和保证人大依法行使监督权，确保各项措施落实到位。

全国人大及其常委会、地方各级人大及其常委会要牢固树立"四个意识"，切实增强责任感使命感，依法加强对支出预算和政策的审查监督，通过法定程序贯彻落实好党中央重大方针政策和决策部署。人大财政经济委员会、有关的专门委员会、常委会预算工作委员会等工作机构要积极作出安排，深入扎实开展审查监督工作。在政府预算草案编制前和编制过程中，人大常委会预算工作委员会等工作机构要加强与政府财政等部门的沟通，及时将听取人大代表和社会各界意见建议的情况反馈给政府财政等部门，使预算草案更好地回应人大代表和社会各界的意见建议。在对预算草案初步方案及上一年预算执行情况进行初步审查中，人大财政经济委员会依法提出初步审查意见，本级政府财政部门应当结合初步审查意见对预算草案和报告作进一步修改完善。各级人民代表大会上，各代表团、人大财政经济委员会、有关的专门委员会应当着重围绕党中央重大方针政策和决策部署对预算草案进行审查，保持预算的统一性和完整性。应当及时向社会公开对支出预算和政策的有关审查监督情况。

各级政府要主动接受同级人大及其常委会的监督，积极创造条件，认真落实改革措施。要按照党的十八届三中全会关于"审核预算的重点由平衡状态、赤字规模向支出预算和政策拓展"的要求，积极改进完善预算报告、决算报告和预算草案、决算草案编报工作。预算报告、决算报告应当重点报告贯彻落实党中央重大方针政策和决策部署的主要情况，报告重大支出政策和税收政策调整变化情况，报告收入、支出安排及赤字、债务规模等财政总量政策与国家及本区域年度经济社会发展目标、宏观调控要求的一致性情况，报告支出预算、决算和政策实施的主要情况，报告重大投资项目的安排和实施情况。逐步改变相关重点支出与财政收支增幅或生产总值层层挂钩、先确定各领域支出总额再安排具体项目的做法。支出预算原则上要反映各项支出预算安排的政策依据、标准、支出方向及绩效目标等情况，增强重大增支政策出台的预期性。支出决算要重点报告和反映支出预算调整情况、支出完成预算情况、重大项目的资金使用绩效与政策实施效果情况。支出预算和决算要列示重大政府投资计划和重大投资项目表。进一步完善和丰富政府性基金预算、国有资本经营预算和社会保险基金预算的编报。在保持预算报告、财政预算草案纸质文件提供方式基础上，探索以电子化方式提供预算文件。各级审计机关研究提出下一年度审计监督重点内容和重点项目时，应当征求本级人大常委会预算工作委员会等工作机构的意见建议，形成监督合力。各级审计机关应当加强对专项资金绩效和政策执行的审计监督，并在向本级人大常委会报告年度预算执行和其他财政收支的审计工作报告时予以重点反映,为人大常委会开展支出决算和政策审查监督提供支持服务。各级政府财政、审计等部门和各预算部门单位,要积极做好落实改革措施的具体工作。要进一步推进预算公开透明,主动接受社会监督。

地方各级人大及其常委会、地方各级政府要在认真贯彻落实党中央重大方针政策和决策部署的基础上,按照地方党委工作安排,加强对支出预算总量与结构、重点支出与重大投资项目、部门预算、财政转移支付、地方政府债务等的审查监督,并结合本地区实际,探索创新方式方法,健全完善程序机制,不断提高人大预算审查监督针对性和有效性,不断提升政府依法行政、依法理财水平。

中共中央　国务院关于全面实施预算绩效管理的意见

(2018 年 9 月 1 日)

全面实施预算绩效管理是推进国家治理体系和治理能力现代化的内在要求，是深化财税体制改革、建立现代财政制度的重要内容，是优化财政资源配置、提升公共服务质量的关键举措。为解决当前预算绩效管理存在的突出问题，加快建成全方位、全过程、全覆盖的预算绩效管理体系，现提出如下意见。

一、全面实施预算绩效管理的必要性

党的十八大以来，在以习近平同志为核心的党中央坚强领导下，各地区各部门认真贯彻落实党中央、国务院决策部署，财税体制改革加快推进，预算管理制度持续完善，财政资金使用绩效不断提升，对我国经济社会发展发挥了重要支持作用。但也要看到，现行预算绩效管理仍然存在一些突出问题，主要是：绩效理念尚未牢固树立，一些地方和部门存在重投入轻管理、重支出轻绩效的意识；绩效管理的广度和深度不足，尚未覆盖所有财政资金，一些领域财政资金低效无效、闲置沉淀、损失浪费的问题较为突出，克扣挪用、截留私分、虚报冒领的问题时有发生；绩效激励约束作用不强，绩效评价结果与预算安排和政策调整的挂钩机制尚未建立。

当前，我国经济已由高速增长阶段转向高质量发展阶段，正处在转变发展方式、优化经济结构、转换增长动力的攻关期，建设现代化经济体系是跨越关口的迫切要求和我国发展的战略目标。发挥好财政职能作用，必须按照全面深化改革的要求，加快建立现代财政制度，建立全面规范透明、标准科学、约束有力的预算制度，以全面实施预算绩效管理为关键点和突破口，解决好绩效管理中存在的突出问题，推动财政资金聚力增效，提高公共服务供给质量，增强政府公信力和执行力。

二、总体要求

（一）指导思想。以习近平新时代中国特色社会主义思想为指导，全面贯彻党的十九大和十九届二中、三中全会精神，坚持和加强党的全面领导，坚持稳中求进工作总基调，坚持新发展理念，紧扣我国社会主要矛盾变化，按照高质量发展的要求，紧紧围绕统筹推进"五位一体"总体布局和协调推进"四个全面"战略布局，坚持以供给侧结构性改革为主线，创新预算管理方式，更加注重结果导向、强调成本效益、硬化责任约束，力争用3—5年时间基本建成全方位、全过程、全覆盖的预算绩效管理体系，实现预算和绩效管理一体化，着力提高财政资源配置效率和使用效益，改变预算资金分配的固化格局，提高预算管理水平和政策实施效果，为经济社会发展提供有力保障。

（二）基本原则

——坚持总体设计、统筹兼顾。按照深化财税体制改革和建立现代财政制度的总体要求，统筹谋划全面实施预算绩效管理的路径和制度体系。既聚焦解决当前最紧迫问题，又着眼健全长效机制；既关注预算资金的直接产出和效果，又关注宏观政策目标的实现程度；既关注新出台政策、项目的科学性和精准度，又兼顾延续政策、项目的必要性和有效性。

——坚持全面推进、突出重点。预算绩效管理既要全面推进，将绩效理念和方法深度融入预算编制、执行、监督全过程，构建事前事中事后绩效管理闭环系统，又要突出重点，坚持问题导向，聚焦提升覆盖面广、社会关注度高、持续时间长的重大政策、项目的实施效果。

——坚持科学规范、公开透明。抓紧健全科学规范的管理制度，完善绩效目标、绩效监控、绩效评价、结果应用等管理流程，健全共性的绩效指标框架和分行业领域的绩效指标体系，推动预算绩效管理标准科学、程序规范、方法合理、结果可信。大力推进绩效信息公开透明，主动向同级人大报告、向社会公开，自觉接受人大和社会各界监督。

——坚持权责对等、约束有力。建立责任约束制度，明确各方预算绩效管理职责，清晰界定权责边界。健全激励约束机制，实现绩效评价结果与预算安排和政策调整挂钩。增强预算统筹能力，优化预算管理流程，调动地方和部门的积极性、主动性。

三、构建全方位预算绩效管理格局

（三）实施政府预算绩效管理。将各级政府收支预算全面纳入绩效管理。各级政府预算收入要实事求是、积极稳妥、讲求质量，必须与经济社会发展水平相适应，严格落实各项减税降费政策，严禁脱离实际制定增长目标，严禁虚收空转、收取过头税费，严禁超出限额举借政府债务。各级政府预算支出要统筹兼顾、突出重点、量力而行，着力支持国家重大发展战略和重点领域改革，提高保障和改善民生水平，同时不得设定过高民生标准和擅自扩大保障范围，确保财政资源高效配置，增强财政可持续性。

（四）实施部门和单位预算绩效管理。将部门和单位预算收支全面纳入绩效管理，赋予部门和资金使用单位更多的管理自主权，围绕部门和单位职责、行业发展规划，以预算资金管理为主线，统筹考虑资产和业务活动，从运行成本、管理效率、履职效能、社会效应、可持续发展能力和服务对象满意度等方面，衡量部门和单位整体及核心业务实施效果，推动提高部门和单位整体绩效水平。

（五）实施政策和项目预算绩效管理。将政策和项目全面纳入绩效管理，从数量、质量、时效、成本、效益等方面，综合衡量政策和项目预算资金使用效果。对实施期超过一年的重大政策和项目实行全周期跟踪问效，建立动态评价调整机制，政策到期、绩效低下的政策和项目要及时清理退出。

四、建立全过程预算绩效管理链条

（六）建立绩效评估机制。各部门各单位要结合预算评审、项目审批等，对新出台重大政策、项目开展事前绩效评估，重点论证立项必要性、投入经济性、绩效目标合理性、实施方案可行性、筹资合规性等，投资主管部门要加强基建投资绩效评估，评估结果作为申请预算的必备要件。各级财政部门要加强新增重大政策和项目预算审核，必要时可以组织第三方机构独立开展绩效评估，审核和评估结果作为预算安排的重要参考依据。

（七）强化绩效目标管理。各地区各部门编制预算时要贯彻落实党中央、国务院各项决策部署，分解细化各项工作要求，结合本地区本部门实际情况，全面设置部门和单位整体绩效目标、政策及项目绩效目标。绩效目标不仅要包括产出、成本，还要包括经济效益、社会效益、生态效益、可持续影响和服务对象满意度等绩效指标。各级财政部门要将绩效目标设置作为预算安排的前置条件，加强绩效目标审核，将绩效目标与预算同步批复下达。

（八）做好绩效运行监控。各级政府和各部门各单位对绩效目标实现程度和预算执行进度实行"双监控"，发现问题要及时纠正，确保绩效目标如期保质保量实现。各级财政部门建立重大政策、项目绩效跟踪机制，对存在严重问题的政策、项目要暂缓或停止预算拨款，督促及时整改落实。各级财政部门要按照预算绩效管理要求，加强国库现金管理，降低资金运行成本。

（九）开展绩效评价和结果应用。通过自评和外部评价相结合的方式，对预算执行情况开展绩效评价。各部门各单位对预算执行情况以及政策、项目实施效果开展绩效自评，评价结果报送本级财政部门。各级财政部门建立重大政策、项目预算绩效评价机制，逐步开展部门整体绩效评价，对下级政府财政运行情况实施综合绩效评价，必要时可以引入第三方机构参与绩效评价。健全绩效评价结果反馈制度和绩效问题整改责任制，加强绩效评价结果应用。

五、完善全覆盖预算绩效管理体系

（十）建立一般公共预算绩效管理体系。各级政府要加强一般公共预算绩效管理。收入方面，要重点关注收入结构、征收效率和优惠政策实施效果。支出方面，要重点关注预算资金配置效率、使用效益，特别是重大政策和项目实施效果，其中转移支付预算绩效管理要符合财政事权和支出责任划分规定，重点关注促进地区间财力协调和区域均衡发展。同时，积极开展涉及一般公共预算等财政资金的政府投资基金、主权财富基金、政府和社会资本合作（PPP）、政府采购、政府购买服务、政府债务项目绩效管理。

（十一）建立其他政府预算绩效管理体系。除一般公共预算外，各级政府还要将政府性基金预算、国有资本经营预算、社会保险基金预算全部纳入绩效管理，加强四本预算之间的衔接。政府性基金预算绩效管理，要重点关注基金政策设立延续依据、征收标准、使用效果等情况，地方政府还要关注其对专项债务的支撑能力。国有资本经营预算绩效管理，要重点关注贯彻国家战略、收益上缴、支出结构、使用效果等情况。社会保险基金预算绩效管理，要重点关注各类社会保险基金收支政策效果、基金管理、精算平衡、地区结构、运行风险等情况。

六、健全预算绩效管理制度

（十二）完善预算绩效管理流程。围绕预算管理的主要内容和环节，完善涵盖绩效目标管理、绩效运行监控、绩效评价管理、评价结果应用等各环节的管理流程，制定预算绩效管理制度和实施细则。建立专家咨询机制，引导和规范第三方机构参与预算绩效管理，严格执业质量监督管理。加快预算绩效管理信息化建设，打破"信息孤岛"和"数据烟囱"，促进各级政府和各部门各单位的业务、财务、资产等信息互联互通。

（十三）健全预算绩效标准体系。各级财政部门要建立健全定量和定性相结合的共性绩效指标框架。各行业主管部门要加快构建分行业、分领域、分层次的核心绩效指标和标准体系，实现科学合理、细化量化、可比可测、动态调整、共建共享。绩效指标和标准体系要与基本公共服务标准、部门预算项目支出标准等衔接匹配，突出结果导向，重点考核实绩。创新评估评价方法，立足多维视角和多元数据，依托大数据分析技术，运用成本效益分析法、比较法、因素分析法、公众评判法、标杆管理法等，提高绩效评估评价结果的客观性和准确性。

七、硬化预算绩效管理约束

（十四）明确绩效管理责任约束。按照党中央、国务院统一部署，财政部要完善绩效管理的责任约束机制，地方各级政府和各部门各单位是预算绩效管理的责任主体。地方各级党委和政府主要负责同志对本地区预算绩效负责，部门和单位主要负责同志对本部门本单位预算绩效负责，项目责任人对项目预算绩效负责，对重大项目的责任人实行绩效终身责任追究制，切实做到花钱必问效、无效必问责。

（十五）强化绩效管理激励约束。各级财政部门要抓紧建立绩效评价结果与预算安排和政策调整挂钩机制，将本级部门整体绩效与部门预算安排挂钩，将下级政府财政运行综合绩效与转移支付分配挂钩。对绩效好的政策和项目原则上优先保障，对绩效一般的政策和项目要督促改进，对交叉重复、碎片化的政策和项目予以调整，对低效无效资金一律削减或取消，对长期沉淀的资金一律收回并按照有关规定统筹用于亟需支持的领域。

八、保障措施

（十六）加强绩效管理组织领导。坚持党对全面实施预算绩效管理工作的领导，充分发挥党组织的领导作用，增强把方向、谋大局、定政策、促改革的能力和定力。财政部要加强对全面实施预算绩效管理工作的组织协调。各地区各部门要加强对本地区本部门预算绩效管理的组织领导，切实转变思想观念，牢固树立绩效意识，结合实际制定实施办法，加强预算绩效管理力量，充实预算绩效管理人员，督促指导有关政策措施落实，确保预算绩效管理延伸至基层单位和资金使用终端。

（十七）加强绩效管理监督问责。审计机关要依法对预算绩效管理情况开展审计监督，财政、审计等部门发现违纪违法问题线索，应当及时移送纪检监察机关。各级财政部门要推进绩效信息公开，重要绩效目标、绩效评价结果要与预决算草案同步报送同级人大、同步向社会主动公开，搭建社会公众参与绩效管理的途径和平台，自觉接受人大和社会各界监督。

（十八）加强绩效管理工作考核。各级政府要将预算绩效结果纳入政府绩效和干部政绩考核体系，作为领导干部选拔任用、公务员考核的重要参考，充分调动各地区各部门履职尽责和干事创业的积极性。各级财政部门负责对本级部门和预算单位、下级财政部门预算绩效管理工作情况进行考核。建立考核结果通报制度，对工作成效明显的地区和部门给予表彰，对工作推进不力的进行约谈并责令限期整改。

全面实施预算绩效管理是党中央、国务院作出的重大战略部署，是政府治理和预算管理的深刻变革。各地区各部门要更加紧密地团结在以习近平同志为核心的党中央周围，把思想认识和行动统一到党中央、国务院决策部署上来，增强"四个意识"，坚定"四个自信"，提高政治站位，把全面实施预算绩效管理各项措施落到实处，为决胜全面建成小康社会、夺取新时代中国特色社会主义伟大胜利、实现中华民族伟大复兴的中国梦奠定坚实基础。

关于2018年中央和地方预算执行情况与 2019年中央和地方预算草案的报告

——2019年3月5日在第十三届全国人民代表大会第二次会议上

财政部

各位代表：

受国务院委托，现将2018年中央和地方预算执行情况与2019年中央和地方预算草案提请十三届全国人大二次会议审议，并请全国政协各位委员提出意见。

一、2018年中央和地方预算执行情况

2018年是全面贯彻党的十九大精神的开局之年。在以习近平同志为核心的党中央坚强领导下，各地区各部门以习近平新时代中国特色社会主义思想为指导，深入贯彻党的十九大和十九届二中、三中全会精神，坚持稳中求进工作总基调，按照高质量发展要求，落实党中央、国务院决策部署，严格执行十三届全国人大一次会议审查批准的预算，保持了经济持续健康发展和社会大局稳定，朝着实现全面建成小康社会的目标迈出了新的步伐。中央和地方预算执行情况较好。

（一）2018年一般公共预算收支情况

1. 全国一般公共预算

全国一般公共预算收入183351.84亿元，为预算的100.1%，比2017年同口径（下同）增长6.2%。加上调入资金及使用结转结余14772.77亿元（包括中央和地方财政从预算稳定调节基金、政府性基金预算、国有资本经营预算调入资金，以及地方财政使用结转结余资金），收入总量为198124.61亿元。全国一般公共预算支出220906.07亿元，完成预算的105.3%，增长8.7%。加上补充中央预算稳定调节基金1018.54亿元，支出总量为221924.61亿元。收支总量相抵，赤字23800亿元，与预算持平。

2018年我国经济运行总体平稳、稳中有进，全国一般公共预算收入保持增长。1—4月增长12.9%，随着5月1日起实施增值税减税措施，出台支持小微企业发展税收优惠政策，10月1日起提高个人所得税基本减除费用标准并适用新的税率表，以及经济出现新的下行压力等，5—12月收入增幅放缓至2.6%。从收入构成看，税收收入156400.52亿元，增长8.3%，占一般公共预算收入比重提高至85.3%；非税收入26951.32亿元，下降4.7%，占一般公共预算收入比重为14.7%。

2. 中央一般公共预算

中央一般公共预算收入85447.34亿元，为预算的100.1%，增长5.3%。加上从中央预算稳定调节基金调入2130亿元，从中央政府性基金预算、中央国有资本经营预算调入323亿元，收入总量为87900.34亿元。中央一般公共预算支出102381.8亿元，完成预算的99.1%，增长7.7%，其中，本级支出32707.81亿元，完成预算的100.7%，增长8.8%；对地方税收返还和转移支付69673.99亿元，完成预算的99%，增长7.2%。加上补充中央预算稳定调节基金1018.54亿元，支出总量为103400.34亿元。收支总量相抵，中央财政赤字15500亿元，与预算持平。

中央一般公共预算主要收入项目具体情况是：国内增值税30753.04亿元，为预算的104%。国内消费税10631.75亿元，为预算的100.6%。进口货物增值税、消费税16878.75亿元，为预算的98.9%。关税2847.75亿元，为预算的90.7%。企业所得税22241.81亿元，为预算的101.6%。个人所得税8324.41亿元，为预算的107.4%。出口货物退增值税、消费税15913.45亿元，为预算的107.7%。

中央一般公共预算本级主要支出项目具体情况是：一般公共服务支出1503.68亿元，完成预算的103.4%。外交支出583.37亿元，完成预算的97.1%。国防支出11069.7亿元，完成预算的100%。公共安全支出2041.51亿元，完成预算的102.5%。教育支出1731.23亿元，完成预算的101.2%。科学技术支出3120.27亿元，完成预算的100.2%。粮油物资储备支出1375.64亿元，完成预算的100.3%。债务付息支出4161.65亿元，完成预算的97.1%。

中央对地方税收返还和转移支付具体情况是：税收返还7987.86亿元，完成预算的98.2%。一般性转移支付38759.04亿元，完成预算的99.4%，占转移支付总额的比重提高至62.8%。专项转移支付22927.09亿元，完成预算的98.8%。

2018年中央一般公共预算收入超收90.34亿元和支出结余928.2亿元，全部转入中央预算稳定调节基金。中央预备费预算500亿元，实际支出17.48亿元，主要用于支持地方加强非洲猪瘟防控等方面，剩余482.52亿元（已包含在上述支出结余928.2亿元中）全部转入中央预算稳定调节基金。2018年末，中央预算稳定调节基金余额3763.99亿元。

3. 地方一般公共预算

地方一般公共预算收入167578.49亿元，其中，本级收入97904.5亿元，增长7%；中央对地方税收返还和转移支付收入69673.99亿元。加上地方财政从地方预算稳定调节基金、政府性基金预算、国有资本经营预算调入资金及使用结转结余12319.77亿元，收入总量为179898.26亿元。地方一般公共预算支出188198.26亿元，增长8.7%。收支总量相抵，地方财政赤字8300亿元，与预算持平。

（二）2018年政府性基金预算收支情况

按照地方政府债务管理有关规定，地方政府专项债务收支纳入政府性基金预算管理。

全国政府性基金收入75404.5亿元，增长22.6%。加上2017年结转收入385.59亿元和地方政府发行专项债券筹集收入13500亿元，全国政府性基金相关收入为89290.09亿元。全国政府性基金相关支出80562.07亿元，增长32.1%。

中央政府性基金收入4032.65亿元，为预算的104.4%，增长4.2%。加上2017年结转收入385.59亿元，收入总量为4418.24亿元。中央政府性基金支出4021.55亿元，完成预算的94.7%，增长8.4%，其中，本级支出3089.29亿元，对地方转移支付932.26亿元。调入一般公共预算1.46亿元。中央政府性基金收大于支395.23亿元，其中，结转下年继续使用358.24亿元；单项政府性基金结转超过当年收入30%的部分合计36.99亿元，按规定补充中央预算稳定调节基金。

地方政府性基金本级收入71371.85亿元，增长23.8%，其中，国有土地使用权出让收入65095.85亿元，增长25%。加上中央政府性基金对地方转移支付收入932.26亿元和地方政府发行专项债券筹集收入13500亿元，地方政府性基金相关收入为85804.11亿元。地方政府性基金相关支出77472.78亿元，增长32.9%，其中，国有土地使用权出让收入相关支出69941.04亿元，增长34.2%。

(三) 2018年国有资本经营预算收支情况

按照国有资本经营预算管理有关规定，国有资本经营预算收入主要根据国有企业上年实现净利润一定比例收取，同时按照收支平衡原则安排相关支出。2017年全国国有及国有控股企业（不含国有一级金融类企业）营业总收入53.75万亿元，实现净利润2.35万亿元，归属于母公司所有者的净利润1.42万亿元；年末资产总额183.52万亿元，负债总额118.46万亿元。

全国国有资本经营预算收入2899.95亿元，增长9.8%。全国国有资本经营预算支出2159.26亿元，增长6.7%。

中央国有资本经营预算收入1325.31亿元，为预算的96.3%，增长1.6%。加上2017年结转收入113.59亿元，收入总量为1438.9亿元。中央国有资本经营预算支出1111.73亿元，完成预算的95.1%，增长10.1%，其中，本级支出1024.85亿元，对地方转移支付86.88亿元。调入一般公共预算321.54亿元，调入比例提高至25%。结转下年支出5.63亿元。

地方国有资本经营预算本级收入1574.64亿元，增长17.8%。加上中央国有资本经营预算对地方转移支付收入86.88亿元，收入总量为1661.52亿元。地方国有资本经营预算支出1134.41亿元，下降9.2%，主要是调入一般公共预算资金增加至432.45亿元。

(四) 2018年社会保险基金预算收支情况

为均衡地区间企业职工基本养老保险基金负担、实现基本养老保险制度可持续发展，2018年出台实施了企业职工基本养老保险基金中央调剂制度，通过调剂将收支状况较好省份的基金结余按一定比例调剂至缺口省份，确保各地养老金按时足额发放。

全国社会保险基金收入72649.22亿元，增长24.3%，剔除机关事业单位基本养老保险后同口径增长7.3%，其中，保险费收入52543.2亿元，财政补贴收入16776.83亿元。全国社会保险基金支出64586.45亿元，增长32.7%，剔除机关事业单位基本养老保险后同口径增长12.7%。当年收支结余8062.77亿元，年末滚存结余86337.13亿元。

中央社会保险基金收入582.11亿元，其中，保险费收入301.84亿元，财政补贴收入274.7亿元。加上地方上缴的中央调剂基金收入2413.3亿元，收入总量为2995.41亿元。中央社会保险基金支出532.13亿元，加上安排给地方的中央调剂基金支出2406.8亿元，支出总量为2938.93亿元。当年收支结余56.48亿元，年末滚存结余315.49亿元。

地方社会保险基金收入72067.11亿元，其中，保险费收入52241.36亿元，财政补贴收入 16502.13 亿元。加上中央调剂资金收入 2406.8 亿元，收入总量为 74473.91 亿元。地方社会保险基金支出 64054.32 亿元，加上中央调剂资金支出 2413.3 亿元，支出总量为 66467.62 亿元。当年收支结余 8006.29 亿元，年末滚存结余 86021.64 亿元。

2018 年末，中央财政国债余额 149607.42 亿元，控制在全国人大批准的债务余额限额 156908.35 亿元以内；地方政府债务余额 183861.52 亿元，包括一般债务余额 109938.75 亿元、专项债务余额 73922.77 亿元，控制在全国人大批准的债务余额限额 209974.3 亿元以内。

预算执行中，按照深化党和国家机构改革统一部署，及时安排新组建部门所需开办及筹建经费，认真做好相关部门预算划转等工作，确保部门正常运转和履职需要，保障党和国家机构改革顺利实施。所有中央部门预算批复工作在法定时限内完成。

以上预算执行的具体情况及相关说明详见《中华人民共和国 2018 年全国预算执行情况 2019 年全国预算（草案）》。

（五）2018 年主要财税政策落实和重点财政工作情况

2018 年，财政部门认真贯彻党中央、国务院决策部署，按照预算法和《关于人大预算审查监督重点向支出预算和政策拓展的指导意见》，落实全国人大预算决议要求，聚力增效实施积极的财政政策，加大对三大攻坚战的支持，更多向创新驱动、"三农"、民生等领域倾斜，深化财税体制改革，狠抓预算执行管理。

大力实施减税降费。完善增值税制度。降低制造业、交通运输、建筑、基础电信服务等行业及农产品等货物的增值税税率，统一增值税小规模纳税人标准至 500 万元，对装备制造等先进制造业、研发等现代服务业符合条件企业和电网企业的期末留抵税额予以一次性退还。实施个人所得税改革。修改个人所得税法，自 2018 年 10 月 1 日起，提高基本减除费用标准，调整优化税率结构，在此基础上研究制定个人所得税专项附加扣除暂行办法，设立子女教育等 6 项专项附加扣除，修订个人所得税法实施条例，自 2019 年 1 月 1 日起正式实施，实现从分类税制向综合与分类相结合税制的重大转变，惠及约 8000 万纳税人。加大小微企业税收支持力度。将享受减半征收企业所得税优惠政策的小型微利企业年应纳税所得额上限由 50 万元提高到 100 万元，将符合条件的小微企业和个体工商户贷款利息收入免征增值税单户授信额度上限由 100 万元提高到 1000 万元。鼓励企业加大研发投入。取消企业委托境外研发费用不得加计扣除限制，将企业研发费用加计扣除比例提高到 75% 的政策由科技型中小企业扩大至所有企业，将高新技术企业和科技型中小企业的亏损结转年限由 5 年延长至 10 年，对企业新购进单位价值不超过 500 万元的设备、器具允许当年一次性税前扣除。调整完善进出口税收政策。分两批对 4000 多项产品提高出口退税率并简化退税率结构。对包括抗癌药在内的绝大多数进口药品实施零关税，降低汽车整车及零部件、部分日用消费品和工业品进口关税，我国关税总水平由 2017 年的 9.8% 降至 7.5%。进一步清理规范涉企收费。停征首次申领居民身份证工本费等一批行政事业性收费，降低重大水利工程建设基金等部分政府性基金征收标准，延长阶段性降低社会保险费率和企业住房公积金缴存比例政策期限。上述减税降费措施全年减负约 1.3 万亿元。

推动三大攻坚战取得明显成效。加强地方政府债务风险防控。落实地方政府债务限额管理和预算管理，地方政府存量债务置换基本完成。支持地方做好专项债券发行和使用，提前两个月完成1.35万亿元的发行目标，完善管理措施，严控法定限额内专项债务风险。出台地方政府债务信息公开办法，指导地方有序公开债务限额余额、债券发行和资金使用安排、债务还本付息等信息。进一步完善地方政府隐性债务风险监管政策，加强资金供给端、项目建设源头风险防控。强化监督问责，配合建立终身问责、倒查责任机制，组织核查部分市县和金融机构违法违规举债行为，并公开通报曝光。健全统计监测机制，及时警示债务风险。督促地方落实属地管理责任，牢牢守住不发生系统性风险的底线。大力支持脱贫攻坚。中央财政补助地方专项扶贫资金1060.95亿元，增加200亿元，增长23.2%，增加的资金重点用于"三区三州"等深度贫困地区。全面推进贫困县涉农资金整合试点，全年整合资金超过3000亿元。严控扶贫领域融资风险，将易地扶贫搬迁贷款融资等统一调整规范为发行地方政府债券融资。探索建立财政扶贫资金动态监控机制，加强各级各类财政扶贫资金管理。制定财政扶贫项目资金绩效管理办法，绩效目标管理基本实现全覆盖，涉及约11万个扶贫项目、8000多亿元。全年减少农村贫困人口1386万。加大污染防治力度。中央财政支持污染防治攻坚战相关资金约2555亿元，增长13.9%，其中大气、水、土壤污染防治投入力度为近年来最大。扩大中央财政支持北方地区冬季清洁取暖试点范围。实施促进长江经济带生态保护修复奖励政策，建立长江流域重点水域禁捕补偿制度。启动城市黑臭水体治理示范，支持中西部地区城镇污水处理提质增效。将宁夏贺兰山东麓、贵州乌蒙山区等14个项目纳入第三批山水林田湖草生态保护修复工程试点，加上前两批11个试点项目，基本涵盖了"两屏三带"的生态功能区块。

支持深化供给侧结构性改革。推进科技创新能力建设。中央一般公共预算本级科学技术支出增长10.3%。支持实施国家科技重大专项，并选取部分专项探索开展基于诚信和绩效的"绿色通道"试点。开展中央财政科研项目资金管理改革督察，在优化科研项目和经费管理、减少报表和过程检查、推进科研项目绩效评价等方面推出一系列新举措。鼓励香港、澳门特别行政区高等院校和科研机构参与中央财政科技计划（专项、基金等）组织实施。支持制造业转型升级。推动智能制造、工业强基、绿色制造和工业互联网发展，支持制造业创新中心加强能力建设。落实首台（套）重大技术装备保险补偿试点政策，累计支持推广1087个项目，涉及装备价值总额1500多亿元。激发创业创新活力。支持100个国家级、省级实体经济开发区打造特色载体，助推中小企业"双创"升级。设立国家融资担保基金，提升服务小微企业和"三农"等的能力。对扩大小微企业融资担保业务规模、降低小微企业融资担保费率成效明显的地方予以奖补激励。落实"三去一降一补"重点任务。出台推进去产能和"僵尸企业"债务重组相关政策，继续支持钢铁、煤炭行业化解过剩产能，中央企业处置"僵尸企业"和治理特困企业工作取得积极进展。加大重点领域补短板力度，发挥中央基建投资作用。规范有序推进政府和社会资本合作（PPP），截至2018年末，全国PPP综合信息平台项目管理库累计落地项目4691个、投资额7.2万亿元，落地率54.2%。促进城乡区域协调发展。中央财政均衡性转移支付增长9.2%，老少边穷地区转移支付增长15.7%，不断加大对中西部地区的支持力度。构建雄安新区规划建设起步阶段财政支持政策体系，研究对海南全面深化改革开放等重大区域战略财政支持政策。建立健全实施乡村振兴战略财政投入保障制度。建立跨省域补充耕地国家统筹机制和城乡建设用地增减挂钩节余指标跨省域调剂机制。加快消化粮食库存,完善稻谷等粮食价格形成机制,全面推进优质粮食工程建设,支持深化农业供给侧结构性改革。

社会民生持续改善。实施更加积极的就业政策。落实就业创业补贴政策,加强公共就业服务能力建设,中央财政就业补助资金支出468.78亿元,增长6.8%,全年城镇新增就业1361万人。推动教育改革发展。中央财政教育转移支付的84.4%投向中西部地区,并向贫困地区倾斜。全国约1.45亿义务教育学生免除学杂费并获得免费教科书,1392万家庭经济困难寄宿生获得生活费补助,1400万进城务工农民工随迁子女实现相关教育经费可携带,3700万学生享受营养膳食补助。支持学前教育、普通高中、职业教育、高等教育发展。加强基本民生保障。机关事业单位和企业退休人员基本养老金标准提高约5%。城乡居民基本养老保险基础养老金最低标准提高至88元,并建立了基本养老保险待遇确定和基础养老金正常调整机制。划转部分国有资本充实社保基金,5户中央企业和浙江、云南两省的划转试点工作基本完成,19户中央企业的划转工作正在推进中,推动建立国有资本划转和企业职工基本养老保险基金缺口逐步弥补相结合的运行机制。城乡居民医保财政补助标准提高到每人每年490元,增加的40元中一半用于加强大病保险保障能力。基本公共卫生服务经费人均财政补助标准达到55元。支持做好最低生活保障、特困人员救助供养等困难群众救助工作。提高优抚对象等人员抚恤和生活补助标准,惠及全国860余万优抚对象。继续支持各类棚户区改造、公租房配套基础设施建设等,全年棚户区改造开工626万套、农村危房改造190万户。深入实施文化惠民工程,支持5万余所公共文化设施免费开放。

财税改革向纵深推进。加快财政体制改革。出台基本公共服务领域中央与地方共同财政事权和支出责任划分改革方案,以及医疗卫生领域财政事权和支出责任划分改革方案。教育、科技、交通运输等领域财政事权和支出责任划分改革正在积极推进。深化预算管理制度改革。深入贯彻落实《中共中央 国务院关于全面实施预算绩效管理的意见》,在中央财政层面初步建立了项目支出为主的全过程预算绩效管理体系,中央本级项目和对地方专项转移支付绩效目标、运行监控和绩效自评实现全覆盖,建立重点绩效评价常态化机制,2018年组织第三方机构对38个重点民生政策和重大项目开展重点绩效评价,涉及资金5513亿元,评价结果已经用于改进管理、预算安排和完善政策。中央预算决算公开内容更加细化,省市县级政府和部门预算决算公开深入推进。政府财务报告编制试点范围进一步扩大。完善税收制度。结合减税降费,初步建立综合与分类相结合的个人所得税制,改革完善增值税制度。加快税收立法进程,环境保护税法、船舶吨税法、烟叶税法顺利实施,耕地占用税法、车辆购置税法经全国人大常委会审议通过,资源税法按程序提请全国人大常委会初次审议。深化国资国企改革。首次向全国人大常委会作了全口径国有资产管理情况综合报告和金融企业国有资产专项报告。推动出台国有资本投资、运营公司改革试点的实施意见,推进中央党政机关和事业单位经营性国有资产集中统一监管试点的实施意见,以及完善国有金融资本管理的指导意见,扎实有序落实相关重点工作。剥离国有企业办社会职能和解决历史遗留问题取得重要进展。

财政管理水平继续提高。强化管理基础工作。多措并举加快预算执行进度,完善对地方转移支付资金调度,支持地方做好保工资、保运转、保基本民生,以及农民工工资支付、清理拖欠民营企业账款等工作。加快推进预算执行动态监控工作,36 个省本级、绝大多数市县都已建立预算执行动态监控机制。构建网上报销公务平台,实现公务人员出差报销全流程电子化管理。加强地方暂付款管理。清理整顿地方财政专户工作基本完成。政府会计准则制度体系基本建成,行政事业单位内部控制规范体系进一步健全。严肃财经纪律。围绕落实重大财税政策加大财政监督检查力度,对地方政府债务管理、财政支持脱贫攻坚、污染防治资金使用、经济开发区税收优惠政策执行等情况进行核查检查。加强会计、政府采购代理机构监管,严肃处理违法违规行为。认真整改审计发现问题。高度重视审计指出的具有指定用途的转移支付占比较高、预算绩效评价覆盖面小等问题,落实整改责任,细化整改措施,扎实推进整改,同时认真研究采纳审计建议,注重举一反三,从体制机制上巩固整改成果。

总的看,2018 年预算执行情况较好,财政改革发展工作取得新进展,有力促进了经济社会持续健康发展。这是以习近平同志为核心的党中央坚强领导的结果,是习近平新时代中国特色社会主义思想科学指引的结果,是全国人大、全国政协及代表委员们监督指导的结果,是各地区、各部门以及全国各族人民共同努力的结果。

同时,预算执行和财政工作中还面临一些问题和挑战。主要是:财政收入增长基础不稳,支出刚性不减,一些市县保工资、保运转、保基本民生支出压力大。预算编制的准确性和预算的约束力需要进一步增强;预算分配管理存在薄弱环节,内部控制需要进一步加强;有的地方和部门预算执行基础工作不扎实,支出进度较慢,造成财政资金闲置浪费。专项转移支付退出机制不完善,定期评估覆盖面较窄。政府性基金预算中有的项目执行慢、结转资金较多;国有资本经营预算范围还不完整;企业职工基本养老保险全国统筹仍未实现,医疗保险可持续筹资和待遇调整机制尚需完善,社会保险基金财务可持续性面临挑战。有的地区脱离实际,存在超出自身财力过高承诺等问题,影响财政可持续性。有的地方仍违规担保或变相举债,防范化解债务风险任务艰巨。有的政策执行和落实不到位,企业和群众获得感不强。我们高度重视这些问题,将下大气力采取措施加以解决。

二、2019 年中央和地方预算草案

2019 年是新中国成立 70 周年,是全面建成小康社会、实现第一个百年奋斗目标的关键之年,做好预算编制和财政工作意义重大。要按照中央经济工作会议精神,认真编制 2019 年预算草案,科学研究提出财政收入、支出、转移支付、赤字及债务规模等安排,保障党中央、国务院重大决策部署的落实。

(一)2019 年财政收支形势分析

当前,我国发展仍处于并将长期处于重要战略机遇期,拥有足够的韧性、巨大的潜力和不断迸发的创新活力,经济长期向好趋势没有也不会改变。同时,经济发展面临的国际环境和国内条件都在发生深刻而复杂的变化,可以预料和难以预料的风险挑战更多更大,经济运行稳中有变、变中有忧。外部环境复杂严峻,贸易保护主义和单边主义加

剧,世界经济增长动能正在减弱,不稳定不确定因素增多。国内深层次结构性矛盾和问题在外部冲击下趋于显性化,需求增长放缓,实体经济困难增多,市场信心和预期受到影响,推进供给侧结构性改革过程中不可避免会遇到一些困难和挑战。从财政收入形势看,受经济下行压力加大、实施更大规模减税降费,以及上年部分减税降费政策翘尾减收等因素影响,预计2019年财政收入增速将有所放缓。从财政支出形势看,各领域对财政资金需求很大,支持深化供给侧结构性改革、打好三大攻坚战、实施乡村振兴战略、加强科技创新和关键技术攻关、建设提升自然灾害防治能力若干工程、加大基本民生领域投入力度、支持外交国防、增强基层财政保障能力等,都需要予以重点保障。综合分析,2019年财政收入形势较为严峻,收支平衡压力较为突出,必须牢固树立底线思维,切实增强忧患意识,提高风险防控能力,平衡好稳增长和防风险的关系,进一步加强政策和资金统筹,在加大减税降费力度和着力保障重点支出的同时,保持财政可持续。

(二)2019年预算编制和财政工作的总体要求

按照党中央、国务院决策部署,2019年要统筹推进稳增长、促改革、调结构、惠民生、防风险、保稳定工作,保持经济运行在合理区间,进一步稳就业、稳金融、稳外贸、稳外资、稳投资、稳预期。预算编制和财政工作的总体要求是:在以习近平同志为核心的党中央坚强领导下,以习近平新时代中国特色社会主义思想为指导,全面贯彻党的十九大和十九届二中、三中全会精神,统筹推进"五位一体"总体布局,协调推进"四个全面"战略布局,坚持稳中求进工作总基调,坚持新发展理念,坚持推动高质量发展,坚持以供给侧结构性改革为主线,坚持深化市场化改革、扩大高水平开放,加快建设现代化经济体系,继续打好三大攻坚战,着力激发微观主体活力,创新和完善宏观调控,统筹推进稳增长、促改革、调结构、惠民生、防风险、保稳定工作。积极的财政政策要加力提效,实施更大规模的减税降费,实质性降低增值税等税率;优化财政支出结构,树立过紧日子的思想,严格压缩一般性支出,加大对重点领域支持力度,提高资金配置效率,有效降低企业负担;加快建立现代财政制度,建立权责清晰、财力协调、区域均衡的中央和地方财政关系;全面实施预算绩效管理,加快建成全方位、全过程、全覆盖的预算绩效管理体系;加强地方政府债务管理,较大幅度增加地方政府专项债券规模,积极防范化解地方政府债务风险,促进经济持续健康发展和社会大局稳定,为全面建成小康社会收官打下决定性基础,以优异成绩庆祝中华人民共和国成立70周年。

按照上述要求,着重把握好五个方面:一是加大减税降费力度,促进实体经济发展。实施更大规模的减税和推进更明显的降费,普惠性减税和结构性减税并举,重点降低制造业和小微企业税收负担,降低制度性交易成本,改善营商环境。降低社保缴费率,稳定现行征缴方式。二是增加重点领域投入,提高支出精准度。落实党中央、国务院重大决策部署,突出财政支出的公共性、普惠性,继续调整优化支出结构,增强财政投入的精准度。重点增加对脱贫攻坚、"三农"、结构调整、科技创新、生态环保、民生等领域的投入,着力支持深化供给侧结构性改革、加强创新和技术攻关、实施乡村振兴战略、促进区域协调发展和军民融合发展。三是树立过紧日子的思想,严格控制一般性支出。为支持企业减负,各级政府要过紧日子,厉行勤俭节约,把钱花在刀刃上。大力压减一般性支出,严控"三公"经费预算,取消低效无效支出,清理收回长期沉淀资金。中央财政带头严格管理部门支出，一般性支出按照不低于5%的幅度压减，"三公"经费再压减3%左右。地方财政要比照中央做法，从严控制行政事业单位开支。四是深化财税体制改革，加快建立现代财政制度。按照有利于激发微观主体活力和调动地方积极性的要求，加强系统集成，注重统筹协调，扎实推进财政体制、预算管理制度、税收制度等方面的重点改革任务。五是开大地方规范举债前门，严堵违法违规举债后门。健全规范地方政府举债融资机制，妥善处置隐性债务存量，坚决遏制隐性债务增量，堵后门要更严，开前门要更大。较大幅度增加地方政府专项债券规模，支持重大在建项目建设和补短板，更好发挥专项债券对深化供给侧结构性改革、推进在建项目建设、化解隐性债务风险等一举多得的政策效应。

（三）2019 年财政政策

2019 年积极的财政政策要加力提效，发挥好逆周期调节作用，增强调控的前瞻性、针对性和有效性，加强政策协调，推动经济高质量发展。

"加力"体现在实施更大规模的减税降费和加大支出力度。实施减税降费方面。深化增值税改革，将制造业等行业现行 16% 的税率降至 13%，将交通运输业、建筑业等行业现行 10% 的税率降至 9%，确保主要行业税负明显降低；保持 6%一档的税率不变，但通过采取对生产、生活性服务业增加税收抵扣等配套措施，确保所有行业税负只减不增，继续向推进税率三档并两档、税制简化方向迈进。抓好年初出台的小微企业普惠性减税政策落实。全面实施修改后的个人所得税法，落实好 6 项专项附加扣除政策。同时，明显降低企业社保缴费负担，从今年 5 月 1 日起，下调城镇职工基本养老保险单位缴费比例，各地可降至 16%，继续执行阶段性降低失业和工伤保险费率政策，务必使企业特别是小微企业社保缴费负担有实质性下降。继续清理规范行政事业性收费。综合各项减税降费措施，全年减轻企业税收和社保缴费负担近 2 万亿元。为支持实施大规模减税降费，要想方设法筹集资金，中央财政将增加特定国有金融机构和央企上缴利润，地方财政也将主动挖潜，多渠道盘活各类资金和资产。加大支出力度方面。继续增加财政支出规模，安排全国财政赤字 27600 亿元，比 2018 年增加 3800 亿元，赤字率由 2.6% 适度提高到 2.8%。同时，安排地方政府专项债券 21500 亿元，比 2018 年增加 8000 亿元。这样安排，与各方面支出需求相适应，释放了财政政策积极有力的信号，有利于更好引导企业预期和增强市场信心，也考虑为应对今后可能出现的风险隐患留出政策空间。

"提效"体现在提高财政资金配置效率和使用效益。提高资金配置效率方面。着力调整优化支出结构，坚持有保有压，该保的支出保障好，该减的支出减下来，继续盘活财政存量资金，加大资金统筹力度，精准聚焦增强对国家经济社会发展大局的支撑能力。提高资金使用效益方面。以全面实施预算绩效管理为抓手，将预算绩效管理贯穿预算编制执行全过程，加快预算执行进度，做好预算绩效监控，及时纠正偏差，尽早发挥财政资金作用，更好推动政策落地见效。

2019 年主要收支政策：

1. 着力支持深化供给侧结构性改革

坚持以供给侧结构性改革为主线不动摇，更多采取改革的办法，更多运用市场化、法治化手段，在"巩固、增强、提升、畅通"上下功夫。

巩固"三去一降一补"成果。加大破、立、降力度,用好工业企业结构调整专项奖补资金,继续处置"僵尸企业",推动更多产能过剩行业加快出清,做好产业结构调整中的民生托底工作。落实企业改制重组、去产能调结构等方面的税收优惠政策,促进企业优胜劣汰。继续支持剥离国有企业办社会职能和解决历史遗留问题。

增强微观主体活力。大幅放宽可享受企业所得税优惠的小型微利企业标准并加大所得税优惠力度,将小规模纳税人增值税起征点由月销售额3万元提高到10万元,允许地方在50%税额幅度内减征资源税、城市维护建设税、房产税、城镇土地使用税、印花税(不含证券交易印花税)、耕地占用税和教育费附加、地方教育附加,扩展投资初创科技型企业享受税收优惠政策的范围。

提升产业链水平。综合运用风险补偿、后补助等手段,引导企业加大科技投入,促进成果转化和产业化。再支持一批实体经济开发区打造不同类型的创新创业特色载体。发挥好国家中小企业发展基金、新兴产业创业投资引导基金作用,加大对早中期、初创期创新型企业的支持,培育更多新动能。落实好创业投资个人所得税优惠政策,开展适当提高居民企业技术转让所得免征企业所得税限额标准试点。

畅通国民经济循环。综合运用融资增信、以奖代补、税收优惠等方式,鼓励金融机构加大对民营企业和中小企业的支持,缓解企业融资难融资贵问题。加快国家融资担保基金运作,对单户担保金额500万—1000万元的,实行与500万元以下统一的收费政策,收费由原不高于承担风险责任的0.5%降为0.3%,引导合作机构逐步将平均担保费率降至1%以下。支持30个城市开展深化民营和小微企业金融服务综合改革试点,引导试点城市降低企业综合融资成本。对小微企业年化担保费率不超过2%的省份进行奖补。增强金融体系服务实体经济能力,推动形成金融和实体经济良性循环。

2. 继续支持打好三大攻坚战

防范化解财政金融风险。坚持疏堵并举,有效防控地方政府隐性债务风险。新增地方政府债务限额30800亿元,其中一般债务9300亿元、专项债务21500亿元,为重点项目建设提供资金保障,也为防范化解地方政府隐性债务风险创造更好条件。继续发行地方政府债券置换符合政策规定的债务,全面完成存量债务置换。妥善处置隐性债务存量,督促高风险市县尽快压减隐性债务规模,降低债务风险水平。鼓励金融机构与融资平台公司协商采取市场化方式,通过合适期限的金融工具应对到期存量隐性债务风险,避免项目资金链断裂。推进融资平台公司市场化转型。坚决遏制隐性债务增量,加强风险监测分析,对违法违规举债融资行为,发现一起、问责一起、通报一起,终身问责、倒查责任。完善专项债券管理方式,推进实行限额规模全额管理,有关政府性基金预算必须首先用于到期专项债券还本付息,严格将专项债券与项目资产、收益相对应,依法落实偿债责任,确保专项债券不发生任何风险。

大力支持脱贫攻坚。坚持脱贫攻坚目标和现行扶贫标准,进一步强化财政投入保障,加大深度贫困地区和特殊贫困群体脱贫攻坚力度。中央财政专项扶贫资金安排1260.95亿元,增长18.9%,增量主要用于深度贫困地区。其他相关转移支付和债务限额分配也继续向贫困地区特别是深度贫困地区倾斜。重点支持解决好实现"两不愁三保障"面临的突出问题,深入实施产业、就业、教育、健康、社会保障、文化等扶贫。坚持扶贫同扶志扶智相结合，增强贫困地区、贫困群众内生动力和自我发展能力。继续推进贫困县涉农资金整合试点，落实省负总责要求，促进扶贫资金精准投放、精准使用。加快财政扶贫资金动态监控机制建设，实时动态监控各级各类财政扶贫资金，对扶贫项目资金实施全过程绩效管理。省市县扶贫资金分配结果一律公开，乡村两级扶贫项目安排和资金使用情况一律公告公示，坚决防止扶贫资金被挤占挪用。对摘帽县和脱贫人口的扶持政策保持一段时间，巩固脱贫成果。

积极支持污染防治。聚焦打赢污染防治攻坚战七大标志性战役，加大投入力度。将打赢蓝天保卫战作为重中之重，中央财政大气污染防治资金安排250亿元，增长25%。继续支持做好北方地区冬季清洁取暖试点等工作。将消灭城市黑臭水体作为水污染治理的重点，水污染防治方面的资金安排300亿元，增长45.3%。支持全面落实土壤污染防治行动计划，加强土壤污染状况详查、污染土壤修复治理等，土壤污染防治资金安排50亿元，增长42.9%。加大长江经济带生态保护修复奖励政策力度，推动相关省份加快建立省际和省内横向生态保护补偿机制。推进山水林田湖草生态保护修复工程试点。支持大规模国土绿化行动，完善天然林保护制度，扩大退耕还林还草，加强森林资源培育管护，强化湿地保护和恢复，开展沙化土地封禁保护，继续实施草原生态保护补助奖励政策。重点生态功能区转移支付安排811亿元，增长12.5%，引导地方加强生态建设、建立以国家公园为主体的自然保护地体系等。

3. 坚持创新引领发展

推动制造业高质量发展。发挥财政资金"四两拨千斤"的作用，引导资本、资源向战略关键领域聚焦，支持重大短板装备攻坚、重点产业创新服务平台等，推进战略关键领域创新突破。以制造业为重点实质性降低增值税税率，将制造业适用的税率由16%降至13%，逐步建立期末留抵退税制度，有效降低企业成本负担。将固定资产加速折旧优惠政策扩大至全部制造业领域。健全支持创新和绿色发展的政府采购政策，充分发挥首台（套）等政策功能，加大对制造业特别是重大装备和关键产品的支持力度。

提升科技支撑能力。突出问题导向和需求导向，积极支持基础研究和应用基础研究，加大对突破关键核心技术的支持。加强国家战略科技力量建设，推进国家实验室建设和科技创新基地布局优化，推动科研设施与仪器开放共享，实施国家科技重大专项和"科技创新2030—重大项目"。加大对科研院所稳定支持力度，加强科技人才队伍建设。狠抓中央财政科研项目资金管理改革等政策落地见效，开展基于绩效、诚信和能力的科研管理改革试点，形成更有效的创新激励机制。推动健全以企业为主体的产学研一体化创新机制，支持企业牵头实施重大科技项目。综合运用风险补偿、后补助、创投引导等手段，引导企业加大科技投入，促进成果转化和产业化。支持全面加强知识产权保护。

4. 促进形成强大国内市场

着力扩大居民消费。完善相关财税政策，支持社会力量提供教育、文化、体育、养老、医疗等服务供给，培育新的消费增长点。加快重点领域政府购买服务改革，扩大购买范围和规模，提升公共服务质量。坚持扶优扶强原则支持新能源汽车产业发展，继续对新能源汽车免征车辆购置税，调整完善购置补贴政策，鼓励加快充电基础设施建设和城市公交新能源车替代。推动建设现代供应链体系，改善物流基础设施。深入推进电子商务进农村综合示范，支持农产品进城和工业品下乡。

发挥投资关键作用。中央基建投资安排5776亿元，比2018年增加400亿元，优化投资方向和结构，强化绩效考核，重点用于"三农"建设、重大基础设施建设、创新驱动和结构调整、保障性安居工程、社会事业和社会治理、节能环保与生态建设等方面。加强交通、水利、能源、生态环保、农业农村等重点领域和薄弱环节建设，提升信息网络、现代物流等基础设施支撑能力。继续支持做好三峡库区后续工作。大力支持中央部门和地方实施提高自然灾害防治能力若干重点工程。推进川藏铁路规划建设。进一步规范推广运用PPP，着力提高民间资本参与度。

更加有效发挥地方政府债券作用。根据十三届全国人大常委会第七次会议有关授权决定，国务院已提前下达2019年地方政府新增一般债务限额5800亿元、新增专项债务限额8100亿元，合计13900亿元，提前下达债务限额在授权范围内。合理扩大专项债券使用范围，科学合理安排专项债券地区结构和投向结构，加快债券发行进度，发债筹措资金优先用于在建项目，防止"半拉子"工程。允许先行调度财政库款加快专项债券对应的项目建设。

5. 促进区域协调发展

支持实施国家重大区域战略。以共建"一带一路"、京津冀协同发展、长江经济带发展、粤港澳大湾区建设、长江三角洲区域一体化发展等重大战略为引领，以西部、东北、中部、东部四大板块为基础，推动国家重大区域战略融合发展。西部地区企业所得税优惠政策到期后继续执行。继续积极支持雄安新区高标准建设、海南全面深化改革开放等国家重大区域战略实施。同时，支持实施海洋强国战略，发展海洋经济，促进海洋科技发展，保护海洋环境，加强海岛、海域、海岸带生态修复。

进一步提升区域间基本公共服务均等化水平。发挥转移支付作用，较大幅度增加中央对地方转移支付规模，并向中西部地区倾斜。中央财政均衡性转移支付安排15632亿元，增长10.9%。加大对革命老区、民族地区、边疆地区、贫困地区支持力度，老少边穷地区转移支付安排2489.05亿元，增长14.7%。县级基本财力保障机制奖补资金安排2709亿元，增长10%。安排民生政策托底保障财力补助400亿元，增强财政困难地区托底能力。支持资源枯竭城市转型发展。深入实施兴边富民行动。完善省以下财政体制，引导财力下沉，增强省以下政府基本公共服务保障能力。

健全区域互助和利益分享机制。发挥跨省域补充耕地国家统筹机制和城乡建设用地增减挂钩节余指标跨省域调剂机制作用，所得收益全部用于巩固脱贫攻坚成果和支持实施乡村振兴战略。东部地区根据财力增长情况逐步增加资金投入，深入实施东西部扶贫协作。深化全方位、精准对口支援，促进新疆、西藏和青海、四川、云南、甘肃四省藏区经济社会持续健康发展。

推进新型城镇化建设。中央财政安排农业转移人口市民化奖励资金300亿元，加大对吸纳农业转移人口地区的支持。进一步完善财政转移支付办法，合理分担农业转移人口市民化的成本，促进实现基本公共服务常住人口全覆盖。及时拨付海绵城市、城市地下综合管廊试点补助经费，支持地方提高城市建设质量。

6. 贯彻实施乡村振兴战略

推动农业高质量发展。继续增加中央财政农业生产发展资金、农业资源及生态保护补助资金等。深入实施藏粮于地、藏粮于技战略，支持高标准农田、高效节水灌溉等农田水利建设，扩大耕地轮作休耕制度试点，加强农业科技改革创新，推广应用先进适用农业技术，提升农业综合产能。全面推进农作物秸秆综合利用工作。支持种质资源保护与利用，加快绿色新品种试验推广。推进长江流域重点水域禁捕补偿工作。扶持新型农业经营主体，实施新型职业农民培育工程，健全农业生产社会化服务体系。推进现代农业产业园创建和产业兴村强县行动，促进农村一二三产业深度融合。积极支持做好动物防疫工作。

大力支持乡村建设。以农村垃圾污水处理、农业生产废弃物资源化利用、厕所革命、村容村貌提升等为重点，支持改善农村人居环境。推进农村电网升级改造，加强农村道路等基础设施建设和管护，全面提升乡村公共服务水平。加快实施农村饮水安全巩固提升工程。完善农村公益事业财政奖补机制，支持美丽乡村建设提档升级、村级集体经济发展等。强化农村基层组织保障能力建设。

深化农业农村改革。加快建立新型农业支持保护政策体系。深入推进以绿色生态为导向的农业补贴制度改革。加强涉农资金统筹整合。坚持市场化改革方向，调整完善最低收购价政策，稳定对稻谷、小麦等主要粮食品种的财政支持水平。完善玉米和大豆生产者补贴政策。扩大农业大灾保险试点。完善粮食库存消化政策，分品种把握好去库存节奏和力度。深入实施优质粮食工程，增加绿色优质农产品供给。全面推进农业水价综合改革。稳步推进农村综合性改革试点试验。

7. 加强保障和改善民生

积极促进就业创业。中央财政就业补助资金安排538.78亿元，增长14.9%，再通过调整失业保险基金等支出结构，大力促进就业创业。落实国家普惠性就业创业政策，支持高校毕业生、农民工和退役军人等重点群体就业，对招用农村贫困人口、城镇登记失业半年以上人员的各类企业，三年内给予定额税费减免。加大创业担保贷款贴息支持力度，将符合条件的个人和小微企业创业担保贷款最高额度分别提高至15万元和300万元。鼓励企业加强在岗培训，对职工教育经费提高税前扣除限额。通过支持大规模开展职业技能培训、全面推行企业新型学徒制、实施国家高技能人才振兴计划等，促进提升劳动者就业技能，缓解劳动力市场结构性矛盾。

支持优先发展教育事业。巩固城乡统一、重在农村的义务教育经费保障机制，支持义务教育薄弱环节改善和能力提升，重点消除城镇"大班额"，加强乡村小规模学校和乡镇寄宿制学校建设，保障进城务工人员随迁子女教育。继续做好义务教育教师工资待遇保障工作。加强乡村教师队伍建设。中央财政支持学前教育发展资金安排168.5亿元，增长13.1%，促进公办民办并举扩大普惠性学前教育资源。中央财政现代职业教育质量提升计划专项资金安排237.21亿元，增长26.6%，支持职业教育改革发展，深化产教融合、校企合作。扩大高职院校奖助学金覆盖面、提高资助标准。设立中等职业教育国家奖学金。健全中央高校预算拨款制度体系，支持地方高校改革发展，加快推进"双一流"建设。支持办好民族教育、特殊教育。完善家庭经济困难学生资助制度，提升资助精准度。

提高养老保障水平。从2019年1月1日起,按平均约5%的幅度提高企业和机关事业单位退休人员基本养老金标准。提高企业职工基本养老保险基金中央调剂比例至3.5%,加快推进养老保险省级统筹,推动地方进一步统一政策和基金统收统支,为实现全国统筹创造条件。继续划转部分国有资本充实社保基金。

推进健康中国建设。支持全面建立统一的城乡居民基本医疗保险和大病保险制度,城乡居民医保财政补助标准提高30元,达到每人每年520元,提高的30元中安排一半用于增强大病保险保障能力,同时合理提高个人缴费标准。支持深化基本医疗保险支付方式改革和医疗保险信息系统建设,提高医保资金使用效率,加强基金监管。基本公共卫生服务经费人均财政补助标准提高5元,加上从原重大公共卫生服务平移的补助资金折算为人均9元,达到每人每年69元,其中新增基本公共卫生服务财政补助经费全部用于村和社区。深化公立医院综合改革,完善政府对公立医院的投入政策,巩固公立医院破除以药补医成果。推进区域医疗中心建设。支持实施癌症防治行动。加强卫生健康人才培养培训。支持中医药事业传承创新发展。

加强基本住房保障。中央财政城镇保障性安居工程专项资金安排1433亿元,增长12.4%。严把棚改范围和标准,坚持将老城区脏乱差的棚户区和国有工矿区、林区、垦区棚户区作为改造重点。支持城镇公租房建设和老旧小区改造,开展住房租赁市场发展试点。农村危房改造补助资金安排298.5亿元,增长12.9%,支持优先开展建档立卡贫困户、低保户、分散供养特困人员和贫困残疾人家庭等重点对象危房改造,资金增量主要用于地震高烈度设防地区农房抗震改造。

强化民生政策兜底。统筹推进社会救助体系建设,中央财政困难群众救助补助资金安排1466.97亿元,增长5.1%,支持各地开展低保、特困人员救助供养、临时救助、流浪乞讨人员救助、孤儿基本生活保障等工作,其中,按人均补助水平城镇提高5%、农村提高8%的幅度增加对地方低保的补助。中央财政医疗救助补助资金安排271.01亿元,适度提高医疗救助水平。加大对困境儿童、农村留守儿童的保护力度。完善困难残疾人生活补贴和重度残疾人护理补贴政策,支持残疾人事业发展。

促进文化事业发展。中央补助地方公共文化服务体系建设专项资金安排147.1亿元,增长14%。加快构建现代公共文化服务体系,提高基本公共文化服务的覆盖面和适用性。推进文物保护利用和文化遗产保护传承。支持繁荣发展社会主义文艺。推动媒体融合发展,加强国际传播能力建设。加大运用市场化方式支持文化产业发展的力度。改善城乡公共体育设施条件,支持广泛开展全民健身活动。支持做好北京冬奥会、冬残奥会筹办工作。

8. 支持国防、外交和政法工作

支持国防和军队改革,全面推进国防和军队现代化建设。加快推进军民融合深度发展,做好资金保障,健全配套政策。完善优抚安置制度体系,落实退役军人待遇保障,完善退役士兵基本养老、基本医疗保险接续政策,中央财政继续增加对军队转业干部、退役安置、优抚对象等补助经费。支持中国特色大国外交,深度参与全球治理体系改革和建设,坚定维护和增进国家利益。支持深化国家监察体制和司法体制改革。完善社会治安防控体系,加强法律援助工作,深入推进平安中国、法治中国建设。

(四)2019年一般公共预算收入预计和支出安排

1. 中央一般公共预算

中央一般公共预算收入89800亿元,比2018年执行数同口径(下同)增长5.1%。加上从中央预算稳定调节基金调入2800亿元,从中央政府性基金预算、中央国有资本经营预算调入394亿元,收入总量为92994亿元。中央一般公共预算支出111294亿元,增长8.7%。收支总量相抵,中央财政赤字18300亿元,比2018年增加2800亿元。中央预算稳定调节基金余额963.99亿元。

按照党的十九大报告提出的"建立权责清晰、财力协调、区域均衡的中央和地方财政关系"要求,结合我国中央与地方共同财政事权较多的实际情况,2019年中央财政将原转移支付中属于共同财政事权的项目整合设立共同财政事权转移支付,暂列入一般性转移支付,以集中反映中央承担的共同财政事权的支出责任,进一步加强共同财政事权经费保障,更好推进基本公共服务均等化。同时,将中央对地方税收返还与固定数额补助合并,列入一般性转移支付。作出上述调整后,一般性转移支付和专项转移支付的项目和规模的口径发生较大变化,并已体现在2019年预算中。

2019年中央一般公共预算支出分中央本级支出、对地方转移支付、中央预备费反映。

(1)中央本级支出35395亿元,增长6.5%。其中:一般公共服务支出1990.46亿元,下降3.1%。外交支出627.1亿元,增长7.4%。国防支出11898.76亿元,增长7.5%。公共安全支出1797.8亿元,增长5.6%。教育支出1835.13亿元,增长6%。科学技术支出3543.12亿元,增长13.4%。粮油物资储备支出1177.15亿元,下降14.2%,主要是玉米、大豆去库存成效显著,相应减少利息费用补贴支出。债务付息支出4994.23亿元,增长20%。

(2)对地方转移支付75399亿元,增长9%。一般性转移支付67763.1亿元,增长7.5%,其中,共同财政事权转移支付31845.69亿元,主要用于保障教育、卫生健康、社会保障、农业农村、节能环保等领域共同财政事权有关政策的落实。专项转移支付7635.9亿元,扣除土地指标跨省域调剂收入安排的支出和整合新设自然灾害防治体系建设补助资金后,增长8.1%,主要用于保障污染治理、乡村振兴、重点区域发展等党中央、国务院重大决策部署的落实。

(3)中央预备费500亿元,与2018年预算持平。预备费执行中视情况分别计入中央本级支出和对地方转移支付。

2. 地方一般公共预算

地方一般公共预算本级收入102700亿元,增长4.9%。加上中央对地方转移支付收入75399亿元、地方财政调入资金及使用结转结余11950亿元,收入总量为190049亿元。地方一般公共预算支出199349亿元,增长6.2%。地方财政赤字9300亿元,比2018年增加1000亿元,通过发行地方政府一般债券弥补。

3. 全国一般公共预算

汇总中央和地方预算,全国一般公共预算收入192500亿元,增长5%。加上调入资金及使用结转结余 15144 亿元,收入总量为 207644 亿元。全国一般公共预算支出 235244 亿元(含中央预备费 500 亿元),增长 6.5%。赤字 27600 亿元,比 2018 年增加 3800 亿元。

(五)2019 年政府性基金预算收入预计和支出安排

中央政府性基金收入 4193.15 亿元,增长 4%。加上上年结转收入 358.24 亿元,收入总量为 4551.39 亿元。中央政府性基金支出 4547.16 亿元,增长 13.1%,其中,本级支出 3395.55 亿元,增长 9.9%;对地方转移支付 1151.61 亿元,增长 23.5%。调入一般公共预算 4.23 亿元。

地方政府性基金本级收入 73754.56 亿元,增长 3.3%,其中,国有土地使用权出让收入 67077.39 亿元,增长 3%。加上中央政府性基金对地方转移支付收入 1151.61 亿元、地方政府专项债务收入 21500 亿元,地方政府性基金相关收入为 96406.17 亿元。地方政府性基金相关支出 96406.17 亿元,增长 24.4%,其中,国有土地使用权出让收入支出 64656.96 亿元(不包括专项债券相关支出),增长 15.3%。

汇总中央和地方预算,全国政府性基金收入 77947.71 亿元,增长 3.4%。加上上年结转收入 358.24 亿元和地方政府专项债务收入 21500 亿元,全国政府性基金相关收入为 99805.95 亿元。全国政府性基金相关支出 99801.72 亿元,增长 23.9%。

(六)2019 年国有资本经营预算收入预计和支出安排

中央国有资本经营预算收入 1638.11 亿元,增长 23.6%。加上上年结转收入 5.63 亿元,收入总量为 1643.74 亿元。中央国有资本经营预算支出 1253.97 亿元,增长 12.8%,其中,本级支出 1135.97 亿元,增长 10.8%;对地方转移支付 118 亿元。调入一般公共预算 389.77 亿元,增长 21.2%,调入比例进一步提高到 28%。

地方国有资本经营预算本级收入 1727.73 亿元,增长 9.7%。加上中央国有资本经营预算对地方转移支付收入 118 亿元,收入总量为 1845.73 亿元。地方国有资本经营预算支出 1264.88 亿元,增长 11.5%。调入一般公共预算 580.85 亿元。

汇总中央和地方预算,全国国有资本经营预算收入 3365.84 亿元,增长 16.1%。加上上年结转收入 5.63 亿元,收入总量为 3371.47 亿元。全国国有资本经营预算支出 2400.85 亿元,增长 11.2%。调入一般公共预算 970.62 亿元。

(七)2019 年社会保险基金预算收入预计和支出安排

中央社会保险基金收入 709.23 亿元,增长 21.8%,其中,保险费收入 377.54 亿元,财政补贴收入 324.25 亿元。加上地方上缴的中央调剂基金收入 4826.6 亿元,收入总量为 5535.83 亿元。中央社会保险基金支出 696.34 亿元,增长 30.9%。加上安排给地方的中央调剂基金支出 4813.6 亿元,支出总量为 5509.94 亿元。本年收支结余 25.89 亿元,年末滚存结余 341.38 亿元。

地方社会保险基金收入 78968.31 亿元,增长 9.6%,其中,保险费收入 56616.19 亿元,财政补贴收入 19144.71 亿元。加上中央调剂资金收入 4813.6 亿元,收入总量为 83781.91 亿元。地方社会保险基金支出 73555.95 亿元,增长 14.8%。加上中央调剂资金支出 4826.6 亿元,支出总量为 78382.55 亿元。本年收支结余 5399.36 亿元,年末滚存结余 91421 亿元。

汇总中央和地方预算，全国社会保险基金收入79677.54亿元，增长9.7%，其中，保险费收入56993.73亿元，财政补贴收入19468.96亿元。全国社会保险基金支出74252.29亿元，增长15%。本年收支结余5425.25亿元，年末滚存结余91762.38亿元。

2019年，中央财政国债余额限额175208.35亿元；地方政府一般债务余额限额133089.22亿元、专项债务余额限额107685.08亿元。

需要说明的是，地方预算由地方各级人民政府编制，报同级人民代表大会批准，目前尚在汇总中，本报告中地方收入预计数和支出安排数均为中央财政代编。

以上预算具体安排及相关说明详见《中华人民共和国2018年全国预算执行情况2019年全国预算（草案）》。

根据预算法规定，预算年度开始后，在全国人民代表大会批准本预算草案前，可安排下列支出：上年度结转支出；参照上年同期的预算支出数额安排必须支付的本年度部门基本支出、项目支出，以及对下级政府的转移性支出；法律规定必须履行支付义务的支出，以及用于自然灾害等突发事件处理的支出。根据上述规定，2019年1月中央一般公共预算支出13453亿元，其中，中央本级支出2104亿元，对地方转移支付11349亿元。

三、扎实做好2019年财政改革发展工作

2019年经济社会发展任务重、挑战多。要深入贯彻党中央、国务院决策部署，紧扣重要战略机遇新内涵，紧紧抓住和用好战略机遇，统筹兼顾、突出重点，精准发力做好财政改革发展各项工作，推动经济社会发展取得新成就。

（一）严格实施预算法

牢固树立预算法治意识，全面落实预算法，尽快修订出台预算法实施条例，进一步规范财政收支管理。研究进一步扩大国有资本经营预算实施范围。加强社会保险基金预算管理和收支管理，推进信息化建设。加大预算决算公开力度，拓展公开范围和内容。增强预算编制的科学性、准确性，深化部门预算改革，加快构建科学的预算支出标准体系，提升部门预算的全面性、规范性和透明度。严格按照人大批准的预算执行，强化预算执行主体责任，加强预算执行管理和监督，硬化预算约束，依法进行预算调剂。完善国库集中支付运行机制，健全财政资金动态监控体系，保障预算单位财政资金使用安全。加强地方暂存款管理，除国库集中支付结余外一律不得按权责发生制列支。严格规范暂付款的范围、期限和审批程序，严控增量、消化存量。强化政府投资基金、涉企财政资金、民生资金监督管理，推动财税政策有效落实，严肃财经纪律。

（二）深化财税体制改革

抓紧制定应急救援、自然资源等领域中央与地方财政事权和支出责任划分改革方案。在保持中央与地方财力格局总体稳定的基础上，稳步推进中央与地方收入划分改革。完善转移支付制度，优化中央对地方转移支付体系，增加一般性转移支付规模，健全专项转移支付定期评估和退出机制。深化增值税改革。落实综合与分类相结合的个人所得税制，推进个人收入和财产信息系统建设。逐步健全地方税体系，研究将部分品目消费税征收环节后移。落实税收法定原则要求，加大推进税收立法相关工作力度。加快形成采购主体职责清晰、交易规则科学高效、监管机制健全、政策功能完备、法律制度完善、技术支撑先进的现代政府采购制度。完善地方政府债券发行管理，提升发行定价市场化水平，促进投资主体多元化。做好政府会计准则制度的贯彻实施，进一步扩大政府财务报告编制试点范围。推进国有资本投资、运营公司改革试点。建立健全国有资产报告制度体系，做好2018年度国有资产综合报告和行政事业性国有资产专项报告工作。

（三）落实减税降费各项措施

各地区各部门上下联动、协同并进，加大工作力度，共同把减税降费工作做实做好。抓紧制定简明易行可操作的实施方案并尽早公布实施，推动形成稳定积极的预期，将中央经济工作会议关于实施更大规模减税降费的部署切实落实到位。加强组织领导，精心谋划部署，让企业尽快享受政策红利。进一步增强服务意识，开展多种形式的政策宣传和解读，加强对企业家的宣介和对企业财务人员的培训以及政策辅导，帮助企业知晓政策、用足用好政策。密切跟踪减税降费政策执行情况，及时研究解决政策实施过程中的问题，不断完善政策举措。加强收费项目清单"一张网"建设，健全乱收费举报投诉查处机制。加大督查和监督力度，确保各项措施落实到位，让企业和人民群众有实实在在的获得感。

（四）健全民生支出管理机制

统筹经济发展和民生改善，坚持尽力而为、量力而行，突出保基本、兜底线，提高保障和改善民生水平，让人民群众有更多获得感。完善中央民生政策落实机制，地方预算安排要优先保障中央民生政策需要，确保中央民生政策落实到位。围绕人民群众基本公共服务需求，探索建立民生支出清单管理制度，明确相关政策名称、保障范围、支出标准和备案流程等，地方自行出台民生支出政策应按程序备案。加强民生政策事前论证评估，充分考虑各级政府特别是基层政府和困难地区的财力，全面分析有关政策对财政支出的当期和长远影响，严禁出台影响财政可持续的支出政策。加强对地方转移支付资金调度管理，支持基层财政提高民生支出保障能力。完善民生支出监测预警体系，加强财政综合保障能力评估，及时纠正脱离实际、超财力建设等支出政策或项目。

（五）全面实施预算绩效管理

进一步完善预算绩效管理制度办法和业务流程，健全分行业分领域分层次的核心绩效指标和标准体系。推动预算绩效管理扩围升级，逐步将绩效管理覆盖所有财政资金，延伸到基层单位和资金使用终端，开展中央部门整体支出绩效评价试点。将预算绩效管理关口从事后评价向事前和事中延伸，提高预算编制的科学性和精准性，防止财政资源配置环节和使用过程中的损失浪费。充分调动部门和资金使用单位的积极性，促进财务和业务管理深度融合，推进预算和绩效管理一体化。强化绩效管理责任，建立健全绩效评价结果应用激励约束机制，与预算安排挂钩，低效无效支出一律削减。稳步推进重大政策和项目绩效目标、绩效评价结果向同级人大报告，并随同预算决算向社会公开。

（六）支持和配合人大依法开展预算审查监督

进一步落实《关于人大预算审查监督重点向支出预算和政策拓展的指导意见》要求，提高支出预算和政策的科学性有效性。紧紧围绕贯彻落实党中央、国务院重大决策部署，结合人大代表和人民群众普遍关心的热点难点问题、审计查出的突出问题、制约事业发展的关键问题等，不断完善支出预算和政策。认真落实人大及其常委会有关预算决算的决议，及时通报落实工作安排和进展情况，增强落实效果。加大审计问题整改力度，建立健全长效机制。完善服务代表委员工作，充分研究吸纳代表委员的意见和建议，在加强日常沟通交流、优化预算报告和草案编制、提高建议提案办理质量、解决代表委员关注的实际问题等方面下更大功夫。

各位代表，做好2019年财政预算工作意义重大。我们要更加紧密地团结在以习近平同志为核心的党中央周围，坚持以习近平新时代中国特色社会主义思想为指导，自觉接受全国人大的监督，虚心听取全国政协的意见和建议，迎难而上、开拓进取，扎实做好财政预算各项工作，更好发挥财政职能作用，促进经济持续健康发展和社会大局稳定，为全面建成小康社会收官打下决定性基础，以优异成绩庆祝中华人民共和国成立70周年！

第十三届全国人民代表大会财政经济委员会关于 2018 年中央和地方预算执行情况与 2019 年中央和地方预算草案的审查结果报告

(2019 年 3 月 12 日第十三届全国人民代表大会第二次会议主席团第二次会议通过)

十三届全国人大二次会议主席团：

第十三届全国人民代表大会第二次会议审查了国务院提出的《关于 2018 年中央和地方预算执行情况与 2019 年中央和地方预算草案的报告》和 2018 年全国预算执行情况与 2019 年全国预算草案。全国人民代表大会财政经济委员会在对预算报告和预算草案进行初步审查的基础上，根据各代表团和有关专门委员会的审查意见，又作了进一步审查。国务院根据审查意见对预算报告作了修改。现将审查结果报告如下。

一、2018 年预算执行情况总体良好

根据国务院报告的 2018 年中央和地方预算执行情况，全国一般公共预算收入 183352 亿元，为预算的 100.1%；全国一般公共预算支出 220906 亿元，完成预算的 105.3%；加上调入和补充预算稳定调节基金等收支，全国财政赤字 23800 亿元，与十三届全国人大一次会议批准的预算持平。其中，中央一般公共预算收入 85447 亿元，为预算的 100.1%；中央一般公共预算支出 102382 亿元，完成预算的 99.1%；加上调入和补充预算稳定调节基金等收支，中央财政赤字 15500 亿元，与预算持平。中央预算稳定调节基金余额 3764 亿元。2018 年末，中央财政国债余额 149607.42 亿元，地方政府一般债务余额 109938.75 亿元、专项债务余额 73922.77 亿元，都控制在全国人大批准的债务余额限额以内。

全国政府性基金收入 75405 亿元，为预算的 117.5%；全国政府性基金相关支出 80562 亿元，完成预算的 103.2%。全国国有资本经营预算收入 2900 亿元，为预算的 102.2%；全国国有资本经营预算支出 2159 亿元，完成预算的 95%。全国社会保险基金收入 72649 亿元，为预算的 106.7%；全国社会保险基金支出 64586 亿元，完成预算的 100.1%；当年收支结余 8063 亿元，年末滚存结余 86337 亿元。预算草案中对预算执行情况作了说明。

财政经济委员会认为，2018 年中央和地方预算执行情况总体良好。面对错综复杂的国际环境和艰巨繁重的国内改革发展稳定任务，国务院和地方各级人民政府在以习近平同志为核心的党中央坚强领导下，坚持以习近平新时代中国特色社会主义思想为指导，全面贯彻党的十九大精神，按照党中央决策部署和十三届全国人大一次会议各项决议要求，坚持稳中求进工作总基调，贯彻实施预算法，实施积极的财政政策，深入推进供给

侧结构性改革，深化财税体制改革，发挥财政在国家治理中的基础和重要支柱作用，保持了经济持续健康发展和社会大局稳定。同时，在预算执行和财政管理中还存在一些不容忽视的问题，主要是：有的产业扶持政策可操作性不强，有的民生政策落实不够精准，影响企业和群众的获得感；有些支出预算安排存在重投入轻产出、重建设轻使用的现象，一些项目安排不规范，绩效与政策目标差距较大；部分收支项目执行结果与预算相差较大，预算编制的准确性和约束力需要进一步增强；有的地方仍违规担保或举借债务，防范化解债务风险任务艰巨；财税体制改革亟需加快推进，如期完成税收法定改革任务相当紧迫等。这些问题要高度重视，认真研究，采取有效措施解决。

二、2019年预算报告和预算草案总体可行

国务院提出的2019年中央和地方预算草案，全国一般公共预算收入192500亿元，比2018年预算执行数（同口径，下同）增长5%；全国一般公共预算支出235244亿元，增长6.5%；加上调入资金，全国财政赤字27600亿元，增加3800亿元。其中，中央一般公共预算收入89800亿元，增长5.1%；中央一般公共预算支出111294亿元，增长8.7%；加上调入预算稳定调节基金等资金，中央财政赤字18300亿元，增加2800亿元；中央财政国债余额限额175208.35亿元。地方政府一般债务余额限额133089.22亿元，专项债务余额限额107685.08亿元。

全国政府性基金收入77948亿元，增长3.4%；全国政府性基金相关支出99802亿元，增长23.9%。全国国有资本经营预算收入3366亿元，增长16.1%；全国国有资本经营预算支出2401亿元，增长11.2%。全国社会保险基金收入79678亿元，增长9.7%；全国社会保险基金支出74252亿元，增长15%；本年收支结余5425亿元，年末滚存结余91762亿元。

财政经济委员会认为，国务院提出的2019年中央和地方预算草案，符合中央经济工作会议精神，贯彻落实党中央重大方针政策和决策部署，积极的财政政策加力提效，实施更大规模的减税降费，增加重点领域投入，继续打好三大攻坚战，加快建立现代财政制度，实施预算绩效管理，积极防范化解地方政府债务风险。预算草案符合预算法的规定，预算草案总体可行。建议第十三届全国人民代表大会第二次会议批准国务院提出的《关于2018年中央和地方预算执行情况与2019年中央和地方预算草案的报告》，批准2019年中央预算草案，同时批准2019年地方政府一般债务余额限额133089.22亿元、专项债务余额限额107685.08亿元。地方各级政府预算依法由本级人民代表大会审查和批准。各省、自治区、直辖市人民政府依照国务院下达的债务限额举借的债务，列入本级预算调整方案，报本级人大常委会依法批准。国务院将地方预算汇总后报全国人民代表大会常务委员会备案。

三、做好2019年预算执行和财政工作的建议

2019年是新中国成立70周年，是全面建成小康社会、实现第一个百年奋斗目标的关键之年，要在以习近平同志为核心的党中央坚强领导下，以习近平新时代中国特色社会主义思想为指导，全面贯彻党的十九大和中央经济工作会议精神，按照统筹推进"五位

一体"总体布局、协调推进"四个全面"战略布局的要求,坚持稳中求进工作总基调,坚持新发展理念,坚持推动高质量发展,坚持以供给侧结构性改革为主线,坚持深化市场化改革、扩大高水平开放,继续打好三大攻坚战,着力激发微观主体活力,创新和完善宏观调控,统筹推进稳增长、促改革、调结构、惠民生、防风险、保稳定工作,保持经济运行在合理区间,进一步稳就业、稳金融、稳外贸、稳外资、稳投资、稳预期,提振市场信心,增强人民群众获得感、幸福感、安全感,保持经济持续健康发展和社会大局稳定,为全面建成小康社会收官打下决定性基础。当前经济运行稳中有变、变中有忧,财政收入增幅有所放缓,各领域对财政资金需求依然刚性增长,财政收支矛盾比较突出,要牢固树立底线思维,切实增强忧患意识,扎实做好各项财政预算工作,圆满完成2019年预算。为此,财政经济委员会提出以下建议:

(一)全面落实好积极财政政策加力提效的决策部署。要抓紧制定降低增值税税率的实施方案,确保减税政策尽快落地见效,确保所有行业税负只减不增。清理规范政府性基金和行政事业性收费项目,明显降低企业社保缴费负担,完善养老保险基金中央调剂制度,划转部分国有资本充实社保基金,保障职工养老金按时足额发放。做实医疗保险基金地市级统筹,逐步实现省级统筹。加大中央对地方财政转移支付力度,支持地方落实减税降费政策措施。国务院财税部门应当按项目将减税降费政策实施情况及时向社会公布。审计机关应当加强对减税降费政策实施情况和效果的专项审计,并向全国人大常委会报告情况。研究探索建立税式支出制度,税收优惠政策应当在预算草案中作出安排,提高税收优惠政策规范性和透明度。加大对"三农"、经济结构调整、基础研究、民生等领域投入力度。保持加强生态文明建设的战略定力,聚焦做好打赢蓝天保卫战、打好碧水保卫战等工作,加强环境基础设施建设投入力度。要牢固树立艰苦奋斗、勤俭节约的思想,各级政府带头过紧日子,开源节流,大力压减一般性支出,取消低效无效支出,优化支出结构,盘活各类资金和资产。

(二)全力打好脱贫攻坚战。要持续加大对脱贫攻坚的投入力度,资金向"三区三州"等深度贫困地区和特殊贫困群体倾斜。要加大扶贫资金统筹力度,集中财力保障重点领域和项目支出需要,切实解决好实现"两不愁三保障"面临的突出问题。注重改善贫困地区生产生活条件,加大学前教育、儿童早期发展及职业教育和民族教育扶持力度,培养贫困群众自我发展能力。加强对扶贫资金使用的跟踪监督,确保资金使用的规范、安全、公开和透明。开展扶贫后评估工作,健全稳定脱贫的长效机制。严格扶贫资金管理,因地制宜用好扶贫资金,提高资金使用绩效。

(三)着力防范化解地方政府债务风险。防范化解地方政府隐性债务风险要把握好节奏和力度,平衡好稳增长与防风险的关系。指导地方做好2019年地方政府专项债券发行和使用工作,加强财政金融政策衔接配合,有效发挥政府债券资金对稳投资、扩内需、补短板、防风险的重要作用。鼓励各种主体参与地方政府债券交易,健全地方政府债券市场化发行定价和约束机制。建立健全地方政府债务统计和动态监测制度,及时应对可能出现的债务风险。坚持举债规模与偿债能力相匹配原则,指导和督促地方加强定期评估。健全政府债务管理情况向人大报告制度,地方各级政府应当向本级人大报告政府债务情况,实现人大对地方政府债务的全口径、全过程监管。推进政府债务管理立法工作。

（四）加快推进财税体制改革。2019年要抓紧推进中央与地方财政事权和支出责任划分改革，推动省以下各级政府财政事权和支出责任划分，推进修订相关法律、行政法规工作。2019年要研究提出中央和地方之间收入划分改革方案，推进健全地方税体系。改革完善财政转移支付制度，合理确定基本公共服务保障国家基础标准和支出责任分担方式，稳步提升地区间基本公共服务均等化水平。建立健全转移支付资金使用监督制度，切实提高资金使用绩效。

（五）不断提高预算管理的法治化规范化水平。要尽快出台《预算法实施条例》，制定完善财政专户、预算调剂等配套制度办法。进一步提高中期财政规划编制水平，不断提高预算编制的科学性和严谨性。进一步提高中央基本建设投资年初预算编列到地区和项目的到位率，细化预算内容，增强透明性和可审性。扩大国有资本经营预算编报范围，进一步完整反映国有资本经营预算的收支情况。改革完善社会保险基金预算管理，严格基金预算执行。年初预算中还没有细化到地方的财政转移支付，要依法尽早细化到地方，并尽快下达。严格执行预算，切实减少执行中的追加追减变动，加快预算执行进度，提高资金使用效率。抓紧健全完善政府综合财务报告制度，为2020年全面开展政府综合财务报告编制工作做好准备。全面实施预算绩效管理，将绩效管理理念、方法和要求贯穿预算管理全过程。落实预算绩效主体责任，加强第三方绩效评价，将预算绩效评价结果及时向人大报告，并向社会公布。

（六）积极配合落实人大预算审查监督和国有资产监督改革举措。要不断改进完善预算报告和预算草案编报工作。在预算草案编制和预算执行过程中、在重大财税政策出台前，主动听取人大代表和社会各界意见建议，增强政策和预算安排的合理性、针对性，提高政策实施效果和预算执行绩效。积极配合持续推进预算联网监督工作，保障数据提供的全面、准确、及时，根据预算联网监督发现的问题，纠正差错，健全制度，堵塞漏洞，改进工作。研究制定健全审计查出问题整改长效机制的指导意见。加强国有资产管理，做好2019年向全国人大常委会提交国有资产管理情况综合报告和专项口头报告行政事业性国有资产管理情况的工作。

（七）积极贯彻落实税收法定原则。有关部门要加大工作力度，扎实做好税收立法评估和可行性研究，提高税收立法质量和效率，尽快提出将增值税法、消费税法、关税法、城市维护建设税法、契税法、印花税法、房地产税法和税收征收管理法（修改）等提请全国人大常委会审议的时间安排，按时提交审议，确保完成党中央确定的2020年实现税收法定的任务。认真贯彻落实党中央关于深化税制改革的要求，实现税制改革与税收立法的有机衔接和相互促进。加快研究制定政府非税收入管理条例。

以上报告，请予审议。

国务院关于 2018 年度中央预算执行和其他财政收支的审计工作报告

——2019 年 6 月 26 日在第十三届全国人民代表大会
常务委员会第十一次会议上

审计署审计长 胡泽君

委员长、各位副委员长、秘书长、各位委员：

我受国务院委托，报告 2018 年度中央预算执行和其他财政收支的审计情况，请予审议。

根据党中央、国务院部署，审计署依法审计了 2018 年度中央预算执行和其他财政收支情况。结果表明，2018 年，在以习近平同志为核心的党中央坚强领导下，各地区各部门树牢"四个意识"，坚定"四个自信"，坚决做到"两个维护"，深入贯彻落实党中央、国务院决策部署，认真执行十三届全国人大一次会议决议，落实全国人大财经委审查意见，坚持以供给侧结构性改革为主线，全力做好稳就业、稳金融、稳外贸、稳外资、稳投资、稳预期工作，全年经济社会发展主要目标任务圆满完成，决胜全面建成小康社会取得新的重大进展。

——供给侧结构性改革深入推进，营商环境进一步优化。取消一批行政许可事项，全面实施全国统一的市场准入负面清单制度，全年为企业和个人减税降费约 1.3 万亿元。基础设施建设补短板力度不断加大。强化企业创新主体地位，重点领域创新实现新的突破。压减粗钢产能 3500 万吨以上、退出煤炭落后产能 2.7 亿吨，均提前两年完成"十三五"规划目标任务。

——财税体制改革持续深化，重点领域支出得到保障。出台基本公共服务领域中央与地方共同财政事权和支出责任划分改革方案，在中央财政层面初步建立了项目支出为主的全过程预算绩效管理体系。中央一般公共预算收入和支出分别增长 5.3%、7.7%，中央财政均衡性转移支付增长 9.2%，更多向创新驱动、三农、民生等领域倾斜。

——三大攻坚战取得明显成效，重点任务进展顺利。严格地方政府债务限额管理，建立终身问责、倒查责任机制。金融市场总体平稳，金融乱象整治取得阶段性成效。中央财政补助地方扶贫资金增长 23.2%，贫困县涉农资金整合超过 3000 亿元，减少农村贫困人口 1386 万人，顺利完成 280 万人易地扶贫搬迁建设任务。中央财政支持污染防治攻坚战相关资金增长 13.9%，大气、水、土壤等污染防治投入持续加大。

——社会民生持续改善，发展成果惠及更多群众。及时出台稳就业举措，中央就业补助资金支出增长 6.8%，城镇新增就业 1361 万人。实施企业职工基本养老保险基金中央调剂制度，建立城乡居民基本养老保险待遇确定和基础养老金正常调整机制。跨省定点医疗机构实现县级行政区全覆盖。

——审计查出的突出问题有效整改,体制机制进一步健全。相关地方、部门和单位持续开展整改、加强管理、完善制度,防患于未然。上年度审计查出的问题已整改金额 3000 多亿元,完善相关制度 2900 多项,处理处分 3200 多人次。

一、中央财政管理审计情况

重点审计了财政部具体组织中央预算执行和中央决算草案编制、发展改革委组织分配中央财政投资情况。中央决算草案反映,2018 年,中央一般公共预算收入总量 87909.46 亿元、支出总量 103409.46 亿元,赤字 15500 亿元;预算稳定调节基金年底余额 3766.44 亿元;中央政府性基金收入 4034.81 亿元、支出 4021.55 亿元;中央国有资本经营收入 1326.38 亿元、支出 1111.73 亿元。从审计情况看,财政部、发展改革委按职责进一步加强预算和投资计划管理,积极推进财税和投融资体制改革,预算执行和计划下达总体较好。发现的主要问题:

(一)中央决算草案未披露 3 个事项。一是以收入退库方式安排支出 120.21 亿元,直接冲减一般公共预算收入;二是为弥补 3 项基金因缴纳增值税减少的收入,从一般公共预算转列政府性基金预算 118.42 亿元,两本预算重复列收列支;三是中德财政合作伙伴基金 2018 年底余额 3.69 亿元。审计指出问题后,财政部在决算草案中披露了上述事项。

(二)预算管理不够全面规范。

1. 预算安排未充分考虑资金结转结余情况。一是未将 3 个部门上年结转 22.02 亿元纳入部门年初预算,未及时清缴 11 个部门和 51 家所属单位结余 6.01 亿元;二是向 10 个部门和 6 家所属单位累计结转 25.7 亿元的 38 个项目继续安排预算 32.44 亿元,年底结转增至 33.36 亿元;三是中央财政投资专项(以下简称投资专项)安排的 11 个项目已超过 1 年未开工或无法实施,发展改革委未有效督促开工或调整计划,涉及 1.16 亿元。

2. 预算编制不够细化和合理。一是在年初预算中,6 项专项转移支付 322.74 亿元未落实到具体地区,批复 10 个部门的 43.2 亿元预算未细化到具体单位;二是向 7 个协会和非本部门所属 75 家单位安排 43.19 亿元。

3. 部分预算调整和下达不够规范及时。一是向尚不具备实施条件的 4 个项目追加预算 5.3 亿元,截至 2019 年 3 月未支出;二是 2018 年 11 月后才下达 7 个部门项目预算 21.8 亿元,当年全部结转;三是一般公共预算、政府性基金预算和国有资本经营预算转移支付中分别有 1380.83 亿元、43.16 亿元和 14.38 亿元,7 个投资专项 34.6 亿元未在规定时间内下达;四是 17 项转移支付未提前下达或提前下达未达规定比例。

4. 部分投资计划与预算下达对接时间较长。抽查发展改革委安排的 3404.68 亿元投资发现,从下达投资计划到财政部下达预算指标平均耗时 62 天,个别投资计划最长 224 天。

5. 国有资本经营预算管理存在薄弱环节。20 个部门所属事业单位设立的一级企业中,有 379 家(资产 433.14 亿元)未纳入预算范围。25.26 亿元预算资金因项目取消、推进慢等闲置,其中 16.48 亿元超过 2 年。还有 3.36 亿元项目资金未发挥效益。

（三）转移支付制度体系不够健全。

1. 一般性转移支付中指定用途资金占比仍较高。中央财政共下达一般性转移支付38811.21亿元，涉及85个项目，其中10个项目的12164.67亿元（占31.34%）指定了用途。

2. 部分转移支付安排交叉重叠。财政部在2个部门预算中安排补助地方项目支出17.73亿元，又通过2项转移支付安排同类支出96.88亿元；财政部11项专项转移支付1552.55亿元，与发展改革委7个投资专项1431.47亿元，投向相同或类似；发展改革委6个投资专项的部分具体投向存在重叠，涉及165.29亿元。

3. 部分转移支付管理办法不完善或执行不严格。一是未明确实施期限、退出条件或因素权重等，涉及24项专项转移支付和4个投资专项、15105.69亿元资金，还有12项专项转移支付未在预算编制前开展评估；二是分配标准或计算方法未经国务院批准即实施，涉及2项一般性转移支付、1468.46亿元资金；三是未严格按规定方法和标准分配，涉及7项专项转移支付和4个投资专项、671.5亿元资金；四是因审核不严向不符合条件的22家单位和38个项目分配资金，涉及1项专项转移支付和3个投资专项、7.64亿元资金。

（四）全面预算绩效管理机制尚不完善。

1. 绩效目标设定不够科学。政府性基金预算、国有资本经营预算402.65亿元未设立绩效目标，1个投资专项未填报绩效目标表。已设立目标的8个投资专项存在评价标准偏低、缺少关键因素等情形；10个部门138个一级项目（占抽查数的53.9%）绩效量化指标偏少、定性指标偏多；有9个项目量化指标超出项目内容或低于已完成情况。有17项专项转移支付和1项政府性基金、17个部门273个项目绩效目标设定不够明确，或相关管理规定要素不完整；12项专项转移支付的绩效目标未与预算同步下达。

2. 绩效评价不够规范。3项专项转移支付、8个部门19个项目未按要求将以前年度绩效评价结果作为预算安排参考因素。6个投资专项、24个部门87个项目自评结果不够客观，有的未全面开工即自评满分；6个投资专项未严格按设定目标自评，其中1个专项将量化指标自行变更为不可量化指标并自评满分；2个投资专项自评内容不完整，缺少二三级指标的详细得分。

3. 绩效信息公开比例较低。财政部2018年向全国人大报告了36个一级项目的绩效目标，仅占中央部门向其提交数的27.5%；尚未公开21项专项转移支付年度整体绩效目标，26个项目的绩效评价结果只公开了2个。

二、中央部门预算执行审计情况

2018年首次对中央一级预算单位实现审计全覆盖，并延伸审计了256家所属单位。结果表明，2018年中央部门本级预算总体执行率88.1%，比上年提高8.5个百分点。审计发现的主要问题：一是预决算编报还不够完整准确，涉及38个部门和109家所属单位、金额14.23亿元；二是预算执行及资产管理还不够规范，涉及37个部门和96家所属单位、金额77.47亿元；三是"三公"经费及会议费等管理不够严格，涉及43个部门和151家所属单位、金额5469.25万元；四是一些单位依托管理职能或者利用行业资源违规收费，涉及3家所属单位、金额120万元。此外，还有2个部门和4家所属单位违规发放津补贴1627.01万元；3个部门和2家所属单位16人未经批准兼职或违规兼职取酬93.47万元；48个部门和104家所属单位存在会计核算不规范、未及时办理竣工决算等问题，涉及金额21.84亿元。

从审计情况看，上述问题有的反复出现，一些突出问题主要发生在二级单位，反映出有关部门预算执行不严格、对所属单位监督责任未有效落实，以及预算管理改革不到位、相关制度不健全等深层次问题，主要表现在：

一是预算编制管控基础尚未夯实。预算编制是预算管理全流程的管控起点和执行依据。一些部门预算意识不强，预算编制缺乏科学论证和测算，一定程度上还习惯于"基数＋增长"的预算编制模式，导致预算编制不够完整、准确甚至脱离实际，由此带来资金结余沉淀、项目末期突击花钱等问题。基本支出和项目支出界限还不够清晰，近年来预算编报出现基本支出"项目化"倾向，有的将基本支出作为项目编报，有的还将预算资金在基本支出和项目支出间自行调剂使用。

二是相关改革配套体系有待完善。近年来，按照党中央、国务院部署，中央财政推出一系列改革举措，但相关配套体系不够健全，影响了改革成效。法规体系方面，预算法实施条例等重要法规制度未及时修订出台，导致预算管理一些领域无章可循。事业单位管理方面，一些单位改革后仍承担相关行政职责；有的因没有合理确定机构编制和职能等，经费保障缺乏预算依据，一定程度导致依托管理职能或利用行业资源违规收费等问题。标准体系方面，目前部分部门对"三公"经费口径把握不够到位，且定员定额标准覆盖的支出范围较小，对部门差异和不可预见因素等考虑不够充分。工资政策方面，加班费、未休年假补贴等津补贴缺乏明确政策，导致发放依据不充分、发放差异较大、资金来源不合理等问题。

三是预算执行和绩效评价约束缺乏刚性。一些预算安排没有明确考核制度和评估标准，一些预算项目未设置绩效评价指标或指标设置不够科学，对执行情况缺乏评价基础和依据，对预算执行的动态监控也不够有效，有的支出随意性较大。一些部门对预算执行中出现的问题追责问责不到位，难以形成刚性约束。一些部门落实整改主体责任不到位，重审计查出具体问题的整改，轻举一反三、完善体制机制和推进相关领域改革，使得类似问题反复出现。

三、重点专项资金和项目审计情况

（一）就业补助资金和失业保险基金审计情况。重点审计了17省104.52亿元就业补助资金和161.64亿元失业保险基金的管理使用情况。总的看，相关地区认真贯彻落实积极就业政策，就业主要指标顺利完成。但还存在相关资金和项目管理不够严格和规范的问题：11省50家单位和69名个人骗取套取或挤占挪用5572.66万元；17省209市向不符合条件的单位和个人发放补贴或贷款3.3亿元；4省12市7.9亿元就业补助资金闲置超过2年。

（二）基本养老保险基金审计情况。对全国职工基本养老保险基金的审计结果表明，随着基金中央调剂制度的正式实施，相关地区支付风险有所降低。截至2018年底，全国企业职工基本养老保险基金累计结余约4.78万亿元，具备较强的支撑能力。但有16省未实现统一信息系统和数据省级集中存放；截至2019年3月底，已划转23户央企国有股权1132亿元充实社保基金，不到拟划转国有股权的10%，地方也仅有4省启动划转工作。基金管理也不够规范。2省27市县通过占用财政资金、贷款等方式筹集133.57亿元发放养老金；3省43家去产能企业的4200多名分流安置职工未参加养老保险或未及时缴纳职工保费2201.53万元；13省一些经办机构因信息不共享、审核不严等，违规向7.75万名不符合条件的人员发放养老金2.99亿元。

（三）医疗保险基金审计情况。截至2018年底，重点审计的9省城乡居民医保财政补助资金和人均补助标准分别较上年增长8.84%和9.59%，跨省异地就医住院费用直接结算达50.79万人次。但医保监管能力建设仍相对滞后。目前对骗保行为大多仅采取罚款、拒付等手段，难以形成有效震慑，加之部分地区对相关医保数据缺乏共享和动态分析，无法提前预警和有效识别，使得骗保行为屡屡得手。如2015年至2017年，辽宁锦州一家医院虚开大量药品处方，以此向医保部门报销骗取基金1012万元，目前已移送公安机关查处。医保基金个人账户资金按规定应用于医疗保障相关支出，但2省和1市未作任何限制，9省10市可用于健身、购买保健品等。还有4省未完全按筹资政策、保障待遇等"六统一"要求整合城乡居民医保；3省27市的职工医保基金未实行市级统筹；7省35个行业（企业）职工医保仍封闭运行，未纳入属地管理，涉及481.33万人。

（四）乡村振兴相关政策和资金审计情况。重点抽查了13省52县乡村振兴部分政策落实及资金管理使用情况，并对重点任务试点县进行了调查。上述地区2年来共安排财政资金300.84亿元，积极推进各项任务，乡村振兴战略开局良好。但一些任务未有效落实落地。17县46%的农村厕所、9县90%以上的污水处理和6县2318个垃圾堆放点未按时完成建设、改造或整治。31县部分已完工农村厕所和污水垃圾处理设施闲置，17县相关设施使用中还造成二次污染。97县（含重点任务试点县）未完成黑土耕地质量提升、农业废弃物回收利用等目标任务。一些地方以行政指令推动短期大量设立合作社等，实际效果不佳，抽查发现431个合作社成立后未运营；18县对县域内1.53万家合作社从未发放过贷款，15县部分合作社获得贷款后未享受贴息等扶持政策。35县157个单位和个人挪用或骗取套取12.57亿元；41县335个项目的23.35亿元滞留或闲置，其中4.08亿元闲置1年以上、最长超过4年；3726个（占全国项目数的35%）农产品初加工项目未按期开工。

（五）惠农补贴资金审计情况。重点审计了29省179县用于保障民生等8类惠农补贴资金582.8亿元，走访调查2.18万个农户。有17省全面推行了"一卡通"，保障资金及时发放。但惠农补贴散碎交叉情况较突出，8类惠农补贴分由10余个部门管理，有的省又按受益人群身份逐级细化或增设项目，一些地方补贴细项超过100个，部分细项因内容交叉且信息不共享被重复享受甚至套取，如2017年至2018年，甘肃成县住建部门向15户农户发放危旧房屋改造相关补贴26.3万元后，该县民政部门再次向这15户农户发放其他类似补贴8.6万元。对不同来源的补贴，有109县要求受益人提供不同账户，有的农户持有10多张惠农卡（折）；有90县89.38亿元未按规定通过"一卡通"发放，采取现金兑付或他人代领等方式，难以有效核实发放真实性。部分补贴项目因需要受益人主动申报,加之宣传不够,影响政策实施效果。还有一些救助类等补贴在发放中擅自降低标准、搞平均主义等,涉及4709.38万元、3.02万人(户)。94县一些单位和个人骗取套取或违规使用1.99亿元,129县超范围发放1.56亿元,120县32.12亿元存在滞留等问题。

(六)保障性安居工程跟踪审计情况。审计的1118市县2018年共筹集和安排各类资金1.61万亿元,棚户区改造新开工250.47万套、基本建成195.4万套,享受公租房保障家庭达518.54万户。主要发现493个项目扩大范围将园区开发、城市建设带来的拆迁安置和土地征收等纳入棚改;203.32亿元棚改项目融资用于其他项目或出借等;656个项目的3.91万亩土地手续不全、闲置或被挪用;还有328个项目未享受税费减免或多支付融资中介费19.8亿元。资金和项目管理不够严格,754.68亿元资金未及时安排使用或分配不细化,85.44亿元资金被套取挪用;24.47万套公租房基本建成后超过1年仍未达到交付使用条件或空置未用;4.42万套住房存在违规分配、未及时腾退或销售转租等问题。

(七)重点机场建设项目专项审计调查情况。截至2019年3月底,调查的17个国家重点建设机场累计投资1954.85亿元(占到位资金98%),项目建设正在积极推进。审计发现,17个机场存在设置不合理招标条款、虚假招标、应招标未招标等问题;9个机场不当增加投融资成本或造成损失浪费8.59亿元;9个机场挤占挪用或多支付拆迁款8.39亿元;7个机场通过高套定额等多获批概算16.37亿元;6个机场136.3亿元资金闲置1年以上;因施工方案调整等,有6个机场无法按期投运、7个机场的空管等工程建设缓慢,涉及投资1425.46亿元;12个机场违规征地、土地闲置等1.15万亩。还有7个机场存在违规建设楼堂馆所、开发房地产或公务接待等问题,涉及16.41亿元、54.14万平方米。

四、推动打好三大攻坚战相关审计情况

(一)防范化解风险相关审计情况。

1. 地方政府债务风险防控情况。对18省本级、17市本级和17县共52个地区政府债务进行了审计。从审计情况看,有关地区风险防范意识增强,违规举债势头得到遏制,债务风险总体可控。审计发现,有16省未按要求对困难较大的市县制定风险应急预案;32个地区上报的债务数据存在漏报、多报等情况;11个地区有170.78亿元存量隐性债务没有制定化解措施,有些地区制定的债务化解方案缺乏可行性;35个地区有290.4亿元债务资金因筹集与项目进度不衔接等原因闲置,其中22个地区114.26亿元超过1年。

2. 金融风险防控情况。总的看,2018年以来宏观杠杆率有所下降,金融各市场走势可控,信贷资源配置有所优化。但仍发现5家商业银行将实体企业贷款与存款挂钩,或在授信中搭售理财产品等,变相降低企业实得融资,涉及授信496.67亿元。3家银行违规向企业收取融资费等2.3亿元,1家银行以"名股实债"方式开展债转股,未有效降低企业负担。部分地方金融机构不良贷款风险未有效化解。3省部分金融机构通过虚假方式掩盖不良贷款1005.84亿元。23家村镇银行实际平均不良率4.94%,42家农村金融机构不良率超过5%。一些金融领域监管存在薄弱环节。小额贷款公司等11类由地方

实施金融监管的机构中，有 5 类未制定专门监管规则、5 类监管规则不够明确。7 省普遍按机构所涉行业指定监管部门，监管易出现盲区或重叠，如有的省对社会众筹等 3 类机构未明确监管部门，而个别省对交易场所类的监管部门则多达 13 家。

（二）扶贫审计情况。审计了 296 个贫困县（其中深度贫困县 94 个），抽查 2372 个乡镇、7346 个行政村，走访 2.61 万户家庭，涉及单位 4729 个、资金 1268 亿元。结果表明，各地区各部门持续加大投入，积极推进扶贫重点任务，脱贫攻坚战取得决定性进展。此次审计发现问题金额占抽审资金的比例，较上年下降 3.1 个百分点。主要问题：

一是少数地方擅自拔高或随意降低脱贫标准。14 县在易地扶贫搬迁和贫困群众医疗保障工作中，存在提高住房补助标准、过度医疗等现象；46 县对未实现"两不愁、三保障"的 3.24 万名贫困群众作脱贫处理；2 县对 14.16 万名脱贫群众存在摘帽即摘帮扶等问题；10 县存在压缩任务年限、提前拨付资金等赶进度、搞冲刺现象，还有 2 县虚报集体经济收入和易地搬迁入住人口等数据。

二是扶贫领域腐败和作风问题仍然存在。39 县 187 名干部利用职务便利优亲厚友，甚至贪污侵占等，涉及扶贫资金 3292.54 万元；46 县 6694.36 万元扶贫资金被骗取套取。3 县将 309.3 万元用于景观修建、外墙粉饰等"面子"和形象工程，如河北广宗县为迎接检查，花费 176.93 万元开展预演等；31 县把 1.7 亿元信贷等资金投向企业、合作社和大户，未与贫困户建立利益联结；10 县将 4268 万元产业扶贫等"造血"资金直接发放给贫困户。

三是一些市县扶贫主体责任落实不到位。296 县多数未开展扶贫绩效评价工作；20 县将人为分户、转移资产、隐瞒收入等"致贫"的 6000 多户认定为贫困户；10 县 145 个行政村存在账务不规范等问题。

四是部分扶贫资金和项目管理绩效不佳。46 县将 22.11 亿元扶贫资金用于房地产开发、市政建设等非扶贫领域，41 个地区 8.9 亿元扶贫资金闲置 1 年以上。16 县 95 个产业扶贫项目因缺乏充分论证和后期管护等种养存活率低，涉及资金 3981.61 万元；69 县 287 个扶贫建设项目闲置等，涉及资金 3.75 亿元；24 县 150 个易地搬迁和以工代赈项目存在未落实后续帮扶措施、未吸收贫困群众参与等问题。

（三）生态保护和污染防治相关审计情况。重点开展了环渤海生态环境保护审计和 9 个地区、部门领导干部自然资源资产离任（任中）审计。结果表明，各地区各部门认真贯彻中央关于打好污染防治攻坚战的决策部署，突出生态环境问题正有序解决，渤海水质总体有所改善。发现的主要问题：

一是污染源头治理不到位。1439 个养殖场未按要求办理环评、处理废物或关闭搬迁。2 省 1 市有 58 个化工园区未进行风险评估，12 个沿海城市 50% 的新改扩建化工项目未按规定入园。2 个港口将 1615 吨废水废物交由 4 家无资质企业处置，5 家企业向 175 艘次船舶虚开 2870 立方米污染物接收证明以应付检查。

二是资源开发利用与生态修复不平衡。环渤海地区水资源开发利用率高出全国平均水平 79 个百分点，4 省 3248 家单位 6 年来违规取水 5.94 亿立方米。生态修复效果未达预期，环渤海地区实施的蓝色海湾整治行动中，目前仍有 12 个项目（占计划 60%）未按期实施，部分护岸引水、清淤疏浚等工作进展不畅，近岸水质改善不明显。2 省 1 市 9

个地区有752处侵占入海河道的违规点位未清理。

三是部分生态文明重点任务未有效落地。截至2018年底，渤海主要污染物排海总量控制制度未实质推开，京津冀协同发展相关环评会商、统一监测等5项制度尚未建立；8省1市生态文明建设考核机制不完善，有的未包含生态环保重要指标等。

此外，有3省少征或拖欠水资源费等19.7亿元，5省结存专项资金26.63亿元，其中3.04亿元闲置2年以上；7省107个项目未按期开（完）工。

五、重大政策措施落实跟踪审计情况

在全国范围内，共跟踪审计4.1万个项目，抽查6.5万个单位，推动取消、合并和下放行政审批、职业资格等400多项，减少或清退收费等9亿元，加快实施项目4000多个，落实、收回和统筹盘活资金200多亿元，建立健全制度1500多项，处理处分1500多人。近期发现的主要问题：

（一）减税降费政策措施落实方面。近年来，大规模减税降费有效降低了企业和个人负担、激发了市场主体活力。审计发现，截至2019年3月底，还有3省未完成去产能和调结构停产停业关闭企业资格认定，2省因认定不及时尚无企业享受优惠；2省170家高新技术企业未享受研发费用加计扣除优惠政策；2省向56户企业多征税1887.32万元，1省向不符合条件单位减税1.2亿元；3省未及时退税3451.8万元，最长超期246天。违规收费依然存在。17省30家单位违规向企业收取检测评审等费用、征收已停征的行政事业性收费、向企业转嫁费用、应退未退涉企收费等5.27亿元；12省58家单位依托行政职权及影响力违规摊派或收取评比、中介等费用1.67亿元。

（二）民营、小微企业融资方面。近年来，有关金融机构持续加大支持民营和小微企业力度，授信覆盖面有所拓展，但融资难融资贵问题尚未得到根本缓解。银行融资方面，出于防范风险等考虑，仍存在门槛较高、环节多、周期长等问题。截至2019年3月底，抽查的18家银行民营企业贷款中信用贷款仅占18.36%（低于平均水平21个百分点），且抵质押时银行大多偏好房产等"硬"资产，专利权等"轻"资产受限较大。民间融资方面，渠道相对多元，但小额贷款公司利率一般为10%至20%，民间和网络借贷利率多高于30%。一些银行要求民营企业续贷时先还旧再借新，企业不得不通过民间借贷等高成本渠道筹集"过桥"资金，延伸调查的393家企业"过桥"借款年化利率最低36%、最高108%。

（三）"放管服"改革方面。7省9家单位未按规定取消或下放10项行政审批事项及前置条件；1个部门和2省2家单位存在扩大审批范围、审批不及时等问题；10省32家单位在项目招标和政府采购等活动中设置地域、注册资本等不合理条件；2省18家单位对外资企业的备案事项进行违规审批或未按时限办理。还有11省36市推进"互联网+政务服务"中存在规定调整滞后、平台功能不完善等问题，如13市已建成电子证照库，但按其现行规定仍需现场提交原件。

（四）清理拖欠民营和中小企业账款方面。按照国务院统一部署，审计持续跟踪清欠工作进展情况，指出12部门和19省少报98.92亿元拖欠账款后，多数单位已整改。有的地方因财政困难，拖欠账款尚未有效解决。还有26省和8部门的159家单位违规收

取或未及时清退35类保证金82.67亿元,1家单位限制使用银行保函方式缴纳保证金。

(五)科技成果转化方面。抽查69家科研院所2015年至2017年科技成果转让、许可及作价投资等合同(总金额52亿元)履行情况发现,32家3年成果转化低于1000万元,其中12家成果转化为零,相关制度不完善、落实不到位是成果转化率低的重要原因。现行政策对科技机构和科技人员界定偏窄,对科技成果转化投资公司、科技人员合伙企业等均按普通企业对待,不给予税收优惠,使3家单位3个项目的科研团队增加税负2957万元。科研机构及所属企业国有产权登记变更审批程序也较复杂,制约成果转化效率。多头监管和重复检查问题在科研管理领域仍然存在。审计调查的139所科研院校3年来共接受财政、教育、科技等部门开展的财务检查、结题验收等各类检查3385次,其中1204次(占36%)以"审计"名义开展(实际仅12次为国家审计)。如某高校14个月内连续接受4个部门对同一课题结题验收、经费使用等检查,且结果互不相认,影响正常科研和教学工作。

六、金融和企业审计情况

主要审计了22户央企和5家中央金融机构,同时调查了23家村镇银行和部分地方金融机构。截至2017年底,22户央企和5家金融机构认真贯彻落实相关政策措施,完善法人治理结构,提升经营管理水平,资产总额同比分别增长6.2%、7.2%。发现的主要问题:

(一)部分重点任务未及时完成。5户央企研发投入未达规定比例,2户央企未制定科技创新考核机制或创新激励措施不到位等。1户央企未按要求关停煤炭产能60万吨,1户央企违规新增火电装机容量532万千瓦。此外,部分央企厂办大集体和"三供一业"等历史遗留问题处置缓慢。

(二)"三重一大"制度执行不够严格。9户央企15项重大决策事项存在违反程序、论证不充分、盲目决策等问题,造成损失30.14亿元;4家金融机构56项重大决策违反程序或违规决策。

(三)企业经营和金融业务开展不够规范。8户央企偏离主业违规开展房地产、金融业务,或向房地产领域提供融资等,涉及38.76亿元;1户央企违规对外担保2亿元,形成损失2.38亿元;2家金融机构违规开展信贷、同业、理财等业务形成损失57.95亿元;6户央企和2家金融机构违规采购物资和服务29.79亿元;22户央企和1家金融机构2017年多计收入90.7亿元、利润45.23亿元,分别占同期收入和利润的0.21%、1.09%。

(四)违反中央八项规定精神等问题依然存在。6户央企和2家金融机构违规取酬、发放津补贴等257.88万元;10户央企和4家金融机构超范围配备、未及时处置公务用车57辆,超标准乘坐交通工具1624.23万元。还有个别央企和金融机构下属单位的相关人员违反廉洁自律规定,存在经商办企业、本人或亲属持股企业与其所在企业发生经济往来等问题。

七、审计移送的违纪违法问题线索情况

各项审计共发现并移送问题线索478起,涉及公职人员810多人,造成损失浪费380

多亿元。这些问题主要集中在以下方面：

（一）公共资金和国有资产损失问题不容忽视。共发现此类问题线索 183 起，多与掌握资金分配、信贷审批和资产管理权的公职人员滥用权力有关。有的怠于监管甚至纵容作假，使部分手法拙劣、漏洞明显的申报资料顺利过审；有的利用职权或影响力，直接插手、居间协调或借道中介干预项目实施、政府采购等，向特定关系企业或个人输送利益；有的为掩盖违规"滚动"操作，致使损失呈"雪球"效应。

（二）涉税涉票问题多发。共发现偷逃税款等问题线索 66 起。一些企业利用税收征管漏洞，通过虚构销售业务、串通定价等，短期内集中虚开大量发票抵扣以偷逃税款，随即注销或失联。如 2016 年至 2018 年 5 月，273 户空壳企业 3 个月内虚开电解铜、圆钢等增值税发票 76.23 亿元，同时虚构农产品收购业务进行对冲，涉嫌偷逃税款 11.93 亿元。

（三）涉众金融违法行为更具迷惑性。共发现地下钱庄、非法集资、内幕交易、网络借贷等问题线索 32 起。一些不法团伙通过包装宣传、升级集资手法诱骗公众，一些私募基金利用合法身份开展"灰色"活动。如 2013 年以来，4 省 4 家公司及其关联企业滥用私募资质，或虚构政府项目背景，向 4.7 万余人非法集资 388.68 亿元，相关地方正在积极稳妥处置。

（四）基层腐败损害群众切身利益。共发现此类问题线索 150 起。一些基层工作人员在资金管理、物资发放等环节，利用现场勘查、数据录入等"末梢"权力贪污截留等。如 2009 年至 2018 年，4 个地区 4 家社保经办机构的 9 名工作人员利用管理信息系统之便，冒领或篡改发放记录等，涉嫌贪污基本养老金 1003 万元。

（五）环保领域问题仍需持续关注。共发现此类问题线索 22 起，大多发生在生态保护、污染排放、危废处置、环保建设等领域。一些地方和企业为追求眼前经济利益，或在自然保护区内非法建设酒店，或向饮用水源地长期偷排，有的在环保建设中偷工减料引发地质隐患，危害生态环境和群众健康。

八、审计建议

（一）持续深化供给侧结构性改革。一是着力推进减税降费相关政策措施落实，切实减轻企业负担，激发微观主体活力。二是继续深化"放管服"改革，加快清理妨碍统一市场和公平竞争的各种规定和做法，推动营商环境不断优化。三是提升金融服务实体经济能力，完善激励和考核机制，切实缓解实体经济特别是民营和小微企业融资难融资贵问题。四是加快推进制造业高质量发展和创新驱动战略实施，支持引导企业加大技术创新投入，推动科技成果转化和推广应用，切实增强核心竞争力。

（二）推动积极财政政策加力提效。一是优化支出结构，进一步压减不必要的行政开支，盘活各类沉淀资金资产，加大对重点领域支持力度。二是强化绩效意识，坚持花钱必问效、无效必问责，改进绩效评价方法，加快将全面预算绩效管理推进到资金使用"最后一公里"。三是深化部门预算编制制度改革，按照"全面规范透明、标准科学、约束有力"要求，进一步提高预算编制标准化、科学化、精细化水平，从源头上解决资金结余沉淀、项目期末突击花钱等问题。四是积极推进中央与地方财政事权和支出责任划分改革,理顺中央和地方财政关系。

（三）全力打好三大攻坚战。一是加强财政、金融和就业优先政策协调配合。坚持结构性去杠杆基本思路,加强地方新增债务资金投向监管,建立完善地方政府和国有企业债务风险监测预警、应急处置机制。加强对金融市场、机构和业务的监管,提高地方金融监管能力。二是加强贫困地区基本公共服务能力建设,强化扶贫资金安全绩效管理,建立健全促进稳定脱贫和防止返贫长效机制,确保如期实现"两不愁、三保障"。做好扶贫与乡村振兴战略衔接,坚持因地制宜,增强相关落实措施的针对性和有效性。三是积极推进经济发展和生态保护协同,加强污染防治重大科技攻关,落实企业污染防治责任。

（四）严格落实党中央关于为基层减负的有关要求。一是加强部门间监督检查统筹衔接,避免重复检查和盲区。改进监督方式,更多运用大数据、"互联网＋"等方式,坚决整治形式主义、官僚主义。二是深入贯彻"三个区分开来"重要要求,鼓励基层干部创造性贯彻落实党中央方针政策和工作部署。三是建立健全问题整改长效机制,切实加强管理、完善制度和深化改革。

本报告反映的是中央预算执行和其他财政收支审计发现的主要问题,有关具体情况以附件形式印送各位委员,并依法向社会公告。审计指出问题后,有关地方、部门和单位正在积极整改。下一步,审计署将认真督促整改,国务院将在年底前向全国人大常委会专题报告整改情况。

委员长、各位副委员长、秘书长,各位委员:

我们将更加紧密地团结在以习近平同志为核心的党中央周围,高举中国特色社会主义伟大旗帜,以习近平新时代中国特色社会主义思想为指导,全面贯彻落实党的十九大和十九届二中、三中全会精神,坚持党对审计工作的集中统一领导,自觉接受全国人大的监督,依法履行审计监督职责,以优异成绩庆祝中华人民共和国成立70周年!

国务院关于 2018 年度中央预算执行和其他财政收支审计查出问题整改情况的报告

——2019 年 12 月 25 日在第十三届全国人民代表大会常务委员会第十五次会议上

审计署审计长 胡泽君

全国人民代表大会常务委员会：

受国务院委托，我向全国人大常委会报告 2018 年度中央预算执行和其他财政收支审计查出问题的整改情况，请予审议。

党中央、国务院高度重视审计查出问题的整改工作。习近平总书记多次作出重要指示批示，要求各地区各部门依法自觉接受审计监督，认真整改审计查出的问题，深入研究和采纳审计提出的建议，完善各领域政策措施和制度规则。李克强总理主持召开国务院常务会议研究部署整改工作，要求各地区各部门对号入座，按时按规定整改到位。按照党中央、国务院的部署要求，审计署向 161 个中央部门单位和省*级人民政府印发整改通知和问题清单，积极跟踪督促整改。

一、整改工作的部署推进情况

（一）提高政治站位。有关部门单位和地方坚持以习近平新时代中国特色社会主义思想为指导，增强"四个意识"，坚定"四个自信"，做到"两个维护"，深入贯彻落实党中央、国务院关于审计查出问题整改工作的部署要求，认真执行十三届全国人大常委会第十一次会议有关审议意见，全面落实全国人大财经委审查意见，把整改落实作为重大政治任务抓紧抓实。许多地方结合本地实际，出台加强审计查出问题整改工作的意见。大多数部门单位和地方在"不忘初心、牢记使命"主题教育中，将审计查出问题纳入检视问题清单，确保整改到位。

（二）建立健全整改机制。有关部门单位和地方不断健全整改机制，形成了行之有效的工作制度。有 50 多个中央部门主要负责人对整改工作作出专门批示、进行专题部署或担任整改领导小组组长。有的建立了回访检查制度，重点约谈问题较多、整改难度较大的单位负责人，并加强部门间协同配合，如扶贫办会同发展改革委、教育部、财政部、医保局等 13 个部门，共同推进扶贫审计查出问题的整改，形成合力。

（三）切实强化结果运用。有关部门单位和地方坚持举一反三，将整改工作与加强管理、完善制度、追责问责紧密结合，提升整改效能。如水利部、人力资源社会保障部等结合整改，研究制定教育、警示、问责意见；农业农村部、卫生健康委、人民银行等

---

* 本报告对省级行政区统称为省，地市级行政区统称为市，县区级行政区统称为县。

把国家审计与部门内部审计、纪检监察、巡视巡查等贯通起来，推动审计结果共享共用。大多数部门单位和地方对普遍性问题组织深入研究，健全相关制度机制，努力实现源头治理。

二、审计查出问题的整改情况

对《国务院关于2018年度中央预算执行和其他财政收支的审计工作报告》（以下简称《审计工作报告》）指出的问题，截至2019年11月底，绝大多数已得到整改，有关部门单位和地方采取上缴国库、补征或退还税款、统筹使用结转结余资金、调整投资计划和账目等方式，整改问题金额3099.81亿元；制定完善相关规章制度1538项。

（一）中央财政管理审计查出问题的整改情况。财政部、发展改革委等部门通过调整预决算、督促加快开工等方式整改问题金额382.57亿元，完善转移支付、绩效管理等制度31项。

1. 关于中央决算草案未披露以收入退库方式安排支出、一般公共预算和政府性基金预算重复列收列支、中德财政合作伙伴基金2018年底余额等3个事项问题，财政部已在2018年中央决算草案中予以披露。

2. 关于预算管理不够全面规范的问题。

一是预算安排未充分考虑资金结转结余情况问题。对未将上年结转纳入年初预算问题，3个部门已在编报下年预算时统筹考虑；对未及时清缴结余问题，7个部门和10家所属单位已清缴结余资金8791.4万元，2个部门和39家所属单位的2.68亿元待办理竣工决算或报批手续后上缴。对向连续结转的38个项目安排预算问题，已加强预算执行进度管理，在编制下年预算时压减部分项目预算。对11个项目超期未开工或无法实施问题，其中10个项目已开工、1个已调整投资计划。

二是预算编制不够细化和合理问题。对6项专项转移支付未落实到具体地区问题，有1项在政策到期后取消，5项将在编制下年预算时落实到具体地区；对批复的10个部门预算未细化问题，财政部已督促相关部门在执行中细化，并对部门下年年初未细化的预算原则上全部调减收回。对向7个协会和非本部门所属75家单位安排预算问题，财政部对4个协会下年起不再安排预算，调减1个协会2019年预算291.39万元，并会同发展改革委等部门规范对协会和非所属单位的预算保障、拨付等渠道。

三是部分预算调整和下达不够规范及时问题。对尚不具备实施条件的4个项目追加预算问题，财政部督促相关部门尽快完成项目评审，加快预算执行。对下达7个部门项目预算时间较晚问题，财政部会同发展改革委加快下达投资计划，部门新增的临时性、应急性支出原则上全部通过现有预算调剂解决。对部分预算未在规定时间内下达问题，至2019年9月底，一般公共预算、政府性基金预算和国有资本经营预算转移支付已分别下达97.8%、92.5%和99.7%；发展改革委将进一步提前编制投资计划，确保在规定时间下达。对17项转移支付未提前下达或提前下达未达规定比例问题，有13项自下年起将按规定比例提前下达，2项在政策到期后不再安排。

四是部分投资计划与预算下达对接时间较长问题。发展改革委进一步提高了年初预算到位率，执行中减少预算追加；财政部优化了预算审核流程，缩短预算下达时间。

五是国有资本经营预算管理存在薄弱环节问题。对部门所属事业单位设立的部分一级企业未纳入预算范围问题，财政部在第 6 次国有资本经营预算扩围工作中将 295 户企业纳入预算范围，并加快组建国有资本投资、运营公司，逐步实现全部纳入。对资金闲置或未发挥效益问题，国资委出台《中央企业国有资本经营预算支出执行监督管理暂行办法》（国资发资本规〔2019〕92 号），对预算支出使用全过程进行规范，并探索开展国有资本经营预算预评估和后评价工作。

3. 关于转移支付制度体系不够健全的问题。

一是一般性转移支付中指定用途资金占比仍较高问题。财政部对有关一般性转移支付不再要求专款专用，由地方根据实际需要安排使用，并制定完善中央对地方转移支付制度的方案，对共同财政事权逐步实行分类分档的保障机制。

二是部分转移支付安排交叉重叠问题。对在部门预算和转移支付中安排补助地方同类支出问题，财政部已督促调整 2019 年部门预算，或转列专项转移支付。对两部门安排的支出投向相同或类似问题，财政部与发展改革委在安排预算时加强沟通，并要求地方做好统筹安排。对 6 个投资专项的部分具体投向存在重叠问题，发展改革委正在修订 2 个专项的管理办法；其余 4 个专项将进一步加强审核，避免交叉重复。

三是部分转移支付管理办法不完善或执行不严格问题。对未明确实施期限等问题，进一步明确了 23 项专项转移支付、4 个投资专项的实施期限、退出条件或因素权重等；对未在预算编制前开展评估问题，财政部从下年起将会同有关主管部门，对所有专项转移支付等开展定期评估。对分配标准或计算方法未经批准即实施问题，1 项一般性转移支付已纳入专项转移支付，1 项资金管理办法报批后印发实施。对未严格按规定方法和标准分配问题，财政部提高了 7 项专项转移支付分配的科学性，修订其中 4 项管理办法；发展改革委将严格按规定方法、标准分配和调整。对向不符合条件的单位和项目分配资金问题，财政部已修订相关资金管理办法，并要求地方及时公开信息、接受监督；发展改革委督促地方加快推动项目实施，确保符合安排条件，今后将严格审核。

4. 关于全面预算绩效管理机制尚不完善的问题。

一是绩效目标设定不够科学问题。对未设立绩效目标问题，财政部 2019 年已设立绩效目标，随预算同步下达；对未填报绩效目标表问题，发展改革委要求各地各有关单位申报投资计划时填报绩效目标。对评价标准偏低、缺少关键因素等问题，发展改革委重设了 2019 年相关投资专项的绩效目标，根据支持方向设定了与任务匹配、可操作和量化的绩效指标。对绩效量化指标偏少或量化指标超出项目内容等问题，财政部积极推进分行业、分领域预算绩效管理指标与标准体系建设，指导相关主管部门调整和优化了一级项目绩效指标。对目标设定不够明确或要素不完整问题，财政部已修订 8 项专项转移支付管理办法并明确绩效目标，3 项专项转移支付和 1 项政府性基金下达预算时已细化和完善绩效目标，2 项专项转移支付在政策到期后不再安排，4 项正在修订管理办法，相关部门也及时调整了项目绩效目标。对绩效目标未与预算同步下达问题，有 11 项在下达 2019 年预算时同步下达绩效目标，1 项在政策到期后不再安排。

二是绩效评价不够规范问题。对未将以前年度绩效评价结果作为预算安排参考因素问题,财政部下达 2019 年相关预算时,已作为参考因素;相关部门将绩效目标完成情况作为项目预算安排的重要依据。对项目自评不够客观问题,发展改革委督促地方核实 6 个专项情况,提高自评客观性和准确性;相关部门进一步严格执行绩效自评标准。对未严格自评或自评内容不完整问题,发展改革委组织完善了相关专项的二三级绩效指标,今后将严格按设定标准开展绩效评价。

三是绩效信息公开比例较低问题。财政部已将中央部门本级 50 个重点项目、49 项一般性转移支付、18 项专项转移支付以及部分政府性基金的绩效目标,向全国人大报告;将 20 个重点项目的绩效评价报告、82 个中央部门 265 个项目的绩效自评结果,向全国人大常委会报告。92 个中央部门公开了 235 个项目的绩效自评表和 81 个重点项目的绩效评价报告。

(二)中央部门预算执行审计查出问题的整改情况。相关中央部门和所属单位已整改问题金额 75.43 亿元,完善制度 56 项。一是对预决算编报还不够完整准确问题,38 个部门和 108 家所属单位通过调整账目、纳入预算等整改 13.47 亿元。二是对预算执行及资产管理还不够规范问题,35 个部门和 87 家所属单位通过上缴国库、补办手续、收回资产等整改 43.78 亿元。三是对"三公"经费及会议费等管理不够严格问题,43 个部门和 95 家所属单位通过归还费用、清退或处置公车、细化会议计划等全部整改。四是对依托管理职能或者利用行业资源违规收费问题,3 家所属单位已停止开展评比表彰活动,对违规收费事项进行清理。五是其他问题,其中:对违规发放津贴补贴问题,1 家所属单位已清退 12.74 万元,2 个部门和 3 家所属单位已完善制度、停止发放等;对未经批准兼职取酬等问题,2 个部门和 1 家所属单位的 5 人清退取酬 68.04 万元,1 个部门和 1 家所属单位的 11 人已停止兼职;对会计核算不规范等问题,41 个部门和 50 家所属单位通过调整账目等整改 18.79 亿元。

对审计指出的预算执行不严格、监督责任未有效落实等深层次问题,财政部和有关部门正在持续推进整改。

一是预算编制管控基础尚未夯实问题。财政部积极推进中期财政规划管理,加强三年支出规划对年度预算的指引和约束作用;进一步理顺部门预算管理权责,强化部门在预算编制、执行和管理中的主体责任;实施全口径预算管理,建立预算执行情况和下年度预算安排挂钩机制;加快推进项目支出标准体系建设,要求不得在项目预算中编报基本支出;稳步推进部门预决算公开,接受社会监督。

二是相关改革配套体系有待完善问题。财政部会同司法部继续推动预算法实施条例修订工作;建立健全基本支出定额标准调整机制,扩大定员定额管理单位范围,逐步将全部行政、参公单位和大部分公益一类事业单位纳入管理范围;督促部门准确把握"三公"经费口径。财政部、人力资源社会保障部等部门将研究完善机关事业单位相关津贴补贴政策。

三是预算执行和绩效评价约束缺乏刚性问题。财政部进一步加大预算评审力度,推动部门项目预算评审全覆盖;硬化预算约束,减少追加,部门新增支出优先通过年初预算调剂解决;研究建立与中央部门预算执行动态监控联动机制,督促部门建立健全财政资金内控机制,严肃处理违规违纪行为。

（三）重点专项资金和项目审计查出问题的整改情况。

1. 关于就业补助资金和失业保险基金方面的问题。截至11月底，审计查出的问题已全部整改，涉及金额11.75亿元，完善制度43项，处理处分2人。其中：追回骗取套取或挤占挪用资金2486.19万元，其余3086.47万元通过取消担保、调整预算等整改；追回向不符合条件的单位和个人发放补贴或贷款1.41亿元，通过完善信息系统、停发补贴、取消资格等整改1.89亿元；对7.9亿元闲置资金，已调整预算拨付使用。

2. 关于基本养老保险基金方面的问题。有关地方已整改问题金额74.83亿元，完善制度28项。对16省信息系统和数据存放问题，有6省已基本实现全省统一信息系统和数据省级集中存放，其他地方正加快推进。关于划转部分国有资本充实社保基金比例较低问题，财政部、国资委、税务总局等五部门印发《关于全面推开划转部分国有资本充实社保基金工作的通知》（财资〔2019〕49号），财政部、国资委加大划转工作力度，将于2019年底基本完成中央企业股权划转工作，地方企业正按计划启动。对基金管理不够规范问题，2省归还占用的财政资金、贷款等73.72亿元；3省已有3000多名去产能企业分流安置职工重新参保或补缴保费；13省收回违规发放给2.39万名不符合条件人员的养老金1.02亿元，并建立起数据共享、联合惩戒等机制。

3. 关于医疗保险基金方面的问题。有关地方和部门已完善制度18项。对医保监管能力建设相对滞后问题，医保局建立起飞行检查机制（不预先告知的异地监督检查），推动建设医保智能监控示范点，探索建立"黑名单"制度，推动将骗保行为纳入国家征信体系；对存在骗套行为的定点医药机构或个人，依法终止服务协议、追回资金并移送公安机关。对医保基金个人账户资金使用不够规范问题，1省已取消城镇居民医保卡的储蓄卡金融功能，5省5市已停止个人账户用于非医疗保障支出。对未完全按要求整合城乡居民医保问题，4省均已制定整合方案或实施意见，确保2020年前实现"六统一"；对职工医保基金未实行市级统筹情况，3省均作了安排部署，最晚将于2020年完成。对职工医保未纳入属地管理问题，7省与相关行业（企业）协调制定了移交方案，其中3省已完成13个行业（企业）的移交工作，涉及35万人。

4. 关于乡村振兴相关政策和资金方面的问题。有关地方和部门已整改20.35亿元，完善制度或落实政策111项，处理处分65人。对农村厕所、污水处理等设施建设使用问题，农业农村部等部门组织开展农村改厕等人居环境问题大排查；有关地方逐村摸底，调整优化目标，探索建立后期运营管护机制，11县农村厕所改造率已达85%，23县厕所和污水垃圾处理设施闲置问题已完成整改，12县解决了相关设施使用二次污染问题。对有关目标任务未完成问题，农业农村部加强组织指导，有19县已完成黑土耕地质量提升、农业废弃物回收利用等目标任务。关于合作社实际效果不佳、未获得贷款或未享受扶持政策等问题，中央农办、农业农村部等印发《关于开展农民合作社规范提升行动的若干意见》（中农发〔2019〕18号），11个部门联合开展专项清理，已注销254家"空壳"农民合作社；2县新增合作社贷款2.31亿元，1县通过降息、贴息等降低合作社融资成本。对资金和项目管理问题，31县已追回被挪用或骗取资金6.76亿元，处理处分58人；40县加速推进110个项目实施，拨付到位13.37亿元；农业农村部发函或约谈相关地方，督促加快农产品初加工项目建设进度。

5. 关于惠农补贴资金方面的问题。有关地方已整改118.85亿元，剔除识别不精准或重新识别补录4.49万人，更新信息数据3.69万条，完善制度222项，处理处分641人。对惠农补贴散碎交叉问题，财政部会同农业农村部、民政部等加大了归并整合力度，并完善申报、审核、发放机制。对"一户多卡"或未通过"一卡通"发放补贴问题，财政部会同相关主管部门开展"一卡通"专项治理，推动一户一卡（折），并将国库集中支付与"一卡通"相结合，提高补贴发放和领取效率，135县已整改86.91亿元。对政策实施效果不佳、搞平均主义等问题，各地通过入户、信息公开等提升知晓度，已补发或加快发放2772万元。对资金管理使用问题，已追回被骗取套取、违规使用或超范围发放资金3.21亿元，统筹盘活、加快拨付闲置资金27.95亿元。

6. 关于保障性安居工程方面的问题。各地已整改861.85亿元、住房21.97万套，完善制度162项，处理处分167人。对493个项目扩大棚改范围等问题，有关地方通过调整棚改项目等全部整改。对违规使用棚改项目融资问题，各地已收回资金、分期还款等180.08亿元。对土地手续不全等问题，有关地方通过完善手续、补缴出让金等整改521个项目的3.43万亩土地。对未享受税费减免等问题，已退还税费和融资中介费12.47亿元。对资金未及时安排使用或分配不细化等问题，有关地方通过统筹盘活、归还暂无需求贷款等整改591.83亿元。对套取挪用问题，已追回、补充安排资金77.47亿元。对住房未交付、空置或违规分配使用问题，各地通过交付使用、调整用途、加快配套建设、清理腾退、补收差价等整改空置住房17.95万套和违规使用住房4.02万套。

7. 关于重点机场建设项目方面的问题。17个机场建设单位和相关部门已整改122.59亿元，完善制度24项，处理处分2人。对招标不规范问题，17个机场均通过加强招标管理、强化监督、完善制度等进行整改。对不当增加投融资成本等问题，5个机场通过合理控制贷款规模、加快用款进度等整改7.73亿元，4个机场将严格执行成本控制等要求。对挤占挪用或多支付拆迁款问题，3个机场所在地方已归还拆迁款7800万元。对高套定额等问题，7个机场将严格执行概算编报等规定，加强审核把关。对资金闲置问题，6个机场优先使用自有资金、归还贷款等53.15亿元，对其余83.15亿元将进一步优化调度、加快使用。对工程建设缓慢问题，6个机场积极调配资源，优化施工工序，促进项目尽快建成投用；2个机场的消防等部分工程已完工。对违规征地和土地闲置等问题，涉及的1.15万亩土地通过补办手续、复耕复绿等进行整改。对违规建设楼堂馆所等问题，7个机场将在后续项目中严格按可研批复设计建设，认真执行公务接待等规定，1个地方已偿还机场建设资金5524.91万元。

（四）推动打好三大攻坚战相关审计查出问题的整改情况。

1. 关于防范化解风险方面的问题。

一是地方政府债务风险防控问题。对16省未对困难较大的市县制定地方政府债务应急预案问题，14省已建立，另2省计划年底出台。对漏报或多报债务数据等问题，相关地区核实调整了债务数据。对存量隐性债务未制定化解措施等问题，11个地区已补充制定化解方案。对债务资金闲置问题，35个地区已支出224.98亿元，其余65.42亿元将在调整项目后按进度拨付。

二是金融风险防控问题。对变相降低企业实得融资问题，5家商业银行通过取消与贷款挂钩的存款和理财产品、结清问题业务等完成整改,处理处分212人。对违规收取企业融资费等问题,3家金融机构出台下调费用、扩大减免范围等制度5项,退还费用等2.3亿元,处理处分42人。对"名股实债"开展债转股问题,相关金融机构在保障企业正常经营的前提下,提前退出部分资金,或安排专项降准资金和社会募资置换原有资金。对虚假掩盖不良问题,3省相关金融机构通过核销及清收转让、追加抵质押等整改740.23亿元。对村镇银行等不良贷款问题,各级监管部门督促相关金融机构规范入账,并采用重组、转让等市场化手段予以整改。对地方金融监管存在的薄弱环节,有关部门正研究起草监管办法,目前已出台融资担保公司等3类机构的监管规则,正在制订融资租赁等4类机构的监管规则。

2. 关于扶贫方面的问题。有关地方和部门已整改54.06亿元,完善制度或落实扶贫政策334项。

一是擅自拔高或随意降低脱贫标准问题。对提高住房补助标准或过度医疗等问题,14县已整改14.78亿元。对未实现"两不愁、三保障"即作脱贫处理问题,41县通过细化帮扶措施、重新识别补录贫困人口等整改,涉及贫困群众2.97万名。对摘帽即摘帮扶等问题,2县加强扶贫及资助政策落实,提升扶贫成果的稳定性和持续性。对赶进度、搞冲刺、虚报数据等问题,9县通过调整任务目标、严格数据审核或补拨资金等整改。

二是扶贫领域腐败和作风问题。对优亲厚友、贪污侵占、骗取套取等问题,有关地方已追回资金、核减拨款等9626万元,处理处分306人。对"面子"和形象工程问题,3县通过调整账目、归还资金等整改309万元。对未与贫困户建立利益联结问题,28县通过重新签订帮扶协议、优先吸纳贫困户就业等整改1.45亿元。对将4268万元"造血"资金直接发放问题,10县已通过追回资金、调整收益分配方案等完成整改。

三是扶贫主体责任落实不到位问题。对多数县未开展扶贫绩效评价问题,财政部、扶贫办等印发《财政专项扶贫资金绩效管理操作指南(试行)》(财办农〔2019〕68号),指导县级开展绩效管理。对贫困户识别不够精准问题,扶贫办督促地方全面排查,12县已剔除不符合条件贫困户。对行政村账务不规范等问题,10县已督促145个行政村完善财务资料、规范财务报销程序等。

四是资金和项目管理绩效不佳问题。对扶贫资金用于非扶贫领域问题,42县通过自查清理、归还垫付资金等整改21.1亿元,处理处分72人。对资金和项目闲置等问题,37个地区盘活资金8.28亿元;15县通过责成补种苗木、补发物资、加强培训等推动落实扶贫建设项目后期管护责任,涉及93个项目、3340万元;66县推动277个扶贫项目重新使用或运营,避免或挽回损失2.63亿元。对后续帮扶措施未落实等问题,24县严把项目筛选、加强就业培训、优先聘用贫困群众,并制定完善以工代赈等制度20项。

3. 关于生态保护和污染防治方面的问题。有关地方和部门已整改18.84亿元,健全制度17项。

一是污染源头治理不到位问题。对未按要求办理环评等问题,已经整改。对化工园区未进行风险评估和部分项目未按规定入园等问题,已有35个园区完成评估,144个化工项目布局在化工园区内。对无资质企业处置废水废物问题,相关港口约谈了相关企业,有3家企业已取得资质,与另1家仍无资质企业终止合作。对5家企业虚开污染物接收证明问题，地方主管部门给予罚款等行政处罚。

二是资源开发利用与生态修复不平衡问题。对违规取水问题，1省收缴罚金972.59万元，4省2897家用水单位补办、换发取水许可或按规定封停，另223家单位已列入关停计划。对未按期实施的12个蓝色海湾整治行动项目，自然资源部专门发文要求整改，并开展现场督导，有2个项目已完工，其他项目也已取得进展。2省678处侵占入海河道的违规点位已完成清理。

三是部分生态文明重点任务未有效落地问题。生态环境部等部门将会同有关地方，进一步建立健全渤海主要污染物排海总量控制以及京津冀环评会商、统一监测等制度。对生态文明建设考核机制不完善问题，9个地区将在主管部门指导下，进一步做好年度评价和目标考核。此外，对少征或拖欠水资源费、资金闲置、项目建设缓慢等问题，有关地区已补征、偿还、统筹调剂使用等18.84亿元，7省62个项目已建成或基本建成。

（五）重大政策措施落实跟踪审计查出问题的整改情况。

1. 减税降费政策措施落实方面。对未完成相关资格认定或无企业享受优惠问题，5省逐一梳理去产能和调结构停产停业关闭企业名单，及时办理退税。对高新技术企业未享受研发费用加计扣除优惠政策问题，2省已减免128户符合条件企业税款。对多征税和未及时退税问题，2省已退还56家企业多缴税款1887.32万元，3省完善网上退库功能或研发出口退税流程监控平台；对向不符合条件单位减税问题，有关方面正研究完善政策适用范围。对向企业违规收费、转嫁费用等问题，17省相关单位已停止收取或转嫁费用并退费1.27亿元。对依托行政职权及影响力摊派或收费等问题，有41家已停止摊派，16家停止相关中介服务事项，1家已与主管单位脱钩。同时，根据《全国人大财经委关于2018年中央决算草案审查结果报告》中关于"要将减税降费专项审计及整改情况作为整改情况报告一项重要内容"的要求，将2019年第二、三季度减税降费审计及整改情况一并报告，具体情况见附件。

2. 民营、小微企业融资方面。对融资难等问题，银保监会会同人民银行等出台多份文件，要求银行业金融机构全年单户授信总额1000万元及以下的小微企业贷款增速不低于各项贷款增速，户数不低于年初水平；印发《关于进一步加强知识产权质押融资工作的通知》（银保监办发〔2019〕34号），引导商业银行加大产品开发力度，推动扩大知识产权融资。对融资贵等问题，人民银行贯彻实施稳健的货币政策，保持银行体系流动性合理充裕，改革完善贷款市场报价利率形成机制，促进降低企业融资成本；会同司法部等部门明确了高利贷认定标准，打击非法贷款活动。

3. "放管服"改革方面。对未按规定取消或下放行政审批事项等问题，7省9家单位已停止1项审批事项，取消8项前置审批条件，下放1项审批权限。对扩大审批范围或审批不及时问题，2省已规范相关行政审批事项等，1个部门加快了审批进度。对在招标和政府采购中设置不合理条件问题，10省32家单位修订或废止招投标规定、取消不合理限制性条款等。对违规审批或未按时限办理备案事项问题，2省进一步规范外商投资企业备案流程，严控办理时限。对"互联网+政府服务"相关问题，各地采取了完善制度规定、加强数据共享、完善政务服务平台功能等措施，一些地方已认可电子证照，无需现场提交原件。

4. 清理拖欠民营和中小企业账款方面。对少报拖欠账款问题，12部门和19省制定清偿计划，目前已偿还35.04亿元。此外，对违规收取或未及时清退保证金问题，已清退保证金65.16亿元、上缴国库2.13亿元；对限制使用银行保函缴纳保证金问题，1家单位明确可以用银行保函方式缴纳保证金。

5. 科技成果转化方面。对税收优惠政策范围偏窄问题，财政部、税务总局将会同有关部门研究完善相关税收政策。对国有产权登记变更审批程序复杂问题，财政部授权中央级研究开发机构、高校主管部门，负责办理科技成果作价投资成立企业的国有资产产权登记事项。对多头监管和重复检查问题，教育部印发《关于抓好赋予科研管理更大自主权有关文件贯彻落实工作的通知》（教党函〔2019〕37号），要求统筹规范教育系统各类监督检查，共享检查结果；科技部、财政部、教育部、中科院、自然科学基金委等部门建立了"5+N"（N为地方）的央地联动机制，对国家科技计划相关项目按不超过5%的比例随机抽查。

（六）金融和企业审计查出问题的整改情况。审计的22户中央企业和5家金融机构已整改194.56亿元，完善相关制度367项。

一是部分重点任务未及时完成问题。对研发投入未达规定比例问题，国资委出台《中央企业负责人经营业绩考核办法》（国资委令第40号），加强对研发投入等指标的考核；相关企业出台完善科技投入机制、提高研发投入强度等制度12项。对科技创新考核激励机制不到位等问题，国资委出台《关于大力支持中央企业加快关键核心技术攻关若干激励政策的意见》（国资发考分规〔2019〕74号），激发科研人员活力，强化机制保障；2户企业出台创新成果奖励等制度，把科技创新作为薪酬考核的重要指标。对未按要求关停煤炭产能问题，煤矿已实际停产，有关企业正在办理相关手续。对违规新增火电装机容量问题，能源局已将3个火电项目移出缓建名单，项目建设正有序推进。对厂办大集体和"三供一业"等处置缓慢问题，有关企业完善了工作方案，配合相关部门和地方加大投入、稳妥推进。

二是"三重一大"制度执行不够严格问题。对违规决策等问题，9户企业健全了内控制度和决策及风险控制体系，并及时处置风险点；4家金融机构完善了重大问题决策机制，制定"三重一大"决策事项清单。

三是企业经营和金融业务开展不够规范问题。对偏离主业违规开展业务问题，8户企业通过修订投资制度、加强资产保全、责成下属企业有序退出等，收回资金或化解风险14.23亿元。对1户央企违规对外担保问题，该企业已发文严禁所属单位对外担保，并就损失提起诉讼。对金融机构违规开展业务问题，2家金融机构已停止相关业务，并构建全面风险管理防线，一户一策化解风险。对违规采购问题，有关企业和金融机构修订完善招标管理、违规行为处罚等制度49项，定期开展专项检查。对会计信息不实问题，22户企业和1家金融机构已调整账目。

四是违反中央八项规定精神等问题。对违规取酬和发放津贴补贴等问题，6户企业和2家金融机构完善薪酬管理、绩效考核等制度8项，收回153.78万元，处理处分2人。对公务用车和超标准乘坐交通工具等问题，10户企业和4家金融机构制定办法规范领导人员乘坐交通工具等事项，退还超标差价款，处置或封存公务用车。对违反廉洁自律规定等问题,相关人员正在注销股权,所在企业和金融机构出台了进一步规范员工从业和投资等行为的文件。

(七)审计移送的违纪违法问题线索查处情况。对审计移送的违纪违法问题线索,有关部门正在组织调查或已立案查处。

1. 关于公共资金和国有资产损失问题。人民银行、银保监会等持续加大对信贷、同业理财等领域的检查力度。其中银保监会2019年上半年派出检查组539个,检查银行机构693家次、处罚801家次。

2. 关于涉税涉票问题。对审计移送的涉税违法问题,税务部门已办结47起,查补税款102.84亿元。对存在税收征管漏洞问题,税务总局初步构建起增值税"风险提示+申报比对+快反机制+异常处理"的立体化风险防控体系,深入开展"双打"(打击骗取出口退免税和虚开增值税专用发票)专项行动。

3. 关于涉众金融违法行为问题。人民银行、银保监会、公安部等多次开展针对地下钱庄、非法集资等涉众金融违法行为的专项行动;推进防范和处置非法集资条例制定工作,加快建设非法金融活动风险防控平台;稳妥有序处置网络借贷机构,以"三降"(平台数量、借贷余额、借款人数)为抓手,以退出为主要方向,压实股东、平台责任,推动大多数机构良性退出,支持平稳转型。

4. 关于基层腐败损害群众切身利益问题。人力资源社会保障部积极促进跨部门跨系统数据共享,实施数据稽核,变"人工审"为"事前防、事中控、事后查",持续推动社保经办系统稽核风险控制工作转型升级。一些地方认真排查权力事项廉洁风险点,提高基层工作人员的法纪意识。

5. 关于环保领域仍需持续关注问题。生态环境部开展全国集中式饮用水水源地环境保护专项行动,2019年清理整治21省899个县级水源地,督促建立水源地保护长效机制。自然资源部等部门针对相关领域违纪违法问题,正在研究建立健全长效机制。

(八)审计建议落实情况。财政部等主管部门认真研究审计建议,结合深化财税体制改革等部署,积极完善相关制度机制,深化相关领域改革。

1. 关于持续深化供给侧结构性改革的建议。一是实施更大规模减税降费。已降低制造、交通运输、建筑等行业增值税税率1至3个百分点,试行增值税期末留抵税额退税制度,实施小微企业普惠性税收减免,执行降低社保费率政策。前三季度,全国累计新增减税降费1.78万亿元。二是持续深化"放管服"改革。财政部加强收费目录清单"一张网"动态管理,印发《关于促进政府采购公平竞争优化营商环境的通知》(财库〔2019〕38号)。相关部门坚决查处乱收费、乱罚款、乱摊派等问题。三是提升金融服务实体经济能力。银保监会与税务总局、财政部等部门深化"银税互动",开展深化民营企业和小微企业金融服务综合改革试点。人民银行会同银保监会将支小再贷款范围扩大至民营银行,适当提高对民营企业、小微企业不良贷款容忍度。四是加快推进制造业高质量发展和创新驱动战略实施,国资委印发推动中央企业科技创新工作举措2019年落实方案,加强对研发投入、科技成果产出和转化等指标的考核。

2. 关于推动积极财政政策加力提效的建议。一是优化财政支出结构。中央财政增加脱贫攻坚、结构调整、生态环保、民生等方面投入;压缩一般性支出,2019年中央部门非重点、非刚性项目支出平均压减幅度达10%；督促地方盘活变现低效、闲置等政府存量资产。二是全面实施预算绩效管理。70多个部门和31省印发了贯彻全面预算绩效管理的实施意见或成立专门机构。财政部制定《中央部门预算绩效运行监控管理暂行办法》（财预〔2019〕136号），抓紧建设分行业、分领域绩效指标体系。三是深化部门预算编制制度改革。财政部进一步完善预算支出标准体系，硬化预算约束，减少追加调整。四是深化财税体制改革。财政部报请国务院印发《实施更大规模减税降费后调整中央与地方收入划分改革推进方案》（国发〔2019〕21号），明确保持增值税"五五分享"比例稳定，调整增值税留抵退税分担机制，后移消费税征收环节并稳步下划地方；推进中央与地方财政事权和支出责任划分改革，指导省级财政部门合理划分省与市县财政事权和支出责任。

3. 关于全力打好三大攻坚战的建议。一是加强财政、金融和就业优先政策协调配合。国务院成立就业工作领导小组，进一步加强对就业工作的组织领导和统筹协调。财政部会同银保监会等部门加强地方政府债务资金投向监管。国资委建立重点企业债券风险动态监测机制，严格实施债券发行比例管理；中央企业积极探索创新市场化债转股模式，充分利用资本市场多渠道补充权益资本。金融监管部门制定实施金融风险攻坚战行动方案，积极推动地方提高金融监管能力。二是稳步推进脱贫攻坚。扶贫办加强贫困人口动态管理，会同相关部门完善产业扶贫机制，落实易地搬迁后续扶持工作，建立脱贫攻坚项目库"负面清单"。三是积极推进经济发展和生态保护协同。自然资源部正在修订自然生态空间用途管制办法，对各类开发利用活动实行空间准入和规划许可。生态环境部组织实施大气、水污染治理等研究项目，优化国家生态环境科技成果转化综合服务平台功能。

4. 关于严格落实为基层减负有关要求的建议。加强部门间监督检查统筹衔接，着力减轻基层负担，并在深入剖析问题原因的基础上，坚持从体制机制制度层面完善管理、深化改革，建立健全问题整改长效机制。如科技部牵头建立科技计划项目随机抽查机制和科技领域重大违规案件联合调查处理机制；自然资源部每年只开展1项综合性督查检查考核事项；生态环境部将原有27项监督检查任务减至2项；卫生健康委制定为基层减负的19项措施；扶贫办要求每年只统一填报1次建档立卡信息数据。

三、正在整改中的问题及后续工作安排

在做好审计查出问题立行立改的同时，有关部门单位和地方对个别问题正在持续推进整改，主要有3种情况：

（一）有的问题涉及改革中长期目标，需要结合深化改革逐步解决。如预算管理、转移支付、政府债务等涉及财政改革问题，农村改厕和污水垃圾处理设施建设利用等涉及乡村治理问题，需要随着财税体制改革、乡村振兴战略深入推进而逐步解决。

（二）有的问题错过当期整改时机，补办手续或推进项目建设需等待合适时机。如预算不细化、投资项目推进慢、保障性住房用地手续不全或住房闲置等问题，受预算调整、土地储备、补缴出让金、配套设施建设等影响耗时较长；个别生态环境治理工程受严寒天气等影响，秋冬季无法开展，工程进展较慢。

（三）有的历史遗留问题涉及面宽、情况复杂，需多方合力整改。如资产产权确认、资金结余清理等问题，需较长时间理清产权关系等，有的涉及征地、消防、水利等多个领域和部门，个别还涉及诉讼程序。

对以上问题，有关部门单位和地方对后续整改作出了安排：一是分类制定整改计划。深入分析尚未整改到位的原因，有针对性地制定整改计划和措施，并严肃追责问责。二是进一步加强整改协同。对需多部门共同推进整改的问题，由主管部门牵头建立协作机制，明确各自权责，加强统筹协调，合力推动整改。三是进一步推进深化改革和完善制度。认真贯彻落实党的十九届四中全会精神，加快构建系统完备、科学规范、运行有效的制度体系。审计署将持续对后续整改情况进行跟踪检查。

委员长、各位副委员长、秘书长，各位委员：

我们将更加紧密地团结在以习近平同志为核心的党中央周围，坚持以习近平新时代中国特色社会主义思想为指导，全面贯彻落实党的十九大和十九届二中、三中、四中全会精神，自觉接受全国人大的指导和监督，依法履行审计监督职责，进一步推动完善审计查出问题的整改工作，为坚持和完善中国特色社会主义制度、推进国家治理体系和治理能力现代化作出应有贡献！

参考文献

1. 蔡定剑：《国家监督制度》，中国法制出版社1991年版。
2. 陈川慜：《中国地方人大监督力度评估：指标设计及应用》，《厦门大学学报（哲学社会科学版）》，2017年第3期。
3. 陈家刚、陈奕敏：《地方治理中的参与式预算——关于浙江温岭市新河镇改革的案例研究》，《公共管理学报》，2007年第3期。
4. 陈奕敏：《预算民主：乡镇参与式公共预算的探索》，《学习时报》，2006年5月22日。
5. 陈志刚、吕冰洋：《中国政府预算偏离：一个典型的财政现象》，《财政研究》，2019年第1期。
6. 陈治：《财政法定实质化及其实现进路》，《西南政法大学学报》，2017年第1期。
7. 陈治：《推进国家治理现代化背景下财政法治热点问题研究》，厦门大学出版社2015年版。
8. 程美东、王舒婷：《论新时代人民代表大会制度的坚持和完善》，《安徽师范大学学报（人文社会科学版）》，2020年第2期。
9. 邓力平：《人大应当如何加强对预算的管理与监督》，《中国人大》，2017年第16期。
10. 邓力平：《"以人民为中心"发展思想与新时代人大对预算国资监督》，《财政研究》，2018年第11期。
11. 丁云祥：《从预算报告中看财税体制改革亮点》，《中国财政》，2019年第7期。
12. 范子英、高跃光：《财政扶贫资金管理、支出激励与人力资本提升》，《财政研究》，2019年第3期。
13. 樊丽明：《人大预算监督发展改革应围绕三方面出力》，中国网·中国发展门户网，2019 – 10 – 12。
14. 樊丽明，石绍实：《论中国特色的预算民主与法治》，《公共财政研究》，2019年第6期。
15. 冯俏彬：《美国预算过程的发展演变及其启示》，《财政研究》，2007年第6期。
16. 高培勇：《关注预算偏离度》，《涉外税务》，2008年第1期。
17. 苟燕楠、王逸帅：《中国市级政府预算管理制度改革》，《当代财经》，2006

年第 10 期。

18. 苟燕楠、董静：《公共预算决策——现代观点》，中国财政经济出版社 2004 年版。
19. 辜胜阻、韩龙艳、吴永斌：《我国地方政府债务的突出问题及其治理思路》，《江海学刊》，2017 年第 6 期。
20. 郭艳娇：《我国人大预算监督的时间脉络与成长历程》，《地方财政研究》，2019 年第 7 期。
21. 郭月梅、胡智煜：《中国地方政府债务资金使用效率评估》，《经济管理》，2016 年第 1 期。
22. 国家统计局：《2018 年国民经济和社会发展统计公报》，2018 年 2 月 28 日。
23. 国务院：《国务院关于 2017 年度国有资产管理情况的综合报告》，2017 年。
24. 何成军：《以改革精神创新人大预算审查监督机制》，载中共中央宣传部理论局编：《伟大的变革：1978—2008 庆祝改革开放 40 周年理论研讨会论文集》，学习出版社 2019 年版。
25. 何俊志、霍伟东：《从嵌入到规范：中国地方人大制度化路径的新模式》，《华中师范大学学报（人文社会科学版）》，2018 年第 4 期。
26. 洪源、秦玉奇、王群群：《地方政府债务规模绩效评估、影响机制及优化治理研究》，《中国软科学》，2015 年第 11 期。
27. 洪源、秦玉奇、杨司键：《地方政府债务使用效率测评与空间外溢效应——基于三阶段 DEA 模型和空间计量的研究》，《中国软科学》，2014 年第 10 期。
28. 华国庆：《全口径预算：政府财政收支行为的立法控制》，《法学论坛》，2014 年第 3 期。
29. 籍吉生：《国家审计推进全口径预算管理制度的路径探析》，《审计研究》，2013 年第 5 期。
30. 简小文：《习近平关于人大监督的重要论述研究——兼论我国宪法法律监督权与人大监督制度的完善》，《经济社会体制比较》，2020 年第 1 期。
31. 金大卫：《我国地方政府发债：制度根源、风险控制、法律规范》，《财政研究》，2010 年第 1 期。
32. 金荣学、胡智煜：《基于 DEA 方法的地方政府债务资金使用效率研究》，《华中师范大学学报（人文社会科学版）》，2015 年第 4 期。
33. 经济合作与发展组织：《比较预算》，人民出版社 2001 年版。
34. 阚珂：《人民代表大会制度的内涵究竟是什么？》，《法制日报》，2014 年 4 月 21 日。
35. 康锋莉：《可行能力视角下加快建立现代财政转移支付制度》，《财贸经济》，2018 年第 7 期。
36. 黎江虹：《新〈预算法〉实施背景下的预算权配置》，《税务研究》，2015 年第 1 期。
37. 李丹、张侠：《财政转移支付对国定扶贫县财政支出行为影响的实证研究》，

《经济理论与经济管理》，2015 年第 3 期。

38. 李凡：《中国公共预算改革的突破——对浙江温岭新河镇公共预算改革的观察》，《人大研究》，2005 年第 12 期。

39. 李连宁：《认真学习习近平人大监督思想，积极推进新时代人大监督工作创新》，《中国人大》，2017 年第 24 期。

40. 李红霞：《让政府预算在阳光下运行：预算公开透明的思考》，《财政研究》，2011 年第 1 期。

41. 李兰英、刘辉：《我国人民代表大会行使预算监督权的制度缺陷分析》，《中央财经大学学报》，2006 年第 12 期。

42. 李苗、崔军：《政府间事权与支出责任划分：从错配到适配》，《公共管理与政策评论》，2018 年第 4 期。

43. 李明涛、满鑫、李成明：《多措并举积极推进部门预算备案审查工作》，《山东人大工作》，2016 年第 8 期。

44. 李卫刚、崔鹏坤：《完善宪政背景下人大预算监督的探讨——以政府信息公开为路径》，《天津大学学报（社会科学版）》，2012 年第 5 期。

45. 李文军：《中国财政支出结构演变与转型研究》，《社会科学》，2013 年第 8 期。

46. 李燕：《基于民主监督视角的预算透明度问题探析》，《中央财经大学学报》，2007 年第 12 期。

47. 李一花：《美国地方政府参与式预算研究述评》，《财经论丛》，2013 年第 2 期。

48. 李一花、亓艳萍、祝婕：《人大预算监督能改善地方政府债务支出效率吗？》，《财政研究》，2019 年第 11 期。

49. 栗战书：《加强理论武装 增强"四个意识" 推动新时代人大制度和人大工作完善发展——在深入学习贯彻习近平总书记关于坚持和完善人民代表大会制度的重要思想交流会上的讲话》，2018 年 9 月 26 日。

50. 梁学平：《我国医疗卫生政府支出现状及国际比较》，《价格理论与实践》，2013 年第 7 期。

51. 林慕华、马骏：《中国地方人民代表大会预算监督研究》，《中国社会科学》，2012 年第 6 期。

52. 林慕华：《重塑人大的预算权力——基于某省的调研》，《公共行政评论》，2008 年第 4 期。

53. 刘畅：《我国公共教育财政支出存在的主要问题及对策》，《现代教育管理》，2016 年第 9 期。

54. 刘传轩：《地方政府债务路在何方》，《财政科学》，2018 年第 11 期。

55. 刘蕾：《人民代表大会制度对法治政府建设的意义》，《法制与社会》，2015 年第 27 期。

56. 刘昆：《国务院关于 2017 年度金融企业国有资产的专项报告》，《预算管理与会计》，2018 年第 12 期。

57. 刘尚希：《地方政府性债务风险不是来自债务本身》，《中国党政干部论坛》，2014 年第 2 期。

58. 刘尚希：《区域分化与转移支付的逻辑关联》，《财政科学》，2019 年第 5 期。

59. 刘伟：《习近平新时代中国特色社会主义经济思想的内在逻辑》，《经济研究》，2018 年第 5 期。

60. 刘亚亮、林慕华：《预算过程中的正式政治与非正式政治：A 省一个专项资金的案例分析》，《公共行政评论》，2014 年第 4 期。

61. 刘元贺、孟威：《省级人大预算草案初审权的制度供给与创新路径——基于 30 部省级预算法规的考察》，《四川理工学院学报（社会科学版）》，2016 年第 2 期。

62. 娄洪、杨光、谢斐：《更好发挥地方政府专项债券的作用》，《债券》，2019 年第 8 期。

63. 马海涛、程岚、秦强：《强化预算过程中立法机构的作用》，《经济研究参考》，2009 年第 15 期。

64. 马骏：《中国公共预算改革：理性化和民主化》，中央编译出版社 2005 年版。

65. 毛捷、徐军伟：《中国地方政府债务问题研究的现实基础——制度变迁、统计方法与重要事实》，《财政研究》，2019 年第 1 期。

66. 孟宪艮：《组织、协商与压力：人大监督权的运行逻辑》，《人大制度研究》，2019 年第 3 期。

67. 孟伟、李小健、史耀斌：《把制度优势更好转化为国家治理效能》，《中国人大》，2019 年第 23 期。

68. 缪小林、史倩茹：《经济竞争下的地方财政风险：透过债务规模看财政效率》，《财政研究》，2016 年第 10 期。

69. 苗红培：《我国人民代表大会制度发展的动力机制》，《理论学习》，2015 年第 2 期。

70. 尼斯卡南：《官僚制与公共经济学》，中国青年出版社 2004 年版。

71. 彭真：《彭真文选》，人民出版社 1991 年版。

72. 乔宝云、李丽娜：《"法治·市场·绩效"理念下的地方政府债务管理》，《四川师范大学学报（社会科学版）》，2018 年第 6 期。

73. 全国人大常委会预算工作委员会：《预算审查监督手册》，中国民主法制出版社 2003 年版。

74. 全国人民代表大会：《全国人民代表大会常务委员会预算工作委员会、全国人民代表大会财政经济委员会关于金融企业国有资产管理情况的调研报告》，2017 年。

75. 任喜荣：《预算监督与财政民主：人大预算监督权的成长》，《华东政法大学学报》，2009 年第 5 期。

76. 山东省人大常委会预算工作委员会：《关于人大预算审查监督重点向支出预

算和政策拓展的调研报告》，《山东人大工作》，2018 年第 6 期。

77. 史耀斌：《扎实推进人大预算审查监督重点向支出预算和政策拓展改革工作》，《中国人大》，2018 年第 20 期。

78. 史耀斌：《深化财税体制改革全面贯彻实施预算法》，《行政管理改革》，2019 年第 1 期。

79. 史耀斌：《加强新时代人大预算审查监督　推动建立现代财政制度》，《中国财经报》，2020 年 3 月 10 日。

80. 石佑启：《论新时代人民代表大会制度的完善发展》，《广东社会科学》，2020 年第 3 期。

81. 市人大常委会预算工作委员会：《加强预算初审工作的探索》，《北京人大》，2014 年第 1 期。

82. 童伟、田雅琼：《部门整体支出事前绩效评估方法及路径探讨》，《地方财政研究》，2018 年第 1 期。

83. 王晨：《坚持和完善人民代表大会制度这一根本政治制度》，《人民日报》，2019 年 11 月 19 日。

84. 王晨：《做好新时代人大预算审查监督重点拓展改革工作》，《人民日报》，2018 年 12 月 4 日。

85. 王丽：《对审核预算的重点向支出预算和政策拓展的思考》，《现代经济信息》，2014 年第 13 期。

86. 王淑杰：《改革开放以来人大预算监督工作的变迁和思考》，《中央财经大学学报》，2009 年第 1 期。

87. 王秀芝：《我国人大预算监督问题研究》，《财贸经济》，2009 年第 10 期。

88. 王金秀、杨翟婷：《以人大预算监督推动中国治理现代化》，《财政科学》，2019 年第 11 期。

89. 王逸帅：《英美议会预算审查监督的实践与借鉴》，《上海人大月刊》，2012 年第 4 期。

90. 王泽春：《推进人大预算联网监督，提升人大审查监督权——基于广东省经验》，《人大研究》，2017 年第 11 期。

91. 魏陆：《人大预算修正权困境研究》，《社会科学》，2014 年第 12 期。

92. 魏陆：《人大预算监督效力评价和改革路径选择》，《上海交通大学学报（哲学社会科学版）》，2015 年第 1 期。

93. 吴粤、王涛、竹志奇：《政府投资效率与债务风险关系探究》，《财政研究》，2017 年第 8 期。

94. 习近平：《决胜全面建成小康社会　夺取新时代中国特色社会主义伟大胜利——在中国共产党第十九次全国代表大会上的报告》，人民出版社 2017 年版。

95. 习近平：《在首都各界纪念现行宪法公布施行三十周年大会上的讲话》，2012 年 12 月 4 日。

96. 习近平：《在庆祝全国人民代表大会成立六十周年大会上的讲话》，2014 年

9月5日。

97. 席鹏辉：《2018年全国各省政府性基金收入情况》，《中国财政》，2019年第6期。

98. 肖金明：《新时代人民代表大会制度的创新发展》，《新疆师范大学学报（哲学社会科学版）》，2020年第5期。

99. 肖金明：《人民代表大会制度的政治效应》，《法学论坛》，2014年第3期。

100. 肖鹏、李燕：《预算透明：环境基础、动力机制与提升路径》，《财贸经济》，2011年第1期。

101. 徐曙娜：《地方人大预算监督的制度环境分析》，《上海财经大学学报》，2008年第6期。

102. 徐曙娜：《走向绩效导向型的地方人大预算监督制度研究》，上海财经大学出版社2010年版。

103. 许聪：《省级人大预算监督权力考察——以30个地方预算监督条例（决定）为基础》，《财政研究》，2018年第10期。

104. 闫衍：《地方政府隐性债务风险与融资平台转型》，《金融市场研究》，2018年第5期。

105. 杨志勇：《我国预算管理制度的演进轨迹：1979—2014年》，《改革》，2014年第10期。

106. 杨志勇：《以转移支付改革提升公共服务能力》，《中国党政干部论坛》，2019年第7期。

107. 于浩：《还财政清白，还百姓明白——广东省人大预算支出联网监督工作纪实》，《中国人大》，2015年第8期。

108. 于杨、孙婉然、倪志良：《十八大以来预算制度改革回顾与展望》，《财政监督》，2017年第1期。

109. 张泉喜：《地方人大预算审查监督问题研究》，《财经问题研究》，2016年第S2期。

110. 张晓晶、常欣、刘磊：《结构性去杠杆：进程、逻辑与前景》，《经济学动态》，2018年第5期。

111. 张毅：《预算初审凝聚代表智慧》，《北京人大》，2015年第1期。

112. 赵雯：《地方人大预算审查监督简明读本》，复旦大学出版社2008年版。

113. 中共中央文献研究室编：《习近平关于社会主义经济建设论述摘编》，中央文献出版社2017年版。

114. 中国政府义务教育支出课题组：《中国政府义务教育支出：问题和进一步的改革》，《财贸经济》，2005年第5期。

115. 中华人民共和国财政部：《关于2018年中央决算的报告》，2019年6月27日。

116. 仲凡：《基于风险与绩效相关性的地方政府性债务管理研究》，《财政研究》，2017年第3期。

117. 周克清、吴红伯、周振：《构建人大预算联网监督的若干思考》，《财政科学》，2019 年第 11 期。

118. 周振超、李英：《人大预算监督权的困境与出路——基于预算信息传输的视角》，《探索》，2016 年第 3 期。

119. 周振超、李英：《以机制调整促进体制完善：基于地方预算权力结构的视角》，《江苏行政学院学报》，2019 年第 2 期。

120. 朱大旗、李蕊：《论人大预算监督权的有效行使——兼评我国〈预算法〉的修改》，《社会科学》，2012 年第 2 期。

121. 朱大旗：《完善人大对政府预算全方位的审查监督制度》，《法学杂志》，2014 年第 2 期。

122. 朱青、刘洋：《我国基本养老保险财务可持续性面临的挑战和应对措施》，《财政研究》，2019 年第 6 期。

后 记

《中国政府预算改革发展年度报告2019：聚焦中国人大预算监督改革》终于在大疫之后的盛夏面世。

组织研究出版这份年度报告，旨在追踪中国预算管理改革进程，总结中国预算管理发展经验，阐释中国特色预算管理理论。"财政是国家治理的基础和重要支柱"，而预算是财政的核心，集中反映着政府活动的范围和方向，直接体现着中央与地方财政关系的协调和平衡。编制和执行好政府预算是财政管理的核心内容。同时，预算关乎人民切身利益和公共需求，体现了政府的公共责任，是人民了解政府活动、参与公共事务以及与政府开展对话沟通的重要载体。预算过程不仅是一个技术过程和管理过程，也是一个政治过程，公共性、透明化、民主化和法治化是现代预算的鲜明特征。新中国建设发展已逾70年，中国改革开放也走过40余年历程。一方面，中国预算制度在开放中不断汲取国际先进经验，同时植根于中国本土的改革步伐从未停歇。全面规范、民主法治、公开透明、强化监督、提高绩效、财政治理，预算管理改革取得了历史性进步，形成了具有中国特色的预算管理新模式。当前，我国已进入全面深化改革、着力实现国家治理能力和治理体系现代化的新时期，改革发展中国特色预算管理制度，加快建设现代预算制度成为统筹推进"五位一体"的重要突破口。另一方面，实践中仍存在预算编制不尽科学、预算统一和完整不到位、预算执行和调整不严格、预算监督与评价不完善等问题，距离党的十九大提出的"建立全面规范透明、标准科学、约束有力的预算制度，实现全面绩效管理"目标尚存很大差距。应该如何不断总结评析中国40年预算改革进程及其基本经验？如何阐释中国预算管理的理论基础和运行模式？如何发展完善中国特色预算监督管理制度？如何逐步推进预算的科学化、民主化和法治化？这既是本报告致力于解答的主要理论和实践问题，也是力求在构建和发展中国特色政府预算理论上有所贡献的题中之义。

这份报告有以下几个特点:

一是内容结构上的政府预算年度改革发展分析与专题研究相结合。课题组力求使读者了解我国政府预算改革发展的"全景图"和"特写照",为此安排了相应体例。每册年度报告的"上篇"综合分析上年中国宏观经济形势和国家重大经济方针政策、中央和地方政府预算收支状况,研究阐释近期政府预算改革重点问题;"下篇"则聚焦当下我国政府预算改革发展的一个重点热点难点问题,进行比较系统的重点探索,力求体现该专题研究的最新成果;"附录"部分主要选取有关政府预算的重要统计资料、法律法规,为读者提供必要参考,为有兴趣深入研究的人士提供专业导引。

二是专题研究中的基础理论研究与实践探索总结相结合。我们致力于"讲好中国预算故事"。每年选取我国政府预算改革发展中的重要问题之一,力求基于中国政治经济文化背景,汲取中外预算理论实践之精华,研究中国特色预算理论,总结中国预算改革发展实践,阐明中国预算管理模式,揭示中国预算改革发展逻辑,探索中国预算发展趋势和改革之道。依据政府预算管理的复合性质,我们注重学习运用经济学、政治学、法学、社会学等学科知识和方法进行研究。

三是呈现形式上的正文与专栏相结合。为了增加可读性,并方便感兴趣的读者延伸阅读,我们设置了专栏。其内容共分三类:第一类是重要观点提示,第二类是我国政府预算改革发展的重要文本,第三类是典型案例。

本书是团队合作研究的成果。樊丽明、李一花设计研究提纲。写作分工为:汤玉刚,第一、二、三章;李一花,第四章第二、三节、第五、七章及第九章第三节;马奔,第四章第一节;樊丽明,第六章、第九章第一、二节;石绍宾,第八章、附录。研究生李佳、祝婕、骆熙、李晓静、李昕、刘亚南、高超、粟智豪等帮助收集部分资料。研究团队对书稿进行集体研究修改,樊丽明、石绍宾负责书稿总纂。

本报告得以面世,首先要感谢山东省社科规划办公室的鼎力支持。山东省社科重大委托课题"中国特色预算管理制度研究"(19AWTJ01)的设立和开展研究,为本报告的形成奠定了重要基础。特别感谢全国人大常委会预算工作委员会预决算审查室何成军主任,他在百忙之中通读本书初稿,给予该项专题研究以积极鼓励,所提修改建议颇具指导性和系统性,对书稿完善和未来研究都大有裨益。非常感谢中央财经大学财政税务学院李燕教授、首都经贸大学法学院李晓安教授、西南政法大学经济法学院陈治教授、山东大学政治学与公共管理学院曹现强和马奔教授、山东大学哲学与社会发展学院程胜利教授、山东省人大常委会预算工作委员会宿胜副主任等,他(她)们对书稿完善提供了很有价值的意见建议,疫情期间那场跨学科专题视频研讨会令人难忘。

特别感谢第十三届全国人民代表大会财政经济委员会副主任委员、全国人民代表大会常务委员会预算工作委员会主任史耀斌同志,他对本书写作十分关心,不仅通读书稿,提出宝贵意见,还亲自撰写序言,鼓励团队继续深化研究。

　　本书即将完稿之际,山东大学与山东省人大常委会共建的人大预算监督研究中心正式成立,第十三届全国人民代表大会第三次会议在京圆满举行。仅以此书作为中心成立和大会成功的一份贺礼,并以此开启中国预算改革发展研究的新里程。

2020 年 6 月 29 日于山东大学